한국의 주민소환제

- 양날의 칼, 어떻게 쓸 것인가-

김 영 기

도서출판 대영문화사

머리말_ PREFACE

지방자치의 부활 15년을 맞는 해 2006년 5월 2일 <주민소환에 관한 법률>이 국회를 통과하였다. 그 경과를 보면, 주민소환은 진작 그 동안 전국적으로 관심을 끄는 쟁점이 되어 있었다. 2000년 어느 지역에서는 시장이 러브호텔 난립허가로 소환운동을 겪었다. 또 2003년 광주와 전남에서는 시민단체와 지방의원들이 마음을 맞추어 조례의 제정 및 개폐라는 주민발의제도를 통하여 <주민소환에 관한 조례안>을 두 지방의회에서 만장일치로 통과시켰고, 예상했던 대로 집행기관이 거부권을 행사하면서 대법원 제소와 패소판결까지 공방을 거듭하는 동안 주민소환제는 전국적 쟁점이 되었다. 마침내 전국적인 시민연대가 형성되어 국회의원들도 함께 하는 일종의 학습조직 및 정책공동체도 형성되었다. 이 정책공동체를 통하여 법률안이 기초되었고, 함께하던 국회의원들에 의하여 발의되었고, 우여곡절 끝에 드디어 통과된 것이다.

필자가 이 책을 쓰게 된 동기는 다음과 같다. 지방자치, 그 가운데서도 특히 주민소환을 공부하고 이에 관한 지식의 일부를 제공하는 역할을 담당하면서 공익을 위하여 헌신적으로 일하는 인사들을 짧게나마 만날 수 있었다. 주민소환제를 위한 그들의 역동적인 활동에 나 자신도 고무되는 느낌을 가졌다. 그래서 주민소환 지식을 넓히는 기회라면 원근을 따지지 않고 참여하며 글을 쓰라면 열심히 썼고, 말을 해야 하면 또 그렇게 하였다. 필자는 주민소환에 관한 법률이 통과되기 앞뒤로 서울 KBS의 국민소환제와 주민소환제 관련 열린 토론 두 차례, 진주문화방송, 창원 KBS, 대전 KBS, 광주 평화방송, 국군방송 등에 참여하는 동안, 소환제 지식의 초기 도입과 전파자로서, "잘 쓰면 매우 유익하고 못 쓰면 폐해를 남기는", 그래서 "양날의 칼" 같은 주민소환제를 독자들이 접하여 쉽게 읽으며 이해를 쌓을 수 있도록 해드려야겠다는 생각이 들었고, 서둘러 집필을 시작하였다.

이 책의 제1장 서론에서는 자치단체장과 지방의원들의 일탈의 문제가 왜 발생하는가? 그 원인은 무엇인가? 어떤 해결방법이 있는가? 등 일련의 문제들을 제기하며, 그 연구의 방법 등을 생각하는 내용을 다룬다. 이른바 연구문제의 설정과 연구방법을 제시한다. 제2장에서는 결코 완성품이 아닌 대표민주제의 한계를 들추어 대표제로 인한 지방정부의 문제를 해결하기 위한 대안으로서 직접민주제를 논의하는 근거를 삼으려고 하였다. 이 부분에서는 추상적 개념인 국민주권과 같은 용어가 사용되기도 하였는데 일반 독자의 경우 어렵게 생각된다면 그 부분은 건너뛰고, 문제투성이의 19세기 미국의 지방자치를 재미있게 읽으면 될 것이다. 그리고 제3장은 직접참정 또는 직접민주제를 실제를 중심으로 기술하며 소개하고 있으므로 외국의 직접참정제도를 이해하는 데 도움이 될 것이다. 제4장은 미국과 일본의 주민소환제를 소개하며 그것을 둘러싼 찬성론과 반대론을 안내하는 부분이다. 제5장에서 제1절은 정책과정에 관한 이론적 고찰을 통하여 주민소환법 제정과정을 분석하는 데 사용할 모형을 논구하여 설정하는 부분이고, 제2절은 앞의 정책과정 모형에 따라 주민소환이 어떤 계기로 쟁점이 되었고, 또 운동역량이 어떻게 결집되었으며, 이 과정에 주민소환에 관한 지식은 어떻게 도입·전파되어서 어떤 역할을 하였는지, 시민운동과 지식이 결합되어 어떻게 학습공간과 정책공동체를 형성하였는지, 마침내 어떻게 법률제정으로 이어졌는지를 따라가며 기술(記述)하고, 모형과 관련시켜 논의하고 안내한다. 그러므로 일반 독자라면 제1절 이론적 고찰은 건너뛰고 제2절을 읽어도 될 것이다. 제3절은 이론모형을 적용한 결과를 논의하여 정리한다. 제6장은 주민소환법의 각 조항의 내용을 소개한 다음, 이 분야를 공부하는 사람으로서 그러한 조항의 취지와 적용에 따를 수 있는 논점을 담았다. 끝으로 제7장은 양날의 칼, 주민소환제 운용의 주체로서 주민이 갖추어야 할 성숙한 시민상을 모색하여 제시하는 부분으로 삼았다. 그러면서 필자는 이 책을 집필하는 동안 전문 학자들보다는 지방공직자를 포함하여 일반 독자들을 더 염두에 두고, 쉽게 쓰려고 노력하였다.

앞에서 주제넘게 <소환제 지식을 도입하고 전파한 자로서 책임을 자임하여> 이 책을 쓴다고 하였지만, 책의 원고를 마치고 보니 필자의 부족한 역량이 여실하다. 이처럼 부족한 점은 필자의 공부가 부족한 탓으로 독자들이 지람을 달게 받으려고 한다. 그러면서 더 공부해야 하겠다는 각오를 다지고 분발하는 계기로 삼으려고 한다. 그러면서도 한 가지 위안으로 삼는 것은 필자가 「지방자치론(1993)」 등 교과서만 쓰다가 비로소 한 분야를 붙들고 공부하여, 거칠게나마 전공서로서 첫 열매를 내놓았다는 점이다. 그래서 이 책에 유달리 애착이 생긴다.

필자는 지금까지 공부하는 길을 오면서 신세진 분들이 많다. 아버님 전사 후 서른에 혼자되어 우리 다섯 남매를 위하여 온 몸을 던지신 어머니 서육님(徐六任) 여사가 아니었던들 나의 오늘은 없었을 것이다. 어머니 영전(靈前)에 옷깃을 여민다. 그리고 무남독녀를 고이 길러 가난한 청년에게 짝 지워주신 후 노심초사하시는 빙모님 강명숙(姜明淑) 여사님께 고개 숙여 송구한 마음과 감사한 마음을 올리고 싶다. 가난 티가 졸졸 흐르는 사람을 만나 아내로, 며느리로, 어머니로, 교사로 무거운 다중역할에 고생한 아내 조정심(曺正心) 선생, 그리고 큰똘이 연주(姸珠)와 사위 장재원(章宰源) 군, 든든이 국진(國珍)이, 몬똘이 민주(慜珠)에게 부실한 남편과 아빠로서 이번 기회에 사랑을 전하고 싶다. 지역활동을 통하여 소중한 인연을 맺은 경남지역사회연구원 이사님들, 또 진주포럼회원님들께도 감사드린다.

감사할 분들은 또 있다. 뉴욕주립대학교(올바니) 행정대학원에서 객원교수로 머무는 동안 학자로서 참모습을 몸소 보여주어서 나의 사표(師表)가 되셨으며, 지금도 필요한 자료와 연구물들을 챙겨서 보내어 주시는 Joseph F. Zimmerman 교수에게 특별히 감사를 드리고 싶다. 또 객원교수의 기회를 청할 때마다 마련해 준 Mr. Smile, Frank J. Thompson 학장에게도 감사드린다. 이 책의 정책모형 부분을 읽고 유익한 조언을 준 이성진 박사, 그리고 박사과정의 오재동 선생, 김영곤 선생, 문영동 선생, 조경련 선생, 박정권 선생에게 고마운 마음을 전하고 싶다. 끝으로 이 책의 출판을 흔쾌히 맡아 준 도서출판 대영문화사 임춘환 사장님께 감사드린다.

2006년 7월
저자 씀

차례_ CONTENTS

Chapter 03 보완제로서 직접민주제 51

Chapter 01

문제의 인식과 연구의 출발

01 Chapter 문제의 인식과 연구의 출발

제1절 선출직 공직자 일탈의 문제점

우리 지방자치는 짧은 기간에 우여곡절을 많이 겪었다. 1948년 정부가 출범할 때는 치안상태가 불안하다는 이유로 한사코 피하더니 전쟁 중인 1952년에 느닷없이 선거를 치르며 시작되었다. 그러다가 1961년 5·16 쿠데타로 폐지되어 30년이 흘렀고, 1991년에 지방의원만 선출해서 반쪽만 부활되었고, 단체장 선거를 치른 1995년에야 비로소 그 형식을 갖추어서 오늘에 이르렀다.

민주주의를 풀이나 나무로 볼 때, 그 뿌리가 되는 것이라고 하여서 지방자치를 풀뿌리 민주주의(grass-roots democracy)라고도 부른다. 우리의 경우, 국민의 의사를 통제하고, 참여를 제한하여 군주에 버금가는 권력을 독점적으로 휘두르던 이승만 정치, 박정희 정치, 전두환 정치가 물러간 뒤에, 피땀 어리도록 가꾼 우리의 민주주의가 확대되면서 부활된 것만 보아도 지방자치는 민주주의와 더불어 "좋은 것"으로 기대되었다. 국민이 스스로 주체가 되어 스스로 생각하고, 스스로 결정하고, 스스로 책임지는 정치적 삶의 원리를 실현한다는 믿음에 바탕을 두고 있는 것이 지방자치이며 민주주의라고 보면 그것에 기대를 거는 것은 마땅하다.

실제로 1991년 부활된 우리의 지방자치를 통하여 지난 15년간 이루어낸 성과에 대한 평가는 대체로 긍정적이다. 행정자치부 · 정부혁신지방분권위원회 · 한국지방행정연구원이 공동으로 실시한 조사에서 주민복지 부문은 응답자의 8.1%가 '매우 기여', 68.4%가 '기여'하였다고 응답하였고, 지역경쟁력 부문은 응답자의 6.2%가 '매우 기여', 73.0%가 '기여'하였다고 평가하였다(2005: 22-53). 이런 조사 결과가 아니더라도 우리는 우리 가까이 읍 · 면 · 동 사무소나 시 · 군 · 구청에서 나타난 변화를 보면 알 수 있다.

그런데 우리의 지방자치는 좋은 결과만 보였는가? 또 우리보다 지방자치를 먼저 실시하여 정착된 나라들의 지방자치와 비교하여 어깨를 겨룰 정도의 성과인가? 위 조사결과를 살짝 뒤집어 생각해 보면 상당한 수의 응답자들이 지방자치의 성과를 보통 이하로 평가하였다는 점을 알 수 있다. 그 가운데서 자치단체장과 지방의회 의원의 활동과 관련된 자료는 우리의 우려를 자아낸다. 지방자치단체장을 중심으로 볼 때, 제1기(1995~1998)에 선거법 및 정치자금법 위반(4명)이나 뇌물수수(16명) 등으로 23명이 사법처리되었고, 제2기(1998~2002)에 59명, 제3기(2002~2006)에 56명 등 모두 138명이 사법처리되었다. 지방의원의 비리 건수도 제1기에 82건, 제2기에 224건, 제3기에 293건으로 점차 늘어났다.[1] 민주주의와 지방자치가 국민이나 주민을 주체로 삼고, 주권자의 뜻을 마땅히 책임 있게 실현해야 한다는 규범성을 감안하면, 지방공직자들의 위법행위는 애초에 발생해서는 안 될 사건들이다.

우리의 지방자치에서 드러나지 않은 다른 중요한 문제는, 얼마나 많은

1) 또 다른 자료는 2002년 광역자치단체장의 31%, 232명의 기초자치단체장의 21%가 사법처리 대상이 되었고, 2003년 시도지사 3명을 포함하여 자치단체장 20.4%가 사법처리 대상이 되었으며, 정부부패방지위원회가 2005년 2월 발표한 자료는 민선 제2기에 시 · 도의원 66명, 시 · 군 · 구의원 317명이 사법처리 되었다(국회 정책토론회 자료, 2005.9.21. 여의도 렉싱턴 호텔).

지방공직자들이 그런 법률위반 외에 직권남용이나 직무유기 등 부당한 행위를 저지르는지는 정확하게 집계가 되지 않는다는 사실이다. 자치단체장은 법만 어기지 않았을 뿐 합법적이라는 미명 아래 주민의 혈세를 예산제도의 맹점을 악용하여 실국의 예산으로 숨겨서 편성한 뒤 선심행정을 펼치면서 "부당하게" 축내는 경우가 비일비재하다.[2] 자치단체장의 이런 정치적 부도덕성은 지금까지 일부 시민단체의 비판적 지적이 없지는 않았으나 메아리에 불과하였다.[3] 거기다가 지방의원들이 자신의 사적 이익을 위하여 압력을 행사하는 등 부당한 행위들, 그리고 능력도 모자라고, 자신의 선거구를 위해 예산이나 구걸하면서 자치단체장에 대한 견제는커녕 그에게 포섭되어 주민의 이익을 외면하는 일탈행동으로 인하여 주민의 혈세는 새는 바가지에 담은 물이었다.

우리는 지방자치를 좋은 것으로 믿고 기대했는데, 왜 이런 일이 생길까? 이런 문제가 생기는 이유를 어떻게 설명할 수 있을 것인가. 물론 선출된 대표를 통해 시민의 지배를 구현하려는 정치체제(유재원, 2003: 342), 즉 대표제 자체에도 문제가 있고, 또 우리에게만 특유한 문제도 있을 것이다. 여기서는 우리에게 두드러진 문제를 중심으로 생각해 본다면, 다음과 같이 두 가지를 들어서 우리 지방공직자들의 일탈행동과 그 결과를 설명할 수 있을 것이다.

하나는 껍데기뿐인 우리의 기관대립형 권력구조 때문이다. 삼권분립제와 유사하게 지방정부의 권력구조도 자치단체장을 정점으로 구성되는 집행기관과 의결기관(지방의회)을 따로 구성하여서, 처음에 예산편성은 집행기관이 담당하고, 예산심의는 의결기관이, 예산집행은 집행기관이,

---

2) 그래서 올해는 모든 지방정부들이 시범적으로 복식부기회계제도의 시행 및 사업별 예산을 편성하도록 되어 있고, 2007년부터는 모든 지방정부에 복식부기회계제도를, 2008년부터는 사업별 예산제도를 실시하도록 재정, 예산관련 제도가 보다 투명하게 바뀌었다.

3) 그런 가운데 지방정부 단위로 구성된 공무원조직은 자치단체장의 권력을 비판하고 견제하는 힘으로서 중요한 영향을 미치는 것으로 평가된다.

마지막에 예산결산 심사는 의결기관이 담당하듯이 자치행정 과정을 서로 나누어 담당하면서 견제하고, 권력행사의 균형을 취하면서 궁극적으로 주권자인 주민을 위하여 더 책임감 있게 섬기며 봉사할 수 있다고 믿는 데 따른 것이다.

그런데 우리의 지방자치법 등 법령에 근거하여 실제로 집행기관과 의결기관에 나누어지고 행사되는 권력이나 영향력의 크기를 볼 때, 우리 지방정부는 집행기관 우월형(김영기, 1993: 179) 또는 자치단체장 지배·독주체제(유재원, 2003: 54; 130)라는 특징적 모습을 드러낸다. 그것은 지방정부 안에서 자치단체장을 견제하는 책임을 다해야 할 의결기관이 제대로 기능을 다하지 못하기 때문이다. 왜 그럴까? 그 이유는 자치단체장의 예산권과 인사권 등 독점적 권력도 큰데다, 지방의원들은 또 지식이 모자라고 학습하는 노력도 부족하기 때문에 자치단체장과 공무원들의 방어벽을 뚫고 문제를 짚어낼 능력이 부족하다고 대개 지적한다.[4] 거기다가 그 동안 이들은 무보수명예직으로서, 생계를 의지하는 직업으로 의원직을 택하지 않았기 때문에, 대개 적당하게 자기이익을 키우고 지키는 것이 1차 목적이고, 공익실현은 부차적 목적이기 때문에 자치단체장과 관료들의 방어벽을 뚫고 문제를 짚어 내려는 열정도 부족하다고 보는 경향이다. 또 하나 소선거구제에서 지방의원들은 다음 선거를 위하여 지역구 사업과 예산을 구걸하게 되면서 자치단체장에게 포섭되어버려 견제기능은커녕 자치단체장의 방조자가 되어버린다. 그러므로 지방정부 내부는 자치단체장의 권력 앞에 깨끗이 평정되고 만다.

그 다음은 자치단체장과 공무원, 지방의원으로 구성된 우리 지방정부의 권력행사를 견제할 세력(힘)이 지역사회에 거의 없다는 점이다. 미국

4) 최창수(2000: 55-56)의 연구에서 자치단체장이 정책의제를 설정할 때 영향요인으로는 자치단체장의 의지 70.1%, 주민요구 22.4%, 공무원 제안 4.5%의 순서를 이루고, 지방의회의 요구는 거의 무시되고 있으며, 정책결정에서 영향은 의결과정 참여가 제도화된 관계로 장의 의지(94.0%), 주민영향(46.1%), 담당 공무원(35.4%)의 다음으로 지방의원의 영향은 30.7%이다(이 조사는 복수응답으로 이루어졌기 때문에 % 합계는 100을 넘음).

과 비교하여 보기로 하자. 민주주의 선행국가(先行國家) 미국의 경우는 그 나라의 권력을 연방정부-주정부-지방정부의 3층으로 형성된 정부가 행사하는데, 이 때 하급정부가 상급정부로부터 독자성을 갖는 정도를 제2형 자율성(type II autonomy)이라 하고, 지역사회세력으로부터 독자성을 갖는 정도를 제1형 자율성(type I autonomy)이라고 한다.5) 그러므로 지방정부는 상급정부와 지역사회 두 세력의 통제를 받는 가운데 지방자율성(local autonomy)의 크기가 결정된다. 그런데 미국은 지역의 기업을 비롯한 경제사회 세력의 통제는 크고(제1형 자율성은 작다), 상급정부의 통제는 비교적 크지 않다(제2형 자율성은 크다).

우리는 어떤가. 미국과 정반대로 우리는 중앙정부로부터 받는 지방자치권은 작지만, 미리 지적한 대로 지방정부 안에서 견제하는 세력이 극히 미약하고, 지역사회로부터의 견제나 압력이 거의 없다.6) 자본주의 국가인 미국은 전통적으로 기업을 비롯한 지역의 경제사회세력의 영향을 크게 받는다. 그리고 지역언론이나 NGO를 비롯하여 시민단체들, 심지어 이익단체들이 있고, 정당까지 가세하여 지방정부의 활동을 지켜보고, 또 이들이 모두 서로를 견제하기 때문에 지방정부를 포함하여 특정한 기관이 독주할 만큼 만만하지 않다. 그에 비하여 우리의 지역사회는, 최근 기업유치를 위하여 노력하는 점에서 조금 달라지고 있기는 하지만, 지방정부가 각종 규제를 선택적으로 행사하는 방식을 통하여 지역의 기업을 지배하고, 질이 떨어지는 지방언론은 지방정부의 홍보지 수혜로 포

5) Gurr와 King은 지방 자율성(local autonomy)을 "지방정부의 정책결정권, 세원확보권, 집행능력의 극대화"로 정의하고, 지방정부의 자율성에는 중앙정부 등 상급정부의 정책과 조치, 지역 및 국가의 경제적 추세, 지방의 정치·사회적 이해에 의하여 제약을 받는다(1990: 38)고 지적하였다. 이들은 상급정부와 지방정부 간의 자율성을 제2형 자율성(type II autonomy), 지방정부와 지역 정치·사회적 이해 간의 자율성을 제1형 자율성(type I autonomy)이라고 분류하였다(1990: 3-8; 8-13; 83).

6) 일부 도시지역을 중심으로 시민단체들이 판공비 공개 등 목소리를 내고 있으나 요구를 외면하더라도 통제할 공식적 권한이 아니기 때문에 어려움이 있었다. 그러나 앞으로는 시민사회의 영향력이 점점 더 커질 것으로 보며, 자치단체장도 지금까지보다는 자율성이 줄어들게 될 것이다.

섭되고, 또 식견이 얕은 일부 기자들은 오히려 정보나 지식을 왜곡시키는 악역을 자행하는 가운데 지방공직자들의 일탈행동은 제대로 통제되지 못하고 있다.

그러므로 우리 지방정부의 권력행사의 특징은 "지방의회와 의원들은 방임하고, 공무원들은 줄서기를 하고, 지역사회에의 기업들은 세력화도 약한데다 지방정부의 선택적 규제에 휘둘리며, 일부 저급한 언론까지 자치단체장에게 포섭되어 제 기능을 못하고, 양심적인 시민단체들은 아직 드물고 또 성장도 더딘 가운데, 제왕 같은 자치단체장은 그를 받드는 의원들을 시종처럼 거느리고 무소불위의 정치행정권을 행사하는 모습"이라고 하겠다.[7)]

우리는 지금까지 지방공직자들의 일탈행동은 제1기 이후 계속 늘어나고 있고, 그들의 견제 내지 통제되지 않은 부당한 일탈행동 속에서 새는 바가지처럼 주민의 혈세는 흘러내릴 수밖에 없는 정황을 어느 정도 이해하게 되었다. 거듭 떠오르는 의문들은 다음과 같다. 우리의 지방정부에서 ① 왜 이런 문제가 계속하여 발생하는가? 우리는 ② 지방공직자들의 불법·부당한 행동들을 속수무책으로 두고 볼 수밖에 없는가? 이러한 ③ 문제를 해결하기 위한 유용한 방안들은 무엇인가?

이 책의 주제는 우리 지방자치와 관련하여 떠올린 이런 문제들을 연구문제로 설정하고, 그 해결방안을 논구하는 것이다. 그러므로 첫 번째 문제는 이 책의 제2장을 통하여 문제의 원인을 대표민주제에서 찾아보고자 한다. 즉, 대표민주제의 본질적이고 내재적 한계로 인하여 지방공직자의 일탈행동은 피할 수 없다고 보며, 그러한 예를 지방자치와 민주주의 선행국가 미국의 지방자치제도에서 찾아보기로 한다.

---

7) 이런 상황에서 그 지역의 자치단체장, 즉 지도자가 어떤 인물이냐에 따라 지역성장이나 발전의 격차는 엄청나게 벌어진다. 김흥식 군수와 같은 통찰력을 가진 지도자를 뽑은 전라남도 장성군은 중국에 만리"장성"이 있다면, 대한민국에는 전남 "장성"있다고 재미있는 표현이 나올 정도로 대표적인 성공사례라고 하겠다.

두 번째 문제의 해결은 제3장에서 직접참정제를 통하여 논의한다. 즉, 그러한 문제를 우리보다 먼저 겪은 미국 등에서 대표민주제의 보완논리로 직접참정론 또는 참여민주주의가 대두하였고, 몇 가지 제도가 채택되었다. 그들의 논리와 경험을 중심으로 소개한다.

세 번째 문제의 해결방안의 하나로 주민소환제를 제시하면서, 제4장, 제5장, 제6장, 제7장에서 외국의 주민소환제를 소개하고, 우리 나라에서 주민소환이 쟁점이 되어 해결이 모색되는 과정, 그리고 소환제의 내용과 소환제를 제대로 활용하기 위한 시민의 조건을 살펴보고자 한다.

제 2 절 연구의 범위와 방법

먼저 밝혀야 할 것은 우리 정치가 "대표민주제를 근간으로 삼으면서 직접민주제를 보완적 장치로 삼아야 한다"는 필자의 가치전제이다. 학자들이 사실에 입각하여 사회현상을 보고 이해하고 설명하고 예측하는 것이 필요하지만, 가치의 개입은 피할 수 없다. 그러므로 필자의 가치전제를 먼저 제시함으로써 사용되는 용어나 문장 구성, 역사적 사실의 인식 등이 모두 필자의 가치판단에 따라 선택한 것이라는 사실을 독자들이 이해하면서 읽을 필요가 있다.

현재의 우리 나라 민주정치는 굴곡진 역정을 거쳤다는 것은 모두가 잘 아는 사실이다. 이제 형식적으로는 민주주의가 어느 정도 정착된 것으로 보인다. 그래서 다시 우리 정치가 이승만・박정희・전두환 시대의 독재 또는 권위적 통치로 되돌아가지는 않을 것이다. 그럼에도 불구하고 우리는, 상투적인 언사이지만, 세계 10위권의 경제규모에 비하여 정치와 행정으로 구성되는 정부부문은 상대적으로 역량이 떨어지고, 특히 정치부문의 역량은 때로는 지탄의 대상이 되기도 한다. 그런 만큼 한국민주주의는 형식에 비하여 실질적 내용은 부실하다. 중앙정치와 지방정치로 구성되는 한국 정치가 저급한 원인은 여러 가지를 거론할 수 있겠지만, 대표민주제 자체의 내재적·본질적 요소와 우리에게 특유한 공간적·시간적·문화적 요소를 들 수 있을 것이다. 그러나 이 책은 우리의 지방자치에 직접민주제 장치인 조례개폐 청구제도, 감사청구제도, 주민투표제도와 함께 주민소환제도가 도입되는 시점을 맞아, 인과적 고찰은 필요한 최소한에 그치며, 우리 사회에는 주민소환제 자체의 이해가 절실하다고 보고, 2006년 5월 2일 국회를 통과한 <주민소환에 관한 법률>[8]의 내용을 미국의 주민소환제와 비교하여 쉽게 이해할 수 있도록 기술하는 데 중점을 두고자 한다.

이 책은 위에서 설정한 첫 번째 문제와 관련해서는 국내외 문헌을 통하여 대표민주제의 논리와 그 한계나 문제점을 살펴서 정리한다. 대표민주제의 문제를 해결하기 위하여 직접민주제가 대두한 배경과 내용 역시 외국 문헌을 중심으로 살펴서 정리하고자 한다. 그러나 이 책은 대표민주제가 제기하는 문제 모두를 다루지는 않는다. 이는 연구자의 능력과 시간 등 자원의 범위를 벗어난다고 생각하기 때문이다. 그래서 대표민주제, 직접민주제 모두 한정적으로 이론적 고찰을 시도하며, 지방자치 선행국가들의 이론과 경험을 통하여 주민소환제의 내용을 이해한 다음, 주민소환제의 모형을 설정한다.

이 모형을 이용하여 설문을 작성하여 조사를 실시하였고, 응답자들이 선호하는 모형을 모색하는 경험적 연구방법을 채택하였다. 그러나 이 연구에서 사용한 경험적 연구의 기법은 주로 집단간의 인식 차이를 확인하기 위하여 빈도분석과 분산분석, 판별분석 등을 사용하였다.

이 연구는 다시 문헌고찰을 통하여 설정한 외국의 주민소환제 모형과 설문조사를 통하여 분석한 선호모형을 제시하였으며, 국회가 통과시킨

8) 이후 꼭 필요한 경우를 제외하고는 "주민소환법"이라는 표현을 주로 사용한다.

<주민소환에 관한 법률>의 각 조항을 비교하여 기술하고, 취지와 그 차이 등을 비교하여 의견을 제시하는 방법도 사용하였다.

그러므로 이 연구의 범위는 우리 나라 주민소환제와 외국, 주로 미국과 일본의 주민소환제로 공간적 범위를 한정하고, 시간적 범위는 미국의 경우 엽관제와 보스에 의한 지배체제(political machine) 등 18세기 이후 20세기에 걸쳐 그들의 문헌을 고찰하게 되지만, 우리의 경우 연구의 시간적 범위는 지방자치가 부활된 후 주민소환법이 통과된 최근까지로 한정된다. 이 연구에 채택된 연구방법은 문헌연구와 경험적 연구, 비교방법 등이 사용된 셈이다.

제 3 절 책의 구성

책머리에서도 소개한 대로, 제1장 서론에서는 자치단체장과 지방의원들의 일탈의 문제가 왜 발생하는가? 그 원인은 무엇인가? 어떤 해결방법이 있는가? 등 일련의 문제들을 제기하며, 그 연구의 방법 등을 생각하는 내용을 다룬다. 이른바 연구문제의 설정과 연구방법을 제시한다. 제2장에서는 결코 완성품이 아닌 대표민주제의 한계를 들추어 대표제로 인한 지방정부의 문제를 해결하기 위한 대안으로서 직접민주제를 논의하는 근거를 삼으려고 하였다. 이 부분에서는 추상적 개념인 국민주권과 같은 용어가 사용되기도 하였는데 일반 독자의 경우 어렵게 생각된다면 그 부분은 건너뛰고, 제2절 문제투성이의 19세기 미국의 지방자치를 재미있게 읽으면 될 것이다. 그리고 제3장은 직접참정 또는 직접민주제를 실제를 중심으로 기술하며 소개하고 있으므로 외국의 직접참정제도를 이해하는 데 도움이 될 것이다. 제4장은 미국과 일본의 주민소환제를 소개하며 그것을 둘러싼 찬성론과 반대론을 안내하는 부분이다. 제5

장에서 제1절은 정책과정에 관한 이론적 고찰을 통하여 주민소환법 제정과정을 분석하는 데 사용할 모형을 논구하여 설정하는 부분이고, 제2절은 앞의 정책과정 모형에 따라 주민소환이 어떤 계기로 쟁점이 되었고, 또 운동역량이 어떻게 결집되었으며, 이 과정에 주민소환에 관한 지식은 어떻게 도입·전파되어서 어떤 역할을 하였는지, 시민운동과 지식이 결합되어 어떻게 학습공간과 정책공동체를 형성하였는지, 마침내 어떻게 법률제정으로 이어졌는지를 따라가며 기술(記述)하고, 모형과 관련시켜 논의하고 안내한다. 제3절은 선행연구를 통하여 구성한 이론모형을 주민소환법 제정이라는 정책과정에 적용한 결과 인식된 지식과 모형의 적정성 등을 정리한다. 그러므로 일반 독자라면 제1절 이론적 고찰은 건너뛰고 제2절만 읽어도 될 것이다. 제6장은 주민소환법의 각 조항의 내용을 소개한 다음, 이 분야를 공부하는 사람으로서 그러한 조항의 취지와 적용에 따를 수 있는 논점을 담았다. 끝으로 제7장은 주민소환제의 장단점을 예거하여 이 제도가 진정 '양날의 칼'이라는 점을 지적한 다음 올바르게 사용함으로써 지방자치의 발전에 도움이 되도록 하기 위하여 필요한 '성숙한 시민상'을 다루었다.

대표민주제는 완성품인가

02 Chapter 대표민주제는 완성품인가

이 장에서는 참여민주주의나 주민발의 · 주민소환 · 주민투표와 같은 직접참정이 확대되고 있는 오늘날 그 논리적 근거나 이유를 대표민주제의 내재적 · 본질적 특성에서 찾을 수 있다고 보고, 먼저 대표제[1)]를 개략적으로 이해하고, 그 문제들을 살펴본다.

제 1 절 대표민주제의 논리

오늘날 세계 대부분의 민주국가는 거의 모두 대표민주제를 채택하고 있으며, 지방정부로는 미국의 동북부 코넥티컷, 메인, 매사츄세츠, 뉴햄프셔, 로드아일랜드, 버몬트 등 뉴잉글랜드 6개 주의 타운들이 직접민주제를 채택하고 있는 정도이다. 다음에 대표민주제의 발생논리를 국민주

1) "제도(institution)"는 되풀이되는 행태 — 습관, 관습과 일상행위 — 의 패턴(Morgan, K., 1997, The Learning Institution, Innovation and Regional Renewal, 31권 491-503) 또는 규칙(a rule)이나 규범이며, 이 때 규칙이나 규범은 관련 집단 구성원들에 의하여 정당하다고 수용되는 과정을 거쳐 제도화된 것을 의미한다. 이 때 규범을 일탈하면 제재가 따른다(Lane & Ersson, 2000: 3). 이 책에서는 제 또는 제도를 같은 의미로 사용한다.

권론과 관련시켜 살펴본다.

Ⅰ. 국민주권론과 대표민주제

1. 국민주권론

대표제(representative system)는 국민주권론에 바탕을 두고 있다. 그리고 국민주권에 관한 정치한 논의는 1789년 프랑스 대혁명의 전후에 걸쳐 이루어졌다. 이경주(2005: 21)에 따르면,[2] "주권이론의 창시자인 보댕(Jean Bodin)은, 이론적으로는 불충분한 것이었지만, 주권을 국권의 속성으로 파악하고, 대내적으로는 최고성, 대외적으로는 독립성을 의미하는 단어로 사용하였다."

보댕의 주권론은 루쏘(Jean-Jacques Rousseau)의 사회계약론을 통한 인민주권론을 통하여 반격을 받았다. 17세기 후반 주리외(Pierre Jurieu)의 이론에 접맥하여 루쏘는 "인간이 자연상태에서 각 개인의 저항력으로도 자신의 생존을 지켜내기 힘든 장애가 있을 때 개인은 자기보존을 위해 자연권을 유보 없이 전면적으로 양도하는 사회계약을 통하여 <정신적이고 집합적인 단체: 국가>를 만들고, 하나의 초월적인 공권력을 창설하며, 이 공권력이 주권이라고 본다. 즉, 정신적・집합적 단체로서 국가는 계약자인 인민[3]이 주인이며, 국가 의사력으로서 주권은 인민의 포괄적 지배력을 의미한다"(이경주, 2005: 33)고 하였다.

---

2) 이경주는 『유권자의 권리 찾기, 국민소환제』 제1장부터 제4장까지 <주권>과 <국민> 개념 형성의 역사적 과정을 소상하게 고찰하여 소개하고 있으며, 이 책에서도 국민주권과 대표제에 관해서는 유용하게 참고하였음을 밝혀둔다.

3) 이경주는 루쏘가 사용한 인민은 "사회계약 참가자의 총체, 즉 주권 행사에 참가한 시민의 총체"로서 인민 그 자체가 의사결정과 집행 능력을 가진 존재를 의미하며, 프랑스 혁명 후 1791년 헌법에서 사용하는 "참정능력을 갖지 않은 사람까지 포함하며, 의사결정 능력과 집행 능력을 갖지 않는 전 국민, 즉 국적 보유자의 총체"로서 국민의 개념과 명확히 그 의미 내용이 다르다고 본다(2005: 34-35).

프랑스 혁명이 일어난 1789년 7월 9일 <헌법제정국민의회>는 극우부터 극좌까지 다양한 정치세력들이 결집하여 상이한 주권론을 전개한 것으로 유명하다. 우여곡절 끝에 헌법제정국민의회의 다수를 차지하게 된 부르주아 계급은 1791년 9월 3일 헌법은 상호 평등한 개인으로 이루어지는 국민과 다른 성격의 국민주권의 개념을 채택하였다. 여기서 국민은 "모든 국적 보유자의 통일 단체"로서 단일·불가분의 양도할 수 없는 관념적 존재이고, 주권은 이러한 개념의 국민에게 속한다고 규정하였다. 따라서 모든 권력, 주권의 연원은 국민이지만, 관념적 존재로서 국민은 직접 권력을 행사할 수 없고, 오로지 대표자를 통해서만 행사할 수 있을 뿐이다(이경주, 2005: 58-72).

2. 대표제론의 변화

프랑스 혁명기의 국민주권 개념에 근거하여 주권은 헌법이 정하는 조건 아래에서 헌법이 정하는 국민대표의 손에 의해서만 행사되는 구조를 갖게 되었으며, 이로써 군주주권을 부정하였고, 봉건사회의 질서를 부정하여 민주주의의 측면을 갖추었다. 비록 부르주아 계급을 위한 국민주권이요, 가진 자들[4]의 제한된 선거참여라는 한계에도 불구하고, 근대 민주주의의 중요한 개념과 제도의 근거가 마련된 것이 프랑스 혁명기 헌법이었다.

프랑스 헌법이 규정한 대표자는 "특정한 지역구의 대표자가 아니고 국민 전체의 대표자이며, 대표자에게는 어떠한 위임도 할 수 없다"고 규정함으로써 대표자는 유권자의 부분 이익으로부터 자유롭게 정책을 결정하는 재량적 수임자(delegate)이지 선거구민의 의사를 묻고 따르는 기

4) 선거권자는 능동 시민으로 제한되었고, 능동 시민의 요건은 헌법으로 엄격히 규정하여 프랑스 내에서 적어도 3일분의 임금에 상당하는 직접세를 내고, 그 증명서를 제시하여야 했다. 이 밖에도 몇 가지 요건을 갖추어야 하였으며, 능동 시민들은 선거권을 통하여 정해진 일정한 재력을 가진 지역 선거인을 선출하고, 이들이 각 지역에 할당된 대표자를 선출할 수 있었다. 자세한 내용은 이경주, 2005: 65-67을 참조할 것.

속적 수임자(agent)가 아니다. 그러므로 그 당시의 대표자의 개념은 임기 동안 자신의 양심에 따라 전체의 의사를 표현하여 결정하고, 선거 때에 정치적으로 그에 대하여 책임지는 것으로 충분하였다(이경주, 2005: 61-72). 그러므로 프랑스 혁명기의 국민, 주권의 소유자, 선거권자, 그리고 대표자 모두 부르주아 계층이라는 한정적·동질적 사회세력의 것에 불과하였던 것이고, 박호성의 지적대로 "힘 있는 자를 위한 '호랑이의 자유'[5]만을 옹호함으로써 역사적 한계(2005: 39)"가 있었다.

그러나 노동자와 중소상인 등이 정치세력으로 등장하여 보통선거가 제도화되면서 대표자들은 더 이상 동질적 계급의 이익을 표명하여 지키는 입장을 견지하기 어렵게 되었다. 부르주아 계층보다 더 많은 표를 가진 선거권자들의 이익이나 요구는 대표자로서 결코 외면할 수 없는 상황이 되었다. 그리고 애덤스(Adams)의 지적대로 대표자들은 공동체 전체의 공익을 구현하는 천사들이 아니었으며(1851: 195), 자신의 이익을 추구하는 현실적 인간에 불과하였기 때문에 유권자의 전적인 신뢰 아래 자유재량을 부여하기는 어려웠다. 그래서 현대 대표제는 유권자가 국가정책의 부분적 사항에 관하여 직접 투표를 통해 결정할 수 있고, 명령적 위임의 금지가 존재하지 않으며, 유권자의 의사를 확인하고 표시하는 단계에 접어들었다는 것이다(杉原泰雄, 이경주 역, 2005: 92).

5) 초기 자유주의는 재산의 유무에 따라 정치적 평등이 차별적으로 주어졌고, 소유의 불평등은 천부적 인권 개념으로 신성시되는 가운데 평등은 단지 구체제의 특권 계급이 누리던 모든 지위와 특권을 이제는 부르주아 계급도 동일하게, 합법적으로 향유할 수 있다는 의미로 통용된 점에서 힘 있는 가진 자, 즉 부르주아의 자유만 옹호하는 결과가 된 심과 내실개념으로 박호성은 "앵무새의 평등"을 사용하여 노동자 등의 약한 평등과 자본가들만의 확장된 자유를 지적하였다.

Ⅱ. 대표민주제의 한계

1. 민주주의의 개념과 지표

1) 개 념

링컨의 표현대로 민주주의는 <국민의, 국민에 의한, 국민을 위한 정치>요, 켈젠의 표현대로 민주주의는 <지배자와 피지배자의 동일성>을 본질로 한다. 한편 래니(Ranney)는 민주주의를 "국민주권, 정치적 평등, 국민협의, 다수 지배의 원리에 따라 조직된 정부형태(권만학 외 역, 1995: 157-164)"라고 정의하기도 한다. 또 다이아먼드(Diamond), 립셋(Lipset), 그리고 린즈(Linz) 등(1983: 3)[6]은 민주주의를 "① 정부권력의 중요한 지위를 위하여 개인과 조직된 집단들 간에 의미 있고 광범위한 경쟁, ② 지도자와 정책의 선택에 매우 폭넓은 수준의 정치적 참여와 ③ 충실한 정치적 경쟁과 참여의 보장에 충분한 정도의 시민적·정치적 자유를 지닌 정치체제"라고 정의하였다.

2) 민주주의의 지표

지표(indicator)란 어떤 사상(事象)의 변화를 나타내어 주는 신호라는 뜻이다. 여기서 민주주의의 지표라는 용어는 그것이 민주주의이기 위해서는 드러내어 주어야 할 신호, 즉 현상적 자료를 가리킨다. 그러므로 민주주의의 지표란 진정한 민주주의가 갖추고 있어야 할 중요하고도 특징적인 모습이라고 하겠다. 이에 관해서는 맥키버(MacIver) 등 다양한 학자들의 논의가 있지만, 다음과 같이 정리해 볼 수 있을 것이다.

첫째, 언론·집회·결사의 자유와 같은 기본권이 보장되고 있는가.

둘째, 자유·평등·직접·비밀선거나 투표에 의하여 시민들의 중요한

---

6) Alex Inkeles(1991). On Measuring Democracy, New Brunswick, New Jersey, Transaction Publishers.

정치적 의사의 결정이 이루어지고 있는가.

셋째, 위와 같은 시민들의 정치적 선택이 정기적으로 되풀이하여 안정적으로 실시되고 있는가.

넷째, 시민들의 정치적 의사결정을 통하여 정부의 정책에 반대하거나 반대하는 정당 등 조직을 결성하는 것이 자유로운가.

다섯째, 위와 같은 활동들이, 특정한 개인이나 집단의 자의적 판단이 아니라, 법령에 규정되어 따르고 실행되는가.

여섯째, 대개의 집합적 의사결정은 다수결에 따르더라도 소수의 견해나 입장이 충분히 존중되는가.

일곱째, 위와 같은 정치적 활동의 절차나 제도가 안정적이고 지속적으로 유지 · 존속되고 있는가.

대체로 이러한 일곱 가지 지표들을 적용하여 판단할 때, 어느 한 가지라도 갖추어져 있지 않으면 그것은 충실한 민주주의라고 말하기 어렵다.

2. 대표민주주의의 개념

절대군주제를 극복한 현대 민주주의는 국민주권을 전제로 대표를 통하여 자치를 실현하는 대표민주제나 뉴잉글랜드 주민총회(Open Town Meeting)처럼 스스로 직접 자치를 실현하는 직접민주제의 정치양식까지 내포하게 되었다. 그러나 이 책은 대표를 통한 정치는 <정치과정에의 주권자 참여>와 <대표들의 책임과 주권자에 의한 통제>, 즉 참여와 책임(통제)이라는 민주주의의 본질을 제대로 살려내지 못하고 있다는 믿음에 따라 그 보완장치가 필요하고, 그 보완장치가 바로 직접참정이라는 논리에 따르고 있으므로 대표제의 내용과 한계를 지적하고자 한다.

대표(representation)라는 말은 원래 "드러나게 하다(to make present)" 또는 "있지 않는 어떤 것을 상징하거나 대변하다(to symbolize or to stand for something absent)"라는 의미를 가진다. 그러므로 대표라는 용어는 "드러나지 않은 어떤 사람들의 입장을 드러내는 것" 또는

"다시 드러내는 것"을 의미한다. 간단히 말하여 정치적으로 어떤 사람을 대표한다는 것은 다른 사람의 입장에서 봉사하고, 그에 대하여 책임을 지는 것이다(Cronin, 1989: 26).

정치적으로 대표제는 "피치자의 동의로부터 그들의 권력을 구하는 사람들로써 정부를 구성하여, 이들이 공공의 의사를 책임 있게 실천한다(Cronin, 1989: 10)"는 믿음에 따르고 있다. 대표민주제(representative democracy)의 사전적 의미는 "자유롭게 선출된 시민의 대표들, 정부에 대한 통제권, 자유선거에 의한 대표의 선출, 유권자의 동등한 투표권 등에 의하여 구성된 정부체제(Collin, 1988: 84)"이다. 유재원에 따르면, 선출된 대표를 통해 시민의 지배를 구현하려는 정치체제로서 대표민주제의 기본적 전제는 ① 시민은 자신의 권익을 대변할 후보를 판별할 수 있는 능력이 있어야 하며, ② 선거는 시민들과의 약속을 배반한 대표들을 징벌할 수 있는 효과적인 장치로서 기능해야 하고, ③ 정부기관들의 권력의 분립이 이루어져야 한다는 것이다. 그리고 대표민주주의의 기본적 과제는 선출된 대표가 시민의 이익을 위해 봉사하고 그들에 대해 책임을 지도록 만드는 데 있다(2003: 342).

그런데 위에서 소개한 바의 기본적 전제는 어느 하나도 실현하기가 쉽지 않다는 점은 분명하다. 유권자들은 자신의 권익을 대변할 후보를 판별할 수 있는 능력이 있어야 하고, 선거는 시민들과의 약속을 배반한 대표들을 징벌할 수 있는 효과적인 장치가 되어야 하며, 정부기관들의 권력이 분립되어야 하는데, 유권자들은 후보를 판별하는 지적 능력과 정서적 지향이 엇갈리기도 하고, 선거는 유권자의 건망증으로 인하여 효과적 통제장치가 되기도 어려우며, 행정국가 현상에서 보듯 권력구조의 균형을 취하는 일도 간단한 일이 아니다. 따라서 대표민주제는 애초부터 영원히 완성될 수 없는 그림인지도 모른다. 그 이유를 살펴보자.

3. 대표제의 한계

민주정치의 선진국이라고 할 수 있는 미국에서조차 대표민주주의의 장점을 누구나, 언제, 그리고 어디서나 누린 것은 아니다. 크로닌(Thomas E. Cronin)은 미국시민들은 건국 후 줄곧 공직자의 정기적 선거만으로는 미흡하다고 생각하였으며, 따라서 더 충분한 민주주의를 요구하게 되었다(1989: 1)고 지적하였다. 그러면 미국 시민들은 왜 더 충분한 민주주의를 요구하게 되었을까? 20세기에 들어서 미국에서는 대표민주제에 대한 학자들의 비판이 늘어나면서 더 강한 민주주의(strong democracy)를 요구하고, 한편에서는 그에 대한 비판을 제기하기 한다. 대표민주제의 한계를 편향적 인간관, 제도적 요인 등을 통하여 살펴보기로 한다.

1) 편향적 인간관

슘페터(J. A. Schumpeter)는 "대표제는 항상 시민의 이익을 대표하고, 수호하는 지도자를 정기적으로 선출하는 데 시민의 역할을 한정함으로써 갈등을 완화시키고 정치한 공익의 관점을 북돋울 수 있다(1942: 296)"고 하였다. 크로닌은 인간에 대한 상반된 관점을 담고 있는 언명들을 그의 저서에서 소개하고 있는데, 애덤스(John Adams)는 "인간이 천사라면, 정부가 필요 없을 것이다. 또 천사가 인간을 다스린다면, 정부에 대한 안팎의 통제는 전혀 필요하지 않을 것이다"라고 하였다. 그러나 대중이 아니라 대표의 능력을 기대하고 신뢰하는 립맨(Walter Lippman)은 "대중은 스스로 다스릴 수 없다(A mass cannot govern)"고 하였고, 윌(George F. Will)은 "국민은 스스로 다스릴 수 없으며, 쟁점도 스스로 결정할 수 없다. 그들은 오로지 누가 결정할 것인가를 결정할 뿐이다"라고 하였다(Cronin, 1989: 18-21).

인간은 그 자체에 선한 면과 그렇지 못한 면을 동시에 가진 양면적 존재로 보는 입장, 선한 존재로 보는 입장과 이익을 추구하는 현실적 존재로 보는 입장이 나누어져 있음은 주지의 사실이다. 그런데 플라톤(Platon, BC 428-347)을 비롯하여 고전 정치학 연구자들은 정치학을 도덕적으로 정당한 정책을 산출하는 활동으로 보았고, 현대의 슈트라우스(Leo Strauss, 1899-1973)는 정치학을 "올바른 행동에 관한 과학(the science of right action)"이라고 하는 등 "정부가 도덕적이고 윤리적인 기초 밖에서 행동하는 것에 관한 공식적 이론은 존재하지 않았다(Gordon Tullock, 김정완 역, 2005: 26-27)"고 했을 정도이다. 그러므로 기존의 정치학은 인간의 한 쪽 면만 바라보고 연구함으로써 정치인들뿐만 아니라 유권자인 일반 시민들의 부도덕한 행동, 즉 돈 봉투를 돌려서 표를 매수하려고 하고, 또 일부 유권자는 자신의 소중한 정치적 권리를 팔아넘기는 행동을 과학적으로 설명하는 노력도 없었고, 설명력 있는 이론도 형성되지 못했을 정도라고 비판받는 것이다.

그러나 인간은 과연 그렇게 선한 존재인가? 과거에도 마키아벨리(Nicolo Machiavelli, 1469-1527), 홉스(Thomas Hobbes, 1588-1679)처럼 인간을 이기적인 존재로 파악한 학자들이 없지는 않지만, 흄(David Hume, 1711-1776)은 공익적 관점의 인간관을 비판한 첫 번째 인물이며, 뷰캐넌(James M. Buchanan)과 털럭(Gordon Tullock) 등 일군의 경제학자들이 20세기 초·중반에 정치행위자들을 시장에서 재화를 선택하는 합리적·이기적 존재[7]로 가정하고 정치현상을 설명하는 노력을 기울였는데, 그것이 바로 공공선택론(public choice theory)이다. 이러한 관점에서 정치인의 선택행위를 설명하는 <표 극대화 모형>[8]과 관료의

7) 경제학에서 인간은 자신이 지닌 자원을 최소한으로 사용하면서 욕구충족을 극대화하려는 합리적이고 이기적인 존재라고 가정한다. Tullock은 "인간은 자선적인 기부활동도 하지만, 대개 자신의 전체 소득의 5% 정도의 작은 규모에 불과하다"고 말한다(김정완 역, 2005: 27 각주).

8) 정치가들은 정책결정을 포함하여 그들이 행동을 할 때는 다음 선거에서 재선이 지상의 목표이므로 그러한 목표달성을 위하여 표를 얻기 위한 선택에 치중한다는 설명이다. 그러므로 자치단체장이나 지방의원들은 길게 봐야 4년 뒤의 선거에 유리한지를 따져서 행동을 선택하기 때문에 그 지역의 장기적 관점에서 필요한 숙원사업(공익사업) 등에는

선택행위를 설명하는 <예산극대화 모형>[9]이 제시되었다. 정치인은 물론 유권자들까지 포함하여 정치행위자들(political actors)은 이기적 존재이며, 시장에서 상품을 고르듯 정치현장에서도 자기이익을 극대화하는 선택을 한다고 가정하고 정치를 설명할 때, 정치가는 당연히 공익의 관점에서만 행동한다고 가정하고 설명할 때 보다 현실의 정치를 훨씬 더 정확하게 설명할 수 있게 된다. 이러한 연구업적을 평가받아서 공공선택론의 창시자 뷰캐넌은 1986년 노벨 경제학상을 받았다.

지금까지의 내용을 바탕으로 이 책의 주제와 관련시켜 논의를 전개하여 보자. 인간은 완벽한 존재가 아니며 양면성을 지닌 존재이다. 그러므로 대표민주제에서 대표들은 더 이상 전적으로 공익적 인간도 아니고, 또 전적으로 사악한 인간도 아니다. 이러한 대표들에게 임기 중 자신의 양심과 윤리에 따라 판단하여 선택하고, 그에 대하여 차기의 선거에서 정치적 책임을 지도록 하는 재량적 위임은 위험한 것이다. 비록 선거라는 책임추궁의 장치를 사용할 수 있지만, 이 또한 완벽하지 못하기는 마찬가지다. 그것은 대표들이 선거라는 장치를 악용하고, 유권자는 악용당하기 때문이다. 예컨대 정치인들은, 불완전하고 이기적인 유권자들의 건망증을 교묘하게 이용하여, 표를 구하는 선거철에 임박하면 유권자의 마음을 얻기 위한 선심정책을 사용하고, 당선되고 나면 그 때는 문제를 수습하는 정책을 사용하게 된다.[10] 거기다가 불완전한 존재로서 양면성을

아무래도 소홀하다고 설명한다.

9) 관료들 역시 공익보다 자신의 위신이나 이익을 우선적으로 고려하며, 관료의 위신을 나타내는 지표로 예산을 설정한다. 자기부서의 예산의 액수는 곧 그가 거느리는 부하의 인건비, 그리고 그가 최종적으로 결정할 수 있는 사업비 등을 포함하기 때문이고, 이는 곧 그의 영향력의 크기로 간주할 수 있기 때문이다. 이렇게 예산을 확보하려는 관료의 노력은 불필요한 예산을 확보하게 되고, 이렇게 하여 그 지역사회의 자원(주민의 부담, 즉 공익)의 낭비가 나타나게 된다고 설명한다.

10) 예컨대 물가상승과 실업은 교환관계라고 본다. 그러므로 정치가들은 유권자의 표를 구할 때는 그들에게 구체적으로 감지될 수 있는 실업이 해소정책을 사용하고, 당선된 후에는 물가억제와 같은 정책을 사용함으로써 일종의 정치적 경기순환(political business cycle)이 생성된다는 것이다.

가진 인간이 욕구충족을 위하여 만들어 사용하는 갖가지 제도가 완전무결하기를 기대하는 것은 애초에 무리이다. 그러므로 정치제도로서 대표민주제인들 완벽할 수 없는 것이며, 오히려 보완하는 장치를 절실히 필요로 하는 미완성의 불완전한 하나의 제도일 뿐이다.

2) 대표민주제의 내재적 · 본질적 한계

미국 뉴잉글랜드 지역의 주민총회(Open Town Meeting: OTM)를 제외하고는 세계의 모든 지방정부가 대표제이다. 애초에 주민총회를 채택하고 있던 뉴잉글랜드 지역에서도 인구규모가 큰 곳은 이미 대표제를 채택하였다. 따라서 인구규모가 큰 지방정부, 연방제 국가의 주나 단방제 국가는 유권자들이 한 곳에서 집회를 할 수 없다는 현실적 제한으로 인하여 모두 대표민주제를 채택하고 있다. 이러한 대표제는 앞에서 소개한 대로 인간의 불완전성에 바탕을 둔 불완전한 제도이기 때문에 여러 가지 측면의 한계를 지니고 있을 수밖에 없다. 그 내용을 정리하여 보자.

정영태(참여사회연구소 편, 1997: 166-167)는, 대표민주제[11]나 직접민주제나 그 자체만으로는 한계가 있다고 지적하면서, “대표민주주의의 한계를 주로 지리적 단위에 기초한 대의기구, 지역대표를 선출하는 선거, 그리고 지리적 대의기구(지방의회나 국회)와 선거정치를 사실상 독점하고 있는 정당, 이 세 가지 제도를 중심으로 운영되는 제도라는 점”에서 비롯되는 다음과 같은 근본적 한계가 있다고 지적한다.

첫째, 대표제는 모든 시민들이 자신의 삶에 영향을 미치는 결정에 참여할 수 있어야 한다는 민주주의 기본 이념에 어긋난다. 시민들은 선거

11) 정영태는 대의제라는 표현을 사용하고 있는데, 필자는, 대표제와 대의제는 보통선거 이후 혼용되기도 하지만, 대의제는 군주도 포함하여 제한선거에 기초한 제도로서의 함의이고, 대표제란 대표를 뽑아 주권자의 뜻을 대신하는 정치시스템으로서 이 경우 대표는 근대 시민혁명 이후 주권자의 선거에 의해 뽑힌 자가 맡았다는 함의라는 이경주의 지적(2005: 151 각주 4)을 따라 대표제를 사용한다.

때를 제외하고는 대표들이 하는 일을 쳐다보기만 하면서 다음 선거까지 기다리다가 엄청난 피해를 입을 수 있다.

둘째, 지리적 단위에서 선출된 대표에 의해 구성된 대의기구가 시민의 정치적 · 정책적 이익의 대변을 독점한다. 지리적 대표가 시민의 이익대변을 독점하도록 하는 것은 '모든 차원에서 동질적인 추상적 개인'과 '개인의 자율성'을 가정하기 때문인데, 이러한 가정은 개인의 다주체성과 이해관계의 다차원성, 그리고 조직생활에 의한 주체의 형성이라는 현실을 무시한다.

셋째, 국민이 직접 선출하는 대표의 후보를 결정하는 권한이 정당에 사실상 독점되어 있어 특정 사회집단에 속하는 국민들은 자신이 지지할 만한 대안을 갖지 못하는 경우가 많다. 이러한 상황은 당선자 결정방식이나 의회에서의 의사결정 방식, 즉 다수결제도로 말미암아 더욱 악화될 수 있다.

넷째, 두 번째로 지적한 문제점의 결과로 나타나는 것으로서 추상적 개인과 개인의 자율성을 전제하고서 자의적으로 그어진 선거구 내의 일정한 수의 유권자로 하여금 대표를 선출케 하는 대표제 민주주의하에서는 개인이 사회적 분업구조 속에서 담당하는 역할에서 연유하는 이해관계가 대표기구로 전달될 통로를 차단당한다.

정영태가 대표제에 관하여 지적한 문제는 기본적으로 타당하다. 그래서 오늘날 비례대표제를 비롯하여 그러한 문제를 해소하기 위한 다양한 장치들을 도입하기도 하였지만, 완전히 그러한 문제를 해결하기 어려운 것이 사실이다.

한편 다이(Dye)와 자이글러(Zeigler)는 대표제의 핵심수단으로서 사용되는 선거는 대중들을 안심시키는 상징적 의미만 가질 뿐 정책과 관련된 책무를 제시하지 못한다(1990: 199-200)고 지적하였다. 선거가 대표들에게 정책적 책무를 부여하기 위해서는 경쟁하는 후보들이 분명한 정책대안을 제시해야 하고, 또 유권자들은 정책문제에 관하여 관심을 가져야 하며, 선거결과는 그러한 정책문제에 관하여 분명한 다수의 선호가 표현되어야 하며, 선출된 공직자들은 선거운동 과정에 취한 입장을 지켜내어야 한다는 네 가지 선행조건이 충족되어야 하는데 그렇게 되지 못한다는 것이다.

다이와 자이글러가 지적한 선거가 대표제에 어떤 문제가 있는지 다음에 좀더 구체적으로 살펴본다. 첫째, 선거에서 경쟁하는 후보들이 분명한 정책대안을 제시하지 않기 때문에 유권자들은 어떤 후보가 자신의 선호, 즉 바라는 바를 정책을 통하여 더 잘 실현하여 줄 것인지를 정확하게 알 수 없게 된다. 이러한 경향은 정당정치가 발달한 미국의 정당간에도 확실하게 드러난다. 대체로 미국의 공화당은 자유의 가치를 표방하며, 따라서 자유경쟁을 통한 시장의 기능을 지향하게 되고, 따라서 대개 자본가들과 이해를 공유하는 편이다. 그러나 민주당은 형평의 가치를 표방하며, 따라서 사회적 약자의 보호를 지향하게 되어 노조나 농장 노동자 등과 이해를 공유하는 편이다. 그러나 선거에서 정당과 후보는 정책의 색깔을 지나치게 분명하게 드러내면 중간입장의 다수를 차지하는 유권자의 표를 얻지 못하여 패배하게 된다는 것을 경험적 사실을 통하여 잘 알고, 그래서 공화당과 그 후보는 민주당의 그것과 유사하게, 그리고 민주당과 그 후보는 그 반대로 공화당 정책의 방향과 내용을 모방하여 자신의 정강과 정책을 얼버무린다. 그러므로 유권자들은 혼란스럽고, 선택이 어렵다. 사실 우리 나라의 정당은 지역정당·인맥정당으로서 정치이념을 제시하기 어려운 저급한 정당정치라는 한계와 함께 우리의 정당들 역시 상대 정당의 정책 베끼기는 흔한 일이다.

둘째, 유권자들은 후보자의 정책과 관련된 입장을 잘 모르고, 비교적 적은 유권자들만이 정책문제에 관심을 가진다. 많은 서민 유권자들은 정당의 정강이나 후보의 정책과 그 결과는 구체적으로 눈에 띄지 않는 간접적 사건에 불과할 수 있다.[12] 이들에게는 오히려 눈앞의 생계문제

12) 신흥아파트지역과 달리 단독주택 주거지와 노령인구가 많은 동에서는 후보에 관한 정확

가 더 시급하다고 판단할 수 있다. 이런 경우, 대개 많은 서민 유권자들은 정당이나 후보의 정책에 관하여 소상한 정보나 지식을 얻는 데 들이는 노력이나 비용(cost)이 돌아오는 혜택 또는 편익(benefit)보다 커서 손해라고 생각하게 된다. 거기다가 유권자들이 선택에 어려움을 겪는 데는 정보의 비대칭[13]도 한 몫 한다. 즉, 정당이나 후보를 판단할 정보나 자료가 부족한 가운데 오히려 대표를 잘못 선택하는 일, 즉 역선택(reverse selection)까지 생긴다. 이렇게 해서 선거의 결과는 실패로 나타나는 것이다.

셋째, 유권자들의 정책에 대한 여론도 일관성이 없고 불안정하다는 것이다. 유권자 대중의 속성은 정확한 지식이나 정보에 근거한 사려 깊은 판단과 선택보다는 감정에 좌우되는 경향이 크다. 이러한 대중의 속성은 선거 때, 질이 낮은 정당이나 후보들에 의하여 악용되는 경향이 많은데, 그런 예는 바로 "흑색선전"이라고 할 수 있다. 근거 없는 "카더라" 소문이 삽시간에 선거판을 휩쓸어 정책내용을 내세운 선량한 후보를 저격하여 떨어뜨리고 흑색선전을 악용한 자를 당선시키고야마는 경우이다. 유권자 대중의 일관성 없고 불안정한 태도가 악용되는 이런 경우, 참신한 정책경쟁을 하는 후보가 손해 보는 정치판은 선거의 진정한 의미를 잃게 하고 선거의 질을 떨어뜨리면서 대표민주제의 효능을 의심케 만드는 것이다.

한 정보나 지식에 근거하여 투표하는 것이 아니라는 증거로 많은 개표종사자들이 경상도지역의 5·31 지방선거에서 "투표지의 앞쪽 후보들을 무조건 찍어버린 현상"을 발견했다는 점을 들 수 있다.

13) 우리가 시장에서 물건을 사는 경우, 그 상품의 가격과 품질 등 상세한 정보를 알면 손해보지 않게 된다. 그러나 그러한 정보를 충분히 갖지 못한 경우는 바가지를 쓰는 등 손해를 볼 수 있다. 이처럼 잘 돌아가는 시장은 생산자(판매자)는 소비자의 욕구나 선호를 정확하게 알고, 또 소비자는 상품의 정보를 정확하게 아는 상태를 전제로 하는데, 어느 한 쪽은 충분한 정보를 가지고 있으나 다른 한 쪽은 그러한 정보를 갖지 못한 상태를 정보의 비대칭이라고 한다. 정치에서 유권자를 소비자로, 후보자를 상품으로 간주하는 시장이라고 보면, 유권자는 후보에 대한 정보가 부족하여 오히려 질이 낮은 후보를 선택하는 상황이 생기는데 이런 경우를 역선택(reverse selection)이라고 한다.

넷째, 선거에서 후보자를 비롯한 이른바 엘리트들이 유권자 대중의 여론에 미치는 영향이 대중이 엘리트에게 미치는 영향보다 크다는 점이다. 그래서 유권자 대중은, 정치적 원칙이나 사실에 근거하여 판단하는 것이 아니라, 정당이나 후보자들이 조작하여 제시하는 정치적 상징이나 진실성이 떨어지는 화려하고 가장된 제스처에 현혹되는 경향이 크다. 이러한 경향은 셋째 항목의 내용과 연관되어 선거의 진정한 의미를 떨어뜨리게 된다.

다섯째, 선거결과는 정책문제에 관하여 반드시 다수의 선호를 반영하는 것은 아니다. 그 이유는 ① 선거운동이 정치이념의 내용이 아니라 표면적 이념을 강조하는 점과, ② 당선 자체가 정책과 관련된 입장에 대한 지지라고 볼 수 없는 점, ③ 유권자들은 종종 후보자의 정책을 오해하는 점, ④ 특정 후보에게 투표한 유권자 가운데는 정책 외에도 다른 이유로 투표한 자도 포함된다는 점, ⑤ 후보자는 여러 쟁점을 한꺼번에 정책과 연결시켜 제시하므로 어느 정책의 입장을 지지하는지 분명하지 않은 점, ⑥ 당선자가 선거운동 기간에 내세운 공약을 파기하는 점 등이다.

지금까지 민주정치에서 대표제 자체도 문제가 있고, 또 대표를 선출하는 핵심적 장치로서 선거제도의 불완전성 등으로 인하여 대표제도 불완전할 수밖에 없다는 점을 살펴보았다. 그러므로 원래 인간이 불완전한 존재이기 때문에 인간의 정치적 욕구를 해결하기 위하여 만들어서 사용하는 대표민주제는 본질적으로 불완전한 제도이고, 그래서 잘못된 대표가 선출될 개연성도 높다는 결론에 이른다.

제 2 절 미국 지방자치와 대표제 문제

I. 비판적 논의

이 책의 서론에서 우리의 지방자치 현장에서 나타나는 현상들을 예시하며 문제들을 지적하였다. 그러면 우리보다 훨씬 앞서 민주정치를 정착시킨 국가, 미국의 지방자치에는 어떤 문제들이 발생하였을까.

윌슨(Woodrow Wilson)이 주지사일 때, 그는 지방자치현장에서 일어난 문제를 "머신(machine)[14]과 그 지지자들이 바라지 않는 의안은 위원회에서 낮잠을 자고, 그들이 원하는 것은 벼락치기로 통과시켰다"고 비판하였다(Cronin, 1989: 1). 지역의 정치권력을 장악한 보스들은 지방정부의 공사계약을 정치적 헌금자들에게 제공하거나 이들을 비호하는 등 특권을 부여함으로써 선거구민 또는 지역주민의 공동이익이 아니라 정치적 보스 자신의 권력과 그 추종자들의 편익을 추구하여 지방정부를 개인 소유물로 만들었다(Dye, 1985: 277-284). 이렇게 정치적 보스에 의하여 장악된 지방정부는 사인화(私人化), 즉 특정한 개인의 전유물처럼 되어서 공직과 이권을 나누어 가지고, 이러한 지방정부는 뒷전에서 기업가 등 일부 소수가 지배하는 뒷손 정부(invisible government) 또는 탈법을 자행하고도 통제받지 않는 무법(無法)의 소수지배(the extra-legal unpopular government)에 불과하였다. 미국의 지방정부를 일부 기업가나 정당의 보스(boss)들이 장악하게 되자 선량한 사람들은 아예 공직자가 되기를 포기하였을 정도였다(Cronin, 1989: 55). 또 지역의 정당 보스들은 이런 상황을 오히려 악용하여서 무능하더라도 정치적으로 자신에게 충성하는 자들을 공직자 후보로 내세우고, 그들을 매수하고 통

14) 정당보스에 의한 지배체제에서 개념을 소개하고 있음.

제하였으며, 선거자금을 지원한 기업을 위하여 탈법을 예사로 행하며 이권을 주고받으면서 공익은 철저하게 외면하고, 특수이익을 위하여 봉사하였으며, 무능한 자들이 공직을 점유함으로써 주민들은 혈세만 부담하고 돌아오는 공공서비스는 보잘 것 없었다. 그러므로 19세기 미국의 지방자치는 공직자들이 지방민주주의를 실현하고, 공익을 책임 있게 실현한다는 대표제의 전제를 철저하게 배반하고, 오히려 공직자들이 극도의 부정부패와 타락현상을 드러냈고, 행정은 비능률과 불공평을 저지르는 등 온갖 부정적 요소들의 결합물 그 자체로서 지탄의 대상이 되었다.

그러면 대표민주제를 채택하고 있던 미국의 지방자치 현장에는 왜 위와 같은 심각한 문제가 발생하였을까? 그 이유는 앞에서 지적한 대표제 자체의 본질적이고 내재적인 문제에 덧붙여 19세기라는 시간적 요소와 미국이라는 공간적 요소가 결합되었기 때문이라고 본다. 다음에 "19세기의 미국"이라는 시간적·공간적 요인에 관하여 살펴본다.

Ⅱ. 미국 지방자치제의 문제

1800년대에 프랑스 외교관이자 학자인 토크빌(Alexis de Tocqueville)이 미국 민주주의 성공의 바탕이라고 극찬하였던 미국의 지방자치제도[15]는 왜 지탄의 대상이 되었을까? 이 책의 앞에서도 소개한 바와 같이 대표제를 채택한 미국 지방자치정부가 1800년대라는 특정한 시점에 미국이라는 공간에 특유한 제도와 결합하여 심각한 문제를 드러내었기 때문이다. 19세기 미국의 지방자치정부의 타락상에 영향을 미친 <엽관

15) 토크빌은 "지방자치제도와 자유의 관계는 초등학교와 학문의 관계와 같다. 지방자치는 주민들의 가까이에 있는 제도로서 주민들이 지방자치제의 평화로운 활용을 감사하도록 일깨워주고, 잘 활용하도록 가르쳐 준다. 지방자치제가 없이는 한 나라가 자유롭게 구성된 정부를 가질 수 없으며, 자유롭게 구성된 정부가 없이는 자유의 정신을 가질 수 없다(J. P. Mayer ed., 1969: 63)"고 하였다. 여기서 토크빌이 지칭하는 지방자치제(local institution)는 뉴잉글랜드의 주민총회(Open Town Meeting)를 가리킨다.

제도>와 <정당보스의 지배체제>를 차례로 살펴본다.

1. 미국의 엽관제도

엽관제도(spoils system)는 미국의 제7대 대통령 잭슨(Andrew Jackson, 1767. 3. 15-1845. 6. 8) 때 처음으로 채택되었다. 개척민 출신인 잭슨은 13세에 미국 독립전쟁에 참가하였다. 전쟁이 끝난 후 독학으로 변호사가 되었고, 1812년 전쟁 당시 육군 소장으로 참전하였다. 그는 민주당원으로 1824년 대통령 선거에서 패배하였다가, 1828년 대통령 선거에서 승리하여 제7대 대통령이 되었다(고한실 저, 전병채 역, 1976: 44-47).[16)]

대통령이 된 그는 1829년 12월 8일 연방 상·하원에서 행한 연설을 통하여 "짧은 임기에 의하여 공직자가 시민에게 책임을 다하는 공직의 순환"을 주장함으로써 엽관제가 비롯되었다는 사실은 잘 알려져 있다. 그는 또 투표의 조건으로서 재산소유제의 폐지를 주장하고, 시민과 공직자의 접근을 중요시하여 공직의 순환을 촉진하고, 상류층이 아닌 서민을 고위행정직에 임명하는 등 그 당시로는 혁명적인 변화를 시도하였다(Patterson, 1993: 93). 미국 행정제도에서 잭슨의 공헌은 그 당시만 하더라도 동부의 명문거족 출신들의 전유물처럼 간주되던 연방공직을 자신과 함께 전쟁을 치렀거나 자신의 선거를 도와준 인사들이 취임할 수 있도록 개방함으로써 '형평성'을 실현한 것이다. 그래서 그는 우체국장을 비롯하여 연방정부 안의 공직자 800여 명을 자신의 추종자들에게 마치 전쟁의 승리자가 부하들에게 전리품(spoil)을 나누어주듯 배분하였다. 그 당시로는 미국 사회에 획기적이고 신선한 충격을 주었으며, 잭슨의 이러한 일련의 조치들을 일컬어 잭슨식 민주주의(Jacksonian democracy)라고 칭하였다.

---

16) 고한실 저, 김병채 역, 「미국 역대 대통령의 생애-미국 정부기구-」, 어문각, 1976

그러나 처음 획기적이고 신선한 충격과 함께 시작된 엽관제도는 제20대 가필드(James A. Garfield) 대통령이 1880년 7월 2일 엽관운동을 벌이던 자에 의하여 저격되고, 1881년 9월 19일 사망한 사건에 의하여 극심한 부작용을 드러내었다. 가필드 대통령의 저격사건은 격발장치(triggering mechanism)가 되었을 뿐이고, 연방정부 공직 채용에서 시작된 엽관제도는 미국의 각 주와 지방정부로 확산되어 일일이 예거하기 어려울 정도의 부작용을 낳고 있었다. 빈번하게 선거를 실시하는 것을 특징으로 하는 잭슨식 민주주의도 첫째, 민중의 의사와 상관없는 소수에 의한 정부를 지지하는 자들이 지방공직자로 진출하는 것을 막지 못하였으며(Kales, 1914; Zimmerman 1997: 11), 둘째, 엽관제는 오로지 정치적 충성도에 따라 대부분의 공직을 충원함으로써 연방과 주, 그리고 지방정부에서 무능력자가 공직을 차지하는 등 금세 많은 문제를 드러내었다.[17] 즉 선출직 시장이 객관적 행정능력이 입증되지 않은 자들을 단지 선거를 도와주었다는 이유로 공직에 임명하였고, 이들이 지방정부 공직의 대부분을 점령함으로써 지방행정의 무능, 낭비와 비능률은 심각한 문제가 되었다. 엽관제도는 바로 뒤에 소개하는 정당보스가 지배하는 지방정치체제에 결합되어 있다.

2. 정당보스 지배체제의 폐해

1) 머신 폴리틱스(machine politics)의 개념

머신(machine)은 일선의 정당기관원을 포함하여 정실(情實: spoils)을 그 구성원에게 체계적으로 배분하며, 정치적 보스에 의하여 관리되는 엄격하고 계층적인 정당조직(Guterbock, 1980: 3)을 가리킨다. 그러므로 머신 폴리틱스(machine politics)는 이러한 정당조직을 통하여 지역의

17) 선거구(ward)에 설치된 정당조직의 구성원 97%가 정당으로부터 직장을 알선 받았으며, Daley 부자가 지배한 시카고에서는 약 2천개의 공직이 능력과 상관없이 정치적으로 임명되기도 하였다(Thomas M. Guterbock, 1980: 15).

정치권력을 획득하고 조직적으로 관리하는 활동이라고 할 수 있다.

라코브(Milton Rakove)는 미시간 주 시카고의 데일리(Daley)시장 부자의 지배체제를 연구한 후 그들의 정당지배체제는 정치적·사회적·경제적·군사적 권력 등 모든 형태의 권력을 통합적으로 행사하는 마치 머리 아홉 개 달린 괴물(hydra-headed monster)이라고 불렀을 정도로 부정적 평가를 내렸다(Blair, 1986: 88 재인용).

2) 정당조직의 구조

첫째, 지방정당조직의 세포단위를 프리징트(precinct)라고 하며,[18] 이것은 투표구를 기준으로 설정되고, 한 개의 프리징트 유권자는 대개 400-600명이 표준이다. 투표구(precinct)는 2명의 공동책임자(precinct captain)를 두고 이들이 투표구의 정치적 일을 처리하는 경우와 3명 이상의 위원을 두되 그 중 1명이 책임자가 되는 경우의 두 가지 유형으로 운영한다. 그리고 투표구의 위원들은 대개 예비 선거를 통하여 선출하거나 선거구 책임자인 시의원이 임명하는 방법, 또는 당 지도자 회합(caucus)에서 선임하며, 이들의 임기는 대개 2년이다. 이들이 지역 정당의 하부조직을 이루고, 이들의 활동은 투표구 안의 유권자들을 관리하기 위하여 매우 조직적이고 당을 위하여 헌신하는 중요한 역할을 수행한다. 그리고 이들은 선거에서 득표율을 통하여 좋은 구역장인지 아닌지를 평가받는다. 그러므로 이들은 가정생활에 충실하기 어려울 정도로 지방정당의 활동에 몰입해야 한다.[19]

---

18) 지금도 미국 전역에는 13만개의 precinct(투표구)가 존재하며, 큰 도시의 경우는 3,000개 정도의 precinct를 운영한다.

19) 각 지역 정당의 구역장들은 비록 문서화하지는 않았지만, 그들 간에는 불문율 같은 행동강령들이 통용되고 있었는데, 그 내용은 다음과 같다(Guterbock, 1980: 40). ① 충성을 다하라. 지도자에게 복종하고, 분쟁이 생기면 무조건 지도자 편을 들어라 ② 네 스스로의 통솔영역을 가져라. 그러므로 네게 충성하는 자를 보살펴라 ③ 항상 정당을 위하여 투표하라 ④ 존경심을 가지고 정부나 정당지도자를 대하라 ⑤ 모든 사람들 앞에서 정당을 감싸고 보호하는 일을 부끄러워하지 말라 ⑥ 정당의 일에는 언제나 빠지지 말라. 그러면 충성을 의심받는다 ⑦ 질문을 하지 마라. 정당은 네가 알아야 할 것은 알려 준다

둘째, 투표구들이 모여 워드(ward: 선거구)를 구성한다. 선거구는 대개 시의원(councilor)이 정당조직의 선거구 책임자가 되며, 그는 대개 30-40명의 투표구역장(precinct captain)을 거느리게 된다(Banfield & Wilson, 1963: 118).

셋째, 지역 정당조직의 최상층부는 시카고의 데일리(Daley)처럼 시장이거나 아니면 기업가로서 그 지역의 정당지도자이다. 이들은 그 자치구역 또는 카운티 구역 전체를 통할한다.

3) 지역 정당조직의 역할

구터복(Guterbock)에 따르면, 민주주의란 유권자들이 어떤 후보가 지역 전체의 정치적 이익을 위하여 더 잘 봉사할 수 있는가에 관하여 신중한 판단에 바탕을 두고 투표가 이루어지는 이상형이라고 할 수 있으나, 미국 지방의 폴리티칼 머신(political machine: 계층제 정당조직)은 위와 같은 민주주의의 이상을 이탈하여 투표하는 유권자들의 지지를 확보하는 장치(1980: 5)라는 것이다.

이러한 계층적 정당조직이 어떻게 민주주의 이상을 파괴하며 유권자의 지지를 획득하여 권력을 유지할 수 있었을까. 19세기 미국의 사회경제적 상황은 급격하게 자본주의 국가로 진입하면서 산업화·도시화가 진척되고 있었다. 따라서 유럽 등지로부터 대규모의 이민이 유입되고 있었다. 이러한 상황을 맞아서 도시지역 정당은 가난한 이민자들의 일자리, 거처, 먹거리, 연료 등의 필요를 충족시켜 주고, 그 대신 선거 때 표를 받는 일종의 거래가 이루어질 수 있었다. 다이(Dye)는 그 당시 미국 지역정당조직은 한 마디로 정치꾼과 유권자를 매개하는 대규모의 거간조직(a brokerage organization)(1985: 277)이라고 하였는데, 그에 따르면, 미국의 지역 정당조직은 ① 투표구 위원들을 통하여 유권자 개개

---

⑧ 외부인을 경계하라. 어쩔 수 없는 경우에만 개인적 입장에서 외부인과 대화하라 ⑨ 신문을 멀리하라 ⑩ 네 구역을 떠나지 마라 ⑪ 먼저 나서지 마라 ⑫ 마누라는 집에 두어라. 정치가들은 업무를 위해 모이는 것이다.

인들에게 지극한 관심을 기울여 주고, ② 가난한 유권자들이 필요한 것들을 파악하여 제공함으로써 일종의 복지기관 역할을 하였고, ③ 정부의 실업보험이 없는 그 당시 일자리를 알선하는 노동기관 역할을 하였으며, ④ 투표구역장들은 가난한 이들에게 때로는 밀을 배달하기도 하고 추수감사절에는 칠면조를 선물하거나 땔감용 석탄 등을 돌리며 자선기관 역할을 하고, ⑤ 정당은 또 갓 이민 온 유권자들이 미국생활에 적응할 수 있도록 도와주며, ⑥ 정당은 또 공공사업을 발주할 때 선거를 도와 준 건설회사와 계약이 성사되도록 도와주는 등 종합중개인 역할을 수행하였다.

이렇게 정당조직을 통하여 정치권력을 획득한 정치적 보스는 투표구역장들은 물론이고, 선거를 도와 준 정당의 구성원들에게 공직을 제공하였는데, 시카고의 경우 데일리(Daley) 시장은 약 2천 여 개의 직무를 정치적 임명에 사용하였다(Guterbock, 1980: 15)는 점을 앞에서 소개한 바 있다. 이렇게 공직을 정치적 충성도에 따라 주고받는 경우, 공직자들이 공직을 주고, 정치적으로 후견인 역할을 하는 정당 보스를 위하여 충성스럽게 일하지, 주민이나 지역 전체의 이익을 위하여 열정과 능력을 바친다고 볼 수 없는 것은 당연하다. 정치권력을 가진 보스는 지방정부 공사계약의 기회를 헌금자(獻金者)들에게 제공하고 비호하며 특권을 주거나, 철도건설과 같이 전국에 걸쳐 이윤을 추구하는 기업들의 앞잡이 노릇을 하였다.

앞에서도 지적한 대로 그 당시 미국 대부분의 지역은 정치적 보스와 결속된 정당원들이 공직이나 이권을 주고받으며 표를 관리하며 권력을 유지하는 가운데, 지방자치정부는 공익을 외면하고 정당보스와 그 주변의 유지들, 그리고 철도회사 등 특수이익을 위하여 봉사하고[20] 정당보스의 사적 통치기구로 전락함으로써 초법적 소수지배라고 비난받았다

---

20) 대개 지방정부는 전면에 나서지 않고 공직자들의 정책결정을 지배하는 특수이익을 일컬어 "뒷손정부(invisible government)"라고 지적하였다 (Zimmerman, 1999: 163).

(Kales, 1914; Zimmerman, 1997: 11). 이렇게 하여서 선량한 공직자나 후보들까지 몰아냄으로써 공익의 실현은커녕 중산층 주민들의 혈세를 쏟아 붓고도 그들에게 돌아오는 공공서비스는 매우 저급하였다. 19세기에서 20세기 초까지 미국의 대표제 지방자치정부는 낭비와 비능률, 부패와 타락의 본보기였다.

짐머만(Zimmerman)은 그 당시 미국 지방의 유권자들은 공직자들을 극도로 불신하게 되었다(1997: 7-12)고 하였다. 즉, 선거를 통하여 공직자를 선발하고, 그들이 유권자에게 책임을 다한다는 믿음에 바탕을 둔 대표제 정부의 가치에 의문을 갖게 되었고, 결국 많은 시민들의 불만을 사서 개혁대상이 된 것은 당연한 귀결이었다. 그 당시 개혁을 주장하던 챠일드(Childs)나 윌슨(Wilson) 등은 미국의 대표제 주 정부나 지방정부를 "사이비 대표제"라고 비판하였다 (Zimmerman, 1999: 6).

Chapter 03

보완제로서 직접민주제

03 Chapter 보완제로서 직접민주제

제1절 직접참정제의 개념적 이해

Ⅰ. 직접민주제의 개념

직접민주주의(direct democracy)는 "주권자가 공동체와 관련된 정책을 직접 참여하여 결정하는 정치양식"이라고 할 수 있다. 지금까지 이 책에서 살펴본 대표민주제처럼 주권자가 대표를 뽑아서 정책을 결정하는 정부형태가 아니라 그 역할을 주권자가 직접 수행하는 경우이다. 대표민주제를 간접참정제라고 한다면, 직접민주제는 직접참정제라고도 할 수 있다. 이 책에서는 직접민주제와 직접참정제를 구별하지 않고 섞어서 사용하고자 한다.

Ⅱ. 직접민주제의 기원

직접민주주의의 기원으로 대개 고대 아테네의 회의, 앵글로색슨 족의 회의, 로마공화국의 집회 등을 거론한다. 고대 아테네의 폴리스에서는 여성과 노예를 제외한 20세 이상의 자유민들의 모임인 민회(民會)가 중요한 관리를 선출하고 또 중요한 정책을 직접 결정하는 직접참정제였다는 것은 잘 알려진 사실이다. 또 영국의 앵글로색슨 족들은 10-30가구의 집단이 촌락을 이루고 살면서 마을의 일을 직접 결정하였다. 고대의 직접참정제는 역사 속으로 사라지고 기록만 남아 있을 뿐이다.

그러나 미국의 뉴잉글랜드 지역 매사츄세츠·코넥티컷·메인·뉴햄프셔·로드아일랜드·버몬트 등 6개 주의 타운에서는 지금도 여전히 등록한 유권자들(registered voters)이 모여서 담당 공직자들이 기초하여 제안한 정책을 직접 토론하여 결정하는 주민총회(town meeting)를 통하여 직접민주주의를 실천하고 있다. 그러므로 뉴잉글랜드 지역에서는 주민총회가 바로 통치기구이다. 이에 관해서는 직접참정제의 유형에서 보다 자세히 소개하기로 한다.

Ⅲ. 직접민주제의 원리

고대 아테네이든, 아니면 뉴잉글랜드 타운미팅이든 직접참정제의 기본원리는 "국민의 통치"의 실현원리이고, 국민주권은 국민이 직접 국가의사를 결정할 때 실현된다는 데 있다(Kielmansegg, 박경철 역, 2004: 22). 박경철은 루쏘(J. J. Rousseau)의 국민주권과 직접민주주의 원리를 국민의 자기지배, 국가의사결정권의 기속위임원칙, 의회에의 권력집중으로 나누어 소개하였으나(2004: 22-25), 루쏘는 직접참정제를 국민주권사상과 밀접한 관련을 지닌 것으로 보며, 그의 직접민주주의 사상은 기본적으로 대표자에 대한 불신을 바탕으로 삼으며, 구성원이 모두 평등한 지위를 가지게 되면 공통의 이해관계를 가지게 되고, 따라서 모든 시민이 참여해서 직접 국가의사를 결정하여야 한다는 것이다.

사실 민주주의를 국민자치라고 볼 때, 국민자치는 국민이 스스로 중요한 정책을 결정하는 모습일 것이다. 그러나 현실적으로 일정한 규모를 넘어서는 공동체의 경우는 그 구성원들이 동일한 시간, 동일한 장소에 모이는 것도 어렵고, 또 참여자 각자가 정책결정에 참여하는 경우 회의 자체가 비효율적일 수 있다는 현실적 이유 때문에 차선으로 대표제를 실현할 뿐이며, 따라서 가능하다면 직접참정제가 민주주의의 원리에 부합된다는 점은 이론이 있을 수 없다.

불가피하게 대표를 통하여 정책을 결정하더라도 대표자가 구성원의 의사와 유리되는 것을 막기 위해서는 기속위임 원칙이 정당화된다. 즉, 국민자치의 본질을 살려내기 위해서는 대표에게 필요한 최소한의 재량을 허용할 뿐, 의회에서 발언과 표결은 선거구민의 의사나 선호에 따르도록 하고, 그에 대하여 선거구민에게 책임을 져야 한다고 보는 것이다. 하물며 선거구민의 뜻을 저버리고 비도덕적인 행동이나 불법적 행동을 하였다면, 그에 대하여 수임한 권한의 회수와 선거구민의 선호에 맞는 정책의 결정이 이루어질 수 있을 때 국민자치가 실현된다고 보는 것이다. 그러나 이러한 직접민주제가 완전무결한 것이라고 주장하는 이는 없다.[1)]

제 2 절 직접민주제의 유형: 미국을 중심으로

학자들은 대개 직접참정제의 유형으로 뉴잉글랜드 주민총회(open town meeting)[2)]와 주민발의(the initiative), 주민소환(the recall), 주민

1) 박경철은 직접민주주의 사상의 문제로서 ① 구성원이 평등한 계약주체가 된다는 기본 전제가 비현실적이고, 또 ② 자유가 현실적으로 존립하기 위한 권력분립 등의 원리에 위배되며, ③ 국민의 개념의 문제점, ④ 자기지배는 자유라는 명제의 오류, ⑤ 기속위임 원칙의 문제점, 그리고 ⑥ 통치의 실제에 반하는 문제, ⑦ 독재의 정당화 원리로서 악용 가능성 등을 들었다 (2004: 25-32).

2) 뉴잉글랜드 타운미팅은 ① 등록한 유권자들이 직접 참여하여 정책을 결정하는 open town meeting과 ② 등록한 유권자들이 정책결정을 위한 선거인단을 선출하여 운용하

투표(the referendum)의 네 가지를 든다(Zimmerman, 1999: 1; Cronin, 1989: 41). 다음에 네 가지 유형을 차례로 살펴본다.

Ⅰ. 뉴잉글랜드 주민총회(open town meeting)[3)]

1. 첫 이주민

기록상 미국에 첫 걸음을 디딘 영국인들은 1606년 출항하여 1607년 4월 버지니아 주 체사피크 만(The Chesapeake Bay)에 도착한 뉴포트(Christopher Newport) 선장을 비롯한 105명(Hakim, 1999: 25-29)이지만, 뉴잉글랜드 첫 이주민들은 종교적 자유를 갈구하여 메이플라워(Mayflower)호를 타고 1620년 9월 6일 매사츄세츠 플리머스(Plymouth)에 상륙한 필그림(the Pilgrims)[4)] 102명이었다. 그 뒤 종교생활의 근엄주의를 지향하는 엔디코트(John Endicott) 등 청교도들(the Puritans)[5)]이 1628년 매사츄세츠에 도착하였고(Zimmerman, 1999: 17), 1629년에는 당시 영국의 유명한 변호사이던 윈스럽(John Winthrop)[6)]을 비롯한

는 representative town meeting, ③ 아예 우리의 지방정부처럼 완전히 대표제를 실시하는 세 가지 유형이 있는데, 직접참정제는 open town meeting이다.

3) 뉴잉글랜드 주민총회에 관해서는 김영기, "뉴잉글랜드 타운미팅에 관한 고찰", 2003년도 하계학술대회 발표논문집(한국지방자치학회), 115-136을 요약하였음.

4) 영국의 헨리 8세가 로마 캐톨릭을 축출하고 국왕이 주교를 임명하는 국교파(the Church of England 또는 the Anglican Church)를 창설하면서 영국에서는 국교파와 장로파(Presbyterians), 청교도(Puritans) 등 세 종파가 대립하였다. 국교파로부터 분리를 원하는 신자들을 the Seperatists 또는 the Pilgrims이라고 불렀다.
102명 중 필그림은 약 절반 정도였고, 나머지는 영국생활이 만족스럽지 않은 사람들로서 공통점은 사회적 하류계층으로서 야망을 가진 근면한 사람들이었다. 대체로 이들은 남부계 이주민들과 성향이 달랐다(Hakim, 1999: 25-53).

5) 국교파로부터 분리를 적극 지향한 필그림과 달리 퓨리턴(청교도)은 종교적 근엄주의를 지향하였다는 점이 다르다고 지적한다(Hakim, 1999: 59-65).

6) 이들은 이주민들이 식민기관을 통제할 수 있어야 갈구하는 새로운 사회가 열릴 것으로 생각하여 영국 거주자들이 소유하고 있던 식민청 주식을 미리 매입하여 이주하였을 정도였다(Hakim, 1999: 59-65).

또 다른 청교도들이 찰스 I세로부터 받은 특허장(the Charter)[7]을 가지고 매사츄세츠에 상륙하여 매사츄세츠만 식민청(the Massachusetts Bay Com- pany)을 설치하였다(앙드레 모로아, 신용석 역, 1982: 41; Hakim, 1999: 59). 그리고 플리머스 식민청은 1691년에 매사츄세츠만 식민청에 흡수되었다(Galvin, 1998: 13). 식민청은 특허장에 따라 지사, 부지사, 의회(the General Court)를 구성하는 18명의 대표(assistant)를 둘 수 있었으며,[8] 이 기관이 자유민의 신분을 허용하고, 공직자를 선출하며, 법률을 제정하였다. 이들은 또 1629년 5월 22일 국왕의 통제를 받는 정부(the government)[9]를 뉴잉글랜드 이주자들의 손으로 이관하는 문제를 제기하였고, 8월 29일 투표를 실시하였다. 1630년 10월 19일 의회의 3차 회의에서 투표를 실시하여 자유민들에게 대표 선출권을 부여하였고, 대표들로 구성되는 의회는 지사와 부지사를 선출하는 권한을 가지는 사실상의 정부를 갖게 되었으며, 이렇게 하여 마침내 이주자들은 스스로 법률을 제정하고 집행할 공직자를 선임할 수 있는 권한을 갖게 되었다(앙드레 모로아, 신용석 역, 1982: 41; Hakim, 1999: 59-60).

2. 뉴잉글랜드 타운의 기원과 특성

1) 초기 타운의 기원

짐머만(Zimmerman)에 따르면, 매샤츄세츠 주민총회(town meeting)의 기원에 관해서는 세 가지 설이 있는데 ① 기록으로 뒷받침되는 바는

7) 헌장은 법률가가 작성한 문서로서 각 식민지 운영방법, 규칙 등을 규정하여 식민지 구성원들은 통치하였으며, 나중에 헌법의 바탕이 되었다(Hakim, 1999: 59).

8) court는 대개 법정을 의미하는 용어이지만, 왕의 헌장에 근거하여 매사츄세츠의 초기 식민기구의 회의체를 the General Court라고 표현하였다. 이것은 지사, 부지사 등의 공직자와 대표회의(the Court of Assistants)의 결합체였다. 그러나 뒤에 후자는 의회(the General Court)로부터 분리하여 미국 최초의 선출직으로 구성된 상원(Upper House)이 되었다. 매사츄세츠주는 그들의 오랜 관례에 따라 지금도 의회를 The General Court라고 표현한다(Massachusetts Facts, 1998: 7-13).

9) 초기의 식민기관은 정치적 기관이면서 또 회사와 같은 상업·경제적 기관의 통합체와 같은 성격을 지니고 있었다(Zimmerman, 1999: 17).

없으나 고유한 것이라는 주장과 ② 앵글로 색슨족의 tun에서 기원하였다는 주장, 그리고 ③ 식민지 시절 영국의 제도를 새로운 환경에 적응시킨 것이라는 주장이 그것이다(1999: 23-24).

2) 초기 타운의 운영

뉴잉글랜드의 초기 타운은 몇 가지 지적할 만한 특성을 지니고 있다. 다음에 토크빌과 하킴, 짐머만 등의 주장을 바탕으로 그 특성을 정리하면, ① 종교적 엄격성 ② 신분상의 평등과 자유공동체 ③ 지리적 조건에 적응하여 형성된 마을공동체 등이다.

초기 타운의 운영은 첫째, 공식적·법률적 근거가 없어서 타운의 운영이 정형화되지 않았다. 짐머만에 따르면, 플리머스(Plymouth) 식민청의 헌장, 메이플라워 협약, 매사츄세츠만 식민청의 특허장을 검토할 때, 여기에 타운에 관한 규정이 없었다. 그래서 이주자들은 타운과 그 정부에 관해서는 참조할 것도 없었다(1967: 6-9). 이런 상황에서 매사츄세츠 식민청 관내의 마을은 영국의 초기 마을의 주민회의(a folkmoot)처럼 집합체로 운영되었다.

둘째, 초기 타운의 운영은 주일의 종교행사에 뒤따라 연 주민회의를 통하여 이루어졌다. 앞에서 지적한 대로 종교적 자유를 실현하고 또 근엄주의를 지향한 이주자들은 마을의 형성도 교회를 중심으로 하였고, 매주 교회에서 예배를 본 다음 마을의 운영과 관련된 일들을 다루었다. 그러므로 초기 타운의 주민회의는 교회의 주일에 맞춰 이루어졌으며 부정기적이었다.

셋째, 초기 타운은 종교적 지향성이 동일하기만 하다면, 처음부터 신분상의 차이가 크지 않는 자유민들이 주민의 삶과 관련된 정치적 공동체의 일은 각자가 평등한 자격으로 자유롭게 의견을 개진하여 다중의 뜻에 따라 결정하고 각자 실행하며, 그 결과도 스스로 책임지는 방식이었다. 타운마다 형성된 이러한 삶의 모습이 오랜 시간 쌓였기 때문에 토크빌(Tocqueville)[10]이 19세기 초에 미국을 방문하였을 때, 유럽의 '강한 국가와 약한 사회'에 비하여 소규모 지방도시의 중요성, 지방분권적 분산, 지리적 고립, 광범위한 평등, 자립정신을 강조하는 문화, 약화된 계급갈등을 특징으로 하는 '강한 사회와 약한 국가'를 미국에서 볼 수 있었던 것(김경동, 2002: 28)이다.

이러한 특성은 영국에서 청교도들의 종교적 입장이 공화주의를 지향하는 것으로 판단하여 더욱 박해를 가하였다는 지적과도 상통하는 부분이다.

넷째, 초기에 주민의 회의참석은 강제적·의무적이었다. 초기 타운총회는 타운에 따라 미미한 차이는 있었으나 대개 모든 성인 남자들은 집회의 출석과 발언이 허용되었으며, 투표권은 오로지 자유민(freeman)에게만 주어졌다. 자유민은 원래 식민청의 주주였으며, 후에는 정치적 자유가 허용된 사람들도 자유민의 범위에 포함되었다. 짐머만에 따르면 마을 회의의 참석대상자가 불참하는 경우에는 벌금을 물린 것으로 기록되었다 (1999: 19).

다섯째, 초기 타운미팅은 주민의 삶과 관련된 거의 모든 일들을 다루었다. 특히 종교적 자유와 교리의 일체성을 지향한 이들에게 남은 일은 상부상조하며 안전하고 건강한 삶을 실현하는 것이었고, 이에 필요한 토지분배, 교회의 건립, 목사의 초빙, 새 이주민의 허가 등 타운의 복지에 영향을 미치는 모든 문제를 다루었다.

---

10) 토크빌(Alexis de Tocqueville)은 1805년 프랑스에서 태어났고, 1831년에 9개월간 미국에 머물면서 그곳의 정치제도 등을 둘러보고 「미국의 민주주의: Democracy in America」라는 책을 1835년에 출간하였다. 여기서 그는 "주민총회(town meeting)와 자유의 관계는 초등학교와 학문의 관계와 같다. 그곳에는 자유가 주민들의 손에 있으며, 그들은 타운미팅을 통하여 자유를 구가하는 방법을 배운다"라고 기술하여 미국 민주주의의 성공은 바로 타운미팅이라는 자체제도가 그 바탕이 된다고 하였다. 필자는 그의 적절한 묘사에 끌려 관심을 가지고 있던 중 2001년 안식년을 맞아 매사츄세츠 타운미팅을 참여·관찰한 바 있다. 토크빌의 책은 박지동에 의하여 「미국의 민주주의」라는 제목으로 한길사에서 1983년 번역·출판되었다.

3) 타운미팅의 제도화

초기 타운은 선출된 공직자도 없었고, 제도화된 정부도 없는 전적으로 비공식적 회합으로서 타운의 헌장도, 항구적인 조직도 없었고, 집회의 횟수나 빈도도 결정되지 않았으며, 집회의 특정한 임무도 정해진 것이 없는 단순한 형태였으나 늘어나는 거주자와 함께 다루어야 할 일도 늘어나면서 다음과 같이 새로운 일처리 방식이 필요하게 된 것은 당연하다.

첫째, 타운집회의 시기와 빈도를 조정할 필요가 있었다. 초기 타운집회는 대개 주일을 중심으로 이루어졌으나 곧 월 단위의 회의로, 그러다가 다시 연례 회의로 조정되는 변화를 겪었다.

둘째, 타운업무의 처리에서 결정과 집행을 분리하여 오늘날 타운정부 업무처리의 틀을 만들었다. 주민들은 타운의 기본적인 일들은 초기와 같이 자유민들이 직접 참석하여 결정하지만, 그것을 주민들이 직접 실행하기는 어려웠으므로 공직자가 필요하였다.[11] 짐머만에 따르면, 기록상 타운의 첫 선출직 공직자는 집행위원(selectmen)이다. 각 타운은 집행기관을 복수로 구성하여 일을 맡겼는데, 초기에는 그 명칭도 고정되지 않았던 것으로 보인다.

셋째, 기록된 공직자 이전에 주민총회의 기록을 작성하여 남긴 직책을 공직자로 인정할 필요가 있다. 즉, 위에 지적한 내용은 어디까지나 기록된 자료에 따른 것이다. 그러므로 기록되지는 않았으나 타운의 일을 담당한 역할은 더 일찍부터 있었을 것이고, 그 직책이 오늘날의 총무국장(town clerk)이라고 본다(Zimmerman, 1999: 23).

뉴잉글랜드 타운은 주민들의 초기 삶의 양식으로 자리잡은 이후 수백 년 간 주민들이 직접 참여하여 스스로 타운의 일을 결정하는 방식, 즉 주민총회는 그리스 철학자가 염려한 것처럼 우민정치로 변질되지도

11) 1630년 9월 28일 Salem과 Dorchester 타운의 보안관을 임명한 것이 첫 기록이다(Zimmerman, 1967: 10). 그러나 이는 외부임명이라는 점에서 지방자치기관이라고 보기는 어렵다.

않았고, 또 미국의 다른 지역에서 사용하는 대표제 지방정부의 실적에 비하여 조금도 손색이 없다(Zimmerman, 1999: 189)는 평가를 받는다.

3. 주민총회의 실제

매사추세츠 주에는 행정기관인 14개의 카운티가 있고, 그 구역 안에 지방자치단체인 39개의 city와 312개의 타운 등 모두 351개의 지방정부가 있다. 이 가운데 267개 타운은 직접참정제인 주민총회(Open Town Meeting: OTM)이고, 45개 타운은 대표제 또는 변형된 타운정부이다(Galvin, 2000: 7-24). 주민총회 운영의 실제 모습을 살펴보면 다음과 같다.[12)]

1) 주민총회의 개념[13)]

주민총회(OTM)는 타운의 유권자 모두가 모든 업무에 관하여 투표권을 행사하는 방식(Galvin, 2000: 23)이다. 이를 좀더 구체적으로 소개하

---

12) 이 부분은 필자가 미국 뉴잉글랜드 타운미팅을 연구하기 위하여 2001년 2월 10일부터 1년간 뉴욕주립대학교(올바니)의 객원교수로 출국한 다음, 매사추세츠 주 Longmeadow 타운의 57# Greenacre Avenue의 Randy와 Sandra 부부의 집에 하숙하며, Longmeadow와 East Longmeadow, Granville 등의 주민총회를 직접 참여하여 관찰하였고, 그 내용을 정리하여 2003년 한국지방자치학회 여름 학술대회에 발표한 논문을 요약하였다.

13) 초기의 타운미팅(town meeting)이라는 용어는 당연히 "성인 남자인 자유민(freeman)들이 직접 모여서 타운의 모듬일을 의논하여 결정하고 처리하던 회의체"를 의미하였으나 세월이 흐르면서 직접민주제가 불가능한 대도시는 대표제를 사용하게 되고, 주민 수가 적은 타운은 원래의 주민총회제도를 유지하는 등 세 가지 형태로 갈라졌는데, 다른 정부형태와 구별하기 위하여 원래 사용하던 주민총회는 Open Town Meeting으로 표현한다. 매사추세츠 타운의 세 가지 정부형태는 다음과 같다.
첫째, city로서 시장-의회형 정부형태이다.
둘째, town이라는 명칭은 사용하지만 유권자들이 선출한 대표들이 행정을 수행하는 town manager가 집행기관이고 town council이 의결기관인 ① representative town meeting과 town이라는 명칭을 사용하고, 공직자들을 선출하여 자치행정을 수행하지만, 등록한 유권자 모두가 참석하는 town meeting이 아니라 주민이 선출한 town meeting member들이 회의를 갖고 토론하여 결정하는 형태로서 이 경우 town manager가 집행기관의 수장역할을 하는 ② a limited town meeting이다.
셋째, 초기의 형태를 거의 그대로 유지하며, town의 등록한 유권자들이 참여하여, 토론하고, 결정하며 공직자를 선출하는 Open Town Meeting이 그것이다. 국내 문헌에 주민총회라고 번역·사용하는 것이다. 이 글에서는 셋째 개념을 타운미팅, 주민총회, open town meeting 등으로 표현한다.

면, 첫째, 타운미팅은 1780년 매사추세츠 주 헌법에 의하여 승인되었고, 이 밖에도 주의 법률, 지방자치법(local laws)에 근거하여 설립·운영되는 직접민주주의 정부형태이다. 주민총회(OTM)는 1630년대 자유민의 회의체로 발전하여 법률제정기구로서 기본적으로 달라진 바가 없다(Zimmerman, 1999: 27). 둘째, 타운미팅은 유권자들의 회합(the Town Meeting)으로서 타운을 위한 의결기능을 하는 정치체(an entity)이다(Galvin, 2000: 23). 셋째, 오로지 스스로의 의사에 의하여 일정한 절차를 거쳐 등록을 마친 타운의 등록유권자(registered voter)가 회의에 참여하여 투표한다. 넷째, 유권자는 공직자의 선거와 타운미팅에 참여하고, 공고된 의제에 관하여 토론하고, 표결에 참여한다. 이 점이 대표제 정부와 가장 다른 점이다. 다섯째, 타운미팅은 정기회의(regular meeting)와 특별히 다룰 의제가 있을 때 소집되는 임시회의(special meeting)로 이루어진다.

이러한 내용을 고려하여 뉴잉글랜드의 주민총회(OTM)를 정의한다면, "주 헌법 등에 근거하여 일정한 요건[14]을 갖춘 타운의 거주자가 본인의 의사에 따라 유권자로서 등록을 거쳐, 절차에 따라 소집된 타운의 회합에 참여하여 공공업무와 관련된 의제에 대하여 토론하고, 투표로써 결정하는 통치의 방식 또는 정부형태"라고 할 수 있다. 여기서 지적하고 싶은 것은 그러면 주민총회제에는 선출직 공직자가 필요하지 않느냐 하는 점인데, 그렇지 않다. 최종 결정은 주민총회에서 내리지만, 그 결정을 집행하고, 또 자치행정을 구상하여 의안을 가다듬어 내는 일들은 집행위원들, 총무국장, 징세국장 등 선출직 공직자들과 행정공무원들이 담당하고 있다.

---

14) 타운미팅과 선거의 유권자가 되기 위해서는 ① 선거일 현재 18살 이상의 미국 시민으로서 ② 선거나 타운미팅이 열리기 20일 전에 유권자로서 일정한 등록을 마쳐야 한다(LWVSA, 2000: 4). 여기서 ①의 요건은 미국 전체적으로 통일된 요건이며 ②의 요건은 타운에 따라 달리할 수 있다.

2) 주민총회의 실제

첫째, 총회의 개최시기는 특별법 또는 타운의 헌장에 달리 규정하고 있는 경우를 제외하고는 정기 주민총회는 2월부터 5월 사이에 개최하도록 되어있으며, 늦어도 6월 30일까지 마치도록 되어 있다(매사츄세츠 주 법률 제39장 9절; Galvin, 2000: 28). 정기 주민총회의 일시는 대개 타운의 자치법(By-laws)에 규정한다.

둘째, 주민총회는 먼저 공고(the Warrant)의 절차를 거친다. 공고는 타운미팅에서 심의 및 조치가 필요한 사항에 관하여 유권자들에게 알리는 것으로서 예고(warning)라고도 한다. 공고는 참석자들이 다루어야 할 안건 등을 포함하고 있어서 대단히 의미 있는 절차로 간주되며, 집행위원회의 업무이다.

셋째, 의무적으로 개최되는 것은 아니지만, 매사츄세츠 주 타운의 거의 절반 정도가 총회 전 예비회의(pre-town meeting)를 갖고, 총회의 원만한 진행을 위하여 회합을 갖는다. 이 때도 등록한 유권자들이 참여할 수 있다.

넷째, 주민총회의 실제 진행은 ① 총무국의 준비에 따라 회합 장소에 등록한 유권자들이 신분을 확인하고 입장을 완료하고, ② 공직자의 참석과 총무국이 주관하여 의사정족수(a quorum)를 확인하며,[15] ③ 의장의 개회선언과 함께 국기에 대한 경례, 국가제창, 기도, 유공시민 표창 등 개회식을 가지며, ④ 안건을 상정하여 다루게 되는데, 이 때는 총무국장이 공고된 순서에 따라 안건을 상정하고, 담당 부서장이 제안 설명을 하고 나면, 유권자들이 직접 질문하고, 찬성과 반대토론을 벌인 다음, ⑤ 의장은 적정한 시점과 단계에 토론의 종결을 유도하고 표결을 실시하는

---

15) 짐머만이 조사한 결과는 등록한 유권자의 11.89%로 나타났으나(1999: 46), 필자가 조사한 결과로는 평균 등록 유권자의 5-10% 범위로 더 낮다. 수는 타운에 따라 0명부터 필요하다고 판단하는 수만큼 규정한다. 실제로 매사츄세츠의 30개 타운은 의사정족수를 규정하지 않았다(Zimmerman, 1999: 43). 이런 경우 한 유권자만 출석하여도 회의는 열린다.

데, 이 때 사용하는 방법은 <예, 아니오>의 음성투표, 거수투표, 유권자 각자의 이름을 부르고 찬반을 표시케 하는 "호명방식(roll call)",[16] 기립표결(standing vote), 비밀투표(secret ballots) 방식 등을 필요에 따라 사용하며, 대개 과반수 의결을 사용하고, 재상정 안건 등 특히 중요한 안건은 특별다수((a super-majority), 즉 2/3 찬성을 적용하여 결정하며, ⑥ 총무국장은 회의록을 작성·공고하고, ⑦ 선출 또는 임명된 공무원 조직을 통하여 집행하는 절차에 들어간다.

3) 주민총회의 장점

필자의 관찰과 문헌연구 등을 통하여 직접참정제인 뉴잉글랜드 주민총회는 그 장점으로서 ① 평등과 자유의 실현과 민주주의 확대, ② 주민주권과 자치행정의 책임성 확대, ③ 제도에 관한 주민의 높은 신뢰감을 들 수 있다. 필자가 보기에 뉴잉글랜드 주민총회는 참여를 통하여 주민주권과 책임성의 확대를 가장 핵심적인 가치로 간주할 수 있다.

Ⅱ. 주민발의

1. 주민발의의 개념

주민발의(the initiative)는 유권자들로 하여금 하나 또는 그 이상의 제안들을 주민투표(referendum ballot)에 부칠 수 있도록 하는 청원의 과정(Zimmerman, 1999: 1)이다. 이러한 개념에 포함된 중요한 요소개념을 좀더 부연하여 정확한 이해를 시도하여 보기로 하자. 첫째, 발의(發議)라는 용어는 의안(議案) 또는 의견을 낸다는 뜻이다. 지방자치와 관련하여 의안이나 의견은 주민 가운데 일정한 사람들이 어려움을 겪어

16) 호명을 하면, 예(aye)나 아니오(no)라고 대답하면서 안건에 대하여 찬반을 표현하는 투표방식이다(Laurie Rozakis, 1994: 248). 이 방식은 표결의 결과가 안건 간에 매우 근접하거나 또 누가 어디에 투표를 하였는지 정확하게 기록하는 것이 중요한 경우에 사용한다.

서 해결이 필요하거나 소망 또는 기대를 지니고 있을 때 그 일을 다루기 위하여 의견을 내놓는 것이다.

둘째, 주민발의는 그러한 발의 가운데 주체가 유권자인 경우이다. 일반적으로 발의는 어느 공간에서든, 누구에 의해서든 이루어진다. 특히 대표제의 의회에서 의원들이 의회에서 다루어야 할 안건을 내는 것을 발의라고 하며, 발의권에 관하여 지방자치법 제58조에 규정하고 있다.

그러나 주민발의는 지방의원이나 자치단체장, 공무원 등이 발의의 주체가 아니라 유권자인 주민이라는 점에서 대비된다. 대표제에서 그 동안 의안을 발의하는 권한은 대표인 의원들과 자치단체장에게 대개 전속시켜 왔는데[17] 발의권을 유권자 주민들에게도 부여하여 참여의 권한과 범위를 확대시킨 것이다.

셋째, 청원의 과정(a petition process)이라는 점을 유의할 필요가 있다. 물론 청원은 원을 드러내어 청하는 것이다. 그러므로 유권자인 주민들이 그들의 고통을 공적인 절차를 통하여 해결하기를 청하거나 소망이나 기대를 다루어 실현하기를 청하는 것이다. 덧붙여 청원을 하나의 과정으로 규정하고 있다는 점을 놓쳐서는 안 될 것이다. 의원들이 의회에서 토론하여 다룰 안건을 낼 때도 일정한 순서나 절차가 있는 것처럼, 주민들이 다루어 해결할 의견을 내는 경우에도 순서나 절차가 필요하고, 시간의 흐름과 일이 이루어지는 순서를 결합시켜서 과정(a process)으로 표현한 것이다. 그러므로 주민발의는 유권자인 주민들이 주체가 되어 그들의 문제를 해결하기 위하여 의견 또는 제안을 내되, 제안은 그 순서나 절차가 일정한 시간을 따라 이루어진 끝에 성립되는 것이다. 그러한 일의 순서는, 문제해결이 필요하다고 생각하는 주민들이 의견을 정리하여 널리 유권자에게 알리는 일부터, 그 일을 책임 있게 추진할 대표를 정하고, 그것이 개인의 뜻이 아니라 정해진 다수의 의견임을 드러내

---

17) 의안을 내는 경우에도 지방의원이 내는 경우는 발의라고 하고, 자치단체장이 내는 경우는 제출이라는 용어를 사용하여 구별한다.

는 서명을 받아서 비로소 그 일을 다루는 공공기관에 접수하는 일까지 시간의 경과를 따를 수밖에 없다.

넷째, 주민발의는 주민투표에 부치기 전까지 주민들이 그들과 관련된 문제해결을 위한 방안을 정해진 절차에 따라 만들어서 청원을 내는 활동과정이다. 그러므로 주민발의는 대개 마지막 절차로서 집합적 의사를 드러내어 결정하는 수단으로서 주민투표가 예정되어 있다. 그러므로 주민발의는 주민투표와는 구별된다.

그러므로 주민발의는 "주민인 선거권자들이 주체가 되어 지방자치행정과 관련된 문제를 해결하거나 새로운 기대나 요구를 실현하기 위하여 집합적 의사를 통하여 정해진 절차를 거쳐 제안을 청구하는 과정"이라고 할 수 있다.

2. 주민발의의 기원

짐머만에 따르면, 입법과 관련된 주민발의의 기원은 일반적으로 19세기의 스위스의 캔턴(canton), 1898년의 미국 사우스다코타 주의 헌법개정을 위한 발의에서 찾는다. 그러나 매사추세츠 타운의 투표자들은 1715년 11월 22일 주 의회(General Court)[18]의 결정에 따라 10명 이상의 유권자가 서명하여 청원을 제기하면, 타운의 공직자인 집행위원(selectmen)은 주민총회에서 다룰 안건(article)으로 접수하여 주민총회가 다룰 안건의 목록이 나열된 공고(the warrant)에 넣도록 하였다(1999: 2-6). 앞에서 살펴본 것처럼 미국의 주민총회는 유권자의 모임이 통치기관인 셈이고, 여기서 결정하면 그것은 집행위원을 비롯한 공무원들을 통하여 실행된다. 다만 집행위원은 집행과 관련된 역할을 분담하고 있고, 동시에 타운의 지방자치를 위해서 다루어야 할 안건을 준비하는 업무도 담당한다. 그래서 타운의 유권자 10명 이상이 서명하여 특정

18) 매사추세츠 주는 주 의회를 General Court라고 표현한다는 점은 앞에서 밝힌 바 있다.

한 안건을 주민총회가 다룰 안건에 넣도록 청원하면, 집행위원은 주민총회가 다룰 안건을 공고할 때 포함시켜야 하고, 이것은 바로 앞의 주민발의의 개념을 충족시키는 것이며, 따라서 미국 주민발의 기원은 주민총회와 관련된 유권자의 안건발의에서 찾을 수 있다는 것이다.

주민발의의 또 다른 기원으로서 스위스의 캔턴(canton)은 1830년의 개혁운동에 의하여 주민발의의 도입을 허용하는 헌법을 입안하였다. 1848년 새로운 연방 헌법은 모든 주로 하여금 헌법 및 법률안 주민발의 제도를 수용하도록 하였고, 1845년 파우드(Vaud) 주의 헌법에 의해 채택되었으며, 1852년에는 아르가우(Aargau) 주 헌법에, 1863년에는 바젤란트(Baseland), 그리고 1869년에는 솔로스룸(Solothrum), 드우르가우(Thurgau), 취리히(Zurich)에서 채택되었다.

미국의 캘리포니아 주 의회는 1879년 주 헌법의 자치헌장(home rule charter) 관련 조항에 100명의 등록된 유권자가 서명하고, 카운티의 위원회에 청원을 제출하면 자치단체 창설(incorporation)을 허가하는 주민발의권 조항을 규정하였다.

3. 미국 주민발의의 현황

20세기 들어 20년간은 유권자들의 직접 법률제정 운동은 진보주의 운동가들의 커다란 지지를 받았다. 미국의 캘리포니아 진보주의 운동가들은 주 의회가 기업들에 의해 통제되고 있음을 알고 분개했다. 이들은 주민발의와 청원투표가 기업들의 주 정부 통제와 정당보스에 의한 지배체제를 극복할 수 있다는 결론을 내렸다. 또 위스콘신 주 진보주의 운동의 선구자 라폴리테(Robert M. LaFollette)는 "지난 수년 동안 미국의 대중은 조직화된 자본가들과 정치적 부패세력과 투쟁해 왔다. 시민들이 정부에 대한 통제력을 되찾아 지키기 위해서는 반드시 새로운 장치를 갖추어야 한다. 바로 시민들은 주민발의와 주민투표 그리고 주민소환을 통해 어떠한 상황에서도 완벽하게 대처할 수 있을 것이다"라고 하였다.

이러한 상황 속에서 미국에는 1898년부터 1918년의 기간 동안 19개의 주가 그들의 주 헌법의 일부로서 주민발의를 채택함으로써 일반 시민집단(unassembled citizens)에 의한 법률제정(law making)을 지지하는 공공의 열망은 매우 강했다. 이런 경향은 메인, 매사츄세츠, 오하이오를 제외하고는 모두 미시시피 강의 서쪽에 위치한 주들이었다. 그 후 1959년 알래스카가 주민발의를 헌법조항에 규정하였고, 1968년 와이오밍 주, 1972년 플로리다 주, 1976년 일리노이 주가 주민발의 조항을 헌법에 포함시켰다. 이렇게 해서 미국의 23개 주 헌법은 주민발의를 허용하는 조항을 설정하였다. 그리고 18개 주는 주민발의를 통하여 헌법조항을 개정하기 위한 주민발의를 규정하고 있다.

미국에서 가장 널리 알려진 주민발의는 1978년 캘리포니아 주에서 자비스(Howard Jarvis)에 의하여 주도되었던 주민발의 13호(Proposition 13)를 꼽을 수 있다. 캘리포니아 주 헌법 제3조에 근거하여 자비스 등은 1977년 주지사 선거에 투표하였던 유권자 8%의 서명을 수집하여서 법률안을 개정하는 주민발의를 청구하였으며, 그 내용은 "재산세의 인상률을 1975-76년도 시장가격의 1%로 제한하고, 연간 재산평가액의 증가율은 2% 이내로 제한하며, 재산에 특별세를 부과할 때는 주민 3분의 2 이상의 동의를 요하며, 주세(州稅)를 올릴 때는 주 의회 의원 2/3 이상의 동의를 얻도록 법률 조항을 개정"하는 것이었고, 그 당시 서명요건은 50만 명이었으나 무려 125만 명이 서명에 참여하였고, 그 해 6월 6일 캘리포니아 주민(州民)의 투표에 부쳐서 가결되었다. 이로써 캘리포니아 주 정부의 재산세 수입이 연간 100억 달러에서 50억 달러로 줄어들 정도의 충격적인 조세저항 사건이기도 하였다(Smith, 1998: 52-83).

4. 미국 주민발의의 표준모형

짐머만(1999: 163-181)은 미국 주민발의를 검토한 결과 다음과 같은 표준모형을 제시하고 있다.

첫째, 모델 조항에 포함되어야 하는 내용으로는 주민발의의 실행과 관련된 조항, 적용과정, 서명확보와 그 검증, 발의하는 조항 또는 안의 기초, 유권자에 대한 홍보활동, 주민투표, 투표를 통과한 조항의 정당화에 관한 규정, 채택된 조항의 수정절차 등이 포함되어야 한다.

둘째, 주와 지방정부는 주민발의의 청원을 접수하고자 하는 시민들에게 주민발의안의 문안검토 등 여러 가지 도움을 제공해야 하고, 또 그러한 도움은 신속하게 이루어져야 한다. 그리고 주민발의를 하고자 하는 시민들은 3~5명의 주민발의추진위원회(미국지방자치연맹은 1979년 10~25명으로 주민발의추진위원회를 구성하도록 권고)를 구성한다.

셋째, 주민발의 청구는 일정한 수의 유권자의 서명을 요건으로 하는 바, 헌법조항과 법률조항에 관련된 주민발의는 가장 최근의 총선 참여자 또는 주지사 선거 참여자의 3%(매사추세츠 주)에서 15%(애리조나 주와 오클라호마 주)의 서명을 받아야 한다.

넷째, 주민발의의 청구는 주 총무장관, 부지사, 카운티 총무국장 또는 선거담당관의 확인을 받아야 한다. 주민발의 청구 담당 공직자는 일정한 기간(아칸소는 10일, 알래스카와 와이오밍 주는 60일) 안에 주민발의 청구를 위한 서명자를 확인하도록 규정하고 있다. 확인 후 서명자가 부족할 때는 그로부터 10일 이내에 서명자를 추가로 확보하여 보충할 수 있다.

다섯째, 주 정부 총무장관은 법률에 의하여 추후 주민투표에 부치게 될 주민발의안의 내용을 담고 있는 공식적인 공보물을 제작하여 유권자들에게 발송하여야 한다. 이러한 공보물에는 대개 단순히 발의내용만 기술하기도 하지만, 매사추세츠 주는 필요한 재정적 부담을 포함시키기도 하고, 오레곤 주의 경우는 내용에 대한 찬성과 반대의견을 포함시키기도 한다.

여섯째, 헌법이나 법률조항의 주민발의 안은 총선투표 또는 임시투표에 부쳐지게 된다. 예를 들면, 앨라스카 주 헌법은 주민발의 청구가 접수된 후 가진 의회의 회기가 종료된 후 120일 안에 주 전역을 대상으로 치러지는 첫 투표에 회부하도록 규정하고 있다. 유타 주 헌법은 청구가 이루어진 후 첫 총선투표에 부치도록 규정하고 있다. 메인 주 헌법은 주민발의 청구가 이루어진 후 주 의회가 임시주민투표일을 잡도록 규정하고 있다.

일곱째, 투표를 실시한 결과에 관해서 13개 주의 헌법은 투표자의 과반수가 찬성하면 효력을 발생하도록 하고 있다. 그러나 매사츄세츠 주는 30% 이상이 투표에 참여하고, 참여자의 과반수가 찬성해야 유효하며, 네브래스카 헌법은 35% 이상이 투표하고, 투표자의 과반수로 효력을 갖도록 하였다. 그리고 법률조항의 주민발의안이 유효하기 위해서는 매사츄세츠를 제외하고는 대개 단순 다수의 찬성으로 효력을 갖도록 규정하고 있다. 통과된 발의안은 특별한 규정이 없는 한 30일 후에 효력을 발생한다. 그리고 투표결과 통과되지 못한 발의안일지라도 2년 후에는 재발의할 수 있다.

5. 주민발의의 찬반론

주민발의는 1898년 사우스 다코타와 샌프란시스코에서 처음 수용되었을 때 논란을 불러일으켰으나 현재 많은 지방정부와 여러 주에서 널리 사용되고 있다. 시민에 의한 법규제정, 즉 주민발의에 관해서는 근본적으로 다른 두 개의 시각이 존재한다. 비록 인민주의자와 진보주의자는 주민발의를 입법부가 다수의 공공의 의지를 반영하도록 하는 효과적인 제도라고 환영했지만, 선출된 공직자들과 일부 학자들은 주민발의가 대표에 의한 법규제정을 저해하고, 변덕스럽고 감정적인 법규제정에 의하여 대체될 수 있다고 비판한다.

1) 찬성론

주민발의 지지자들은 제퍼슨주의와 잭슨주의의 주장을 발전시켰다.

제퍼슨은 강력한 정부를 반대했으며 교육받은 일반 시민을 신뢰했다. 그는 "지구상의 모든 정부는 인간의 연약함의 흔적이며 부패와 퇴락의 싹이며 그들의 교활함은 드러날 것이며 사악함은 보이지 않는 곳에서 싹터서 확대될 것이다. 모든 정부는 시민의 대표들에게 맡길 때 타락할 것이다. 따라서 시민들은 자신들만이 완전한 권력의 수탁자이다"라고 강조했다. 잭슨 역시 공직자들을 불신했으며 비도덕적인 행동을 막기 위해 더욱 잦은 선거를 강조하였다.

Los Angeles 시의 주민발의, 주민투표, 주민소환의 주창자인 헤인즈(John R. Haynes) 박사는 1917년 워싱턴 D.C에서의 연설에서, "주민발의와 주민투표가 공직자들을 시민들의 보다 엄격한 책임추궁과 보다 직접적인 통제 아래 둠으로써 의회의 활동을 개선시켰다고 하였다. 그는 캘리포니아에서의 경험에 근거하여 증거를 제시했는데, 유권자들이 주민투표에 회부된 안들을 신중하게 구분해냈으며 매우 합리적인 결정을 내렸다"고 하였다.

윌칵스(Delos F. Wilcox)는 주민발의가 ① 시민들의 지혜를 발현시키고 그들의 노력을 정부의 문제점을 해결하는 데 직접 사용함으로써 개인을 정치적으로 활성화시키고, ② 재정은 시민들의 목표를 성공적으로 실현하는 데 사용되도록 할 것이며, ③ 주권자가 중간 매개자의 허가없이 법규를 제정하는 권한을 행사케 해 주고, ④ 주민발의가 다수의 희망에 맞게 참정권을 제한하거나 확대하는 체계적인 수단을 제공하며 참정권을 좌우하려는 대표들의 간섭을 배제할 수 있다는 것이다.

이 밖에도 먼로(William B. Munro), 루즈벨트(Theodore Roosevelt), 윌슨(Woodrow Wilson) 등 미국의 저명한 정치가들은 주민발의가 기업과 같은 경제적 이익집단의 통제 아래 이루어지는 정부의 비밀스런 의사결정을 종식시켜서 진정한 대표제가 복구될 것이라고 하였다.

이들의 논의를 짐머만은 다음과 같이 종합하고 있다(1999: 132-138).

첫째, 의회가 특수이익과 결탁하여 특수이익을 위한 법률을 제정하여 주민의 공익을 저해하거나 필요한 법령을 제정하지 않는 경우, 주민발의를 통한 법규제정은 명실공히 주민을 주권자로 만드는 효과가 있다.

둘째, 의회를 통한 법규제정도 필요하지만, 주민발의는 거기다 의결기관을 하나 더 추가하는 효과가 있다.

셋째, 주민발의제도는 특수이익의 반대로 인하여 중요한 개혁법규가 제정되지 못하고 있을 때 보다 중요한 개혁의 도구가 된다는 점을 들 수 있다.

넷째, 주민발의제도는 시민참여의 기회를 확대시켜 주는 효과가 있다.

다섯째, 주민발의제도는 시민들로 하여금 공공문제에 더욱 더 관심을 갖도록 부추겨 주는 효과가 있다.

여섯째, 주민발의제도는 청구를 위한 서명확보나 캠페인 활동을 통하여 시민들을 정치적으로 교육하는 효과가 있다.

일곱째, 주민발의제도는 주 법률이나 지방정부의 헌장을 좀더 간략하게 줄이거나 단순화시키는 효과가 있다.

2) 주민발의에 대한 비판론

주민발의와 주민투표 등은 대표제 정부의 기본 가정에 도전하는 것이며, 이 때 선출직 공직자들로 이루어지는 의회는 꼭두각시들의 집합에 지나지 않는다고 주장한다.

로웰(Lawrence Lowell)은 1895년의 한 논문에서 "주민발의가 첫 시발지에서도 아직 성공하지 못했는데 다른 곳에서 더 잘 작동되리라고 볼 이유가 없다. 직접참정제에 대한 보다 극단적인 반대자들은 이러한 참여제도가 가장 비민주적인 결과(ocholocracy)를 초래할 수 있다"고 지적하였다. 그리고 보일(Boyle)은 "주민발의가 절대 다수의 등록된 유권자들이 투표하도록 하는 데 실패할 것이며, 따라서 적극적인 소수에 의하여 지배되는 상태가 될 것"이라고 확신했다.

역시 짐머만은 주민발의에 대한 다른 학자들의 비판론을 다음과 같이 정리하고 있다(1999: 138-148).

첫째, 주민발의제도는 그 자체가 무정부 상태와 같은 상황을 성립시킬 수 있어서 비민주적 절차이다.

둘째, 주민발의제도는 입법기관을 주민집단과 의결기관 등 두 개로 만드는 결과가 되어 혼란을 빚는다.

셋째, 주민들이 법률적 지식이 충분하지 못한 상태에서 기초하는 법규는 오류를 범할 수 있다. 그러므로 법규는 결국 의원들이 전문성을 활용하여 제정할 필요가 있다.

넷째, 주민발의에 의한 법규의 제안은 다른 연관 법규들과의 관계를 저해할 가능성이 있다.

다섯째, 주민발의제도는 또 특별한 한 가지 쟁점에 초점을 맞추기 때문에 장기적 관점이나 전체적 관점을 벗어날 가능성이 높다.

여섯째, 주민발의제도는 복잡한 쟁점을 지나치게 단순화하여 캠페인을 전개함으로써 오히려 시민들을 오도할 수 있다.

일곱째, 주민발의제도는 오히려 특수한 이익집단에 의하여 그들의 이익을 관철시키기 위한 수단으로 악용될 수 있다.

Ⅲ. 주민소환

1. 주민소환의 개념

주민소환(the recall)은 "공직의 정해진 임기가 끝나기 전에 해당 공직자를 유권자의 고발이나 청원, 그리고 투표로써 그 공직으로부터 해임하는 절차(Zimmerman, 김영기 역, 2002: 11) 또는 유권자가 공직자를 해임하고 교체하는 민주주의의 절차적 장치(Cronin, 1989: 125)"이다. 그러나 필자는 지방자치와 정치적 절차를 강조하면서 주민소환을 "지역 유권자가 지방공직자를 임기 중에 청원과 투표로써 해임하는 정치적 절차"라고 정의한다.

여기서는 주민소환의 개념을 중요한 요소들을 중심으로 다음과 같이 좀더 상세하게 정의할 수 있다.

첫째, 주민소환의 주체는 선거권을 가진 지역주민들이다. 대표제에서 유권자는 직접 정책을 결정하는 권한이 없이 대표만 선출하는 제한된 간접적 권력만 행사할 수 있었으나 주민발의와 함께 주민소환을 통하여 유권자인 주민은 주권자의 입장에서 직접 정책결정의 주체가 되기도 하고, 또 선출한 대표의 권한과 직위를 회수할 수 있는 확대된 권력의 주체가 된다.

둘째, 주민소환의 대상은 "선출된" "지방"공직자이다. 그러므로 주민소환의 대상 공직자는 실적과 능력을 기준으로 선발되어 임명되고, 또 평생을 공직에 봉사할 것이 기대되는 직업공무원은 그 대상이 아니다.[19] 그리고 주민소환의 대상은 중앙정부 공직자가 아니다. 중앙정부의 선출직 공직자인 대통령과 국회의원에게 적용되는 소환제는 "국민소환제"이다. 주민소환이든 국민소환이든 임기 중의 공직자 해임이라는 본질은 같다.

셋째, 주민소환은 그 주체인 유권자 주민이 청원 또는 청구절차를 거쳐서 주민투표를 통하여 효력을 확정짓는다는 점에서 주민발의와 유사하다. 그러나 주민발의는 유권자들에 바라거나 필요한 정책을 대표들이 결정하지 않거나 결정하였더라도 만족스럽지 않은 경우 유권자들이 새로 정책을 결정하거나 기존의 결정을 개폐하는 장치, 즉 "정책 통제(政策 統制)의 장치"인 데 비하여, 주민소환은 정책이 아니라 그러한 정책결정의 책임을 진 공직자들이 정책을 잘못 결정하였거나 또 직권남용, 직무유기 등 부당한 행위를 저질렀을 때, 공직자들에게 해임이라는 수단을 사용하여 책임을 추궁하는 "인적 통제(人的 統制)의 장치"라는 점에

19) 미국에서는 행정공무원과 법관도 소환의 대상으로 삼는 경우가 극히 예외적으로 있고, 일본은 행정공무원도 소환대상으로 규정하고 있다..

서 차이가 있다.

넷째, 주민소환은, 공직자가 공직선거법을 비롯한 법률을 위반한 경우 검찰과 법원 등 사법기관에 의하여 심사하여 결정하는 사법적 절차와 구별되는, 정치적 성격의 정치적 절차이다. 즉, 그를 선출한 유권자들이 주체가 되어 해당 공직자의 정책이나 직권남용, 직무유기 등 "부당한 정치적 행위"에 대하여 정치적 책임을 추궁하는 활동이다.

2. 소환제의 기원

주민소환제의 기원을 애봇(Abbott)은 기원전 133년 고대 로마에서 호민관 옥타비우스(Octabius)가 시민투표에 의하여 해임된 데서 찾는다(Zimmerman, 1997: 6에서 재인용). 고대 아테네에서는 잘못을 저지른 공직자를 도기(陶器) 조각에 이름을 쓰는 투표를 통하여 해직하던 도편투표(陶片投票, ostracism)와 유사하다는 지적도 있다. 또 스위스에서는 캔턴(Canton)의 공직자를 임기가 끝나기 전에 관습법에 따라 해임하였던 것으로 알려져 있다(Cronin, 1989: 128).

미국에서 소환제의 기원을 1776년 펜실베이니아 주의 헌법이 "주 의회와 집행기관 업무에 채용된 자는 억압되지 않으며, 주민은 그들이 적정하다고 간주하는 임기에 따라 공직자들을 감축할 수 있으며, 임시선거 또는 정기선거에 의하여 공석을 충원할 권리를 갖는다"고 규정한 조항에서 찾기도 한다(Zimmerman, 김영기 역, 2002: 17-18).

3. 주민소환제의 채택과 현황

1) 소환제의 채택과정

크로닌(Cronin)에 따르면 주민소환제의 배경은 분명히 부패한 정치체계에서 비롯되었으며, 1900년대 서부의 소수 지역사회에서는 이미 소환제를 사용하고 있었다. 그런데 남태평양 철도회사의 이익을 대변하는 정치적 보스의 지배하에 있던 로스앤젤레스(Los Angeles)도 정치적 부패문제가 심각하였다. 이 지역 외과의사인 헤인즈(John R. Haynes)는 비상한 방법이 아니면 폭넓고 뿌리 깊은 LA지역의 정치적 부패를 청산하기 어렵다고 보고, 대처방안을 체계적으로 준비하였다. 그는 스위스의 소환제를 검토하였고, 또 사회주의, 노동당선언서 등을 검토하였다. 헤인즈가 주도한 LA의 소환제는 매우 획기적인 것이었으며, 그가 소환제의 설치를 주장하였을 때 캘리포니아 주의 정치인들은 큰 충격을 받았고, 이것은 매우 급진적이며 혁명적인 것으로서 그 합헌성을 우려하는 분위기였다(1989: 130-131).

사실 LA시는 1889년 시 헌장(City Charter: LA시에 적용하는 지방자치법)을 세 차례나 개정하려 했으나 실패하였는데, 시 의회는 다시 새로운 헌장안을 기초하기 위하여 유권자위원들을 선출하였다. 그 15명 중 하나에 포함된 헤인즈는 주민소환, 주민발의와 주민투표에 관한 조항도 헌장의 초안에 포함시켰다. 헌장기초위원회는 뜻밖에 직접참정제 조항의 삽입을 반대하지 않아서 1902년 주민발의와 주민투표 조항은 찬성 6 반대 1, 주민소환제 조항은 찬성 4 반대 1의 표결을 거쳐 통과되었다. 그러나 캘리포니아 지방자치법 승인권을 가진 주 의회는 주민소환제 등이 포함된 LA시의 헌장을 강력하게 비판하였지만, 엽관제와 부패한 정치적 보스의 지배에 대한 여론의 압박을 받는 가운데, 결국 1903년 1월 22일 이 헌장을 승인하였다. 그래서 LA시는 미국에서 최초로 소환제를 채택한 지방정부[20]가 되었다(Zimmerman, 김영기 역, 2002: 24-25).

2) 미국 소환제의 현황

2003년 10월 7일 미국 캘리포니아 주는 데이비스(Green Davis; 민주당) 지사의 소환투표를 실시하여 해직시키고, 주민투표와 동시에 실시된 보궐선거 투표에서 영화배우 출신인 공화당의 슈워제네거를 주지사로 선출한 것이 최근의 사례이다.

20) Oregon주는 1908년 주 헌법에 소환제 조항을 포함시켜 미국 최초의 주가 되었다.

미국 지방정부 가운데서 소환제를 처음으로 헌장에 설치한 LA시는 이 지역 주류판매조직을 편들고 돈을 받은 한 시의원을 소환하기 위하여 소환투표를 실시한 첫 자치단체이고, LA시의 하퍼(A. C. Harper) 시장은 또 1909년 소환된 첫 지방공직자이다.

미국 지방자치정부에서 소환제가 실시된 정확한 자료는 없다. 그것은 지방자치정부가 공직자에 대한 소환을 결정하고 나서 그러한 자료를 주정부에 보고하는 사례가 없기 때문이다(Zimmerman, 김영기 역, 2002: 112). 그러나 일부 학자들이 조사한 자료를 바탕으로 살펴볼 수 있는데, 가버(J. Ortis Garber)가 1925년 현재, 헌장에 소환제를 규정한 149개 자치단체를 대상으로 한 조사에서 121개 자치단체로부터 응답을 받았다. 응답 가운데 공직자의 소환청구 자체가 실패한 사례는 25건이며, 소환투표에 부쳐졌으나 과반수의 찬성을 얻지 못한 사례가 36건이고 소환이 성공한 사례는 36건이었다(Zimmerman, 김영기 역, 2002: 111 표 4-1).

1970년부터 79년 사이에 프라이스(Charles M. Price)는 소환제를 채택하고 있는 26개 주를 대상으로 그 주의 지방자치단체에서 실시된 소환제 사례를 조사하였는데, 캘리포니아 주가 396회로 가장 많고, 그 다음으로 오리건 주 280회, 미시간 주 193회 등 17개 주의 자치단체에서 1,155회의 소환제가 시도되었다(Zimmerman, 김영기 역, 2002: 116 표 4-4). 그러므로 미국 전체적으로 소환제를 사용한 지방자치단체는 상대적으로 극히 적은 숫자라는 것을 알 수 있다. 더구나 주 정부의 경우는 지방자치단체보다도 소환제의 사용빈도가 낮은 것으로 알려졌다.

4. 주민소환의 찬반론

주민소환제에 대해서는 찬성과 반대 양론이 분명하게 엇갈린다. 다음에 이에 대한 찬성과 반대론을 간단하게 정리한다(Zimmerman, 김영기 역, 2002: 144-161).

1) 소환제에 대한 찬성론

첫째, 주민소환제는 주민통제를 강화시킨다. 즉, 지속적으로 공직자의 책임을 확보하여 유권자들이 무능하고, 부정직하며, 시민의 요구에 제대로 반응하지도 못하고, 책임성이 낮은 공직자를 다음 선거까지 기다릴 필요 없이 해임케 한다.

둘째, 주민소환제는 실패한 선거결과를 바로잡아 준다. 만약 바로 앞의 선거에서 특수한 집단의 이익을 대변하는 자가 당선되었을 경우, 그를 해임하거나 해임가능성을 통하여 특수집단의 부당한 압박을 견제하거나 해임하여 선거구민 전체의 이익에 봉사하도록 한다.

셋째, 주민소환제는 유권자의 소외를 줄이고 교육의 기회를 제공한다. 시민을 대표해 주지 않거나 대응적이지 않은 공직자를 소환을 위하여 청원하거나 소환운동을 전개함으로써 공직자들을 압박하여 시민의 요구와 기대에 충실하게 책임지고 반응케 하고, 그 결과 시민교육이 이루어진다.

넷째, 주민소환제는 또 많은 예방적 장치나 규제를 불필요하게 만든다. 즉, 소환제가 없는 경우에는 공직자들을 통제하기 위한 가외의 장치나 제도가 필요하지만, 그러한 규제를 제거하여도 공직자에 대한 통제는 확보된다.

다섯째, 주민소환제는 공직의 임기를 연장시켜 주는 효과가 있다. 사실 대표의 수를 많게 하거나 짧은 선거주기를 마련하는 것은 궁극적으로 공직자의 책임확보와 통제를 위한 것인데, 주민소환제라는 감시장치(gun behind the door)가 있으므로 공직자들이 미리 책무를 다하므로 선거를 자주 치르지 않아도 된다.

여섯째, 주민소환제는 갈등을 관리하는 수단이 된다. 물론 주민소환제는 단기적으로 갈등을 조장하는 것처럼 보이지만, 장기적으로 볼 때 필요한 때에 정치적 이견을 드러내게 하여 갈등이 심화되는 계기를 제거한다(Cronin, 1989: 133-139).

일곱째, 주민소환제는 탄핵을 대신할 수 있는 바람직한 장치가 되기도 한다(Cronin, 1989: 133-139).

미국 주민소환제의 대두 배경과 찬성론을 통하여 주장할 수 있는 것은, 우리와 같은 대표제 지방정부의 선출직 지방공직자의 통제, 즉 책임성 확보에는 다양하고도 실질적 효과가 기대된다. 또한 주민소환제가 제도화되어 있다는 사실만으로도 선출직 공직자의 도덕적 해이를 예방하는 간접적 효과도 기대할 수 있다.

2) 소환제에 대한 반대론

첫째, 주민소환제는 최선의 통제수단이 되지 못한다. 즉, 다수에 의하여 선출된 공직자를 그보다 훨씬 적은 수의 유권자들에 의하여 해임할 수 있는 위험한 것이다.

둘째, 주민소환제는 또 다른 잘못된 투표가 될 수 있다. 유권자의 변덕스러운 기대나 선호에 영합하는 자들이 소환제라는 수단을 동원하는 경우, 이는 제2의 실수를 저지르게 된다.

셋째, 주민소환제는 나쁜 목적에 악용된다. 선량하지 못한 특수집단의 사람들이 정치적 음모를 가지고 이를 악용하는 부작용을 낳고, 결국 의도하지 않은 부정적 결과를 낳는다

넷째, 주민소환제는 공직에 대한 매력을 감소시켜서 유능한 공직자를 확보하기 어렵게 만든다. 유권자 대중의 선호와 다를 수 있는 지역발전계획 등을 실천할 소신 있는 공직자가 등장하기 어렵다.

다섯째, 주민소환제는 공화제의 원리를 파괴한다. 즉, 선량한 공직자를 선출하여 그들이 다음 선거 때까지 봉사하는 공화제는 제대로 기능하지 못한다(Cronin, 1989: 133-139).

여섯째, 주민소환제는 사회적 비용을 증가시킨다. 복잡한 정치적, 행정적 역할을 하는 공직자들 가운데서 정확한 책임자를 가리기도 어려워 대상을 잘못 선택할 수도 있고, 또 소환청원부터 투표까지 불필요한 많

은 비용을 유발시키기도 한다(Cronin, 1989: 133-139).

Ⅳ. 주민투표

1. 주민투표의 개념

투표(vote 또는 voting)는 개인의 의사를 기호나 수치, 또는 음성이나 몸짓 등 다양한 수단을 통하여 표현하는 수단이다. 이러한 수단은 민주시대로 이행되면서 정치적 행위자로서 자격을 가진 시민들의 정치적 의사를 표현하는 보편적 수단으로 정착되었고, 이러한 집합적 존재로서 주권자인 유권자 개개인의 의사들을 통하여 다수에 의한 민주주의(numerical democracy)에서는 공동체의 집합된 의사를 확인하여 유효하게 사용된다.

주민투표(the referendum)는 선거권을 가진 일반 시민들이 주체가 되어 투표로써 정치적 쟁점에 관련된 최종의 집합적 의사를 표현함으로써 결정권을 공유하는 직접참정의 한 절차라고 정의할 수 있다. 여기서도 주민투표의 개념을 중요 요소들과 관련시켜 좀더 구체적으로 정의하기로 한다.

첫째, 주민투표의 주체는 주권자로서 선거권을 가진 일반 시민들(unassembled citizens)이다. 역시 대표제에서 대표들이 정책결정의 주체가 되는 경우와 다르다.

둘째, 지역이라는 정치적 공동체의 집합적 의사를 표현하는 수단이 투표행위이다. 다만 그 주체가 주민이라는 점에서 대표들이 투표를 수단으로 사용하는 경우와 다르다. 그러므로 국가라는 정치공동체의 집합적 의사결정을 국민이 주체가 되어 표현하는 투표는 국민투표이다.

셋째, 주민투표는 선거와 정책결정 등 크게 두 가지 용도로 사용된다. 앞에서 살펴본 대로 주민총회에서 사업과 관련된 예산을 결정하는 경우와 주민들이 법규 등을 발의하여 결정하는 경우는 모두 정책결정에 해당하고, 주민소환에서 특정한 공직자를 해임하고 그를 대체할 공직자를 결정하는 경우는 선거의 의미로 사용된 것이다.[21] 다만 주민발의든, 주민소환이든 그 최종적 의사의 결정은 주민투표를 수단으로 사용하게 된다.

넷째, 주민투표는 주민의 집합적 의사를 표현하는 투표를 사용하여 직접 정책을 결정하거나 공직자를 해임 또는 선출하는 직접참정의 도구라는 점이고, 대개 정치적 의사의 최종결정 형태라는 점을 들 수 있다.

2. 주민투표의 기원

투표라는 수단이 집합적 의사결정에 사용된 것은 오랜 역사를 지니고 있지만, 짐머만은 수에 의한 민주주의로서 주민투표는 그 기원을 15세기 스위스의 기초자치단체인 꼼뮨(commune)들로 이루어진 게마인데(gemeinde: 기초단위의 유권자 집합)가 다른 게마인데와의 연합을 형성할 대표를 선출한 사례에서 찾으며, 미국 주민투표의 기원은 뉴잉글랜드 주민총회의 연장으로 1640년 매사츄세츠만 식민청(the Massachusetts Bay Colony)이 실시한 것이 첫 주민투표라고 주장한다. 그리고 근대 민주주의로 들어와서 주민투표는 1898년 사우스 다코타(South Dakota)주가 주민발의와 주민투표를 규정하는 헌법수정을 채택하면서 처음으로 도입되었다 (2001: 3-5).

3. 주민투표의 유형

짐머만은 미국에서 사용되는 주민투표의 유형을 다음과 같이 분류하여 소개하고 있다 (2001: 6-14).

---

21) 캘리포니아 주에서 데이비스 지사의 해임 여부를 결정하는 주민투표는 동시에 후임 지사의 선출을 동시에 실시하는 경우이고, 그 결과 슈와제네거가 주지사가 되었다. 미국의 주민소환제는 주민투표 때 전임자의 해임과 후임자의 선출을 겸하는 경우와 보궐선거를 따로 실시하는 경우로 나눌 수 있다.

첫째, 주 헌법과 지방자치헌장의 주민발의와 관련된 주민투표를 들 수 있다. 이 경우는 헌법수정 회의나 주 의회, 또는 주민에 의한 헌법개정안 발의, 주민에 의한 자치헌장의 발의에 관하여 주민투표로써 인준하는 경우이다.

둘째, 법규나 조례의 채택을 위한 주민투표를 들 수 있다. 이 경우는 의회가 제정한 법률, 지방정부의 의회가 제정한 조례를 주민투표로써 인준하거나 거부하는 경우이다.

셋째, 정기적 주민투표를 들 수 있다. 1784년 제정된 뉴햄프셔 주 헌법은 매 7년마다 헌법회의를 소집하여 점검하고, 그 결과에 관하여 자동적으로 주민투표를 실시하도록 규정하였다. 이런 규정은 지방정부의 헌장에서도 발견될 수 있다.

넷째, 의무적인 주민투표를 들 수 있다. 이 경우는 헌법의 제정 및 개정, 지방자치법의 제정 및 개정, 지방정부가 일정한 액수 이상의 지방채를 발행하고자 할 때는 강제적으로 주민투표를 실시하도록 규정한 사례이다.

다섯째, 선택적 주민투표를 들 수 있다. 이것은 주 의회나 지방의회가 자발적으로 주민의 집합적 의사를 구하여 주민투표를 실시하는 경우로서, 수돗물에 충치예방을 위하여 플루오르(fluor)를 넣을 것인지를 결정하는 주민투표가 그것이다. 이러한 주민투표의 실시여부는 강제적이 아니라 선택적이다.

여섯째, 대안적 주민투표(Protest Referendum)를 들 수 있다. 이것은 주 의회가 제정한 법률이나 지방의회가 제정한 조례의 시행을 저지하기 위하여 그 대안이 되는 주민발의를 내고, 그에 관하여 실시하는 주민투표이다.

일곱째, 자문하는 주민투표(advisory referendum)를 들 수 있다. 이 경우는 어떤 일을 결정하는 데 참조하기 위하여 실시하는 주민투표로서 결정하는 효과는 없다.

제 3 절 한국의 직접민주제

우리 나라도 1987년 6·29선언을 계기로 군부통치가 끝나고 점차 민주주의가 확대되면서 대표제의 문제, 즉 참여를 확대하고 대표들의 책임을 보장하기 위하여 직접참정을 제도화하기 시작하였다. 참여정부가 출범한 후 입법논의를 거쳐 2003년 12월 29일 국회를 통과하였고, 2004년 1월 29일 공포되었다. 이로써 주민이 직접 정책과정에 참여할 수 있는 길이 열렸고, 또한 조례의 제정 및 개폐청구 발의, 주민감사청구 발의, 주민소송 발의, 주민소환 발의 등 각종 주민발의를 유권자의 집합적 의사로써 확정짓는 최종 절차가 확보된 것이다. 주민투표제 이후 우리는 주민발의로서 조례의 제정 및 개폐청구제도, 주민감사청구제도, 주민소송제도에 이어 주민소환법이 2006년 5월 2일 국회를 통과하게 된 것이다.[22] 다음에 그 중요한 내용을 정리한다.

Ⅰ. 주민투표제

1. 도입배경

1994년 3월 지방자치법을 개정할 때 주민투표는 도입의 근거를 갖추었으나[23] 투표대상이나 절차 등을 제도화하지 않아 실행되지 못하고 있

22) 주민투표는 1994년에 법적 근거만 규정하고 10년 넘게 공백상태에 있었고, 또 우리 지방자치 현장에서는 주민소환제 도입의 필요성에 관한 인식이 확산되고 주장도 커지고 있었으나 메아리에 불과하다가 참여정부에 들어서 지방분권과 균형발전, 정부혁신 등 국정의 획기적인 변화를 지향하였고, 또 직접참정제가 한꺼번에 법제화되었고, 따라서 지방민주주의의 발전의 토대를 구축하였다고 평가할 수 있다.

23) 지방자치법 제13조의 2(주민투표)는 "① 지방자치단체의 장은 지방자치단체의 폐치·분합 또는 주민에게 과도한 부담을 주거나 중대한 영향을 미치는 지방자치단체의 주요 결정사항 등에 대하여 주민투표에 부칠 수 있다. ② 주민투표는 대상·발의자·발의요건

었다. 그래서 이러한 입법의 공백을 해결하기 위하여 2003년 12월 29일 주민투표법을 제정하였고, 2004년 1월 29일 공포함으로써 주민투표는 제도화되었다.

2. 주민투표법의 원칙과 내용

1) 주민투표법의 기본원칙

주민투표법은 세 가지 원칙을 표방하고 있는데, 첫째, 보충성의 원칙이다. 이것은 지방의회 등 통상적 의사결정 시스템을 위주로 하되 주민투표는 대표제의 문제를 보충하여 해결하는 수단의 하나로 사용한다는 것이다.

둘째, 주민투표제가 주민의 참여를 확대하고 책임성을 보장한다는 점에서 좋은 제도임에도 불구하고 도입 전에 우려하였던 투표의 남발이나 지방정부의 책임전가 등 부작용을 최소화함은 물론 자치단체장과 지방의회, 그리고 주민 등 관련 당사자들 간의 견제와 균형성을 지향한다는 것이다.

셋째, 주민투표제는 지역단위로 주민들이 그들의 욕구와 가치에 바탕을 두고 지역성 또는 정체성을 살릴 수 있는 주제들을 법 테두리 안에서 자율적으로 설정하여 집합적 선호나 의사를 표현하여 선택하도록 자율성을 지향한다는 것이다.

2) 주민투표제의 주요 내용

모두 5장 30조로 구성된 주민투표법의 중요한 내용들은 다음과 같다.

·기타 투표절차 등에 관하여는 따로 법률로 정한다"고 규정하였다.

그 예로서 2005.11.2 19년간 끌어 온 저준위 방사선폐기물 처리장 건립을 위한 부지선정과 관련된 희망지를 신청받았고, 경주·영덕·포항·군산 등 4개 유치지역을 대상으로 주민투표를 실시하였고, 경주시가 주민 70.0%가 투표에 참가하여 참가주민 89.5%로 가장 높은 찬성률을 보여서 건설지로 확정되었다.

(1) 주민투표사무의 관리

지방자치단체별로 관할 선거관리위원회가 담당한다. 이렇게 기존의 기관을 사용함으로써 자원의 낭비를 막고, 또 선거관리위원회의 경험과 전문성을 살려 공정하고 객관적인 업무처리가 가능하다.

(2) 주민투표권

주민투표권은 19세 이상의 선거권을 가진 주민 및 일정한 요건을 갖춘 외국인에게 부여한다. 이것은 주민투표가 생활 속의 쟁점이며 지역적 쟁점이라는 점에서 지방자치단체의 조례가 정하는 바에 의하여 투표권을 부여한다(제5조).

(3) 주민투표의 대상

주민투표에 부칠 수 있는 사항은 지방자치단체의 조례로써 정하되, 주민에게 과도한 부담을 주는 사항을 주민투표에 부칠 수 있다. 그러나 법령에 위반되거나 재판중인 사항, 국가 또는 다른 지방자치단체의 권한 또는 사무에 속하는 사항, 지방자치단체의 예산·회계·계약 및 재산관리에 관한 사항과 지방세·사용료·수수료·분담금 등 각종 공과금의 부과 또는 감면에 관한 사항, 행정기구의 설치·변경에 관한 사항과 공무원의 인사·정원 등 신분과 보수에 관한 사항, 다른 법률에 의하여 주민대표가 직접 의사결정주체로서 참여할 수 있는 공공시설의 설치에 관한 사항(다만, 제9조 제5항의 규정에 의하여 지방의회가 주민투표의 실시를 청구하는 경우에는 그러하지 아니하다), 동일한 사항(그 사항과 취지가 동일한 경우를 포함한다)에 대하여 주민투표가 실시된 후 2년이 경과되지 아니한 사항은 제외된다.

그리고 중앙정부도 국가정책에 관하여 주민투표를 실시할 수 있는데, 중앙행정기관의 장은 지방자치단체의 폐치(廢置)·분합(分合) 또는 구역변경, 주요시설의 설치 등 국가정책의 수립에 관하여 주민의 의견을 듣기 위하여 필요하다고 인정하는 때에는 주민투표의 실시구역을 정하여 관계 지방자치단체의 장에게 주민투표의 실시를 요구할 수 있다(이 경우 중앙행정기관의 장은 미리 행정자치부장관과 협의하여야 한다). 지방자치단체의 장은 주민투표의 실시를 요구받은 때에는 지체 없이 이를 공표하여야 하며, 공표일로부터 30일 이내에 그 지방의회의 의견을 들어야 한다. 그리고 지방의회의 의견을 들은 지방자치단체의 장은 그 결과를 관계 중앙행정기관의 장에게 통지하여야 한다(제7조와 제8조).

(4) 주민투표의 실시요건

주민투표법은 자치단체장과 지방의회, 주민의 세 주체가 주민투표를 실시할 수 있도록 규정하고 있다. 즉, 지방자치단체의 장은 주민 또는 지방의회의 청구에 의하거나 직권에 의하여 주민투표를 실시할 수 있으며(만약 지방자치단체의 장이 직권에 의하여 주민투표를 실시하고자 하는 때에는 그 지방의회 재적의원 과반수의 출석과 출석의원 과반수의 동의를 얻어야 한다), 선거권을 가진 주민(공직선거법 제18조의 규정에 의하여 선거권이 없는 자를 제외하고, 그 지방자치단체의 관할구역 안에 주민등록이 되어 있는 19세 이상의 주민, 그 지방자치단체의 조례가 정하는 외국인)은 주민투표청구권자 총수의 20분의 1이상, 5분의 1 이하의 범위 안에서 지방자치단체의 조례로 정하는 수 이상의 서명으로 그 지방자치단체의 장에게 주민투표의 실시를 청구할 수 있다. 그리고 지방의회는 재적의원 과반수의 출석과 출석의원 3분의 2 이상의 찬성으로 그 지방자치단체의 장에게 주민투표의 실시를 청구할 수 있다(제9조).

(5) 정보의 제공 등

지방자치단체의 장은 주민투표와 관련하여 주민이 정확하고 객관적인 판단과 합리적인 결정을 할 수 있도록 지방자치단체의 공보, 일간신문, 인터넷 등 다양한 수단을 통하여 주민투표에 관한 각종 정보와 자료를 제공하여야 한다. 관할선거관리위원회는 주민투표에 관한 정보를 제공하기 위하여 설명회·토론회 등을 개최하여야 하고, 설명회·토론회 등을 개최하는 때에는 주민투표에 부쳐진 사항에 관하여 의견을 달리하는 자가 균등하게 참여할 수 있도록 하여야 한다(제4조).

(6) 주민투표의 실시구역과 투표운동

주민투표는 지방자치단체 관할구역 전체에 걸쳐서 실시하고, 예외적으로 지방의회의 동의를 얻어서 이해관계가 있는 특정 지역이나 특정 주민을 대상으로 실시할 수 있다. 그러나 주민투표가 자칫 지역 내의 이해대립 등을 일으킬 수 있는 쟁점일 경우 갈등을 심화시킬 수도 있기 때문에 투표운동은 최소화하는 것을 지향하고 있다(제16조~제23조).

(7) 투표결과의 확정과 실행

유권자 총수의 3분의 1 이상이 투표에 참여하고, 유효투표의 과반수가 찬성하면 효과를 갖게 되며, 지방자치단체는 투표결과를 실행하기 위하여 행정 및 재정상의 의무를 갖게 된다(제24조).

(8) 소송 및 재투표

주민투표의 효력에 이의가 있는 경우는 주민투표권자 총수의 100분의 1 이상의 서명을 받아서 소청을 제기할 수 있으며, 소청결과에 불복하는 경우는 고등법원이나 대법원에 제소할 수 있다. 그리고 투표결과에 대하여 일부나 전부를 무효로 판결한 때에는 재투표를 실시할 수 있다(제25조).

Ⅱ. 주민발의제도

1. 주민발의의 개념과 유형

주민발의(the initiative)는 유권자들로 하여금 하나 또는 그 이상의 제안들을 주민투표(referendum ballot)에 부칠 수 있도록 하는 청원의 과정(Zimmerman, 1999: 1)이다. 좀더 구체적으로 정리하면, 주민발의는

"주민인 선거권자들이 주체가 되어 지방자치행정과 관련된 문제를 해결하거나 새로운 기대나 요구를 실현하기 위하여 집합적 의사를 통하여 정해진 절차를 거쳐 제안을 청구하는 과정"이라고 제2절 Ⅱ에서 정의하였다. 그러므로 주민투표법에서 주민이 "주민들에게 과도한 부담을 주는 사항들"과 관련하여 주민투표를 청구하는 경우, 또 조례의 개폐청구, 주민감사청구, 주민소송, 주민소환의 청구 등이 모두 주민발의에 포함된다.

그러나 주민발의는 "발의의 내용과 용도"를 기준으로 삼아서 주민에게 과도한 부담을 주는 등의 사항, 조례의 제정이나 개폐 등 "정책에 관한 발의 또는 정책형(政策型) 주민발의"와 지방공직자들의 잘못된 정책결정과 집행에 대하여 책임을 추궁하는 "통제에 관한 발의 또는 인사형(人事型) 주민발의"로 구분할 수 있다. 여기서는 위와 같이 분류만 하고, 우리 나라에서 채택한 주민발의제도를 채택한 순서대로 살펴보며, 또 이 책의 집필 목적에 따라 주민소환제는 따로 장을 설정하여 살펴본다.

2. 조례의 제정 및 개폐청구

1) 도입배경

우리는 지방자치의 부활과 함께 지방자치행정에 대한 주민의 이해가 확대되고, 또 평가할 수 있는 안목이 형성되면서 지방자치의 주체로서 더 많은 관심과 참여욕구를 갖게 되었다. 그리고 지방정부가 권력과 지시를 통하여 주민을 이끌고 지도하던 시대를 넘어 서로 동반자가 되어 지역의 문제를 협력하여 해결하는 거버넌스의 시대로 진입하기 위해서는 주민이 직접 정책과정에 참여하는 제도를 도입하는 것이 필요하였다.

2) 법적 근거

조례개폐청구는 지방자치법 제13조의 3 제1항에 "지방자치단체의 19세 이상의 주민(「공직선거법」 제18조의 규정에 의한 선거권이 없는 자는 제외한다. 이하 이 조 및 제13조의 4에서 "19세 이상의 주민"이라 한다)은 시·도 및 제161조의 2의 규정에 의한 50만 이상 대도시에 있어서는 19세 이상 주민 총수의 100분의 1 이상 70분의 1 이하, 시·군 및 자치구에 있어서는 19세 이상 주민 총수의 50분의 1 이상 20분의 1 이하의 범위 안에서 당해 지방자치단체의 조례로 정하는 19세 이상의 주민수 이상의 연서로 당해 지방자치단체의 장에게 조례의 제정이나 개폐를 청구할 수 있다"고 규정하여 법적 근거를 마련하였다. 그리고 지방자치법 시행령 제10조의 2와 제10조의 9를 통하여 시행에 관련된 근거도 마련하였다.

3) 청구절차

인구규모에 따라 선거권을 가진 19세 이상의 주민 총수의 50분의 1 이상에서 20분의 1 이상 서명을 받아서 자치단체장에게 조례의 제정이나 개폐를 청구할 수 있다.[24] 그 절차를 보면 다음과 같다.

첫째, 선거권을 갖는 주민은 조례의 제정 및 개폐청구의 취지와 이유를 기재한 청구서를 첨부하여 자치단체장에게 그 대표자 증명서 교부를 신청한다.

둘째, 대표자 증명서를 교부하고 동시에 조례의 제정 및 개폐청구의 취지를 공표한다.

셋째, 대표자 증명이 교부되면 시·도는 6개월 이내, 시·군·구는 3개월 이내에 대표자는 광역자치단체로서 제주도의 7,800명에서 서울과 경기의 14,000명까지, 그리고 기초자치단체로서 옹진과 울릉군의 370명에서 수원과 성남의 11,000명까지 서명을 받는다.

넷째, 서명이 완료되면 조례의 제정 및 개폐의 청구인 명부를 제출하며, 자치단체장은 대표자 성명과 주소, 청구취지 및 이유, 명부열람기간

---

24) 조례의 제정 및 개폐청구에서 제외되는 사항은 ① 법령에 위반하는 사항(2005.1.27 법개정으로 신설) ② 지방세·사용료·수수료·부담금의 부과·징수 또는 감면에 대한 사항 ③ 행정기구의 설치·변경 또는 공공시설의 설치를 반대하는 사항 등이다.

과 장소, 이의신청 방법 등을 공표한다.

다섯째, 청구인 명부는 시・도와 시・군・구, 읍면동별로 비치하여 열람하며, 이의신청 사항은 열람기간 종료 후 14일 안에 조례규칙 심의회를 거쳐 심사와 결정을 한다.

여섯째, 자치단체장은 청구를 수리한 후 60일 이내에 내용에 따라 조례안을 작성하여 결과를 통보하고, 조례안에 의견이 있는 경우 이를 첨부하여 지방의회에 부의한다.

일곱째, 자치단체장은 대표자에게 그 결과를 통지한다.

4) 조례의 제정 및 개폐청구제의 운영현황

행정부가 국회에 제출한 자료에 따르면, 이 제도가 채택된 2000년 3월 이후 2005년 10월 현재까지 청구현황을 보면, 모두 100건이다. 그 내용을 보면 학교급식지원과 관련된 조례가 62건으로 62%를 차지하고, 숙박 및 위락시설 거리제한 등 도시계획 관련 조례가 19건(19%), 주거 및 쓰레기매립장 등 생활환경 관련 조례 12건(12%), 시민감사제도 및 예산참여제도 관련 조례 7건(7%)으로 나타났다.

그리고 100건 가운데 원안이 의결된 청구가 12건, 수정 의결된 청구가 11건, 부결된 청구가 8건, 각하 또는 반려된 청구가 11건, 철회한 청구가 2건, 폐기된 청구가 7건, 진행 중인 청구가 49건으로 집계되었다.

3. 주민감사제

1) 도입배경

주민감사청구제도는 선출직 지방공직자들의 일탈행동이 중요한 배경을 이룬다. 특히 지방자치단체장은 예산편성과 집행권을 행사하면서 품목별 예산제도의 맹점을 이용하여 편법으로 산하 부서의 예산으로 숨겨서 편성한 다음 자치단체장이 선심행정에 사용하는 등의 문제를 드러내었다 이러한 의혹이 제기되는 예산편성과 집행에 대하여 주민이 감사를 청구함으로써 납세자인 주민의 통제권을 확대하면서 자치행정의 투명성과 책임성을 높이기 위하여 2000년 3월 2일부터 시행되었다.

2) 법적 근거

지방자치법 제13조의 4 제1항은 “지방자치단체의 19세 이상의 주민은 시 · 도는 500명, 제161조의 2의 규정에 의한 50만 이상 대도시는 300명, 그 밖의 시 · 군 및 자치구는 200명을 초과하지 아니하는 범위 안에서 당해 지방자치단체의 조례가 정하는 19세 이상의 주민수 이상의 연서로 시 · 도에 있어서는 주무부장관에게, 시 · 군 및 자치구에 있어서는 시 · 도지사에게 당해 지방자치단체와 그 장의 권한에 속하는 사무의 처리가 법령에 위반되거나 공익을 현저히 해한다고 인정되는 경우에는 감사를 청구할 수 있다”고 규정하였으며, 지방자치법 시행령 제10조의 10과 제10조의 18 등에 규정하고, 또 지방자치단체의 조례 등에 근거하고 있다.

3) 청구절차

주민감사청구의 요건은 시 · 도의 경우는 선거권자 주민 500명, 50만 이상의 시는 300명, 그 외 시 · 군 · 구는 200명 이내의 범위 안에서 조례로 정하는 수의 연서로 청구하게 되며, 시 · 도 사무의 감사는 주무부 장관에게, 시 · 군 · 구 사무는 시 · 도지사에게 감사를 청구하게 된다. 그 절차는 다음과 같다.

첫째, 선거권을 가진 주민 중 감사를 청구하고자 하는 청구인의 대표자는 주무부장관 또는 시 · 도지사에게 문서로 대표자 증명서 교부를 신청한다.

둘째, 대표자는 증명서를 교부한 날부터 시 · 도의 경우는 6월 이내, 시 · 군 · 구의 경우는 3월 이내에 주민을 대상으로 감사청구인 명부에 서명을 요청할 수 있다.

셋째, 서명요청 기간이 경과한 날부터 시 · 도에서는 10일 이내, 시 · 군 · 구에서는 5일 이내에 주무부장관과 시 · 도지사에게 감사청구인 명부를 제출한다.

넷째, 주무부장관과 시·도지사는 감사청구인 명부를 공개된 장소에 비치하여 열람시킨다.

다섯째, 감사청구심의회가 심의하고, 감사청구인 명부에 주민수 미달 등의 사유가 발생하였을 때는 대표자로 하여금 시·도는 5일, 시군구는 3일 내에 보정한다.

여섯째, 주무부장관 또는 시·도지사는 감사청구를 수리한 날로부터 60일 이내에 감사를 종료하고 감사결과를 대표자와 자치단체장에게 서면으로 통지하고 공표한다.

일곱째, 주무부장관 또는 시·도지사는 당해 지방자치단체장에게 감사결과에 따라 기간을 정하여 필요한 조치를 요구하고 요구내용은 통지하고 공표한다.

여덟째, 당해 자치단체장은 조치요구를 성실히 이행하고 그 조치결과를 지방의회와 주무부장관 또는 시·도지사에게 보고한다.

아홉째, 주민감사청구 사항이 위법한 재무회계행위와 관련된 경우에는 소송제기 사유가 발생한 경우에 한해 주민소송을 제기한다.

4) 운영현황

주민감사청구는 도입 후 2005년 7월 현재 모두 51건이 청구되었으며, 그 가운데 29건은 감사를 완료하였고, 18건은 각하되었으며, 4건은 진행 중이다.

4. 주민소송제

1) 도입배경

주민소송제의 도입은 역시 주민의 참여를 확대하고, 민주적이고 책임성 있는 자치행정을 통하여 주민의 복지를 증진시키는 데 목적이 있다. 그래서 김용찬 등(2005: 25-30)은 주민소송의 기능으로서 직접참여 수단, 지방공익 보호, 위법한 재무회계 운영에 대한 사법통제, 행정일반에 관련된 위법통제 등을 들었다.[25] 그러므로 우리는 위와 같은 기능의 필요에 따라 지방자치법 제13조의 5에서 7까지 주민소송에 관한 법적 근거 조항을 마련하여 2005년 1월 27일 지방자치법을 개정하였다. 그리고 주민소송제는 2006년 1월 1일부터 시행되었다.

2) 주민소송의 중요 내용

(1) 주민감사와 주민소송의 관계

앞의 주민감사청구에서 살펴본 대로, 주민감사청구와 주민소송은 절차상 긴밀한 관련이 있다. 이른바 소원전치주의(訴願前置主義)라고 하는 것으로서, 특정한 행정활동에 관련하여 사법기관의 심사를 받기 전에 미리 거치도록 되어 있는 절차가 주민감사청구이고 이것을 거쳐야 후속절차로 주민소송에 의한 사법심사와 통제가 이루어지는 것이다.

(2) 주민감사의 요건

지방자치법 제13조의 5 제1항은 "제13조의 4 제1항의 규정에 의하여 공금의 지출에 관한 사항, 재산의 취득·관리·처분에 관한 사항, 당해 지방자치단체를 당사자로 하는 매매·임차·도급 그 밖의 계약의 체결·이행에 관한 사항 또는 지방세·사용료·수수료·과태료 등 공금의 부과·징수의 해태에 관한 사항을 감사청구한 주민은 다음 각호의 어느 하나에 해당하는 경우에 그 감사청구한 사항과 관련 있는 위법한 행위나 해태사실에 대하여 당해 지방자치단체의 장(당해 사항의 사무처리에 관한 권한을 소속기관의 장에게 위임한 경우에는 그 소속기관의 장을 말한다. 이하 이 조 및 제13조의 6에서 같다)을 상대방으로 소송을 제기할 수 있다"고 규정하였다. 그리고 이 조항에 나열한 각호는 다음과 같다.

---

25) 주민소송을 따로 한 권의 책으로 다룬 것은 김용찬·선정원·변성완(2005), 『주민소송』, (서울: 박영사)이 처음이다. 이 책에서는 주민소송의 유래, 내용 등을 소상하게 다루고 있으므로 이를 이해하는 데 유익한 참고가 된다.

1. 주무부장관 또는 시・도지사가 감사청구를 수리한 날부터 60일(제13조의 4 제3항 단서의 규정에 의하여 감사기간이 연장된 경우에는 연장기간이 종료된 날을 말한다)을 경과하여도 감사를 종료하지 아니한 경우
2. 제13조의 4 제3항 및 제4항의 규정에 의한 감사결과 또는 동조 제6항의 규정에 의한 조치요구에 불복이 있는 경우
3. 제13조의 4 제6항의 규정에 의한 주무부장관 또는 시・도지사의 조치요구를 지방자치단체의 장이 이행하지 아니한 경우
4. 제13조의 4 제6항의 규정에 의한 지방자치단체의 장의 이행조치에 불복이 있는 경우

(3) 주민소송의 범위

지방자치법 제13조의 5 제2항은 "제1항의 규정에 의하여 주민이 제기할 수 있는 소송은 다음 각호와 같다"고 규정하였으며, 그 내용은 다음과 같다.

1. 당해 행위를 계속할 경우 회복이 곤란한 손해를 발생시킬 우려가 있는 경우에는 당해 행위의 전부 또는 일부의 중지를 구하는 소송
2. 행정처분인 당해 행위의 취소 또는 변경을 구하거나 효력의 유무 또는 존재여부의 확인을 구하는 소송
3. 당해 해태사실의 위법확인을 구하는 소송
4. 당해 지방자치단체의 장 및 직원, 지방의회 의원, 당해 행위와 관련이 있는 상대방에게 손해배상청구 또는 부당이득반환청구를 할 것을 요구하는 소송. 다만, 당해 지방자치단체의 직원이 「지방재정법」 제94조 또는 「회계관계직원 등의 책임에 관한 법률」 제4조의 규정에 의하여 변상책임을 져야 하는 경우에는 당해 변상명령을 할 것을 요구하는 소송을 말한다.

(4) 주민소송의 제한과 기간

지방자치법 제13조의 5 제3항과 제4항의 규정은 다음과 같다.

③ 제2항 제1호의 중지청구소송은 당해 행위를 중지함으로써 생명 또는 신체에 대한 중대한 위해발생의 우려가 있거나 그 밖에 공공복리를 현저하게 저해할 우려가 있는 때에는 이를 제기할 수 없다.

④ 제2항의 규정에 의한 소송은 다음 각호의 어느 하나에 해당하는 날부터 90일 이내에 이를 제기하여야 한다.

1. 제1항 제1호의 경우 : 당해 60일이 종료된 날(제13조의 4 제3항 단서의 규정에 의하여 감사기간이 연장된 경우에는 연장기간이 종료된 날을 말한다)
2. 제1항 제2호의 경우 : 당해 감사결과 또는 조치요구내용에 대한 통지를 받은 날
3. 제1항 제3호의 경우 : 당해 조치 요구시 지정한 처리기간이 만료된 날
4. 제1항 제4호의 경우 : 당해 이행조치결과에 대한 통지를 받은 날

(5) 소송의 관할

주민소송을 관할하는 법원은 당해 지방자치단체의 사무소 소재지를 관할하는 행정법원(행정법원이 설치되지 아니한 지역의 경우에는 행정법원의 권한에 속하는 사건을 관할하는 지방법원 본원을 말한다)의 관할로 한다. 그리고 지방자치단체의 장은 소송이 제기되어 그 소송의 결과에 따라 권리 또는 이익의 침해를 받을 제3자가 있는 경우에는 그 제3자, 그리고 당해 직원·지방의회 의원 또는 상대방에 대하여 소송고지를 하여 줄 것을 법원에 신청하여야 한다.

(6) 재판의 결과와 배상 등

소송을 제기한 주민은 승소(일부 승소를 포함한다)한 경우 당해 지방자치단체에 대하여 변호사 보수 등의 소송비용, 감사청구절차의 진행 등을 위하여 소요된 여비 그 밖에 실비의 보상을 청구할 수 있다. 이 경우 지방자치단체는 청구된 금액의 범위 안에서 당해 소송을 진행하는데 객관적으로 소요된 것으로 인정되는 금액을 지급하여야 한다.

그리고 지방자치단체의 장은 소송에 대하여 손해배상 또는 부당이득반환의 청구를 명하는 판결이 확정된 때에는 당해 판결이 확정된 날부터 60일 이내를 기한으로 하여 해당 당사자에게 그 판결에 의하여 결정된 손해배상금 또는 부당이득반환금의 지불을 청구하여야 한다. 다만,

손해배상금 또는 부당이득반환금을 지불하여야 할 당사자가 지방자치단체의 장인 경우에는 당해 지방의회 의장이 그 지불을 청구하여야 한다. 지불청구를 받은 자가 기한 이내에 손해배상금 또는 부당이득반환금을 지불하지 아니한 때에는 손해배상·부당이득반환의 청구를 목적으로 하는 소송을 제기하여야 한다. 이 경우 그 소송의 상대방이 지방자치단체의 장인 경우에는 당해 지방의회 의장이 당해 지방자치단체를 대표한다.

지방자치단체의 장은 소송에 대하여 변상명령을 명하는 판결이 확정된 때에는 당해 판결이 확정된 날부터 60일 이내를 기한으로 하여 해당 당사자에게 그 판결에 의하여 결정된 금액의 변상명령을 하여야 한다. 변상명령을 받은 자가 동항의 기한 이내에 변상금을 지불하지 아니한 때에는 지방세체납처분의 예에 따라 이를 징수할 수 있다. 그리고 변상명령을 받은 자는 이에 불복하는 경우 행정소송을 제기할 수 있다(다만, 「행정심판법」에 의한 행정심판청구는 제기할 수 없다).

Ⅲ. 주민소환제

우리는 2006년 5월 2일자로 국회에서 주민소환에 관한 법률이 통과됨으로써 주민감사제, 주민소송제와 더불어 선출직 공직자들의 책임을 물을 수 있는 인적 통제의 장치를 갖게 되었다. 이에 관한 외국의 사례와 한국의 입법과정, 그리고 그 내용에 관한 자세한 논의는 제5장 이후부터 살펴본다.

Chapter 04

외국의 주민소환제

04 Chapter 외국의 주민소환제

외국의 주민소환제는 미국[1]과 일본의 주민소환제를 중심으로 소개하고자 한다.

제1절 미국의 주민소환제

Ⅰ. 주 정부의 소환제

1. 법적 근거와 해석

1) 헌법상의 소환제 조항

현재 미국 주 정부의 소환제는 26개 주의 헌법 또는 법률에 의하여 승인되고 있으며, 그들은 알래스카, 애리조나, 캘리포니아, 콜로라도, 조지아, 아이다호, 캔사스, 루이지애나, 미시간, 몬태나, 네배다, 뉴저지, 노

1) 미국의 주민소환제는 필자의 졸역 Joseph F. Zimmerman 저, 『미국의 주민소환제도』, 2002, 서울: 대영문화사의 제2장과 제4장, 제6장을 간추려서 소개하였음을 밝힌다.

드 다코다, 오리건, 워싱턴, 위스컨신 등 26개 주이다.

헌법상의 소환제 조항이 그대로 시행되거나(self-executing) 집행을 위한 법률이 제정되어야 하는 두 가지 경우가 있다. 위스컨신 주는 전자의 경우로서, "소환제를 방해하고 제한하거나 해치기 위하여 어떠한 법률도 제정할 수 없다"고 규정함으로써 소환제와 관련된 입법적 개입을 막고 있다. 이와 달리 알래스카 주의 소환제 조항은 주 의회가 제정하는 법률에 그 집행을 의존하고 있다.

2) 법률상의 소환제 조항

뉴멕시코, 앨라바마, 미네소타 주 등 헌법에 소환제 조항을 설치한 주들은 또한 법률에 규정하여 지방자치정부의 전체 또는 일부 공직자를 대상으로 소환제를 적용하고 있다. 그 외에도 18개 주는 일반법, 특별법, 또는 지방에서 기초하고 채택한 자치헌장에 의하여 지방공직자들을 소환할 수 있다.

뉴저지의 선택형 자치헌장(the New Jersey Optional Municipal Charters Law)은 "선출직 공직자는 누구나 최소한 1년을 근무한 후에 그의 직무와 관련된 사유로 소환제 청구를 거쳐, 해임여부를 묻는 투표, 정기적 지방자치선거, 또는 임시선거에서 다수결을 거쳐 소환될 수 있다"고 규정하였다.

매사츄세츠 주에서는 타운별로 기초된 헌장에 소환제를 규정하고 있다. 빌레르카(Billerca) 타운의 헌장은 "선출된 주민총회 구성원을 제외하고 선출직인 공직자는 누구나 임기 후 6개월부터 유권자에 의하여 그 직에서 소환될 수 있다"고 규정하였다. 옥스퍼드(Oxford) 타운의 헌장은 "선출직은 누구나 이 규정에 의하여 소환되어 해임될 수 있다"고 간단하게 규정하였다. 코넥티컷 주에서는 20개 타운의 헌장에 소환제 규정을 두고 있으며, 그 중 15개 헌장은 지방자치단체 단위로 기초하여 채택한 것이고, 5개는 특별법 조항에 포함되어 있다.

3) 법률적 해석

법원은 소환제 조항을 좁게 해석하거나 전향적으로 해석함으로써 소환제의 효과에 영향을 미칠 수 있다. 1915년 캘리포니아 주 고등법원은 소환법과 법률에 소환제를 허용하는 헌법조항은 전향적으로 해석되어야 하며, 법률을 분명히 위반하려는 의도가 없다면, 유권자들에게 부여된 권력은 방해하지 말아야 한다는 견해를 밝혔다. 1979년 애리조나 주 대법원은 소환제 조항은 소환제 투표를 선호하는 방향으로 전향적으로 해석한다고 판결하였다. 1983년 콜로라도 주 대법원은 소환제는 기본적인 헌법상의 권리이므로 전향적으로 해석되어야 한다고 판결하였으며, 1989년 위스컨신 주 대법원도 동일한 내용의 판결을 하였다. 헌법상 또는 법률상 소환제를 규정한 경우 법원이 소환제를 배제하는 것으로 해석한 사례는 드물었다.

1985년 코넥티컷 주의 대법원은 자치헌장의 소환제조항이 헌법적 또는 법률적 권한을 결여하고 있다는 점에서 비판하였지만, 스트래트포드(Stratford), 브리스톨(Bristol), 뉴헤이븐(New Haven), 웨스트포트(Westport), 밀포드(Milford) 등의 코넥티컷 주의 지방자치단체들은 주의회의 특별법에 의하여 소환제를 시행하고 있다.

2. 정치적 절차냐, 사법적 절차냐

소환제가 정치적 절차인지 아니면 사법적 절차인지에 관하여 서로 견해가 다르다. 만약 소환제가 정치적 과정으로 보인다면, 방어하는 공직자의 권리를 보호하기 위한 사법적 절차를 적용하지 않는다. 왜냐하면, 소환대상이 되는 공직자가 배임, 직권남용, 의무불이행, 공직선서 위배와 같은 혐의를 요건으로 하지 않기 때문이다. 이와 반대로 탄핵은 대상 공직자가 사법적 보호를 받는 절차이다. 다음에 소환제의 성격에 관한 논의를 소개한다.

1) 정치적 절차로서 소환제

캘리포니아 주 헌법은 소환제 청구의 배경에 관하여 법원이 심사할 수 없다고 규정함으로써 소환제는 정치적 문제임을 분명히 하고 있다. 콜로라도 주 헌법도 소환제에 관련된 배경의 합법성, 타당성, 충분성에 관한 사항은 등록된 유권자들의 독자적이고 배타적인 판단에 관한 것이며, 그것은 심사대상이 되지 않는다고 규정하였다. 1974년 콜로라도 주 대법원은 주 헌법의 기초자들이 소환권은 그 본질상 순수하게 정치적 의도라고 판단하였다.

미시간 주의 헌법도 절차적으로 요구된 사유나 배경에 관한 진술의 충분성은 사법적 문제라기보다 정치적인 것이라는 점을 선언하고 있다. 미시간 주의 법률은 카운티의 선거위원회로 하여금 청구에 진술된 소환제의 사유들로 대상 공직자의 소환이 추구될 수 있고, 소환의 근거를 확실하게 제시할 만큼 사유가 충분하게 분명한가를 결정하는 권한을 유권자에게 부여하고 있다. 1979년 미시간 주의 검찰총장은 소환의 배경으로서 배임, 직권남용, 의무불이행으로 제한하는 법률을 제정하는 것은 헌법에 합치되지 않는다는 의견을 내었다. 미시간 고등법원은 같은 해에 단순히 "행정적 무능"을 표명하는 소환청구는 청구에 "해임의 사유를 분명하게 진술할 것"이라는 요건을 충족시키지 못하였으며, 그럼에도 불구하고 이러한 약점이 청구 자체를 부당한 것으로 만드는 것은 아니라고 판결하였다.

알래스카 주의 법률은 "소환제는 배경이 불충분하다고 하여서 무효라고 주장될 수 없다"고 규정함으로써 분명히 고발의 타당성에 대한 사법적 심사를 제한하였다. 1973년 플로리다 주의 고등법원은 "고발은 공직상 불법행위라고 주장된 행위이거나 근거도 없이 불법행위를 저질렀다는 것을 유권자들에게 충분한 사실을 드러내어 주어야 하기 때문에" "거론된 4명 전원이 파커(Parker) 시의 헌장과 플로리다 주 법률에 복종하거나 순응하지 못하여서" 소환대상으로 삼는다고 표명한 사유들이 불충분한 것으로 보고 이를 기각하였다. 1988년 미조리 주의 고등법원은 소환제의 사유에 대한 타당성을 심사하는 법원은 고발의 진실과 오류를 판정할 권한이 없다고 결정하였다.

1964년 뉴저지 주의 고등법원은 원고가 소환의 사유를 적시하지 않은 소환청구를 무효화하기를 거부하고, "미국 전역에서 법원은 대개 소환제의 절차를 통하여 특정한 공직자를 해임하도록 자치단체의 유권자에게 부여한 권한은 본질적으로 정치적인 성격이며, 해임과 관련하여 주장된 근거의 진실성과 충분성을 결정하는 것은 법원의 몫이 아니라 시민의 몫이다"라는 입장을 채택하여 주목을 받았다.

네배다 주의 대법원은 1965년 소환제 법률은 구체적 적시를 요구하지 않았다고 판결하였으며, 필요한 모든 것은 소환청구의 사유가 구체적인 것이든 좋은 것이든 관계없이 그 사유가 진술되어야 한다고 판결하였다. 이 법원은 해당 공직자의 해임을 청구하는 배경으로서 사유를 제시하는 경우의 장점은 법원이 응답하여야 할 법률적 문제가 아니라 그러한 사유들이 투표에 의하여 해결되어야 할 정치적 쟁점들을 포함하기 때문이라고 부연하였다.

오리건 주의 헌법은 청구는 그것을 요구하는 사유들로부터 시작될 수 있도록 규정하였다. 사우드 다코타 주의 법률은 해임이 추진되는 배경의 구체적 진술이 청원 안에 포함되어야 한다고 규정함으로써 오리건 주와 유사한 내용을 담고 있다.

소환제를 승인하고 있는 알래스카 주 헌법은 "공무상의 불법행위, 무능력, 또는 규정된 임무를 수행하는 데 실패한" 선출직 공직자는 해임될 수 있다고 법률에 규정하고 있는데, 알래스카 주의 소환제와 관련된 법률에 관하여 대법원은 "소환청구는 주와 멀리 떨어진 작은 인구를 가진 구역에서 제한적인 수단으로서 유권자들이 흔히 발의할 것이라고 지적하고, 소환제 법률의 해석은 전향적으로 이루어져야 한다"고 결론지었다.

플로리다 주의 소환법은 배임, 직권남용, 임무의 소홀, 취중추태(drunkenness), 무능, 공직수행의 영원한 무능력, 도덕적 해이를 비롯하여 중죄의 자행 등 공직자 해임의 사유들을 구체적으로 나열하였다. 1976년 플로리다 주 고등법원은, 소환제 청구에서 어떤 고발이 타당하다면, 다른 주장들이 불충분할지라도 청구에서 주장된 항목 전체를 투표에 부칠 수밖에 없다고 주장하였다.

1981년 루이지애나 주 상급법원은 주 헌법이 "공직자를 소환할 것인지 않을 것인지 오로지 그 한 가지가 쟁점"이라고 규정하고 있기 때문에 유권자는 어떤 사유로도 아니면 아무런 사유가 없더라도 공직자를 소환할 수 있는 절대적 권한을 보유하고 있고, 그 때문에 유권자의 소환권은 직권남용이라는 사유에 반드시 근거하지 않아도 된다고 하였다.

2) 사법적 절차로서 소환제

몬태나 주의 소환법은 공직자가 소환대상이 되는 사유로서, "신체적 또는 정신적 적합성의 결여, 공무상 불법행위, 또는 중죄의 확정 등을 규정하고, 대상 공직자에게 부과된 공무상의 의무를 수행하거나 그것을 수행하는 경우에 공무상의 범죄로 소추될 행위를 수행하지 않았다고 하여서 어느 누구도 소환되지 않는다"라고 규정하였다. 몬태나 주에서는 "1980년 11월 7일 스위트 그래스(Sweet Grass) 카운티에서 일어난 사고에서 비롯된 공무상의 범죄로 그 자신과 그의 부서에 불명예를 초래하는 행위를 한" 한 보안관과 관련하여 소환청원이 제기되었다. 1982년 몬태나 주 대법원은 소환 청구의 진술이 "그 보안관의 범죄를 구성한다고 주장된 행위들이 공공에 익숙하지 않기도 하고, 또 새퍼(Shaffer) 보안관에게 투표가 실시되는 경우에 범죄행위라는 주장에 관하여 그가 대응하고 그를 적절하게 방어할 기회를 허용하지 않았기 때문에 부당하다"고 결론지었다.

1982년 몬태나 주의 대법원은 또 소환제가 "특수하고, 예외적이며, 인상적이지 않은” 것이며, 정해진 임기가 도래하기 전에 공직자를 제거함으로써 “가혹한” 개혁수단을 포함하는 과정이라고 기술함으로써 소환제의 사법적인 측면을 강조하였다. 그로부터 법원은 법률상의 해임사유들을 해당 공직자에게 한정하여 그에게 보다 호의적으로 좁게 해석하며, 소환절차에서 어떤 오류가 생기면 소환청구는 부당한 것이 된다고 해석하였다.

1984년 워싱턴 주 대법원은 종래 72년간 헌법상 소환제 조항의 해석은 잘못된 것이었다고 결론지었다. 소환제와 관련된 사건에는 쇼어라인(Shoreline) 교육청의 교육위원들을 대상으로 한 고발 등 5건이 포함되어 있었다. 킹(King) 카운티의 상급법원은 고발과 투표의 개요를 검토한 뒤, 4개의 고발은 타당하다고 결론지었다. 상고에서 대법원은 1984년의 소환법 개정내용을 심사하고, 법의 개정은 “소환사유를 통하여 소환권의 범위를 제한하고, 그로 인하여 경솔한 고발이나 단순한 암시에 근거한 소환투표를 통한 공직자의 시달림을 막으려는 의회의 의도를 분명히 드러낸 것이라는 견해를 내었다. 이러한 판결은 소환제를 기초한 헌법조항의 의도에 일치하는 것이다”라고 하였다. 법원은 이러한 판결이 유권자로 하여금 고발이 구체적이고 명확하게 사유가 제시된 경우에는 선출된 공직자를 소환할 수 있는 권한을 여전히 허용하는 것이라는 입장을 유지하였고, 법원은 고발의 진위를 심사할 권한이 없다고 부연하였다.

3. 소환청구의 요건

소환제는 유권자의 청구로 시작되는 활동이라는 점에서 주민투표와 주민발의의 청구와 유사하다. 알래스카, 애리조나, 캘리포니아, 조지아, 아이다호, 캔사스, 오리건, 워싱턴 등 8개 주는 주 정부 공직자에 대하여 유권자가 소환을 발의하는 첫 단계는 소환청구서를 배부하기 위하여 그 의사를 포함한 통보서의 접수와 발간 또는 공고이다(그림 4-1).

| 그림 4-1 | 소환청구서 배부의사의 통보

(소환대상공직자 이름)님께

캘리포니아 선거법 제27020절에 의하여 아래에 기명한 캘리포니아 주 (카운티/시/디스트릭트)에 등록하여 자격을 갖춘 유권자들로서 우리는 소환청구를 지지하면서, 캘리포니아 주, (카운티/시/디스트릭트 이름)의 (공직명)직으로부터 귀하를 소환, 해임하려고 하며, 그 후임의 선출을 추진하고 있음을 알려드립니다.*
소환의 사유는 다음과 같습니다.

(200단어 안팎으로 사유를 진술함)

소환을 지지하는 이들의 이름, 서명, 직업이나 주소는 다음과 같습니다.

이름	주소	서명
1.		
2.		

(지지자의 이름, 주소, 서명기재. 최소한 10명이지만 법률은 10명 이상을 요구함)

....

....

....

10명 이상

연락을 위한 소환지지자의 전화번호(선택적임) (   ) 【이 내용의 사본과 확인증을 주 총무장관, 카운티 총무국장, 디스트릭트 총무과장 등 관련 공직자가 접수하게 된다.
이 청구서 접수 후 7일 내에 귀하는 소환의 지지자들이 제출한 진술에 대하여 200단어를 넘지 않는 범위에서 답변을 (주 총무장관, 카운티 총무국장, 디스트릭트 총무과장)에게 접수할 수 있습니다.
공직자의 답변서가 접수되면, 7일 내에 그 사본 한 부를 위에 기명된 소환의 지지자 한 사람에게 직접 또는 등기우편으로 보내 주어야 한다. 대상공직자의 답변서에는 이름, 서명, 직업, 주소가 포함되어야 한다.】**

캘리포니아 주에서는 소환추진 통보서는 주관자가 직접 또는 등기우편으로 전달하여야 하며, 처리방법과 시간과 관련된 진술문을 주 총무처에 접수시켜야 한다. 이 통보서에는 소환하고자 하는 공직자의 이름과 직책, 200단어 이내의 소환하고자 하는 사유에 관한 진술, 10명의 소환지지자의 이름과 주소 등이 포함되어 있어야 한다. 이 통보서를 받고 7일 이내에 소환대상이 되는 공직자는 200단어 이내의 해명서를 총무처에 접수할 수 있으며, 해명서의 복사본 1부를 직접 또는 등기우편으로 통보서에 있는 소환지지자에게 보내야 한다. 이러한 공식적 절차들이 이루어진 후, 주의 총무처가 공식적인 청구서를 인쇄하고, 청구통보서를 낸 소환의 지지자들이 이용할 수 있게 된다.

위스컨신 주 소환제에 관한 헌법조항을 집행하는 법률은 소환사유들이 청구에 포함되어야 한다는 요건을 담고 있지만, 검찰총장은 1948년 헌법조항에서 명시적으로 누락되어 있는 조건을 소환제를 집행하기 위한 법률이 유권자들에게 강제할 수 없다는 의견을 내었다.

각 소환청구에 포함된 서명자는 친필 서명자임을 청구주도자가 밝혀야 한다(그림 4-2). 청원은 확인을 담당하는 공무원으로부터 제안된 청구의 형태와 문장 등이 정확하다는 통보를 받은 후 지정된 기간 — 위스컨신 주는 60일, 위싱턴 주는 주 정부 공무원에게는 270일, 여타 공무원에게는 180일 — 안에 담당 공무원에게 접수해야 한다.

규정된 서명자 수를 성공적으로 확보하고 나면 소환대상이 된 공직자가 그의 남은 임기동안 공직을 보유할 것인지를 결정하기 위하여 가까운 시일에 실시될 총선 투표와 연계시키거나 임시투표를 실시한다. 캘리포니아 주에서는 확보한 서명자를 가지고 접수가 이루어지면 주지사가 서명자에 관한 타당성을 확인한 후 60일 이내에 임시투표를 요구하게 된다.

청원 서명자들이 틀림없다는 확인을 받고 난 후 14일 이내에, 캘리포니아 주의 지방정부는 이 정부가 선거를 실시하도록 한 명령을 발한 후

그림 4-2 소환청구서

(주 총무장관/카운티 총무국장/의장 등 소환접수담당 공직명) 귀하:

캘리포니아 주 헌법과 선거법에 따라, 아래에 기명한 캘리포니아 주 (카운티/시/디스트릭트)에 등록하여 자격을 갖춘 유권자들로서 우리는 삼가 캘리포니아 주, (카운티/시/디스트릭트)의 (공직명)의 직을 가지고 있는 (공직자 이름)을 소환, 해임하고자 진술합니다.

우리는 그 후임의 선출을 요구합니다.*

다음의 소환청원을 배부하기 위한 의향서의 통보는 (소환대상 공직자 명)씨에게 (일)자로 전달하였습니다.

(소환청원 의향서의 전문 삽입)

소환대상 공직자의 진술문은 다음과 같습니다.

(200단어 내외의 진술을 삽입함, 진술문을 받지 못한 경우 그 사유 기재)

각 서명자는 본인이 캘리포니아 주, (카운티/시/디스트릭트)에 등록한 자격 있는 유권자임을 진술하였습니다.

<table>
<tr><td rowspan="2"></td><td>이름</td><td colspan="2">주소</td><td rowspan="2">이 난은 공식적 사용을 위한 것임</td></tr>
<tr><td>유권자 서명</td><td>시</td><td>우편번호</td></tr>
<tr><td rowspan="2"></td><td>이름</td><td colspan="2">주소</td><td rowspan="2">위와 같음</td></tr>
<tr><td>유권자 서명</td><td>시</td><td>우편번호</td></tr>
</table>

소환청구서 배부자의 선언

나, (이름)은 선언하는 바:

1. 주소는 캘리포니아 주, ( )카운티의 ( )이며, (소환대상공직자 OOO의 카운티/시/디스트릭트)의 유권자입니다.
2. 첨부한 청구서에 본인이 서명하였습니다.
3. 나는 이 청구서에 기명·첨부된 서명은 나의 정보와 신념에 입각하여 본인이 서명하였음을 입증하며,
4. 첨부된 서명은 (일시)와 (일시) 사이에 이루어졌습니다.

나는 캘리포니아 주의 법률의 위증죄 조항에 따라 전술한 내용의 진실성과 정확성을 선언합니다.

(일시), (서명장소)에서 작성되었음

(서명무보사의 시빙)

80일에서 125일 사이에 투표가 이루어지도록 하고 있다. 그러나 샌프란시스코시의 자치헌장에는 소환투표는 60일에서 70일 이내에 실시되도록 규정하고 있다.

가장 일반적인 소환요건은 지난 주지사 선거에서 모든 후보들에게 투표한 투표자 수나 소환대상이 되어 있는 공직자 후보에게 투표한 투표수의 25%에 해당하는 서명을 확보하는 것이다. 캔사스 주는 주 전역에 걸쳐 가장 높은 비율의 서명을 요구하고 있는데, 즉 지난 총선에서 소환대상이 되고 있는 직위의 공직자에게 투표한 투표자 수의 40%에 해당하는 서명을 받아야 한다. 캘리포니아 주의 소환청구요건은 주 전역을 대상으로 한 가장 낮은 비율의 서명자 수를 요건으로 하는 바, 판사, 주의원의 경우는 20%, 여타 공직의 경우는 단지 12%의 서명자 수를 요건으로 정하였다. 매사츄세츠 주의 메듀엔(Methuen) 타운은 등록한 유권자의 50%의 서명을 요하며, 이에 반해 샌프란시스코 시와 카운티의 자치헌장은 소환청원에서 등록 유권자의 10%에 해당하는 서명자를 요구하고, 그 수가 확인된 경우는 소환투표를 실시한다고 규정하고 있다. 메인 주의 사우드 포틀랜드(South Portland)시의 헌장은 유사한 청구요건을 규정하고 있다. 서명요건이 낮으면 분명히 소환제의 발동을 촉진한다.

캘리포니아와 조지아 주는 주 전역을 선거구로 하여서 선출된 공직자의 소환을 위한 서명의 최소요건에 비례하여 지리적 요건을 규정하고 있다. 즉, 캘리포니아 주 헌법은 주 정부 공직자의 소환을 위해서는 지난 선거 투표자 수의 12%의 서명과 함께 지역균형을 위하여 5개 카운티에 걸쳐서 최소한 1%의 서명을 확보하도록 규정하고 있다.

여러 주에서 주민발의, 주민투표, 주민소환을 위한 청구활동의 주도자는 자원봉사자이거나 대가를 받는 유급직이다. 캘리포니아 주에서는 유급의 청구활동가를 이용하는 것이 일반적인 관행이다. 특수이익을 가진 부유층들이 유급의 청구활동가들의 도움을 받아서 입법 또는 법률의 거부를 발의할 수 있다는 공포감이 나타났다. 이러한 가능성을 억제하기 위하여 콜로라도 주 의회는 "주민발의나 주민투표 청원의 주관을 고려하거나 유인 또는 그러한 청원의 서명을 고려하거나 유도하는 돈이나 어떤 가치를 가진 것을 개인, 단체 또는 개인의 연합으로부터 직접적으로나 간접적으로 지불하거나 수수하거나, 또는 지불 또는 수수할 것을 동의하는 어떤 개인, 단체, 개인의 연합은 5급 중죄를 범하는 것이며, C.R.S. 18-1-105절(1973년)에 규정된 바에 따라 처벌될 것이다"라고 법률에 규정하였다.

그러나 콜로라도 주의 공기업위원회의 관할구역의 청원 발의자들은 그들이 주어진 기간 안에 규정된 수의 서명자를 확보하려면 유급의 서명수집자를 필요로 한다는 결론을 내렸다. 그들은 1983년 유급의 서명수집자에 대한 법적 금지가 미국 헌법의 첫 번째 수정조항을 위반한 것이라는 선언적 판결을 모색하여 콜로라도 주를 대상으로 1871년 시민권리장전의 한 절을 두고 연방지방법원에 소를 제기하였다.

1988년 연방대법원은 유급제 서명수집자 동원을 제한하는 조치는 먼저 청구자들의 메시지를 전달할 사람의 수와 그들이 주장할 수 있는 시간을 제한하고, 그로 인하여 그들의 주장을 들을 수 있는 유권자 수를 제한한다는 것과 청원요구자들이 어떤 사안을 투표에 부치는 데 필요한 서명자 수를 확보하는 것과 주 전역에 걸친 토론에 그들의 문제를 부각시키는 기회를 제한한다는 이유로 소환제 청구의 유급제 활동가의 이용을 허용하였다.

청원과 관련된 부정행위는 참여민주주의 세 가지 장치 — 주민발의, 주민투표, 주민소환 — 를 위협하는 요소이다. 1908년 오리건 주 헌법의 소환제 조항은 청구부정행위에 대한 제재를 포함하지 않았다. 주 의회도 유권자들이 그 청구서에 서명을 유도하기 위하여 그 청원에 관하여 잘못된 진술을 하고, 보기에 잘못된 서명자가 포함된 청원을 주도하거나 접수하며, 소환대상 공직자로부터 돈을 얻어내려는 의도로 소환을 시도하는 경우에 형법상의 제재를 규정한 소환집행법을 1923년에 가서야 제정하였다. 잘못된 청원을 접수하는 행위는 알래스카와 애리조나 주에서는 경범죄로, 오리건과 워싱턴 주에서는 중범죄로 규정하고 있다. 특정한 주에서는 잘못된 청원을 접수한 자에게는 구체적인 처벌을 규정하고 있는데, 예컨대 조지아 주에서는 1천 달러의 벌금이나 12개월의 징역에 처하며, 아이다호 주에서는 5천 달러의 벌금과 2년간의 징역에 처하며, 네배다 주에서는 1만 달러의 벌금과 10년 이내의 징역에 처한다.

1933년 오리건 주의 의회는 소환청원의 후원자로 하여금 기부자와 지출을 명시하는 보고서를 완성시켜서 접수하도록 규정하는 소환제 청원의 접수절차를 정립하였다. 더구나 법률은 후원자가 정해진 서명자의 수를 확보하고, 후원자가 자신의 정책목표를 지지하도록 공직자를 설득하기 위하여 대상이 되는 공직자의 신변을 위협하는 수단으로 청원을 이용하는 것을 막기 위하여 청구기간을 90일로 제한하고 있다.

4. 소환투표

소환제 청구와 관련된 서명확인이 이루어지면 애리조나, 콜로라도, 아이다호, 몬태나, 네배다, 오리건 등의 주에서는 5일, 노드 다코타, 워싱턴 주에서는 10일 이내에 소환 청원의 대상이 된 공직자가 사임할 수 있는 기회를 부여하므로 소환요건이 충족되었다고 하여서 반드시 소환투표가 실시되는 것은 아니다.

애리조나 주의 헌법은 소환청원 서명을 확인한 후 5일 이내에 그 공직자가 사임하지 않으면, 그 후 100일에서 120일 사이에 투표를 실시하도록 규정하였다. 뉴저지 주 자치단체의 선택헌장에서 소환대상이 된 공직자에게는 서명자 확인 후 2일 이내에 총무국장이 그 공직자에게 통보하여야 하며, 통보를 받은 후 5일 이내에 그 공직자가 사임하지 않으면, 소환청구 접수 후 60일에서 90일 사이에 소환투표를 실시한다.

특정 공직자의 소환을 지지하는 사유들은 소환투표지에 인쇄되지만,

낱말의 수는 제한되는 바, 200단어가 가장 일반적인 한계이다. 1976년 오리건 주의 보고서에는 소환제의 사유는 주관적이거나 감정적으로 기술될 수 있다는 입장이었다. 소환대상이 된 공직자는 200단어 범위에서 자신의 공직과 관련한 행위의 정당성에 관한 진술을 제출할 수 있다. 샌프란시스코 시는 투표용지 모양과 소환청구자의 사유, 대상 공직자의 해명, 유료 광고 등이 포함된 유권자에게 필요한 정보를 담은 팸플릿을 발행한다. 1983년 화인스틴(Dianne Feinstein) 시장의 소환투표를 위하여 49개의 유료광고—37개는 시장 지지광고, 12개는 소환지지 광고—가 포함된 팸플릿을 발행하였다.

미시간 주의 소환법은 '소환에 반대합시다' 또는 '소환에 찬성합시다' 또는 '그와 유사한 뜻을 가진 말'을 투표용지에 게재하는 것을 허용하지 않는다. 소환을 요구하는 사유나 그에 대한 해당 공직자의 해명은 이탤릭체나 밑줄이나 다른 방법으로 강조할 수 없다고 규정하였다.

주에 따라서, 소환투표는 애리조나와 캘리포니아 주처럼 임시투표로 실시되는 경우도 있고, 알래스카, 조지아, 오하이오 주처럼 예비선거나 총선거와 병행하여 투표를 실시하기도 한다. 소환투표의 결과에 대해서는 위스컨신 주의 경우는 3일, 오리건 주의 경우는 40일 등 규정된 기간 안에 이의를 제기할 수 있다.

1908년 오리건 주의 헌법이 처음으로 주 전역에 걸쳐 소환제를 인정하였다. 그러나 오리건 주의 헌법은 해당 공직자가 소환된 사건에서 소환된 공직자를 대신할 공직자를 소환여부를 결정하는 투표 때 선출해야 하는지를 규정하지 않았었다.

그러나 1926년 오리건 주의 유권자들은 해당 공직자의 소환 여부만 투표해야 하며, 그를 대체할 공직자는 보궐선거로 선출되어야 한다는 내용으로 헌법을 개정하였다. 미국의 9개 주는 소환투표에서 유권자는 단지 해당 공직자의 해직 여부만 투표한다. 과반수의 찬성으로 확정된 투표로써 해당 공직자를 해임한다. 그러나 매사츄세츠 주의 옥스퍼드

(Oxford) 타운의 헌장은 "선출직 공직자의 소환은 유권자의 50% 이상이 투표하고, 소환찬성자의 수가 해당 공직자가 선출될 당시에 얻은 득표수를 능가하지 않으면 무효"라고 규정하고 있다.

공직자의 소환여부를 결정하기 위하여 임시투표를 실시하는 것은 그 공직자가 소환된 빈자리를 충원하기 위하여 보궐선거를 실시할 때 정부비용이 늘어나는 문제를 제외하고는 현직자의 해임문제에만 유권자의 관심을 집중시킬 수 있는 장점이 있다.

소환투표에서는 다른 선거처럼 부재자투표가 허용되며, 이것은 소환활동의 결과에 중요한 역할을 할 수 있다. 캘리포니아 주의 법률은 부재자 투표를 활용하며, 이러한 사실은 부재자 투표가 전체 투표자의 36%를 넘어선 1983년 샌프란시스코 시의 화인스틴 시장의 해임투표에 사용되었다.

5. 캠페인과 비용

소환투표는 해당 공직자와 관련된 정부 양쪽 모두에게 비용이 들게 한다. 샌프란시스코의 화인스틴 시장은 소환투표에서 이기기 위한 캠페인 비용으로 334,000달러를 썼으며, 샌프란시스코 카운티와 시 정부도 투표비용으로 450,000달러를 지출하였다. 캘리포니아 주의 부패방지법이 소환제에는 적용되지 않는다.

오리건 주의 소환법에 해임안의 지지자는 유권자의 서명을 받기 전에 모든 청구자와 청구조직의 구성원의 이름과 주소와 함께 선서문을 첨부하도록 요구하고 있다. 워싱턴 주의 소환법은 부패방지조항에 "소환청구에 서명을 하거나 하지 않도록 유도하기 위하여 어떤 배려, 보상, 선물, 사례나 가치 있는 어떤 것을 약속하는 것"을 금하고 있다.

조지아 주의 법률은 정부활동의 윤리조항을 다른 선거와 마찬가지로 소환절차에 적용한다. 워싱턴 주의 법률은 주의 반부패법에 따라 소환캠페인 주관자에게 청원과 소환캠페인을 벌일 때 든 비용에 관한 보고서를 제출하도록 요구하고 있다.

주에서 소환대상이 된 공직자는 소환투표에서 이기기 위한 캠페인의 비용지출에서 반부패법의 제한을 받지 않는다. 1976년 버클리(Buckley) 대 발리오(Valeo) 사건에서 연방대법원은 "개인이든 조직이든 캠페인 비용이나 개인 후보자의 사적 기금에 의한 지출에 대한 제한은 헌법상 효력이 없다"고 판결하였다.

캘리포니아 주의 헌법은 소환제 시도에 맞서 승리하기 위하여 해당 공직자가 지출한 캠페인 비용을 환불하는 조항을 두고 있다. 콜로라도 주의 헌법은 해당 공직자가 해임되지 않거나 청원이 성립되지 않은 경우는 자치단체로 하여금 그에게 캠페인 비용을 지불하도록 하고 있다. 1989년 콜로라도 주 검찰총장은 소환청구에 성공적으로 도전한 공직자는 소환투표가 이루어지지 않았기 때문에 그에 대한 비용을 부담하지 않도록 훈령을 발하였다. 샌프란시스코 카운티와 시의 헌장도 소환투표에서 이겨서 공직을 보유하게 된 공직자는 그 비용을 환불하도록 하고 있다.

6. 의결기관의 정족수 문제

소환제의 성공적 채택은 공직자의 해임으로 인하여 활동에 필요한 의사정족수가 부족하여 지방자치단체의 의결기구가 무력화되는 결과가 될 수 있다. 물론 문제는 주 법률이나 자치헌장에 소환된 공직자를 대신할 공직자의 선출을 동시에 규정하거나 의사정족수를 확보하기 위하여 충분한 수의 공직자를 임명하도록 규정하고 있는 경우에는 이러한 문제는 발생하지 않는다.

캔사스 주 의회는 1978년 동일한 정부에 봉사하는 지방공직자 가운데서 동시에 소환대상이 되는 지방공직자의 수는 과반수에 1명을 보탠 수를 넘어서지 못하도록 규정함으로써 의결정족수 미달의 문제를 다루었다. 나아가 주 법률과 지방자치단체 헌장은 대개 지방의회의 공석을 채우기 위하여 보궐선거를 실시하도록 허용하고 있다.

위싱턴 주에서는 1916년 야키마(Yakima) 카운티 유권자들이 소환제를 통하여 3명의 커미셔너를 해임함으로써 특이한 상황이 초래되었다. 공석중인 3명의 커미셔너를 임명하는 주지사의 조치에 이의가 제기되었으나, "주지사는 모든 공직자가 충원되어 있는지, 그로부터 임무가 수행되는지를 살필 권한이 있다"고 규정하고 있는 1890년의 주 법률에 근거하여 위싱턴 주 대법원은 주지사의 커미셔너 임명조치가 합법이라고 판결하였다.

1939년 캘리포니아 주 아케이디아(Arcadia)는 의원 2명이 해임되고, 1명은 소환투표의 결과로 사임하였기 때문에 5명으로 구성된 의회는 의결정족수에 미달하게 되었다. 현재의 캘리포니아 법률은 유권자들이 소환투표에서 의회의 공석을 충원하거나 임시선거를 요구할 수 있도록 규정하고 있다. 유권자들이 임시선거를 요구하지 않았기 때문에 법원은 주 법률이 다수로써 의사정족수를 구성한다고 규정한 것과 관계없이 남은 2명으로 공석중인 의석을 충원할 수 있는 의사정족수를 구성하도록 결정하였다. 켄터키 주 대법원은 교육위원회의 공석을 잔여 위원들에 의하여 충원하는 것은, 의사정족수의 결여와 대체적인 법률조항이 결여되어 있음에도 불구하고, 타당하였다고 판결하였다.

1970년 위싱턴 주의 타코마(Tacoma) 시는 자격이 없는 매니저를 채용한 혐의와 타코마 케이블 회사에 케이블 TV 관할권을 부여한 혐의로 고발된 9명 중 5명을 해임하였다. 남은 4명의 의원으로는 의결정족수 미달이기 때문에 선임에 의하여 공석중인 구성원을 충원할 수 있게 하는 헌장조항을 채택할 수 없었다. 공석중인 공직을 충원하는 방법을 결정함에 있어서, 타코마 시의 검사보가 시의 매니저에게 공석을 충원하는 규정이 없는 경우 주 법률은 주지사로 하여금 "모든 공직이 충원되어 있는지를 감독한다"고 규정하였으므로 주지사는 공석의 공직자를 충원할 권한을 부여하고 있다고 조언하였다. 타코마 시는 에반스(Daniel J.

Evans) 주지사에게 의결정족수를 채우기 위하여 의회 구성원을 "임명"하도록 요청하였고, 주지사는 빌렛(Billett)을 공석중인 의원에 임명하였다.

Ⅱ. 미국 지방정부의 소환제

지방정부 공직자의 소환절차와 요건은 주 정부 공직자의 소환절차와 유사하다. 놀랄 것 없이, 지방정부 공직자에 대한 고발은 주 정부 공직자에 대한 고발에서 볼 수 없는 다양한 주제를 다루고 있다. 고발은 시나 타운의 매니저, 시의원에 의한 경찰업무 방해, 경찰서장의 해임, 토지용도구역위원회의 방해, 회의공개에 관한 주 법률의 위반, 무례, 증세, 공직자의 중죄에 의한 기소, 학교통합, 윤리적 비방, 부유층으로부터 기여금 수수, 누드 바, 카운티 경찰서 설립투표, 총기통제를 위한 조례에 대한 투표, 정당 당적의 변경, 법원위치결정에 대한 논쟁, 공금의 남용, 유권자에 대한 무대응, 시 기금의 잘못된 관리, 의회에 들어가기 전의 의회대상 사업, 공직자에 어울리지 않는 행동, 공직자 집에서 공공인력의 이용, 주 정부 수질오염통제위원회의 문서에 대한 대응의 실패 등이 포함된다.

공직자 소환의 지지자들은, 1996년 알래스카의 케디칸 게이트웨이 버러(Kethikan Gateway Borough) 시의 칼턴(James Carlton) 시장을 소환하기 위해서 808명의 서명이 필요한데도 겨우 162명의 서명만 확보한 사례에서 보듯, 서명확보에 종종 실패할 정도로 소환절차는 쉽지 않다.

1. 초기의 소환제

1903년 소환제를 채택한 로스앤젤레스 시는 미국에서 소환투표를 실시한 첫 도시이다. 한 시의원이 주류 판매업자의 이익을 편들고, 그의 선거구역에 도살장 설치를 찬성하고, 돈을 받은 사유로 소환을 위한 청원이 이루어졌다. 이 시의원은 비록 소환되었지만, 시의회는 기술적인 방법으로 그의 의원직을 유지하도록 하는 법원의 집행명령을 얻어내는 데 성공하였다. 그러나 그는 다시 소환이 추진되었고, 결국 투표에서 패하여 해임되었다.

1909년 로스앤젤레스 시의 하퍼(A. C. Harper)는 소환제로 해임된 첫 시장이다. 1906년에 선출된 하퍼 시장은 공직을 추구하는 사람들 중 공익의 증진에 도움이 되는 인사를 임명하는 대신에 정치적 추종자를 공직자로 임명한 것 때문에 소환운동이 시작되었다. 거기다가 배심원이 조사를 시작하고 나서야 매춘단속과 관련된 조례를 시행하였기 때문에 그는 법의 집행을 유기하였고, 배심원은 그 때까지 기소장의 답신을 하지 않았다고 보고하였다. 대다수의 배심원들은 임무를 다하는 데 실패한 시장과 경찰공직자들을 고발하였으며, 시민조직인 자치연맹은 소환캠페인 조직을 구성하는 데 성공하였다.

시애틀에서는 1910년에 길(Hiram C. Gill) 시장이 소환되었다. 쓰레기 소각장 설치를 반대하고, 지방의 전기시설 설치를 지지하고, 도박과 여타의 범죄를 제거하는 데 실패하여 고발되었다. 1911년 타코마(Tacoma) 시에서는 불만을 가진 시민들이 커미셔너(commissioner) 전원을 소환하려고 시도하였다. 유권자들은 위원회형 정부형태를 채택하였으나 금방 시장과 위원들에게 불만을 갖게 되었다. 시장은 위원회형태의 정부에 적대적이었으며, 위원들 간에도 파당적인 논쟁이 일어났으며, 이 때문에 정부비용이 급격하게 늘어났다. 시장과 2명의 위원이 소환되었다. 같은 시기에 사우드 다코타 주의 휴런(Huron) 시에서는 세율을 올린 전체 위원들을 해임하려는 움직임이 일어났으나 유권자들은 그들이 위원직을 유지할 수 있도록 해 주었다.

캔사스 주의 위치타(Wichita) 시에서는 역시 소환이 채택되었고, 공공정책이 쟁점으로 포함되어서 시장과 여타의 위원들이 부당한 가격으로 민간수도업자로부터 물을 구입하려고 하였다는 사유로 고발되었다. 그들은 해임되었다. 1915년 캘리포니아 주의 앨라메다(Alameda) 카운티에서 소환이 시도되었으나 소환업무 담당관은 무자격의 서명자들이 포함되어 있다는 이유로 청구를 기각하였다. 이 소환시도에 관하여 논평하면서 컬럼비아 대학교의 휘츠패트릭(F. Stuart Fitzpatrick)은 소환제 절차의 남용을 부각시켰고, 파렴치한 인간들이 허위진술과 위조나 뇌물보다 청원서명자를 모집하는 사기행각을 방지하는 보호기능이 미흡하다고 지적하였다. 유급제의 서명수집자들은 그들을 고용하는 청구자를 무시하고, 성실한 서명확보 활동을 하지 않는다는 것이다.

또 캘리포니아 주 샌 버난디노(San Bernardino) 타운의 윅솜(George Wixom) 시장에 대한 소환운동이 전 시장과 그가 임용한 경찰서장이 주도하여 제기되었는데, 그들은 윅솜 시장의 방종과 비능률을 들어 소환을 청구하였다. 이러한 청구는 분명히 문제의 본질을 호도하였고, 유권자들은 윅솜의 시장직을 유지시켰다.

톨레도(Toledo) 대학의 가버(J. Ortis Garber) 교수는 1925년 헌장에 소환제 조항을 규정한 149개 시의 매니저에게 소환제 이용에 관한 설문을 실시하여 121명의 응답을 확보하였다. 그 중 24개의 시에서 27건의 소환제 이용이 있었는데, 7개 사례에서 소환 청구의 서명자 수가 부족하였고, 13개의 소환투표에서는 대상 공직자를 해임하는 데 실패하였으며, 7개 소환투표만 공직자 해임으로 결말이 났다. 가르버 교수는 소환제가 결코 과다하게 사용된 것이 아니며, 소환제의 가장 큰 가치는 "소환제 자체가 시민들로 하여금 신뢰감을 갖게 한다"고 주장하는 공무원의 말을 인용하였다. 사람들은 언제나 공직에서 잘못을 저지르면 그 공직자를 해임할 수 있다고 느끼게 된다는 것이다.

버드(Frederick L. Bird)와 라이안(Frances M. Ryan)은 1929년 이후 캘리포니아 주에서의 소환제 사용과 관련된 사례를 조사하였으며, 인구 2만 이하, 2만에서 10만, 10만 이상의 도시별 — 오클랜드(Oakland), 로스앤젤레스(Los Angeles), 샌프란시스코(San Francisco) — 로 소환제

〈표 4-1〉 40개 도시의 소환제 사용사례(1903-1925)

주 / 도시	청구 실패	선거 실패	소환 성공	주 / 도시	청구 실패	선거 실패	소환 성공
모빌(AL)		1		스프링필드(IL)	1		
베이커스필드(CA)		1		오우크간		1	
칼턴		1	1	마샬타운(IA)	1		
롱비치			1	시옥스시티		1	
LA	2		1	체리빌(Kan)	1		
오클랜드	1	2		헤이즈	1		
리치먼드		2		로렌즈		1	
리버사이드			1	프랫		1	
샌버난디노		1	1	샐리나	1		
샌디에이고			1	위치타			1
샌프란시스코	1		3	쉬레브포트(LA)			1
샌호세	1			포틀랜드(ME)			1
샌타크루즈			1	보스턴(MA)		2	
튤래르		1		로렌즈			1
밸레조	1			맨스필드		2	
비잘리아			1	샐렘			1
콜로라도스프링스(CO)	1	1		앨비온(Mich)	1		
덴버		1		베이시티			1
스트랫포드(CT)			1	정천시티(OR)			1
애틀란타(GA)		1		포틀랜드			1
칼라마조(Mich)		2	1	뷰포트(SC)		1	
먼싱				컬럼비아	1		
폰티악		1		애버딘(SD)		1	
모리스(Minn)				휴런		1	
자플린(MO)			1	래피드시티		1	
네브래스카시티(Neb)			1	시옥스폴스		1	1
롱브랜치(NJ)	1			내슈빌(TN)		1	
와일드우드			1	댈러스		2	2
알버쿼르크(NM)		1		노르폭(VA)	1		
샬롯(NC)		1		포트머스		1	
맨단(ND)	1			제인스빌(Wis)	1		
미낫			2	슈페리어		1	
샌더스키(OH)	1			에스카타다(WA)			1
알드모어			1	에버렛			1
바틀스빌	1			호퀴암			1
던칸		1		시애틀			1
구드리	2			타코마	2		2
오클라호마시티	2			왈라왈라	1		
				계 76도시	27회	36회	36회

사용결과를 보고하였다. 주 법률이 소환투표의 결과를 주 정부 공직자에게 보고하도록 하는 규정이 없었기 때문에 자료수집이 어려웠다. 그들은 245개 소도시 중에서 172개의 도시에서 자료를 확보하였으며, 이들 도시의 인구는 2만명 이하였다. 소환청원이 50개의 시에서 이루어졌고, 103명의 공직자가 대상이 되었다. 17개의 청원은 불충분하였기 때문에 소환투표가 이루어지지 않았으며, 그것은 법원의 소송의 결과로 투표가 회피되었거나 대상공직자들이 계획된 투표 전에 사임하였다. 191명의 공직자가 대상이 되는 74개의 투표는 실시되었는데, 36개 투표에서 81명이 소환되었다. 버드와 라이안은 "소환투표를 회피하는 가장 특이한 계획은 와츠(Watts) 시에서 다수를 이룬 의원들에 의하여 제기된 것이다" 라고 하였다.

〈표 4-2〉 인구 2만 이하의 도시에서 소환운동의 요약

요 약	수	관련자 수
정보를 확보한 도시의 수	172	
소환청원이 접수된 도시의 수	50	103
소환청원이 접수된 회수	103	264
소환청원이 불충분하였던 횟수	17	46
제소에 따른 선거회피의 횟수	10	23
사임에 의한 선거회피의 횟수	2	4
소환투표가 치러진 횟수	74	191
소환이 성공한 횟수	36	81

인구 2만에서 10만 사이의 도시로서 베이커스필드(Bakersfield), 리버사이드(Riverside), 샌디에이고(San Diego) 시의 유권자들은 각각 4회의 소환제를 채택하였으며, 롱비치(Long Beach)와 샌 버난디노(San Bernandino) 시의 유권자들은 세 차례에 소환제를 사용하였고, 4개 노

시의 유권자들은 두 차례씩 소환제를 사용하였으며, 5개 도시의 유권자들은 한 차례씩 소환제를 사용하였다. <표 4-3>은 그러한 자료를 요약하여 준다.

〈표 4-3〉 인구 2만-10만 도시의 소환제 사용 요약

요 약	수	관련 공직자 수
자료를 확보한 도시의 수	172	
소환청원이 접수된 도시의 수	50	
소환청원이 접수된 수	103	264
소환청원이 불충분하였던 횟수	17	46
제소에 의하여 소환투표가 회피된 횟수	10	23
사임에 의하여 소환투표가 회피된 횟수	2	4
소환투표가 실시된 횟수	74	191
소환이 성공한 횟수	36	81

인구 2만에서 10만 사이의 도시 22개 가운데 14개의 시에서 31개 소환청원이 접수되었고, 22회의 소환투표가 실시되었고, 9개 소환투표에서 공직자가 해임되었다. 이러한 소환투표에서의 쟁점들은 소도시에서의 소환투표와 유사성을 지니고 있는데 "첫째, 패거리나 이익단체의 책동 둘째, 공직에서의 배임 셋째, 비능률 넷째, 유권자의 의지에 부응하지 못한 점 등이다."

1904년부터 1928년 사이에는 로스앤젤레스에서 4회의 소환투표가 실시되었고, 1905년부터 1928년 사이에 한 시의원의 소환투표로 연결되었으며, 1909년 하퍼(Harper) 시에서도 한 시의원이 해임되었다. 샌프란시스코 유권자들은 네 가지 사례에서 소환제를 채택하였는데, 1913년 한 경찰관이 해임되었고, 법원이 1916년 샌프란시스코 시 검찰관의 소환시도를 종결시켰으며, 1918년 구역 검찰관의 소환시도는 성공하지 못하였

고, 1921년 두 경찰법관이 해임되었다. 오클랜드(Oakland) 시의 유권자들은 종종 소환청원을 하였으나, 서명확보기간이 40일에 불과하여서 단지 몇 차례의 청원만 서명자 수를 확보할 수 있었다. 시장을 소환하려는 경우가 3회, 시의원을 소환하려는 경우 3회를 포함하여 6회의 소환청원이 투표로 연결되었으나 한 번도 성공하지 못하였다.

1930년 디트로이트 시의 시장이 해임되었고, 1931년에는 시애틀 시의 시장, 1938년에는 로스앤젤레스의 시장이 각각 해임되었다. 시장은 논쟁대상이 되는 문제에 관련하여 결정을 내려야 하고, 남용될 수 있는 재량권을 광범위하게 보유하고 있다는 점에서 가끔 소환당하는 것은 놀랄 일이 아니다.

2. 최근의 소환제

1970년 전과 후로 나누어 지방정부에서의 소환제 사용빈도와 고발 내용을 살펴본다. 프라이스(Charles M. Price)는 1970-79년 사이 지방정부에서 사용된 소환제의 횟수에 관한 자료를 얻기 위하여 26개 주의 총무장관을 대상으로 조사를 실시하였다. <표 4-4>는 인구 1만명당 1.17회로 소환제를 사용한 오리건 주가 가장 빈도가 높고, 하와이, 메인, 미네소타, 노드 다코타, 와이오밍 등의 주는 전혀 사용하지 않았음을 보여주고 있다. 396회의 소환투표를 실시한 캘리포니아는 절대 수에서 최고이며, 280회의 오리건, 193회의 미시간이 뒤를 잇는다.

알래스카 주의 앵커리지에서는 3명의 교육위원이 1992년 12월 15일 소환되었고, 7명으로 이루어진 위원회의 제4위원은 사임함으로써 소환투표를 피하였다. 두 명의 교육위원에 대한 소환투표 상황을 조사한 결과, 이들은 정상적인 위원들의 회의를 거치지 않고 다른 두 위원들과 전화통화를 통하여 의사결정을 함으로써 고발되었다. 각 위원은 고발과 관련된 진술이 허위라고 주장하였으나, 3명의 위원들은 투표에서 73.06% 대 26.94%, 67.28% 대 32.72%, 67.52% 대 32.48%로 해임되었다.

〈표 4-4〉 지방정부가 사용한 소환제 빈도(1970-79)

	추정횟수	인구수	1만명당 소환제 이용 수
오리건	280	2,385	1.17
네브래스카	32	766	0.42
알래스카	15	416	0.36
아이다호	20	856	0.23
미시간	193	9,185	0.21
네배다	12	637	0.19
캘리포니아	396	21,886	0.18
워싱턴	62	3,680	0.17
애리조나	25	2,335	0.11
루이지애나	35	3,928	0.09
콜로라도	20	2,625	0.08
몬태나	5	766	0.06
매사추세츠	15	5,778	0.03
조지아	16	5,401	0.03
오하이오	22	10,697	0.02
뉴저지	6	7,344	0.01
사우드 다코타	1	688	0.01

애리조나 주에서는 톰스톤(Tomstone) 시의 유권자들이 소환청구 대상이던 3명의 의원 중 제1선거구의 한 의원은 전문적 입장에서 선거구민을 대변하지 못하였다는 사유로, 다른 한 의원은 개인적인 숙원을 위하여 시 전체적인 문제를 소홀히 다루어 제2선거구의 이익을 대변하지 못하였고, 다른 동료 공직자들과의 협조도 없었다는 점을 들어 고발하여 둘 모두를 해임하였다. 다음 해에는 캠프 버디(Camp Verde) 타운의 유권자들이 “이 면허와 관련된 조례는 공정하지도 않고, 원하지도 않았고, 필요하지도 않았고, 웃기는 것이며, 차별적이다. 전체적으로 지역사회에

실익도 없는데 통과되었으며, 과도한 규제는 결코 제대로 기능하지도 못한다"는 사유로 고발하여 의원 1명을 소환하였다. 1994년 피마(Pima) 카운티의 유권자들은 소환투표에서 겨우 7.5%의 투표로써 카운티 평가담당관 랭(Alan Lang)을 해임하였다.

지방정부에서 가장 많은 소환투표를 실시한 주는 캘리포니아이다. 연방 지방법원 판사 릴(Manuel L. Real)이 발한 명령에 따라 패사디나 교육위원회는 1970년 3대 2의 투표로 학교통합계획을 집행하였는데, 이 계획에 반대하는 측이 교육청 역사상 처음으로 학교통합을 찬성한 3명을 소환하려고 시도하였다. 1970년 10월 14일, 흑인 유권자들이 예외적으로 높은 투표율을 보인 가운데 3명의 위원들은 소환투표에서 이겨 그 직을 유지할 수 있었다.

1971년 버클리 시에서 대학생들과 진보적인 정치인들이 진보적인 시의원 3명을 선출하였다. 1973년 8월 대부분의 학생들이 버클리 시를 떠나 있는 사이에 소환투표가 실시되었고, 진보파인 베일리(D'Army Bailey) 시의원은 18,567표 대 11,548표로 의원직에서 해임당하였다. 베일리의 경우 쟁점은 진보 대 비진보의 대결이 아니었으며 인종적인 문제였다고 주장하였다. 소환주도자들은 베일리 의원이 비타협적이고, 시정부를 정체시켰으며, 인종갈등을 확대시킨 파괴주의자라고 고발하였는데, 약 40%의 유권자들이 소환투표에 참여하였다.

전국적이고 국제적인 관심을 끈 소환운동은 1983년 일탈집단의 하나인 백곰들(White Panthers)이 샌프란시스코 시장인 화인스틴(Dianne Feinstein)을 상대로 한 것이었다. 시장은 소수의 예외를 제외하고는 권총을 소지하는 것을 불법화하는 조례를 제정(11대 1)하도록 의회(the board of supervisors)를 설득하였다. 총기통제를 반대하는 집단이 시장의 소환운동을 추진하였다면 놀랄 일도 아니었을 일이다. 1960년대에 결성된 화이트 팬더 집단이 소환운동을 시작한 것이다. 이 집단의 지도자 중의 한 명인 스티븐스(Thomas W. Stevens)는 총기통제조례는 헌법위반이며, 우리를 공산주의자로 만들었다고 진술하였다. 우리는 대부분의 문제에서 맑시스트, 레닌주의자, 모택동주의자, 카스트로주의자적 입장이었다고 하였다. 시장을 반대하는 여타의 집단들은 동거법안, 임대통제법을 그녀가 반대하였고, 게이들의 행진에 한 번도 참석하지 않았으며, 호텔종사자들의 스트라이크를 체포를 통하여 분쇄하였다고 주장하였다. 이 집단들은 약 35,000명의 서명자를 확보하였다.

화인스틴 시장은 1983년 4월 26일 소환투표에서 127,043명 대 20,269명 또는 투표자의 81.2%의 지지로 시장직을 유지하였다. 부재자투표는 투표자의 36%였다. 시장은 캠페인 비용으로 344,000달러가 넘는 기금을 모았으며, 투표실시비용은 약 450,000달러였다.

스탁턴(Stockton) 시의 시의원 스테빈스(Mark Stebbins)는 1984년 5월에 소환운동을 전개하였던 전 시의원 화이트(Ralph L. White)가 주도한 제2차 소환투표에서 결국 해임당하였다. 1983년 선거에서 스테빈스에게 진 화이트는 1984년 12월의 소환투표에서 시의원으로 다시 선출되었다. 스테빈스 의원에 대한 고발은 특이한 내용이었다. 흑인인 화이트는 스테빈스가 흑인이라고 속였으며, 그는 푸른 눈을 가졌으며, 연한 갈색머리를 가졌고, 피부는 희다고 지적하였다. 이 선거구는 37%의 흑인과 46%의 비 백인 히스패닉으로 인구가 구성되어 있었다.

샌디에이고 시는 처음이자 유일한 소환투표를 1991년 4월 9일 시의원 번하트(Linda Bernhardt)를 대상으로 실시하였다. 그녀에 대한 소환청원은 본인의 봉급을 올리기 위하여 투표하고, 그녀의 친구를 수석보좌관으로 삼아서 시로 하여금 봉급을 지불케 하고, 그녀의 캠페인 빚을 해결하기 위하여 개발업자로부터 기부금을 모금할 목적으로 로비업체를 고용하고, 그러한 기부금을 받지 않기로 약속한 후에도 기부금을 받았으며, 의원 당선을 위하여 제5구역으로 이사를 하였고, 당선되고 나서 그곳으로부터 이사를 갔다는 사유로 고발당하였다. 그녀는 15,240표(70.91%) 대 6,251표(29.09%)로 져서 소환당하였다.

코넥티컷 주는 소환제의 채택에 관하여 구체적으로 규정하는 헌법이나 법률조항이 없다. 그럼에도 불구하고 많은 시와 타운들은 주의 자치헌장을 통하여 소환제를 규정하였다. 1985년 코넥티컷 주 대법원은 헌장상의 소환제 조항을 불법으로 판정하였으나, 다섯 타운들 — 브리스톨, 밀포드, 뉴헤이븐, 스트랫포드, 웨스트포트 — 은 좀더 일찍 주 의회로부터 소환제의 사용에 관한 권한을 부여받았다.

1968년 7월 28일, 밀포드 유권자들은 뉴헤이븐으로부터 밀포드의 공립학교로 25명의 시내 학생을 통학시키는 내용을 포함하고 있는 프로젝트 내용(Project Concern)을 둘러싸고, 집행위원(a alderman)과 교육위원을 해임하였다.

코넥티컷 주의 웨스트포트 교육위원회가 1970년 12월 7일 프로젝트 컨선 프로그램에 따라 25명의 흑인 학생들을 브릿지포트(Bridgeport) 시로부터 웨스트포트의 학교로 통학시키는 것을 허용하는 3대 2의 투표결과로 웨스트포트의 부유한 교외지역에서 중요한 논쟁이 일어났다. 타운의 헌장은 유권자의 15%에 해당하는 서명자만 확보하여 타운 클러크에게 접수하면 소환제를 채택하도록 허용하고 있었다. 타운 총무국장 하이드(Joan M Hyde)는 1971년 1월 7일 3,918명의 서명자를 포함하고 있는 282청원이 접수되었고, 3,770명의 서명자가 확인되었다고 집행위원회에 보고하였다. 하이드는 1970년 12월 14일 타운의 검찰관 보이드(John W. Boyd)에게 타운헌장의 소환제 조항이 합법적인지에 관하여 의견을 들었고, 그녀는 1970년 12월 15일 보이드로부터 "소환제 조항들이 주로 헌장위원회에 의하여 제안되었고, 웨스트포트 타운에 속하는 특별법의 하나로 주 의회가 제정한 것이므로 합법적이다"라는 조언을 들었다.

타운은 약 40가구의 중산층 흑인가정을 포함하여 약 30,000명의 인구를 가졌다. 브릿지포트의 학교로부터 웨스트포트 학교로 통학시키는 문제에 관하여 주민투표를 실시하는데 반대하는 투표를 한 교육위원회의

의장 샤인(Joan Schine)에게는 잘못에 대한 고발이 없었다.

방송가이자 웨스트포트의 소환추진위원회 대표인 길모어(John C. Gilmore)는 아마추어들에 의하여 학교의 실험적 프로그램의 운용이 반대를 겪었다고 강조하였다. 소환추진위원회는 주민들에게 다음과 같은 내용의 편지를 보내었다.

> 프로젝트 컨선의 연막은 우리의 모든 학교의 질과 성격을 변질시키는 데 사용되고 있다.
>
> 우리는 이에 반대이다. 당신은 반대하지 않을 수 있다. 그러나 교육위원회 공직자들이 이 타운의 운명과 장래를 결정할 수 있도록 허용하지 않아야 한다는 점에는 동의할 것이다.

2-4에이커의 주택용 땅을 요건으로 하는 자치법 상의 용도구역을 규정하는 저소득층 가정을 위한 주택정책은 결국 웨스트포트에는 존재하지 않는다. 길모어는 설명하기를, "백인 어린이들이 다니는 학교에 보내어 그들과 함께 놀게 하도록 어린이들을 통학시키는 것은 양심상 용이한 일이다. 그들이 해야 하는 일은 웨스트포트를 열어젖히고, 흑인들을 위하여 친절하게 주택을 마련하는 것이다. 정부로 하여금 복지비를 사용하여서 2-4에이커의 땅을 사서 흑인들에게 주도록 하자"고 하였다.

소환을 반대하는 측은 소환투표를 막기 위하여 소송을 제기하였으며, 페어필드(Fairfield) 카운티의 상급법원은, 1971년 3월 31일, 주의 헌법상으로나 법률상으로 존재의 근거가 없는 타운 공직자와 웨스트포트 교육위원들에게만 타운헌장 소환제 조항을 적용한 것은 주 헌법과 법률에 의하여 의무로 부과된 것이라는 점에서 소환투표를 실시하도록 명령하였다.

1976년 조지아 주의 카운티 커미셔너 협회가 81개 카운티를 대상으로 조사한 결과 카운티만이 소환제를 설치할 수 있는 주 의회의 권한을 지니고 있으며, 유일하게 소환투표가 실시된 것은 1975년 더글러스

(Douglas) 카운티였다. 이어서 주의 헌법과 법률은 주와 지방정부의 모든 선출직 공직자에 대하여 소환제를 적용할 수 있도록 개정하였다.

1980년 5월 7일 배로우(Barrow) 카운티의 4명의 커미셔너 가운데 3명은 이들이 병원에 의하여 발생한 수입을 회수하도록 보장하는 내용에 서명하도록 승인하였기 때문에 조세인상에 두려움을 가지고 있던 유권자들에 의하여 소환당하였다. 도허티(Dougherty) 카운티의 유권자들은 1982년 1월 2일 커미셔너 배럿(Gil Barret)의 직을 유지시켰으나, 도허티 카운티의 쓰레기 매립지의 위치제안에 불만을 가진 시민들은 카운티 커미션의 의장에 대한 소환투표와 관련된 서명자 수를 확보하는 데 실패하였다. 1982년 3월 3일, 유권자들은 그린(Greene) 카운티의 커미셔너 5명 전원과 존스(Jones) 카운티 커미셔너 3명 전원을 소환하였다. 그린 카운티의 커미셔너들은 보안관의 반대에도 불구하고 카운티 경찰서장을 임용하였기 때문에 소환당하였으며, 죤스 카운티의 커미셔너들은 세금의 급격한 인상으로 인하여 소환당하였다.

카운티 경찰서를 설립하려던 리치몬드(Richmond) 카운티의 커미셔너 4명 전원을 소환하려던 시도가 소환투표에 필요한 서명자 수를 확보하지 못하여 실패한 것에 비하여, 뱅크스(Banks) 카운티의 유권자들은 1985년 11월 26일 2대 1의 비율로써 커미셔너 전원을 소환하였다. 1983년 뱅크스 카운티 유권자들은 새 법원청사를 건립하기 위한 채권발행을 승인하였으나, 호머(Homer) 내의 새 청사 위치 때문에 논쟁이 벌어졌다. 의장은 새 청사가 현 건물의 뒤에 건립되기를 바랐으나, 다른 두 커미셔너들은 상당한 매립이 필요한 곳으로서 호머의 외곽이고 지방은행이 기증한 곳에 건립하기를 바랐다. 의장이 법원청사 설치비용의 지급을 거부하였기 때문에 정체상태가 빚어졌다.

1986년 용도구역조례에 투표한 것 때문에 바르토우(Bartow) 카운티 이 커미셔너를 소환하기 위한 시도와 "과도한 조세"를 사유로 도슨(Dawson) 카운티의 한 커미셔너를 소환하려던 시도는 필요한 서명자 수를 확보하지 못하여 실패하였다. 높은 세금을 사유로 유권자들이 세미놀(Seminole) 카운티의 두 커미셔너를 소환하려고 시도하였으나 커미셔너들이 구역 검찰의 기소에 따라 사임함으로써 소환투표는 실시되지 않았다.

파이커(Pike) 카운티의 5명의 커미셔너 가운데 2명은 1987년 "빈약한 성과와 선거구민에 대한 무대응"을 사유로 소환되었으며, 브라이안(Bryan) 카운티의 2명의 커미셔너를 소환하려는 시도는 서명자 수를 확보하지 못하여 실패하였다.

1988년 조지아 주의 대법원은 주의 소환법을 불법화하였다. 이러한 대법원의 결정의 결과로, 특별입법권을 가진 카운티의 유권자들만이 소환제를 채택할 수 있기 때문에, 소환을 위한 시도가 급격하게 줄었다. 그러나 조지아 주의 의회는 1989년에 새로운 소환법을 제정하였다. 1986-96년 사이에는 주 전역에 걸친 소환투표가 없었으나 지방정부에서는 38개의 소환투표가 실시되었다.

하와이 주에서는 헌법이나 법률상 소환이 구체적으로 부여되지 않았으나 주의 헌법과 법률상의 자치헌장조항은 주내의 4개 일반 지방자치정부에게 소환제를 규정하는 헌장을 채택할 수 있도록 허용하고 있다. 하와이 주에서의 유일한 소환투표는 호놀룰루에서 1985년 10월 5일 실시되었는데, 그곳에서는 3명의 시의원들이 민주당에서 공화당으로 당적을 변경하였고, 이들은 49.8%대 49.2%로 소환된 1명을 비롯하여 모두 소환되었다. 그들의 당적 변경으로 인하여 공화당은 여당이 되었고, 공화당 소속 의장을 선출하였다. 이들 3명의 시의원들은 공화당 출신의 시장과 함께 보다 그들이 효과적으로 활동할 수 있다고 생각하여 당적을 변경하였다고 설명하였다.

캔사스 주에서는 1984년 밸리(Valley) 타운십의 하수처리구의 워딩턴(Wayne Worthington) 의장의 소환투표에서 69명의 모든 유권자가 직접 또는 부재자 투표에 나섰고, 그는 1표 차이로 소환되었다. 그는 기록의 검사를 거부하고, 주법을 위반하여 회의를 갖고, 회의에 불참하거나 홍수통제를 위하여 배정된 기금을 확보하는 것을 거부했다는 사유로 고발되었다.

캔사스 주에서는 1991년 제259통합교육청의 2명의 교육위원을 대상으로 소환청원이 접수되었다. 소환투표의 요건은 서명자 수가 17,995명이었으나 23,000명이 넘는 서명자를 확보하였다. 청원이 접수된 후 1명이 사임하였다. 나머지 1명은 주의 회의공개법 위반을 사유로 고발되었으며, 37,264표 대 30,369표로써 소환되었다.

캔사스 주의 해밀턴(Hamilton) 카운티 제3선거구 유권자들은 1996년 2월 6일 2명의 커미셔너를 소환하였다. 각 커미셔너들은 불법과 무능을 사유로 고발되었다. 특히 그들은 "은밀한 방법으로 골프장 건설을 허용하고, 그러한 쟁점에 관한 투표를 회피할 목적으로 재정계획을 조작하기 위하여 대도시의 변호사를 고용하고, 민간회사가 재정계획에 따라 건립하도록(그리고 지불하고) 되어 있으며 이미 완성된 골프장을 위하여 80,000달러를 지불하는 등" 주의 회의공개법을 위반함으로써 기소되었다.

1995년 8월 30일, 캔사스 주의 오소우토미(Osawtomie) 시의 제1, 제4선거구 유권자들은 그들의 시의원을 소환하였는데, 시의원들은 회기종결 상태에서 시의 매니저와 3년간의 계약을 승인하는 등 주의 회의공개법을 위반하여서 고발되었다.

1996년 4월 2일, 캔사스 주에서 제322통합교육청 제1선거구 교육위원 마틴데일(Ora Martindale)은 그의 소환투표에서 81(64%)대 46(36%)으로 그 직이 유지되었다.

그에 대한 고발내용은 다음과 같다.

> 학급방문과 인사고과 등의 정책을 포함하여 교육청과 교육위원회의 정책을 빈번히 무시하였으며, 이런 점에서 그는 드러나게 대표기능을 잘못 수

행하였던 것이다.

교사-학부모 간의 갈등을 최소수준에서 진정시켜야 하는 과정에 부적절하게 개입함으로써 갈등관리에서 그는 교육청과 그 정책을 위반하였다.

그는 또 개인적인 이득을 위하여 교육위원으로서의 직무권한을 과도하게 사용하거나 남용하였으며, 교사의 평가에 적극 개입함으로써 교육위원장으로서 그의 직위를 잘못 사용하였다.

교육청의 이익보다 사익을 우선시함으로써 학생들과 그를 선출해서 법적 의무를 다하도록 되어 있는 후원자들의 최선의 이익에 반하여 행동하였다.

마틴데일(Martindale)은 그의 행동을 다음과 같이 변호하였다.

교육청의 정책은 학부모가 학급을 방문하는 것을 금하지 않고 있다. 학부모로서 당신들은 학급에서 어떤 일이 일어나고 있는지를 알 권리가 있다.

교사-학부모 간 갈등관리의 올바른 절차는 교사를 만나는 것, 그 다음 교장을 만나고, 그 다음에 교육감을 만나는 것이다. 나는 이런 절차를 따랐다는 것을 나타내는 문서를 가지고 있다.

학부모가 학급에 가는 것은 특정한 교사를 평가하는 것이 아니다. 나는 특정한 교사에 관한 서류를 교육위원회에 건네 줄 시간이 없었다. 모든 학부모는 의견을 개진할 권리가 있다.

나의 유일한 이해관계는 학생의 복지와 자녀들의 학급에서 일어나고 있는 일을 알 학부모의 권리뿐이다.

모든 고발은 교육위원회를 대표하는 변호사와 교사노조와 의논되었다. 교육위원회와 나에 대한 모든 고발은 개인적으로 교직원 노조가 투합한 것이다. 내가 교육위원으로 있는 한 나는 학생의 처우와 학부모의 권리를 위하여 투쟁할 것이다. 나는 이 소환투표에서 반대함으로써 학생을 위하고 학부모를 위하여 투표하도록 강조한다.

루이지애나 주에서는 1966년 2월 15일부터 1995년 10월 21일 사이에 75차례의 지방공직자 소환시도가 있었고, 40명의 공직자가 소환되었다. 41번째 소환투표가 실시되었으나 투표와 동시에 관련된 빌리지의 경찰서장이 사임하였으며, 모두 29명의 교육위원과 6명의 경찰서장이 소환당하였다.

메인 주에서는 35개의 시나 타운이 유권자로 하여금 소환제를 채택할 수 있도록 허용하는 자치헌장조항을 채택하였고, 이 가운데 두 헌장은 500명과 3,000명의 서명자를 요구하였고, 다른 자치헌장에서는 주지사 선거 투표자의 10%에서 등록 유권자의 25%까지 소환제를 채택하기 위하여서는 일정한 %를 규정하고 있다.

1996년 3월 26일, 메인 주의 비데포드(Biddeford) 시에서는 그래텔로(James M. Grattelo) 시장의 소환문제로 임시투표가 실시되었다. 헌장은 앞의 지방선거에서 등록된 유권자의 40% 이상이 소환투표에 투표하지 않으면 투표의 결과는 무효라고 규정하고 있다. 그래텔로 시장은 소환투표의 참여가 겨우 23%였기 때문에 시장직을 유지하였다.

메릴랜드 주는 교육위원에 대한 소환제 조항 외에는 헌법이나 법률상 그러한 조항이 없으나, 지방정부의 많은 헌장에는 소환제의 채택을 허용하고 있다. 1990년 메릴랜드 주의 브룬스윅(Brunswick) 타운의 시장은 청구서명자들이 일반적으로 시장의 직무능력, 특히 타운의 재정관리 능력을 신뢰하지 않는다고 주장하면서 소환운동의 대상이 되었다. 1990년 10월 3일 시장은 투표에서 805표 대 564표로 패배하여서 소환되었다.

매사츄세츠 주는 헌법이나 법률상 소환제 조항이 없지만, 주 의회(the General Court: 매사츄세츠와 뉴햄프셔 주는 state legislature를 이렇게 표기함)는 타운에 소환제의 채택을 허용하는 수많은 특별법을 제정하였다. 예컨대 스토우튼(Stoughton) 타운에서는 등록된 유권자는 누구든지 "소환되어야 할 공직자의 이름과 소환의 사유를 포함하는 진술서를 타운 총무국장에게 접수할 수 있다." 매사츄세츠 주에서 소환은 자주 사용되지는 않았으나 노르우드(Norwood) 타운은 타운매니저를 해임하는 데 찬성하는 투표를 던진 5명의 집행위원 가운데 2명을 1939년 소환하였으며, 소거스(Saugus) 타운의 유권자들은 5명 가운데 3명의 집행위원들이 부이스카웃 캠프 주변에 주류창고 허가를 내주었기 때문에 1961년 8월 22일 소환하였다.

노르우드 타운의 유권자들은 1978년 9월 5일 600,000달러의 교육예산 삭감을 위하여 투표하지 않은 3명의 교육위원을 소환하였다. 1978년 6월 교육위원회는 11.3백만 달러의 교육예산을 승인하였고, 예산삭감에 관한 타운미팅의 권고를 거부하였다. 매사츄세츠 법률에 따라 교육위원회는 재정적 자율성을 지니고 있으며, 타운미팅은 액수가 얼마이든 교육위원회가 결정한 예산액을 예산에 포함시켜야 한다. 토론이 연기된 후, 4명의 교육위원들이 355,000달러의 교육예산삭감에 동의하였다. 의장과 다른 위원 2명은 삭감을 반대하였고, 따라서 소환되었다. 이어서 교육위원회의 4명의 다수 위원들은 1978년 10월 24일 소환투표를 맞았으나 겨우 17%의 투표율 때문에 위원직을 유지할 수 있었다.

1978년 12월 9일, 이스턴(Easton) 교육위원회의 위원 5명 모두 두 가지의 중요한 사유로 소환당하였다. 첫째 사유는, 새로운 교장의 임명에 관한 논쟁이었다. 교육위원회는 유권자들이 매우 선호하던 부교장을 교장으로 임명하지 않았다. 둘째 사유는, 5년간이나 추적되지 않은 회계상의 오류로 인하여 1978년 489,000달러의 예산을 다루기 위하여 임시 주민총회가 필요하였고, 그로 인하여 재산세를 재산평가액의 12.86/1,000%를 인상하는 원인이 되었다. 유권자들의 소환투표 참여율은 47%였다.

핸선(Hanson) 타운의 유권자들은 2명의 집행위원을 소환한 1982년 11월 6일 한 차례의 소환투표를 실시하였다. 한 사람의 집행위원은 "집행위원의 직무를 당장 수행하기도 어렵고" 또 "집행위원직을 수행하는데 필요한 타운 유권자들의 신뢰를 얻어낼 능력이 없는" 점을 들어 고발되었다. 다른 1명의 집행위원의 경우도 유사한 일반적인 사유, 여러 중죄를 범하여 대배심에 의하여 기소된 타운 공직자에게 어떤 조치를 취하기를 거부하였고, "타운과 미국의 주 · 카운티 · 자치단체 직원연맹인 Local 1700과의 관계"를 훼손함으로써 고발되었다.

1984년 12월 13일, 맨스필드(Mansfield)의 5명 중 4명의 집행위원이 타운 매니저를 소환하였으나, 그 중 한 집행위원은 소환투표에서 재선되었다. 3명의 새 집행위원은 그 타운 매니저를 재임명하겠다고 약속하였다.

웨아햄(Wareham) 타운에서는 1985년 11월 5일 5명 중 4명의 집행위원이 4,154명 또는 약 34%의 투표율로써 소환되었다. 소환된 집행위원들은 용도구역소청위원회를 방해하고, 집행위원회의 회의 중에 일부 주민들에게 불공정한 발언을 해서 고발되었다. 소환된 집행위원회장은 소환운동의 주도자와 집행위원회 간의 오랜 갈등에서 그 원인을 찾았다. 그들은 각각 전임 용도구역소청위원회 의장이었다.

1987년 2월 9일, 헐(Hull)의 소환투표에서 유권자들은 소환청원을 당한 7명의 기획위원 중 4명은 그 직을 유지시켰다. 헐의 소환시도는 집행위원회와 기획위원회가 봄에 집행위원선거에서 떨어진 로빈슨(William Robinson)을 기획위원회의 공석중인 위원으로 임명할 때 발생하였다. 개발계획의 일시 유예를 바라던 비판자들은 기획위원회의 7명의 위원 중 5명은 건설업체에 고용되어 있다는 점을 들어 고발하였다. 한 소환청구에서는 단지 기획위원이 만족스럽지 못한 방식으로 업무를 처리한다고 진술하였으나, 유권자들이 지적한 그 위원이 임기 전에 잘못을 저질렀다는 의미로 소환사유를 추가하였다.

매사츄세츠 주의 웨스트버러(Westborough)타운에서 코디네이터(coordinator)를 경질하지 않기로 한 집행위원의 2대 1 투표는 1987년 타운에서의 소환제 사용을 허용하는 매사츄세츠 주 의회의 특별법 제정을 청구하는 임시 주민총회로 이어졌다. 매사츄세츠 주 의회는 소환제를 허용하는 특별법을 제정하였지만, 소환투표는 실시되지 않았다. 1996년 타운 총무국장은 "시민들이 소환제를 사용하기를 원하지 않는다"고 보고하였다.

록랜드(Rockland)의 유권자들은 1989년 8월 20일 설명도 없이 경찰서장을 해임하고, 시민에게 거칠게 대하여 고발된 2명의 집행위원들을 소환하였다. 그 해 봄 타운 선거에서 28%의 유권자가 참여한 것에 비하면 등록한 유권자 8,693명의 약 40%가 투표에 참여하였다.

1970년 디트로이트 시에서는 교육위원회가 주 법률에 따라 각 교육구에 교육위원 7개의 선거구를 설치하는 결정을 실행할 때 소환운동이 일어났다. 분권화된 교육시스템이 분절화된 학교시스템을 영속화한다는 점을 감안할 때, 7명의 위원으로 이루어진 교육위원회에서 4명의 다수는 여러 고등학교들을 위한 진학유형(feeder)을 변경하도록 결정하였고, 그로 인하여 도시 내의 많은 흑인 학생들이 시 외곽의 학교로 5마일 정도나 버스통학이 필요하게 되었다. 새로운 교육구의 구역경계를 기획하며, 분권적 교육체제의 계획에 따른 청문회에서 구역에 관하여 주장을 펼치지 못하였던 중앙지역의 교육위원회에 의하여, 시의 경찰노조의 지지를 받는 가운데, 소환운동이 일어났다. 교육구 개편을 위하여 투표한 4명의 교육위원들이 소환되었다.

1975년 소환투표에서 현직 시장을 패배시키고 당선되었던 미시건 주의 하이랜드(Highland) 시의 밀러(Jesse P. Miller) 시장은 시에서 포르노 사진을 제거하지 못하고, 다른 공직자와 협력적이지도 못하였다는 사유로 고발되어 소환투표에 회부되었다. 시장은 등록 유권자의 31.53%가 참여한 투표에서 16,525표 대 5,784표로써 시장직을 유지하였다.

미시건 주의 버밍햄(Birmingham)에서는 1978년 5월 9일, 빈민층과 노인들을 위한 주택을 공급하도록 결정한 3명의 시 커미셔너들을 소환하였다. 등록 유권자 14,937명의 약 34%가 투표하였는데, 이러한 수치는 유권자들이 제안된 주택계획을 반대하고 이 계획을 지지한 3명의 커미셔너를 소환한 1978년 4월의 주민투표와 소환투표 투표율보다는 약간 낮은 것이다.

네브래스카 주의 오마하(Omaha)의 보일(Michael Boyle) 시장은 1985년 60%의 지지표로 재선되었다. 그의 취임 후 곧 바로 경찰과의 갈등에 의하여 촉발된 소환캠페인이 시작되었으나 소환을 추진하는 측은 규정된 19,669명의 서명자를 확보하는 데 실패하였다. 1986년 10월 두 번째 소환시도가 성숙한 지도자를 위한 시민모임(Citizens for Mature Leadership: CML)"에 의하여 시작되어서 시장과 경찰의 갈등에 초점을 맞추었는데, 시장은 음주운전을 한 시장의 사위를 체포하는 데 관련된 세 명의 경찰관들을 처벌하기를 거절한 경찰서장 와드맨(Robert Wadman)을 해고했었다.

시장의 소환을 주도하는 측은 시장이 자의적으로 경찰서장을 해고한 점, 음주운전에 반대하는 어머니들에게 권고하는 시의회의 해결방안에 서명하지도 못한 점, 오마하를 아름답게 하자는 캠페인 팀과의 갈등, "분노와 모욕적인 전화걸기", 시의원에 관한 "무자비한 표현", 일반적인 권력의 남용 등을 고발하였다. 성숙한 지도자를 위한 시민모임(CML)은 총선의 시장선거에 투표한 유권자 수보다 더 많은 35,000명 이상의 서명자를 확보하였다. 1987년 1월 16일 유권자들은 소환투표에 참가하였으며, 56% 대 44%의 차이로 시장이 해임당하는 결과가 되었다.

네브래스카 주의 다른 많은 지방정부의 유권자들은 1987년 11월에 66개의 소환캠페인을 전개하였다. 인구 9,000명 이하의 지방자치단체에서 13명의 공직자를 포함하여 단지 22개 소환운동만 성공하였다. 스카우츠 블럽(Scotts Bluff) 카운티의 제32교육구의 9명의 교육위원들을 소환하려는 운동은 유권자들이 현직을 유임시켰기 때문에 실패하였다.

네브래스카 주의 알리안스(Alliance)의 젤라(Dick Zellaha) 시장은 1987년 12월 15일 2대 1의 차이로 소환되었다. 그는 시장소환추진위원회에 의하여 경찰관을 괴롭히고, 시의 자원을 오용하고, 명예로운 방식으로 시의 업무를 수행할 능력도 없고, 선출직 공직자에 어울리지 않는 행동을 했다는 사유로 고발되었다.

1971년 1월 지역행동모임(Community Action Council: CAC)과 독립시민모임(Citizens Independent League: CIL)의 두 단체가 뉴저지 주의 저지(Jersey) 시에서 1970년 11월 금품강요죄로 고발되어 연방 대배심

에 의하여 기소된 웰란(Thomas J. Whelan) 시장의 소환을 위한 서명운동을 각각 전개하였다. 후자는 1월 31,000명 이상의 서명자를 확보하여 청원을 접수하였으나, 시 총무국장 스미스(Thomas F. X. Smith)가 13,098명의 서명은 미비하며, 소환투표를 위해서는 28,670명의 서명이 필요하다고 결정하였다. 그러나 서명자 수를 감독하는 뉴저지 상급법원 라너(Samuel A. Larner) 판사는 요건이 되는 서명자 수를 확보하기 위해서는 두 단체가 확보한 서명자를 합칠 수 있다고 결정하였다. 그럼에도 불구하고, 시장은 연방정부가 규정한 중범죄로 기소되어 시장직을 사퇴하였기 때문에 소환투표는 실시되지 않았다.

"시장-의회형 정부가 제대로 일하게 하자는 시민의 모임"은 1983년 7월, 뉴저지 주의 애틀란틱 시티(Atlantic City)의 매튜스(Michael J. Matthews) 시장이 무능하고, 비능률적이며, 과도한 지출에 대한 책임이 있다는 사유로 고발하여 소환운동을 시작하였다. 시장은 위원회형 정부에서 시장-의회형 정부로 변경한 후 시민에 의하여 선출된 첫 시장이었다. 그는 우스리(James L. Usry)를 359표 차이로 이겼다. 우스리는 선거결과에 대한 두 차례의 소청도 실패하였고, 두 차례의 소환시도를 하였으나 성공하지 못하였다. 1984년 3월 13일, 유권자들은 매튜스 시장을 7,162표(63%)대 4,144표(37%)로 소환하고, 그 대신 우스리를 시장으로 뽑았다. 매튜스는 소환캠페인 중에 연방 대배심에 의하여 조사를 받고 있었으며, 1984년 3월 27일 기소되었다.

1999년 서부지역의 네배다 주 화이트 파인(White Pine) 카운티 교육청 유권자들은 2명의 교육위원이 예산을 잘못 편성하였고, 위원들이 카운티와 주의 시민들의 신뢰를 배반하였다는 사유로 고발하여 소환하였다. 다른 제3의 교육위원을 소환하기 위한 시도는 소환투표가 실시될 시점 이전에는 그 직에 있지 않았기 때문에 무효였다.

1978년 6월 19일, 알부퀘퀘(Albuqueque) 시의 유권자들은 러스크(David Rusk) 시장이 다운타운 재개발 프로그램과 관련하여 200,000달러의 주류허가를 내줄 것이라는 발표를 하였다는 사유로 소환청구를 시 총무국장에게 접수하였다. 소환지지측은 1978년 8월 18일까지 8,805명의 서명자를 확보하는 데 실패하였다.

1990년 4월 17일, 뉴멕시코 주 갤럽(Gallup) 시의 뮤노즈(Edward Munoz) 시장은 소환투표에서 2,135표 대 1,995표로 승리하였다. 그는 주 경계에 자동차 운전자들에게 "전국 음주운전자의 왕국"에 진입한다고 알려 주는 광고판을 설치할 것을 제안하였기 때문에 주류산업체들이 소환운동의 배후에 있다고 주장하였다.

오하이오 주의 클리블랜드 시 쿠치니(Dennis Kucinich) 시장은 1978년 3월 경찰서장 혼지스토(Richard Hongisto)를 해임하였는데, 그로 인하여 소환투표에 필요한 서명요건이 충족되어 캠페인이 벌어졌다. 쿠치니 시장은 1977년 11월 시장선거에서 투표한 유권자만이 소환청구에 서명자격을 주어서 많은 서명자를 제외시키도록 하는 법원의 판결을 청하였으나, 각급 법원은 모두 그 요구를 거절하였고, 오하이오 대법원은 상고를 기각하였다. 그러나 시장에 대한 첫 소환투표에서 276표 차이(60,308표 대 60,032표)로 이겨 그는 시장직을 유지하였다.

오레곤 주에서 소환투표는 비교적 일반적이다. <표 4-5>는 1974년부터 1979년 사이에 168명의 공직자를 포함한 67차례의 소환투표가 실시되었고, 69명의 공직자가 소환되었음을 나타낸다. 교육위원의 소환투표가 가장 빈번하게 실시되어서 61%를 차지하고, 그 다음이 시의원(18%), 그 다음이 카운티 커미셔너(8%) 순이다. 102명의 위원 중에서 39명이 소환대상이 되었고, 31명의 시의원 가운데 11명, 14명의 커미셔너 가운데서 6명이 소환되었다.

필라델피아 시 리조(Frank L. Rizzo) 시장의 소환청구는 전 미국 상원의원인 클라크(Joseph S. Clark)가 처음으로 소환청원에 서명을 시작한 1976년 4월 17일 시작되어 145,448명의 서명자를 확보하였다. 리조 시장의 소환운동은 시가 8천만 달러의 예산결손을 입어서 세금을 올려

〈표 4-5〉 오레곤주의 소환투표 1974-79(카운티)

카운티	관련공직자 수	소환공직자 수	소환투표의 수
클랙카마스(Clackamas)	31	11	11
더글라스(Douglas)	24	10	8
레인(Lane)	20	6	6
잭슨(Jackson)	13	9	7
마리온(Marion)	13	7	5
폴크(Polk)	13	2	7
린(Linn)	9	1	3
우마틸라(Umatilla)	7	3	2
얌힐(Yamhill)	6	2	2
커리(Curry)	4	3	3
컬럼비아(Columbia)	4	0	2
허니(Harney)	3	3	1
클라마스(Klamath)	3	3	1
쿠스(Coos)	3	3	2
말리우(Malheur)	3	2	1
멀트노마(Multnomah)	3	0	1
조스핀(Josephine)	2	2	2
워싱턴(Washington)	2	2	1
제퍼슨(Jefferson)	2	0	1
데스체츠(Deschutes)	2	0	1
그란트(Grant)	1	0	1
계	168	69	68

야 할 것이라고 발표한 후에 시작되었다. 소환추진위원회는 약 211,000명의 서명자를 확보하였으나, 시의 선거관리위원들은 2대 1의 투표를 거쳐 중간이름(middle name)의 누락이나 부적절한 서명요구 등으로 그 중 70,000명의 서명이 오류라고 결정하였다. 1976년 9월 16일, 필라델피

아 보통법원의 새빗(David Savitt) 판사는 선거관리위회의 결정을 뒤집고, 서명의 무효화는 시 헌장의 확대된 해석에 근거하는 것이고, 어떤 경우에는 심각하게 오류이거나 오판이 포함된 “내용보다 형식상의 승리”에 근거한다고 지적하였다.

그러나 새빗 판사의 결정은 필라델피아 시 자치헌장의 소환제 조항을 무효라고 하였던 한 판사가 기권하였으나 펜실베이니아 주 대법원에서 4대 2로 뒤집혔다. 펜실베이니아 대법원의 결정은 공직자의 해임절차를 규정하고 있는 1874년의 주 헌법조항에 근거한 것이다. 제2장에서 살펴본 대로, 펜실베이니아대학교 전 법과대학장 포드햄(Jefferson B. Fordham) 교수는 필라델피아시가 소환제를 채택할 수 있게 한 1968년의 헌법수정조항을 검토하지 못한 점을 비판하였다.

70개의 펜실베이니아 주 자치헌장 가운데서 38개 헌장은 소환제의 사용을 규정하고 있으나, 그러한 소환제 조항의 합법성은 리조 시장과 관련된 결정의 심사를 포함한 펜실베이니아 대법원의 1995년 판결에 의하여 문제화되었다. 이 사례에는 변화를 지향하는 킹스턴(Kingston) 시민모임도 포함되었는데, 이 모임은 지방자치단체의 자치헌장 조항에 근거하여 1995년 리스(Gary R. Reese) 시장의 소환을 추구하는 청구를 접수하였다. 법원은 모든 선출된 공직자들은 주 헌법 제6장 7절을 근거로 자치헌장의 소환제 조항을 무효화하였다.

로드아일랜드 주의 프로비던스(Providence)의 결정, 즉 공원위원회가 공원관리국장 다이아먼드(James W. Diamond)를 해임한 일은 부패와 관리부실을 사유로 내걸고 치칸치(Vincent A. Cicanci) 시장의 소환운동으로 이어졌다. 연초에 시장은 그의 부인과 사건이 있었던 한 남자를 강요하고 구타한 사건으로 기소되었다. 시장을 반대하는 측은 소환투표를 위하여 13,249명의 서명자나 등록유권자의 15% 서명이 필요하였다. 시의 조사위원회는 서명자 수의 부족을 이유로 무효로 결정하였으나, 이 시장이 위험한 무기를 가지고 한 남자를 위협한 사건에 대하여 변론을 포기하고, 5년간의 집행유예를 받은 후인 1984년 4월 24일 시장직을 사임함으로써 소환은 취소되었다.

1970년 4월 3일, 워싱턴 주의 타코마(Tacoma) 시의 유권자들은 시의원 5명이 다른 의원들과 협의도 없이 시티 매니저로 레스(Floyd Les)를 임명하는 데 동의한 점, 전문가의 조언을 무시하면서 케이블 텔레비전 사업권을 부여한 점을 소환사유로 이들의 소환청구가 접수되었다. 5명의 시의원들은 1970년 9월 15일, 25,034 대 13,492, 25,308 대 13,072, 24,952 대 13,467, 25,131 대 13,367, 25,407 대 12,847로 소환되었다. 그래서 시의회는 정족수에 미달하였고, 주지사는 새로운 의원들을 임명하였다.

1979년 7월 10일, 워싱턴 주의 푸얄럽(Puyallup) 시는 주의 회의공개법을 위반하였고, 부서의 국장들을 방해하고. 시티 매니저를 해고하였다는 사유로 3명의 시의원들을 소환청구하여 투표가 실시되었다. 3명의 의원들은 모두 499 대 311, 527 대 311, 407 대 238로써 유임되었다.

위스컨신 주에서는 1988년 7월 21일, 비능률적이고 임무를 게을리 하였다는 사유로 3명의 로렌스(Lawrence) 타운의 의원을 소환하였다. 허드슨(Hudson) 타운의 유권자들은 경마장 건립을 반대한 레드너(Thomas Redner) 시장을 1988년 12월 12일 소환하였다. 1990년 9월 18일, Sheldon 타운의 유권자들은 임무를 게을리 하였다는 이유로 타운위원회 의장과 2명의 위원을 해임하기 위한 소환운동을 벌였으나 실패하였다. 1991년 8월 6일, 비버댐(Beaver Dam) 시에서는 이 지역 세금관련단체들을 중심으로 시의원들을 소환하려고 하였으나 실패하였다. 그러나 라크로스(LaCrosse)의 유권자들은 1992년 7월 14일 경제적인 이유로 학생통학을 결정한 4명의 교육위원들을 소환하였다.

1992년 7월 28일, 홀리(Hallie) 타운의 시민위원회는 자치단체의 수도서비스에 대한 임시조세평가를 거부한 타운위원회 의장 마이어(David Meier)와 위원 스테인메츠(Ronald Steinmetz)를 소환하였다. 1993년 위텐버그 버남우드(Wittenberg-Birnamwood)의 유권자들은 한 초등학교의 폐쇄를 반대하여 교육위원 3명을 소환하였다. 비슷한 경우로, 1993년 12월 14일, 아시안-아프리칸 학생들을 백인학교로 통합하여 통학시키는 계획을 반대하는 유권자들이 이 계획을 지지한 5명의 교육위원을 소환하였다. 그린(Green) 카운티의 보안관 엘머(Steve Elmer)는 1993년 11월 부보안관을 해임하였다가 소환당하였다. 1995년 1월 25일, 마이너럴 포인트(Mineral Point)에 새로운 학교의 설립을 지지하였던 3명의 교육위원들은 소환투표에서 이겨 공직을 유지하였다.

Ⅲ. 미국 주민소환제 모형

소환제가 정치적 문제이며 법원에 의하여 전향적으로 해석되는 것, 소환제의 자동집행을 규정한 헌법조항은 유권자에 의한 통제장치, 즉 소환제의 바람직한 법적 근거이다. 헌법상 소환제 조항은 상세하게 규정할 수도 있고 간단하게 규정할 수도 있다. 간단하게 규정하고 있는 조항은 루이지애나 주의 헌법에 규정된 소환제 조항으로서 "의회는 등기법원의 판사를 제외한 주, 디스트릭트, 작은 지역, 선거구 또는 자치정부의 선출직 공직자를 위한 소환제를 일반 법률에 규정한다. 소환투표에서 핵심은 대상이 되는 공직자의 소환여부이다"라고 규정하였다.

헌법상의 소환제 조항이 주 의회로 하여금 소환제를 반드시 규정하도록 하는 사례로는 "소환제를 방해, 제한 또는 해치는 어떤 법률도 제정할 수 없다"고 규정한 위스컨신 주의 헌법이 해당된다.

주민소환제 모형에서 추진절차는 소환제 사용상의 면제나 제한, 소환투표의 신청, 청원과정, 서명의 확인, 소환투표, 공직의 빈자리 등록, 선거 후의 문제 등을 다룬다. 선거를 관리하는 공직자(이후 "선거관리위원장"이라 부름)는 헌법, 법률, 자치헌장상의 소환제 조항을 실행하기 위한 규칙과 규정을 공표할 수 있는 권한을 부여한다. "소환위원회", "선거운동 기부”와 같은 용어는 법률, 규칙, 규정에 신중하게 정의되어야 한다.

총선거에 적용할 수 있는 모든 법률상의 조항, 규정, 규칙은 소환투표에 적용할 수 있어야 한다. 나아가 청원을 방해하거나 흑색선전을 담은 메일, 왜곡, 협박을 목적으로 소환청원을 사용하는 것을 금하는 법률이 제정되어야 한다. 나아가 법률은 유권자에게 돈이나 가치 있는 어떤 것을 제공하려고 제안하는 사람이거나 청원에 서명하거나 유권자를 서명하도록 소개하거나, 개인의 기업에 대하여 보복위협이나 해고 또는 부적격 등으로 위협을 가하여 서명을 가로막는 사람은 경범죄로 규정하여야 한다.

1. 소환의 적용제한

여러 주에서 법관들은 소환제의 적용대상이 아니다. 판사를 소환하려는 시도는 극히 드물고 성공한 사례도 거의 없다. 판사도 때로는 잘못을 저지를 수 있다. 다행스럽게도 그러한 잘못은 일상적인 것이 아니고, 그러한 잘못을 저지른 판사들을 경고하는 메커니즘도 있다. 탄핵절차가 없는 오리건 주를 제외한 모든 주에서 법관들은 탄핵절차의 대상이 되며, 많은 주에서는 특별부가 법관들을 규율하기 위하여 존재하며, 위반하는 법관을 해임하거나 처벌할 권한을 보유하고 있다. 그리고 몬태나 주를 제외하고는 소환제를 채택한 모든 주에서 임명직 공무원은 소환제의 적용대상에서 제외시키고 있다.

새로 선출된 공직자는 그 임기의 첫 6개월 동안에는 소환대상이 되어서는 안 될 것이다.[2] 유권자가 공직자의 해임과 관련된 판단을 내리도록 요구하기 전에 그의 능력을 입증하고 정책의 기록을 수립할 합당한 기간을 부여하는 것은 필수적이다. 만약 그러한 금지가 없다면, 그 앞의

2) 일본의 경우 자치단체장의 해직청구는 취임일로부터 1년간, 동일인에 대한 해직투표일로부터 1년간은 할 수 없다(함인선, 2004: 8).

총선에서 직을 상실한 정당이나 후보는 그 직을 얻을 유일한 목적을 가지고 소환절차를 발동할 것이다.

여러 주에서 주 의원들은 공직을 맡고 회기가 시작된 후 5일이 지나면 소환제를 적용할 수 있다. 앞의 문장에서 설정한 사유를 근거로 보면, 이 규정은 적절하지 않다. 만약 주 의원이나 다른 선출직 공직자가 배임, 직권남용, 임무태만의 죄를 유예기간 중에 범한다면, 의원의 경우는 의회가 제명하고, 집행부 공직자는 주지사가 해임하는 등 문제를 해결할 다른 메커니즘을 지니고 있다. 선출직 공직자는 그의 임기 말 6개월 동안에는 소환이 면제되어야 한다. 비교적 예외가 적은 가운데, 선거는 11월에 실시되어 당선자는 1월 1일에 취임한다. 소환제 적용 대상 공직은 청원주도자들이 대개 소환투표를 추진하기 위하여 3개월 정도 서명자를 확보하여야 한다. 그래서 필요한 서명자를 확보하여 청원을 접수하는 일은 10월 1일 또는 투표율이 높을 시점인 다음 총선의 약 5주일 전에는 일어나지 않는다.

소환투표의 결과 성공적으로 그 직을 유지한 공직자의 소환을 지지하는 자들은 첫 소환투표를 실시할 때 투입한 비용을 주나 관련된 지방정부에 소환의 후원자가 지불하지 않으면 동일한 임기 중에 제2차 소환청원이 허용되지 않아야 한다. 이 요건은 소환제가 악의적인 목적이나 공직자를 괴롭힐 목적으로 사용되는 것을 막아 준다.

2. 소환의 적용절차

선출직 공직자를 소환하기를 원하는 유권자는 대상이 되는 공직자에게 소환청구를 추진하는 통보서를 접수시키도록 되어 있는데, 통보서는 직접 접수하거나 개별적으로 또는 최소한 등록된 유권자 10명이 서명한 위원회가 서명하고 선거관리위원장이 등기우편으로 접수하게 된다. 소환청구의 접수는 서명자의 주소, 위원회의 경우는 주소 외에도 책임지는 회계담당자, 대상 공직자의 이름, 공직명 등이 포함되어야 한다. 연락을

맡은 대표자의 이름과 주소도 포함되어야 한다.[3]

통보서에는 법률에 의하여 청원과 거기에 포함된 서명이 진실하다는 선서나 그것을 확인하는 공직자의 앞에서 서명해야 한다. 만약 접수 담당자가 후원자 중의 하나가 자격이 없다고 결정하면, 다른 청구자를 넣을 수 있다.

환불이 가능한 접수비 100달러는 나쁜 의도를 가진 소환청구서의 접수를 방지하기 위한 것이다. 그러나 이처럼 적은 액수의 접수비가 통보서의 접수의도를 억제하지 못한다. 접수비는 청구서 제출마감까지 필요한 수의 서명자가 확인·제출되면 환불하여야 한다.

소환청구서는 소환대상이 되는 공직자를 지정하여야 하고, 200단어를 넘지 않는 범위에서 소환의 사유를 분명하게 진술하여야 한다. 소환이 시도되는 공직자별로 따로 청구서가 제출되어야 한다. 청구서 사본을 청원대상이 되어 있는 공직자에게 직접 전달하거나 등기우편으로 보내어야 한다.

소환청원을 돌리기 위하여 청구서에 서명하는 유권자는 소환과정에 참여할 권리의 행사와 관련된 행위에 대한 책임은 면제되어야 한다.

소환청구서는 신문에 최소한 1회는 소환운동 청구자의 부담 아래 게재되어야 한다. 그곳에 신문이 발간되지 않으면, 소환청구서는 정부청사를 포함하여 눈에 잘 띄는 공공장소 네 곳 이상에 게시해야 한다. 소환청구자들은 통보서를 발행하였다는 증명이나 게재하였다는 선서문을 선거관리위원장에게 제출하여야 한다.

소환대상이 된 공직자는 통보서를 받고 5일 이내에 — 토요일, 일요일, 공휴일은 제외 — 200단어를 넘지 않는 범위에서 소환청구서에 대응하는

3) 일본에서도 해직청구대표자는 해직청구서를 작성하고, 선거권을 가진 자의 서명을 수집하여 그 해직청구자 명부를 작성한 다음, 그 서명에 대하여 당해 선거관리위원회의 증명을 받아서, 그 서명부를 당해 선거관리위원회에 제출하는 등 해직청구의 책임자가 된다(함인선, 2004: 6-7).

진술문을 국장에게 제출하여야 한다. 대응하는 진술문이 접수되면, 그 공직자도 사본을 소환청구자의 연락담당자에게 직접 전달하거나 우송하여야 한다.

선거관리위원장은 청구서의 사본과 접수일자를 기록으로 보관하여야 하며, 접수자에게 소환청구서의 접수번호를 발행한다. 나아가 선거관리위원장은 만약 어느 한 쪽 또는 양쪽의 진술문이 200단어를 넘어서는 경우, 소환청구자가 제출한 사유나 대상공직자가 제출한 진술문과 관련된 소환투표의 요약서를 준비하여야 한다. 요약서는 청구서가 제출된 후 10일 이내에 준비되어야 한다. 선거관리위원장은 또한 소환청구의 후원자와 대상이 된 공직자에게 유권자가 결정을 내리는 데 도움이 될 진술문의 내용을 고칠 수 있는 권한을 주어야 한다.

선거관리위원장은 소환투표를 추진하기 위하여 서명자의 수를 확인하여 이를 양쪽에 알려 주어야 한다.

선거관리위원장이 청구서의 형식과 인쇄된 공식적인 청구서의 사본을 승인하기 전에는 서명자를 확보할 수 없다. 서명용지는 시작하는 쪽을 1부터 시작하여 연속적으로 번호를 매겨야 하며, 서명공간과 서명자의 주소가 나타나야 한다.

소환청구서는 소환의 사유를 포함한 청구서의 사본, 대상 공직자의 대응진술문 사본이 포함되어야 한다. 만약 공직자가 대응진술문을 접수하지 않았다면, 청구서는 그 사실을 표기해야 한다. 또 각 청구서는 소환운동의 청구자나 소환추진위원회의 회계담당자의 이름과 주소가 포함되어야 한다.

3. 소환청구

소환대상이 된 공직자에게는 각각 별도로 소환청구서가 채택되어야 한다. 청구서의 준비과정은 각 공직자의 해임의 사유를 중심으로 이루어지며, 관련된 공직자에게는 청구서와 청구투표용지에 게재할 대응진술문을 준비하도록 허용하며, 그 다음 절차로서 소환투표가 실시되어야 한다.

법률은 소환청구서에 서명을 하거나 하지 않도록 유도하는 행위로서 유권자에게 돈이나 어떤 가치 있는 것을 제공하는 행위를 범죄로 규정하는 것은 절대적으로 필요하다. 법률은 여하한 유권자도 청구서에 서명을 위하여 돈을 받아서는 안 된다고 규정하여야 한다. 소환제는 시민에 의한 통제와 교정(矯正)이기 때문에 돈을 받는 유권자는 통제나 교정을 망가뜨리므로 배제되어야 한다.

청구서에 있는 모든 서명은 법률상 관리할 책임이 있는 서명주도자가 보는 가운데 서명이 이루어졌다는 것을 증명하는 선서문에 충실하여야 하기 때문에 오로지 한 서명주도자에게는 한 장의 청구서에만 서명하도록 해야 한다.

청구서 배포와 서명의 증명, 접수절차를 의도적으로 위반하면 그 청구는 당연히 무효이다.

각 청구서는 잠재적으로 서명대상이 되는 유권자들에게 다른 유권자의 이름으로 서명하는 것(대역)은, 육체적으로 불구여서 사람 앞에서 서명하는 것이 불가능한 사람을 대신하여 서명하는 경우 외에는 범죄가 된다는 것을 경고하여야 한다. 이 밖에도, 한 청구서 외에 서명을 하거나 무자격자가 서명하는 것도 범죄에 해당한다.

소환청구자는 각 서명자로 하여금 청구서명지에 그의 이름을 명료하게 쓰고, 서명하며, 거리나 사서함 번호, 도시, 주, 우편번호가 포함된 주소를 명기하도록 주지해야 한다. 서명에 가로의 번호나 사서함 번호가 없는 서명자의 경우는 거주지에 관한 적정한 내용기술이 서명용지에 포함되어야 한다.

서명수집자는 유권자의 서명이 소환청구에 그의 서명이 진정한 자신의 서명이라는 점을 서약 또는 확인하는 일을 담당하는 공무원 앞에서 선서 또는 확약하여야 한다. 각 서명수집자는 서명용지에 서명을 하여야 하고, 그의 주소와 서명을 받은 날짜를 포함하여야 하며, 소환하고자 하는 공직자의 선거구에 등록된 유권자에 의하여 작성된 서명이고, 서명자는 그의 서명이 해당사유를 위하여 첨부되었음을 확인하여야 한다.

소환제의 후원자는 서명 모집자의 선서문을 공증하지는 않는다. 만약 그렇게 하면 서명은 자동적으로 자격을 잃게 된다.

소환청구서에 서명한 유권자는 소환청구서가 접수되지 않았을 경우 청원접수 공무원에게 직접 또는 우편으로 마지막 접수일 오후 5시까지 청원을 철회할 뜻을 확인하면 철회할 수 있다. 소환청원이 서명확인을 위하여 접수된 후에는 서명자는 어느 누구도 그것을 철회할 수 없다. 서명철회를 위하여 돈이나 가치 있는 것을 받는 사람은 유죄이다.

지난 총선에서 주지사 선거구 투표자의 25%에 해당하는 확인된 서명자 수는 주 정부 공직자와 대도시 시장의 소환투표가 실시되기 위하여 필요하다. 소규모의 지방정부를 위한 소환투표의 출발을 위한 서명자 %는 등록된 유권자 수에 상관시켜 조절하는 것을 고려할 수 있다. 주 전역이나 대도시에 비하여 소규모 지방자치단체의 소환후원자가 서명자를 확보하기가 물리적으로 보다 용이하다. 그래서 소규모 지방정부에서 소환을 위한 서명자 수 요건은 40%까지는 높일 수 있다.

주 전역을 대상으로 선출된 공직자의 소환에 대한 지지의 지역적 분포를 확보하기 위하여 헌법 및 법률상의 소환조항은 서명자의 일정한 비율을 1/2 또는 1/3 이상의 카운티에서 확보되어야 한다고 규정할 수 있다. 주 전역을 선거구로 선출된 공직자를 해임하기 위한 소환은 거의 사용되지 않았다는 사실에서 볼 때, 이러한 조항의 필요성은 그다지 큰 문제는 아닐지도 모른다.

선거관리위원장에게 소환청원 서명용지를 제출하기 위한 마감은 주 전역을 선거구로 선출된 공직자의 경우는 청원에 대한 담당 공무원의 승인이 있은 후 120일, 기타 공직자는 90일 간이다.

소환대상이 된 공직자는 서명 작성에 관하여, 그리고 서명자가 청원서명이 접수된 30일 간 자기 선거구의 등록된 유권자인지에 관하여 이의를 제기할 수 있으며, 선거담당 공무원이 서명자를 확인한 후 최소 8일 간은 등록이 일치하여야 한다. 선거관리위원장이 대상공직자가 제시한 1명 이상의 서명에 대한 이의제기를 기각한 경우에 그 공직자는 선거관리위원장의 결정에 관하여 관할법원에 소를 제기할 수 있다.

선거관리위원장은 서명자가 서명용지에 기재된 내용과 일치하는지를 결정하기 위하여 우편엽서, 전화, 기타 정보를 확인하는 기법 등 인정된 방식으로 대표적 무작위 표본추출을 실시할 수 있다. 선거관리위원장은 조사와 가능한 기소를 위하여 관련공직자에게 청원서명법을 위반한 경우에는 고발하여야 한다.

선거관리위원장은 모든 서명자의 서명을 심사하여야 하며, 그 타당성에 관하여 접수 후 30일 이내에 결정하여야 하고, 결정 3일 이내에 청구가 타당한 기간과 서명으로 접수되었다는 사실을 소환청구자와 대상 공직자에게 직접 또는 등록된 우편으로 알려 주어야 한다. 한 유권자의 서명이 무효라고 하여서 청구서의 다른 서명까지 무효가 되지는 않는다.

만약 청구서에서 자격 있는 서명자의 수가 요건에 미달하면, 선거관리위원장이 그것을 판정한 후 10일 안에 수정할 수 있다. 선거관리위원장은 10일 안에 수정한 청원을 심사하고 적부를 결정하여야 한다. 만약 수정한 청원에서도 불비한 점이 발견되면, 이것은 그대로 소환운동 청구자에게 반환된다.

선거관리위원장이 청구의 서명자에서 미비점을 발견하였다면, 통보서에 거명된 후원자만이 그 서명자가 왜 거부되었는지를 결정하기 위하여 청구서를 검토하는 것이 허용되어야 한다.

만약 선거관리위원장이 청구서가 타당한 것으로 검토가 끝나면, 해당 공직자는 그로부터 5일 이내에 그 직을 사임할 수 있다. 이 기간에 해당 공직자가 사임하지 않으면, 선거관리위원장은 이후의 30일에서 45일 사이에 소환투표를 실시하게 될 것이며, 이 기간에 달리 총선이나 예비선거 등이 계획되어 있지 않다면, 소환투표는 계획된 일정에 따라 실시된다.

선거관리위원장이 규정된 절차에 따르지 않으면, 한 유권자가 선거관리위원장이 그것을 거부한 후 10일 안에 관련 법원에 그 집행명령을 청구할 수 있다.

4. 소환투표

사임, 다른 수단에 의한 해임, 유죄확정, 사망, 또는 직무수행의 불가 등으로 인하여 대상 공직이 공석이 된 경우에는 소환투표는 실시하지 않는다. 부재자 투표는 소환투표에 허용된다.

소환절차가 성공적으로 채택된 후 공석을 충원하기 위한 선거에서 후보자들은 현행 후보지명 법률에 따라 지명될 것이며, 이 법에는 정당의 보스들이 개별적인 유권자를 배제하지 않도록 하기 위하여 청원에 의한 후보지명도 포함될 것이다. 대상이 된 공직자는 그가 해임된 그 공직의 후보가 될 수 없다.

소환이 이루어지고 나서 공석이 된 그 자리를 위한 후보가 지명되지 않았다면, 기존의 방법에 따라 후보가 지명되는 바, 기존의 방법은 선출된 행정가인 경우는 행정부 수장이 지명하고, 의원이 소환되었을 경우에는 정부에 의한 임명의 방법도 포함된다. 의결정족수를 상실한 지방정부의 경우는 대안적인 충원방법으로서 주지사에게 충원할 수 있는 권한을 부여하고 있다.

대선거구에 의하여 선출되어 구성된 기관에서 1인 이상 소환이 추진되는 경우에는, 각 후보의 지명을 위한 청구에는 각 후보가 어느 공직의 후보인지를 지정하여야 한다.

대개 예비선거나 총선은 임시선거보다 투표율이 높기 때문에 소환투표도 예비선거나 총선과 함께 실시되어야 바람직하다. 분명히 해야 할 핵심문제는 소환투표에서 한 설문 투표지(a one-question ballot)를 사용할 것인지 두 설문 투표지를 사용할 것인지 하는 것이다. 만약 소환투표가 단지 어떤 공직자를 해임할 것인지를 결정하는 것이라면, 후임자를 선출하기 위하여 두 번째 선거를 따로 실시하게 될 것이며, 그러한 임시투표는 상대적으로 투표율이 낮을 것이다. 어떤 공직자의 해임여부와 해임된 자리에 충원할 후보를 동시에 결정하는 투표는 대부분의 경우에 투표율이 높은 점이 장점이다.

하나의 대안이 되는 것이 캘리포니아 주의 소환제 조항으로서, 이 경우는 유권자에게 후임 공직자를 지명할 것인지 아니면 임시투표를 실시할 것인지를 묻는다. 이러한 방식의 장점은 소환투표의 초점이 소환대상 공직자의 해임사유에 집중되고 후임에 집중되지 않는다는 것이다.

소환추진의 배경과 대상 공직자의 대응진술이 포함된 표본 소환투표지가 준비되어야 하고, 해당 정부의 청사를 비롯하여 공중이 많이 모일 수 있는 곳에 그것을 게시하여야 한다. 각 투표지를 관리하는 공무원은 적어도 네 곳 이상 사람이 많이 모이는 장소에 사본을 게시하여야 한다. 유권자는 오로지 자신의 판단으로 해당 공직자의 해임사유가 합당한 것인지를 판단하여야 한다. 다른 선거와 마찬가지로 소환투표도 요구가 있는 경우 재검표하여야 한다.

소환된 공직자는 그의 원래 임기 동안에는 같은 구역 내의 다른 공직에 임명될 자격이 없다. 나아가 소환대상이 되어 그 직을 사임한 공직자 역시 그의 원래 임기 동안에 여타의 공직에 임명될 자격이 없다.

소환된 공직자의 후임자가 소환투표의 결과를 확인한 후 5일 안에 그 직을 취임할 자격을 갖지 않으면, 그 직은 자동적으로 공석이 되며, 기존의 법률에 따라 충원된다.

소환투표의 대상이 된 공직자의 지난 선거에서 투표한 유권자의 최소한 50%가 참여하여 대다수의 유권자들이 소환을 지지하면, 선거관리위원장은 그 직이 공석임을 확인한다.

주의 부패방지법을 소환투표에 적용하는 것은 필수적이다. 소환추진위원회와 대상 공직자의 회계책임자는 캠페인 영수증과 지출에 관련된 상세한 보고서를 제출하여야 하며, 그러한 것들이 법률이 규정한 요건에 일치하여야 한다.

"기부"는 선물의 지급, 빚이나 대부의 해결, 비인적(人的)인 서비스, 장비, 물품 또는 돈의 지불 없이 어떤 가치 있는 것의 제공을 포함하여 신중하게 정의하여야 한다. "지출"이라는 용어도 다른 사항들 중에서도 현직이나 공석이 될 자리에 대한 후보의 빚의 감소 등을 포함하여 신중하게 정의되어야 한다.

5. 소환투표 결과처리

만약 공직자가 소환되면, 법률은 선출되거나 임명된 후임자가 봉사해야 할 잔여임기를 확인하여야 한다. 후임자는 임기 초 6개월과 임기 말 6개월을 제외하고는 소환의 대상이 된다.

만약 현직 공직자가 소환투표에서 승리하면, 주나 해당 지방정부는 그가 소환투표에서 지출한 비용을 지불하여야 한다.

성공적인 소환제의 채택으로 인하여 지방정부의 의결기관이 활동할 수 없는 상태, 즉 공직자의 해임으로 인한 의사정족수의 미달이 생길 수 있다. 물론 소환된 공직의 후보의 동시 투표나 의결정족수를 확보하기 위한 필요한 대체 공직자의 임명을 규정하고 있는 주 법률과 지방정부 헌장이 있는 경우에는 위와 같은 문제는 발생하지 않는다. 주의 법률이나 지방정부 헌장은 공히 지방정부가 의회 내의 공석을 충원하기 위한 의원 선발권을 부여하고 있다. 이처럼 발생할 수 있는 의사정족수 문제를 다루기 위하여 주지사는 의결정족수를 성립시키기 위한 보임권(補任權)을 가져야 한다.

제 2 절 일본의 주민소환제

다음에 일본의 헌법과 지방자치법의 내용 가운데 자치단체장과 지방의원의 소환, 즉 해직청구와 관련된 조항을 살펴본다.4)

Ⅰ. 해직의 법적 근거

1. 헌법조항

일본은 헌법 제15조 제1항 “공무원을 선정하고 이를 파면하는 것은 국민 고유의 권리이다”라고 선언하고, 또 헌법 제93조 제2항에 지방자치제도에 관하여 “지방공공단체의 장, 그 의회의 의원 및 법률이 정하는 그 밖의 이원(吏員)은 그 지방공공단체의 주민이 직접 선출한다”고 규정하였다. 이러한 조항에 근거하여 지방공직자들의 선출과 해임에 관한 내용을 지방자치법 등에 규정하고 있다.

2. 지방자치법 조항

지방자치법 제13조 제2항은 “일본국민인 보통지방공공단체의 주민은 이 법률이 정하는 바에 따라 그가 속하는 보통지방공공단체의 의회의 의원, 장, 부단체장, 출납관 또는 수입관, 선거관리위원, 감사위원 또는 공안위원회의 위원의 해직을 청구할 권리를 가진다”고 규정하여 주요 공무원의 해직청구권을 보장하였다

4) 일본에서는 소환 대신 해직이라는 용어를 사용하는데, 이 책에서는 이 용어를 섞어서 사용한다.

1) 의원해직의 청구와 그 처리조항

지방자치법 제80조는 제1항에 "선거권을 가진 자는 정령(政令)이 정하는 바에 따라 소속 선거구에서 그 총수의 3분의 1 이상의 연서로써 그 대표자를 통하여 보통지방공공단체의 선거관리위원회에 당해 선거구에 속한 보통지방공공단체의 의회의원의 해직을 청구할 수 있다. 이 경우에 선거구가 없는 때에는 선거권을 가진 자 총수의 3분의 1 이상의 연서로써 의원의 해직을 청구할 수 있다"고 규정하였으며, 제2항은 "전항의 청구가 있는 때에는 위원회는 즉시 청구의 요지를 관계구역 내에 공표하여야 한다"고 규정하였고, 제3항은 "제1항의 청구가 있는 때에는 위원회는 이를 당해 선거구의 선거인 투표에 부쳐야 한다. 이 경우에 선거구가 없는 때에는 모든 선거인의 투표에 부쳐야 한다"고 규정하고, 제4항은 "제74조 제4항의 규정은 제1항의 선거권을 가진 자 및 구 총수의 3분의 1의 수에 대하여, 제74조 제5항 및 제72조의 2 내지 제74조의 4의 규정은 제1항의 규정에 의한 청구자의 서명에 대하여 준용한다"고 규정하였다.

2) 자치단체장의 해직청구와 그 처리조항

지방자치법 제81조 제1항은 "선거권을 가진 자는 정령이 정하는 바에 따라 총수의 3분의 1 이상의 연서로써 그 대표자를 통하여 보통지방공공단체의 선거관리위원회에 대하여 당해 지방공공단체의 장의 해직을 청구할 수 있다"고 규정하였고, 제2항은 "제74조 제4항의 규정은 전항의 선거권을 가진 자와 그 총수의 3분의 1의 수에 대하여, 제74조 제5항 및 제74조의 2 내지 제74조의 4의 규정은 전항의 규정에 의한 청구자의 서명에 대하여, 제76조 제2항 및 제3항의 규정은 전항의 청구에 대하여 준용한다"고 규정하였다.

3) 해직투표의 결과와 그 처리조항

지방자치법 제82조 제1항은 "제80조 제3항의 규정에 의한 해직투표의 결과가 판명된 때에는 보통지방공공단체의 선거관리위원회는 즉시 이를 같은 조 제1항에서 말하는 대표자와 통상 지방공공단체 의회의 관련의원 및 의장에게 통지하고 이를 공표하여야 하며, 도·도·부·현(都島府縣)[5]에 있어서는 도·도·부·현지사 및 자치성장관, 시·정·촌(市町寸)[6]에 있어서는 시·정촌장 및 도·도·부·현 지사에게 보고하여야 한다. 그 투표의 결과가 확정된 때에도 또 같다"고 규정하였으며, 제2항은 "제81조 제2항의 규정에 의한 해직투표의 결과가 판명된 때에는 즉시 위원회는 이를 같은 조 제1항에서 말하는 대표자와 당해 보통지방공공단체의 장 및 의회의 의장에게 통지하고 이를 공표하여야 하며, 도·도·부·현 및 시에 있어서는 자치성 장관, 정·촌에 있어서는 도·도·부·현 지사에게 보고하여야 한다. 그 투표결과가 확정된 때에도 또 같다"고 규정하였다.

4) 자치단체장과 의원의 실직조항

지방자치법 제83조는 "보통지방공공단체 의회의 의원 또는 장은 제80조 제3항 또는 제81조 제2항의 규정에 의한 해직투표에서 과반수의 동의가 있는 때에는 그 직을 상실한다"고 규정하였다.

5) 해직청구의 제한기간조항

지방자치법 제84조는 "제80조 제1항 또는 제81조 제1항의 규정에 의한 보통지방공공단체 의회의 의원 또는 장의 해직청구는 그 취임일로부터 1년간 및 제80조 제3항 또는 제81조 제2항의 규정에 의한 해직투표일로부터 1년간은 이를 하지 못한다. 다만 공직선거법 제100조 제3항의

---

5) 도·도·부·현은 우리의 서울특별시와 광역시, 도와 같이 넓은 지역에서 지방자치행정을 수행하는 자치단체로서 동경도(都), 북해도(島), 교토와 대판(府), 현은 농촌지역 광역단체이다.

6) 여기서 시는 우리의 특별시와 광역시를 제외한 도 안의 일반 시와 같고, 정은 읍과 같으며, 촌은 면과 같이 보면 될 것이나 일본의 정촌은 그 규모가 작아서 대대적인 합병정책을 추진하고 있다.

규정에 의하여 당선인으로 정하여지고, 보통지방공공단체 의회의 의원 또는 장으로 된 자에 대한 해직청구는 그 취임일로부터 1년 이내에 있어서도 이를 할 수 있다"고 규정하였다.

6) 해직투표의 절차조항

지방자치법 제85조 제1항은 "정령에 특별히 규정된 경우를 제외하고, 공직선거법 중 보통지방공공단체의 선거에 관한 규정은 제76조 제3항의 규정에 의한 해산의 투표와 제80조 제3항 및 제81조 제2항의 규정에 의한 해직의 투표에 대하여 이를 준용한다"고 규정하였다. 그리고 제2항은 "제1항의 투표는 정령이 정하는 바에 따라 보통지방공공단체의 선거와 동시에 이를 할 수 있다"고 규정하였다.

Ⅱ. 지방공직자의 해직청구절차

함인선은 일본 지방공직자의 해직과 관련하여 해직청구절차와 서명의 수집, 해직투표절차로 나누어 다음과 같이 소개하고 있다(2004: 6-16).

1) 해직청구절차

해직청구절차는 해직청구권자, 해직청구대표자, 해직청구 제한기간 등의 중요 부분으로 살펴볼 수 있다.

(1) 해직청구권자

당해 지방자치단체에서 선거권을 가지는 자로서 공직선거법에 의하여 시정촌 선거관리위원회가 행하는 정시등록 또는 선거시 등록에 의하여 선거인명부에 등록된 자이다. 그리고 선거권을 가진 자는 일본 국민으로서 20세 이상의 자로서 시청촌 구역 안에 주소를 가진 자이다.

(2) 해직청구대표자

해직청구대표자는 해직청구서를 작성하고, 선거권을 가진 자의 서명을 수집하여 그 해직 청구자 서명부를 작성한 다음, 그 서명에 대하여 당해 선거관리위원회의 증명을 받아서, 그 서명부를 당해 선거관리위원회에 제출하는 일련의 해직청구절차의 책임자가 된다.

해직청구는 소정의 양식에 따라 1,000자 이내의 요지를 기재하여야 하는데, 이 때 그 진위 여부는 선거관리위원회의 심사대상이 아니고, 설령 그것이 정당한 이유가 없는 허구의 것이라고 할지라도 그 때문에 해직청구가 무효로 되는 것은 아니라고 해석된다는 것이다. 해직청구 사유는 구체적인 비행, 직무권한의 남용 등을 상세하게 열거할 필요는 없다.

해직청구대표자 증명서의 교부신청을 받은 선거관리위원회는 대표자가 선거인명부상의 등재자인지를 확인하여 대표자증명서를 교부하고, 내용을 고시하여야 한다. 이러한 고시는 해직청구절차가 성립되어서 서명수집이 시작된다는 것을 주민에게 알리는 기능과 수집기간의 시기를 확정하는 의미를 가진다.

(3) 해직청구의 제한기간

이것은 위의 지방자치법 내용에서도 살펴본 바와 같다. 제한기간은 취임일로부터 1년간, 그리고 해직투표일로부터 1년간은 해직청구가 제한된다.

2) 해직청구의 서명수집

서명수집은 그 주체, 서명자 수, 수집기간, 서명수집 방식, 서명부의 제출, 서명효력에 대한 쟁송 등으로 이루어진다.

(1) 서명수집의 주체

서명수집은 해직청구자 대표 또는 서명수집 수임자에 의하여 이루어지고, 그 외의 자의 서명수집은 인정되지 않는다. 그리고 서명수집 수임자는 선거권을 가진 자이면 가능하며, 해직청구대표자는 수임자의 성명,

위임연월일 등을 문서로 해당 선거관리위원회에 신고한다. 수임자의 신고는 서명의 효력을 판정하는 데 매우 중요한 요소가 된다.

(2) 서명자의 수

선거권을 가진 자의 총수의 3분의 1 이상의 서명이 필요하며, 인구가 많은 지역의 경우는 이 요건이 지나치게 해직청구를 어렵게 만드는 요인이라는 지적이 있어 2003년 "단, 그 총수가 40만을 초과하는 경우에는 그 초과하는 수에 6분의 1을 곱해서 얻은 수와 40만에 3분의 1을 곱해서 얻은 수를 합산하여 얻은 수로 한다"고 보완하여 지방자치법을 개정하였다(함인선, 2004: 9).

(3) 서명수집 기간

서명수집 기간은 해직청구자대표 증명서의 교부 고시일의 다음 날부터 기산하여 도・도・부・현은 2개월 이내, 시・정・촌에서는 1개월 이내로 한다. 그러나 그 기간 내에 그 구역 안에서 중의원, 참의원, 다른 지방공직자 선거가 행해질 때는 일정기간 서명수집이 금지되고, 금지된 기간의 전후를 통산하여 도・도・부・현에서는 62일 이내, 시・정・촌에서는 31일 이내에 서명을 수집할 수 있다.

(4) 서명수집 방법

해직청구자 서명부는 정해진 양식에 따라 작성하고, 서명부는 번호, 서명연월일, 주소, 생년월일의 난으로 구성된다.

우편을 통한 수집은 허용되지 아니하나, 개별방문이나 가두에서 서명수집은 허용된다. 해직청구에 찬성 또는 반대하기 위하여 문서나 도화를 작성하여 반포하는 것이나 서명수집운동을 위하여 학교나 공민관 등을 사용하여 연설회 등을 개최하는 것이나 해직청구 반대의 서명운동을 하는 것도 허용된다고 해석한다.

서명은 명부에 선거권자인 주민 스스로 서명, 날인함으로써 이루어지며, 법적 절차를 준수하지 않은 서명이나 동일인임을 판별하기 어려운 서명은 무효이다.[7] 일단 서명이 이루어졌더라도 서명자는 그 서명부를 선거관리위원회에 제출할 때까지는 대표자를 통하여 취소할 수 있다.

(5) 서명부의 제출

서명이 완료되면, 서명수집기간의 만료일의 다음날부터 기산하여 도・도・부・현은 10일, 시・정・촌은 5일 이내에 선거관리위원회에 제출하여 검증을 받아야 한다.

(6) 서명효력의 쟁송

선거관리위원회의 서명 검증이 종료된 때에는 7일간 서명부의 종람(縱覽)을 하여야 한다. 서명에 이의가 있는 자는 종람기간 안에 선거관리위원회에 이의신청을 할 수 있다. 그리고 선거관리위원회는 14일 이내에 결정하여 고시하여야 한다.

그리고 선거관리위원회의 결정에 불복하는 자는 결정이 있은 날로부터 14일 이내에 지방재판소에 제소할 수 있다. 그리고 지방재판소 결정에 불복이 있는 경우에는 최고재판소에 상고할 수 있다.

3) 해직투표 절차

해직투표의 절차는 해직청구, 해직투표운동, 해직투표, 해직투표의 결과와 그 조치, 해직투표에 의한 지방공직자의 실직, 해직투표의 효력에 관한 쟁송 등을 들 수 있다.

(1) 해직청구

해직청구 대표자는 서명부의 서명에 대한 선거관리위원회의 검증에 의하여 요건이 충족되면 대상공직자의 해직을 바로 청구할 수 있다. 그러나 선거관리위원회의 결정에 불복하는 경우는 심사청구 또는 소송을 제기하여 최종적 판단을 구한 다음에 해직을 청구하게 된다.

7) 함인선(2004: 10) 각주 14는 일본 최고재판소의 판례를 소개하고 있다.

(2) 해직투표운동

해직과 관련된 운동은 청구자측이나 해당 공직자 측 모두 1개의 사무소를 설치하여 전개할 수 있다. 해직투표 운동에서 제한 또는 금지되는 행위는, ① 투표사무 관계자, 미성년자, 선거권 및 피선거권을 가지지 않은 자의 투표운동, ② 공무원, 교육자의 지위 이용에 의한 투표운동, ③ 호별방문, ④ 서명운동, ⑤ 해직청구의 찬부에 관한 인기투표의 경과 또는 결과의 공표, ⑥ 음식물의 제공, ⑦ 연호행위, ⑧ 야간의 가두연설, ⑨ 투표기일 후의 인사행위 등이다.

(3) 해직투표 결과와 그 조치

해직청구의 투표에서 투표자 과반수의 동의가 있는 경우에 그 공직자는 실직된다. 선거관리위원회는 해직투표의 결과가 판명되었을 때에는 곧바로 그 결과를 해직청구 대표자, 해직청구 대상 공직자, 지방의회의 의장에게 통지하고 이를 공표하여야 한다. 또 도・도・부・현 및 시에 있어서는 총무대신에게, 정・촌에 있어서는 도・도・부・현 지사에게 보고하여야 한다.

(4) 해직투표 효력에 관한 쟁송

쟁송은 이의신청 및 심사청구, 소송의 제기, 쟁송의 결과에 대한 조치 등을 들 수 있다.

① 이의신청 및 심사청구

해직투표의 효력에 관하여 이의가 있는 선거인, 해직청구를 받은 공직자 또는 해직청구대표자는 그 해직투표일로부터 14일 이내에 문서로써 선거관리위원회에 이의신청을 할 수 있다. 또 시・정・촌 선거관리위원회에 대하여 이의신청을 한 경우, 그 결정에 불복이 있는 때에는 결정서를 교부받은 날로부터 21일 이내에 문서로써 도・도・부・현 선거관리위원회에 심사청구를 할 수 있다. 그리고 그 재결은 수리한 날로부터 20일 이내에 하도록 되어 있다. 그 결과, 이의신청이나 심사청구를 한 자는 심사청구 또는 소송을 제기할 수 있다.

② 소송의 제기

도·도·부·현 선거관리위원회의 결정 또는 재결에 불복하는 자는 결정서나 재결서를 받은 날로부터 30일 이내에 고등재판소에 소송을 제기할 수 있다. 그리고 고등재판소는 100일 이내에 판결하도록 노력하여야 한다. 물론 소송은 이의신청이나 심사청구를 거친 후가 아니면 할 수 없다.

③ 쟁송결과에 대한 조치

해직투표의 효력에 관한 쟁송의 결과 해직투표가 무효로 된 경우, 선거관리위원회는 당해 쟁송이 확정된 날로부터 40일 이내에 재투표에 붙이게 된다.

해직투표로 실직이 되는 경우, 해직투표에 대하여 쟁송이 제기되더라도 그 법적 효과에 영향을 주지 않고, 그 후의 절차가 진행되는 것을 원칙으로 한다. 이것은 "집행을 중단하지 않는다"는 원칙 때문이다.

지금까지 일본의 공직자 해직청구의 절차와 내용을 소개하였는데, 이것은 [그림 4-3]과 같이 나타낼 수 있다.

그림 4-3 | 일본 자치단체장의 해직청구절차

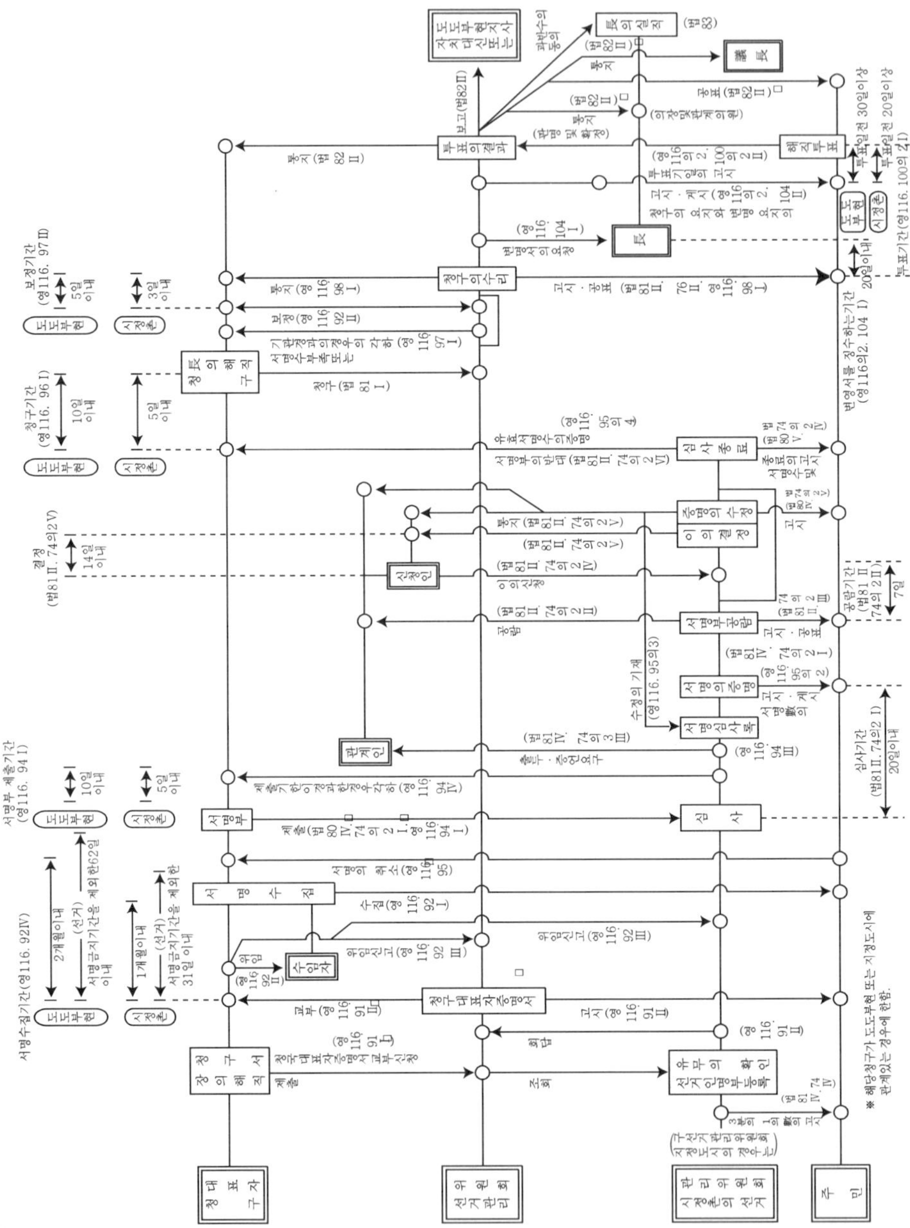

출처: 행정자치부 자료(2004).

Chapter 05 정책으로서 주민소환법 제정의 이해

05 Chapter 정책으로서 주민소환법 제정의 이해

가장 전형적인 정책이 법률이다(정정길 등, 2003: 54-56). 그래서 여기서는 주민소환에 관한 법률을 정책으로 보고, 하나의 정책으로서 주민소환법이 국회를 통과하기까지의 과정과 참여자, 그 역할 등을 정리해 본다.

제1절 정책과정에 관한 논의

Ⅰ. 정책과 환경

1. 정책의 개념

정책을 포괄적으로 말하면, 정부가 하거나 하지 않기로 한 일(Dye, 1984: 2) 또는 정부가 취하는 특정한 활동(Jones, 1993: 16)이다. 웨이스트(Waste)는 지방정부의 정책을 "지방정부의 권한 있는 인사가 취한 조치, 방침, 결정이며, 이러한 정책은 지방정부의 상징적 및 실질적인 자원의 배분이 포함된다"고 하였다(1989: 10). 한편 정정길 등은 정책을 '바람직한 사회상태를 이루려는 정책목표와 이를 달성하기 위해 필요한 정책수단에 대하여 권위 있는 정부기관이 공식적으로 결정한 기본방침(2003: 54)'으로 정의한다. 이들은 또 정책과 유사하게 사용되는 용어들로서 시책, 대책, 정부방침, 정부지침, 법률, 규칙, 기획, 계획, 사업 등을 들고, 정책이라는 동일한 현상을 다른 각도에서 파악한 내용이 많아서 이질적인 것이 아니라고 지적하였다(2003: 54-56). 그러므로 지방정부의 조례와 규칙도 전형적인 정책의 범주에 든다고 본다.

어떤 정책이든 정책은 몇 가지 구성요소들을 가진다. 정정길 등은 정책의 3대 구성요소로 "정책 목표", "정책수단", "정책대상 집단"을 들었다. 정책목표는 정책을 통하여 이루고자 하는 바람직한 상태, 즉 미래상으로서 미래성과 방향성을 가지고 있다. 그리고 정책수단은 그야말로 정책목표를 달성하기 위한 수단으로서, 청소년선도가 정책목표라면 청소년 상담은 정책수단의 하나로 들 수 있다. 그리고 정책대상집단 또는 대상자는 정책의 적용을 받는 집단이나 사람들로서 정책의 혜택을 받는 자들과 정책 때문에 희생을 당하는 자들이다(2003: 56-69).

한편 존즈(Jones)는 정책의 구성요소로 "일련의 행동", "지향하는 목표", "자원의 투입", "정부" 등 네 가지를 들었다(1983: 16-17). 그에 따르면, 일련의 행동을 정책의 요소라고 하는 것은 정책은 상이한 시간에 상이한 사람들에 의한 여러 상이한 의사결정들로 이루어지기 때문이다. 정책목표는 앞에서 정정길 등의 주장을 통하여 이해될 수 있는 부분이다. 그리고 자원투입이 정책요소가 되는 것은 정책다운 정책이 되기 위해서는 내세운 목표를 달성하는 과정에 정부가 사용하는 돈이나 드러난 노력, 즉 자원이 수반되어야 하기 때문이다. 그리고 정부가 정책요소인 것은, 비록 정책의제를 이익집단이 제기하더라도, 최종적으로 일정한 절차를 거쳐 정책을 채택하는 주체가 정부이기 때문이다.

그러면 필자는 법률을 정책의 전형이라는 정정길 등의 지적에 따라 정책으로서 주민소환법과 관련시켜 본다면, 주민소환법은 "목표", "수단", "대상집단"을 갖게 된다. 또 존즈의 지적을 따르면 주민소환법은 "일련의 행동", "지향하는 목표", "자원의 투입", "정부"와 관련된 활동이다. 첫째, 주민소환법의 "목표"는 대표제 지방정부에서 주권자인 주민이 대표들의 일탈을 막고 통제하여 책임을 다하게 함으로써 지방민주주의를 충실히 실현하는 것이다.

둘째, 정책은 정부와 관련된 활동이다. 주민소환법은 중앙정부와 지방정부 모두와 관련된 활동이다. 중앙정부의 의결기관인 국회는 법률, 즉 정책을 결정하는 주체가 되었고, 행정자치부는 또 지방자치 업무의 주관부서로서 법률의 집행과 관련된 제2차적인 정책결정, 즉 시행령의 제정 등을 통하여 정책집행의 주체가 된다. 그리고 지방정부는 소환대상 선출직 공직자를 보유한 당사자로서 조례나 규칙을 통하여 제3차적인 정책결정과 집행업무를 담당하게 된다.

셋째, 주민소환법이 지향하는 목표를 달성하기 위한 정책수단으로는 주민의 뜻을 모으는 서명과 소환청구, 캠페인과 투표 등 다양한 방법이나 도구를 사용하며, 또 여기에는 반드시 예산이라는 수단도 수반된다. 그러므로 존즈가 지적한 자원의 투입도 이 부분에 속하는 것으로 볼 수 있다.

넷째, 주민소환법의 대상집단은 선출직 지방공직자와 그들의 일탈로 인하여 손해를 입는 주민들이다. 먼저 지방공직자 가운데서도 주민소환법의 구체적 대상은 일탈행동을 일으켜서 주민들의 지탄의 대상이 된, 즉 소환대상이 되는 지방공직자들이다. 그리고 이들의 비행이나 부당한 행위로 인하여 직접적으로나 간접적으로 손해를 입어서 고충을 겪는 주민들은 중요한 대상집단이라고 하겠다.

다섯째, 주민소환법은 정책으로서 일련의 활동이다. 일련의 활동이란 시간이나 순서상으로나 짝지어져서 이루어지는 활동들을 가리킨다. 정부에 의한 일련의 활동들을 들자면, 중앙정부의 의결기관인 국회는 법률을 통과시키고, 중앙정부 집행기관의 수장인 대통령은 법률안을 공포하고, 그 집행에 필요한 시행령을 제정하고, 또 지방정부들은 조례나 규칙을 제정하고, 또 중앙정부의 한 기관인 선거관리위원회가 소환투표관리 업무를 담당하는 등 몇 가지 활동들이 시간순서나 일의 진행절차를 따라 관련되어 이루어진다.

2. 정책환경

웨이스트는 한 지방정부의 정책은 다양한 환경 속에서 일정한 단계를 거친다는 점을 지적하고 있다(1989: 3-7). 그에 따르면, 지역은 거의 유사하면서도 또 현저하게 다르다는 것이다. 지역의 차이점들로는 ① 지역(region: 따뜻한 지역과 추운 지역), ② 위치(location: 중심도시, 주변도시, 교외도시, 또는 고립된 도시), ③ 크기(size: 인구 100만 이상의 거대도시, 소도시), ④ 역사(age: 최근 자치단체로 창설된 도시, 보스턴과 뉴욕처럼 오래된 도시), ⑤ 정치문화(political culture: 보수적인 정치문화, 진보적 정치문화), ⑥ 성장도(growth rate: 급속한 성장, 느린 성장 또는 정체된 성장), ⑦ 관료의 심리적 태도(psychological attitudes: 공익지향형, 보수주의형, 승진지상주의형, 편협한 집착형, 사명지향형),[1] ⑧ 리더십(leadership style: 창업가형, 십자군형, 보스형, 중개인형)[2]을 들었다.

그러나 미국의 모든 지방정부들은 위와 같은 차이점을 갖는 데도 불구하고 또 모든 지방정부가 갖는 공통점은 첫째, 유사한 정책과정을 거친다는 점이고 둘째, 모든 지방정부들이 반드시 정책과정을 둘러싸고 영향을 미치는 환경(policy making environment 또는 policy ecology)을 갖는다는 점이다. 그러한 환경요인들로는 ① 지역의 역사, ② 지역의 위

1) Anthony Downs가 관료형을 분류한 것으로 공익지향형(stateman), 보수주의형(conserver), 승진지상주의형(climber), 편협한 집착형(zealot), 사명지향형(advocate) 등이다.

2) Douglas Yates의 분류로서 쇄신성·활동성이 높고 정치적 기반도 강한 창업가형(entrepreneurs), 쇄신성·활동성은 높으나 정치적 기반은 약한 십자군형(crusaders), 쇄신성·활동성은 낮으나 정치적 기반은 강한 보스형(bosses), 쇄신성·활동성도 낮고 정치적 기반도 약한 중개인형(brokers)로 유형화한다.

치, ③ 지역의 성장과정, ④ 정치문화, ⑤ 핵심 공직자의 리더십 유형, ⑥ 정치적 스캔들의 유무, ⑦ 정책을 둘러싼 갈등의 유형, ⑧ 정책유형, ⑨ 규제활동의 유무와 강도, ⑩ 정부관계 등이다.

그러므로 지방정부가 정책을 결정하여 집행하는 과정도 복잡다단할 뿐만 아니라 그러한 과정에 영향을 미치는 요인들도 매우 다양하다는 점을 알 수 있다. 이러한 정책과정과 환경의 교호작용 속에서 어떤 사회문제는 정책과정을 거쳐서 집행되고 평가되는가 하면, 또 어떤 사회문제는 정책과정에 진입하지도 못한 채 뒷전으로 밀리거나 소문 없이 사라져 버리게 된다.

그래서 정책과정에 관한 연구는 많은 학자들에 의하여 이루어졌으나[3] 그것에 관하여 소상하게 살펴보기는 어렵다. 다음에 정책과정 가운데서 의제설정 단계를 주로 논의한 코브와 로스(Cobb · Ross · Ross) 등의 연구(1976), 코브와 엘더(Cobb and Elder)의 연구(1983), 정책과정 전체를 논의한 존즈(C. Jones), 존즈(B. Jones) 및 웨이스트(R. J. Waste), 정정길 등의 정책과정을 살펴본다.

Ⅱ. 코브 등[4]의 의제설정 연구

1. 의제설정의 의의

1) 개 념

의제(agenda)란 "의사결정기관에 의하여 적극적이고 심도 있는 검토

3) 정책과정에 관한 연구자들과 과정에 대해서는 최봉기(1988)를 볼 것.

4) 코브(Roger W. Cobb)는 1976년 Jennie-Keith Ross와 Marc Howard Ross와 함께 "Agenda Building as a Comparative Political Process", APSR, Vol. 70을 연구하였고, 1983년 엘더(Charles D. Elder)와 함께 *Participation in American Politics: The Dynamics of Agenda-Building*, Baltimore, The Johns Hopkins University Press를 출간하였다. 그래서 이 책에서는 코브를 중심으로 이루어진 두 연구를 통합적으로 살펴서 정리한다.

를 위한 일정에 포함된 일련의 구체적으로 정해진 안건의 목록들(Cobb and Elder, 1983: 14)"이다. 예컨대, 국회의 의사일정에 상정된 안건들이다. 그래서 의제 또는 아젠다는 "어떤 시점에서 볼 때 정치공동체의 관심을 일으키는 적법한 검토의 범위에 진입한 정치적 논의의 목록"이라고도 할 수 있는 것이다.

그런데 정치공동체의 본질적 특성은 상이한 집단들의 정책형성의 과정에의 참여이다. 그리고 대부분의 공동사회에서 공공의 쟁점이 될 가능성을 가진 문제들의 수는 그러한 문제들을 다룰 의사결정기구의 역량을 훨씬 초과한다. 그러므로 경쟁을 거쳐서 의제로 채택되는 것이 선결조건이다.

의제설정(agenda building)은 "전체 인구 중 다양한 집단들의 요구들이 공직자들의 진지한 관심을 얻기 위하여 경쟁으로 전환되는 과정"이라고 정의할 수 있다.

2) 의 의

코브와 엘더는 쟁점의 형성과 의제설정은 넓은 의미의 정책과정의 전개에 핵심요소가 된다(1983: 82)고 강조하였으며, 최봉기는 "정책과정이 정책의제 형성과정으로부터 발단되는 바, 정책의제형성과정은 정책과정을 태동시키는 과정이며, 기능적으로는 정책결정체제에 대한 환경으로부터의 요구 및 지지의 투입과정이 된다고 지적하였다(1988: 62-63)." 그리고 채경석은 "정책의제형성과정은 전체 정책과정에 작용할 제반 정치세력들이 처음으로 등장하는 국면이고, 정책의제가 형성되는 과정에서도 그 다음 정책결정단계에서 고려해야 할 정책대안들이 제시되는 경우가 많으며, 특정의 문제가 정책의제로 전환되는 과정의 성격이나 양상에 따라 향후 그 정책의 방향, 성격, 그 내용 등이 달라질 수 있을 뿐만 아니라 나아가 그 정책의 운명까지 결정지울 수 있다는 점, 정책의 성과나 효과성을 측정하는 정책평가 과정에서도 그 정책의제형성과정에서 제기된 문제나 요구들을 평가의 준거로 삼을 수 있다는 점 때문에 중요하다(1985: 15-16)"고 지적하였다.

코브와 엘더(Cobb and Elder)는 "어떤 공동사회에서 정치적 논의를 위한 의제를 결정하는 요인은 무엇인가?" "의제는 어떻게 설정되는가?" "의제가 설정되는 과정에 참여자는 누구인가?"를 그들의 연구문제로 설정하였으며, 이러한 연구문제에 따라 문제가 쟁점이 되고, 다시 의제로 진입하는 과정을 그들의 연구에 따라 살펴본다.

2. 쟁점의 생성

코브와 엘더는 어떤 사회문제가 쟁점이 되는 데는 어떤 계기(triggering device)[5]와 주도자(initiator)가 결합된다고 하였다(1983: 82-93). 쟁점이 발생하여 의제가 되는 과정을 코브 등(Cobb·Ross·Ross, 1976: 127-132)은 발의(initiation)·요구(specification)·확장(expansion)·진입(entrance)의 네 단계로 설정하였다. 여기서는 먼저 쟁점의 생성과 관련하여 계기와 주도자 및 방해자를 살펴보고, 다시 쟁점이 생성되어 정부의제로 진입하는 과정을 살펴본다.

1) 쟁점발생의 계기

코브와 엘더는 쟁점의 발생에서 문제의 존재를 전제한 것은 물론이다. 앤더슨(James E. Anderson)은 문제를 "사람들로부터 구제나 해결욕구를 불러일으키는 불만스런 상황이나 조건"이라고 정의하였고, 존즈(C. Jones)는 문제를 "해결책이 요구되는 인간의 욕구(최봉기, 1988: 66-67)"라고 정의하였다. 코브와 엘더는 문제가 증폭되는 계기 또는 점화장치는 다음과 같이 다섯 가지로 나누고 있다.[6]

---

5) 코브와 엘더는 triggering device라는 용어를 사용하고, 웨이스트는 triggering mechanism이라는 용어를 사용한다. 이를 정정길 등은 점화장치로 번역하여 사용하고 있는데, 이 책에서는 계기 또는 점화장치로 번역하여 사용한다.

6) 코브와 엘더는 점화장치는 국내적인 것과 국제적인 것으로 나누고 있고, 후자의 예로는

첫째, 자연재해이다. 홍수나 해일, 화재와 같은 자연재해는 많은 사람이 죽거나 재산을 통째로 잃고 구호대상자가 되는 등 세인의 관심을 끌게 된다.

둘째, 예기치 못한 인적 사건으로서 폭동, 공직자의 암살사건, 공중납치 사건 등은 많은 사람의 시선을 모은다.

셋째, 환경에서의 기술적 변동 같은 것이다. 이런 경우로는 대중교통, 공기나 물 오염, 또는 항공교통 혼잡 등 지금까지는 논의된 바 없는 문제를 일으켜 관심을 집중시킨다.

넷째, 이 경우는 분배에서 명백한 편향이 나타나서 민권운동이 발생하거나 집단적인 저항이 일어나 많은 관심을 끌게 된다.

다섯째, 생태적 변동 같은 것이다. 인구의 폭발적 증가나 미국 북부지역 도시로 흑인들의 대이동 같은 사회적 사건이다.

그러므로 자연재해나 암살사건이라는 계기(triggering mechanism)가 생기고, 그로부터 개인적으로 또는 집단적으로 위해를 받았거나 또 자신이 그것과 직접적 관련은 없더라도 사회나 공익을 위해서 어떤 대책이 필요하다고 생각하는 주도자(initiator)가 생기면, 양자 간에 매우 역동적인 교호작용을 통하여 쟁점이 형성된다.

그러나 이러한 쟁점은 곧 바로 정부가 관심을 갖거나, 그래서 정책형성으로 이어지거나, 정부가 다루는 의제로 이어지는 것은 아니다. 그것은 코브와 엘더가 제시한 대로 쟁점은 매스미디어에 접근을 하거나 더 많은 공중에게 다가가는 데 필요한 자원을 확보해야 하고, 더 많은 공중에게 인지되어야 하기 때문이다.

2) 주도자

어떤 사회문제가 계기를 만나서 쟁점이 되기 위해서는 주도자라는 적

전쟁이나 무력의 사용, 무기개발 기술의 혁신, 국가간 갈등, 동맹관계의 변화 등을 들었다 (1083: 84).

극적 참여자가 필요하게 된다. 코브와 엘더는 주도자의 유형을 다음의 네 가지로 분류하고 있다.

첫째 유형의 주도자는 지위와 자원의 배분에서 달갑지 않은 차이나 편향(bias)이 느껴질 때 경쟁하는 개인이나 집단들이 쟁점을 만드는 경우로서 이 유형을 균형지향자들(readjustors)이라고 부른다.

둘째 유형의 주도자는 오로지 자신의 이익을 위하여 쟁점을 만드는 경우로서 공직후보가 되려는 사람이 쟁점을 만들어서 자신의 입지를 돋보이게 하려는 등으로 이 유형을 쟁점개발자들(exploiters)이라고 할 수 있다.

셋째 유형의 주도자는 예기치 않은 사건, 즉 해안의 기름 유출과 같은 사고가 발생하여서 해안환경규제를 재검토하게 되거나 케네디 대통령 암살사건이 발생하자 쟁점화하는 경우로서 이 유형을 상황반응자들(circumstantial reactors)이라고 할 수 있다.

넷째 유형의 주도자는 비록 자신이나 자신이 속한 집단의 지위나 자원획득에 관련이 없더라도 쟁점을 만드는 경우로서 이런 경우는 공익을 실현함으로써 심리적 행복감을 느끼는 선행자들(do-gooders)이다.

참여자로서 쟁점의 주도자는 사회문제를 쟁점화하는 단계만이 아니라 의제설정의 전 단계와 그 후의 정책과정 전체에 참여하여 정책중계자 역할을 한다는 점을 주목해야 할 것이다. 특히 자신의 이익이 침해된다고 생각하여 배분적 균형을 지향하는 균형지향자, 정치적 이익을 추구하여 쟁점을 만드는 쟁점개발자, 그리고 애초부터 정치공동체의 공익을 지향하는 선행자들의 경우는 쉽게 주도자의 역할을 포기하지 않을 것으로 본다. 따라서 이 책에서는 정책과정의 전 단계에 주도자들을 참여자로 설정한다.

그러나 주도자들의 이러한 노력은, 정치나 정책이 항상 이해관계의 대립을 전제로 누가, 무엇을, 어떻게 갖느냐를 둘러싼 갈등의 조정활동과 그 결과물로 본다면, 대개 부딪치는 장벽이 곧 방해활동(containment mechanism)이다. 다음에 방해자의 활동에 관하여 살펴본다.

3) 방해자

방해활동은 정책과정, 즉 정책형성과 정책채택, 집행과 영향 또는 평가의 진행이나 효과의 발생을 가로막거나 지연시키기 위하여 구상된 전략이나 사건을 가리킨다(Waste, 1989: 38). 즉, 정부 안에서 의사결정을 늦추려는 반대발언, 쟁점이 되는 것을 막는 활동, 안건 동의의 방해 등을 포함한다. 방해활동은 어떤 제안이 다루어지기를 바라지 않는 문지기 역할이나 요구의 심의기능으로 보일 수도 있다.

정책과정에서 참여자로서 주도자의 활동이나 정책중개자의 활동도 중요하지만, 이해관계의 다툼과 조정으로서 정치과정과 정치과정의 산물을 정책이라고 본다면, 정책과정에 방해자가 개입하는 것은 매우 자연스러운 현상이라고 하겠다. 그리고 방해자의 개입은 의제설정뿐만 아니라 정책의 전체 과정에 이루어진다고 보아야 한다. 그래서 필자는 정책과정의 참여자는 주도자와 방해자를 포함하는 개념으로 사용하며, 정책의 전 과정 참여자로 설정하고자 한다.

| 그림 5-1 | 쟁점의 생성

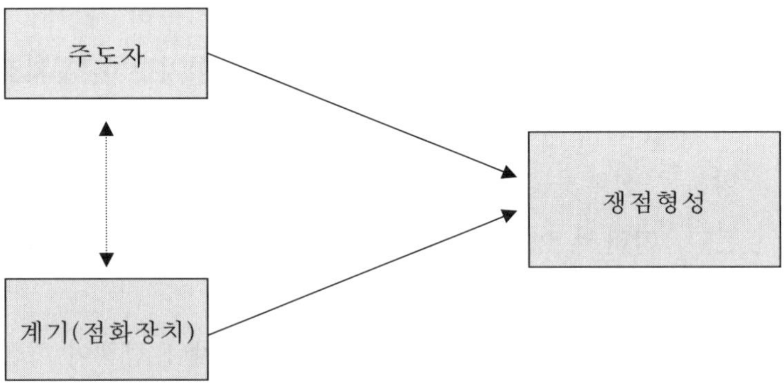

출처: 코브·엘더, 1983: 85쪽 그림.

계기와 주도자의 결합에 의하여 쟁점이 생성되는 상황을 [그림 5-1]로 나타낼 수 있다.

3. 쟁점의 발의 · 요구 · 확산 · 진입

코브와 로스 등은 쟁점의 진행(issue career)은 네 가지 특성을 드러내며, 그것은 쟁점의 발의(initiation)와 요구(specification), 확산(expansion), 진입(entrance)이라고 지적하였다 (1976: 127-132). 그 내용을 살펴본다.

1) 쟁점의 발의

쟁점의 발의는 공식적인 정부구조의 바깥에 있는 어느 집단이 매우 일반적인 용어를 사용하여 그들이 겪는 고충을 밝히는 것이다. 예컨대, 미국의 노인들이, 특히 질병의 증가로 인하여, 수년간 일반적인 그들의 빈곤한 재정적 조건을 불평하는 것이다. 고충을 겪고 있다고 생각하는 집단의 조직화 정도는 매우 다양하다. 어떤 집단의 쟁점발의의 가시성 정도는 그 집단의 과거의 경험과 성공 정도와 관련이 있다.

2) 요구의 구체화

일반적인 고충은 여러 가지 방법을 통하여 구체적 요구로 전환된다. 요구의 표현은 특정화된 역할에 근거할 수도 있고 그렇지 않을 수도 있다. 산업사회에서 노조의 지도자들이 수행하는 역할을 보면 잘 나타난다. 이들은 노조 구성원들에게 분산되어 있는 고충이나 욕구를 구체적 요구로 전환시키는 역할의 담당자들이다. 일반 사회문제와 관련된 쟁점의 경우, 고충을 겪고 있는 집단의 구성원들은 그러한 고충을 결집하여 표명하는 데 동참할 수도 있고, 동참하지 않을 수도 있다. 다양한 요구들이 공통적인 고충으로부터 나올 수도 있고, 특정 집단의 여러 구성원들이 요구를 표명할 수도 있다.

3) 쟁점의 확산

공식의제가 되기 위해서는 외부의 집단들은 충분한 압력을 형성하고 의사결정자의 관심을 끌기 위해서 이해관계의 범위를 넓혀야 한다. 이러한 작업은 대개 공동체 인구의 다른 새로운 집단들에게 쟁점을 확산시키고, 또 기존의 쟁점과 연결시키는 것이다. 이런 과정에서 딜레마는 원래 발의한 쟁점이, 그 성공을 위해서는 확산이 필요하지만, 다른 더 큰 집단들과의 갈등에 진입하여 통제력을 상실하고 또 원래의 발의집단의 중요성이 줄어드는 상황이다.

4) 공식의제로의 진입

성공적인 쟁점의 확산은 공식의제로 채택되는 것이다. 한 쟁점이 공식의제로 채택되면, 곧 상대적으로 많은 사람들이 공식적인 조치가 필요하다고 간주하는 문제로 된다. 공식의제로의 진입은 곧 공중의제가 공식의제가 되어서 의사결정자에 의하여 진지한 검토를 받게 되는 쪽으로 진전된다.

4. 의제설정의 모형

코브와 로스 등은 사회문제가 쟁점이 되고, 공식의제가 되는 쟁점의 발의 · 요구의 표명 · 쟁점의 확산 · 공식의제로의 진입 등 네 가지 측면을 기준으로 삼아서 외부주도형과 동원형, 내부접근형의 세 가지 모형을 설정하고 있다(1976: 127-136). 그것을 그림으로 나타내어 보면 [그림 5-2]와 같다.

코브 등이 논문을 통하여 설명한 위의 세 가지 모형의 절차와 내용을 비교하는 표를 만들면 <표 5-1>과 같다. 여기서 코브 등은 외부주도형을 선진국형 의제설정과 정책과정으로 소개하고, 동원형과 내부접근형은 후진국형 정책과정으로 소개하고 있다.

| 그림 5-2 | 의제설정의 세 모형

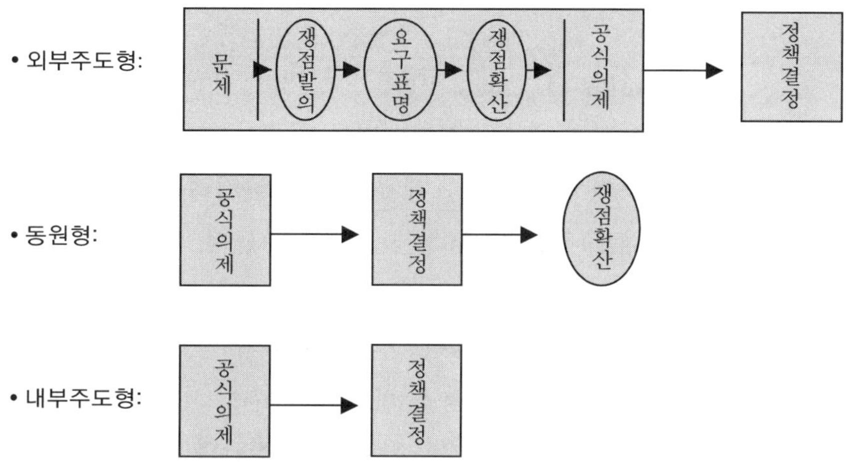

* 이 그림은 코브 등의 글을 읽고 필자가 구성해 본 것임.

〈표 5-1〉 의제설정 세 모형의 비교

기준 / 모형	쟁점발의	요구표명	쟁점확산	의제진입
외부주도형	고충을 겪는 집단의 구성원들이 불평을 제기함	정부 외부집단이 고충을 표명	공중의제에 관한 타 집단의 지지 확보를 위해 이해관계 확산	정책결정자가 압력을 확인하고 조치를 취하기 위한 공식의제로 채택
동원형	정치지도자가 새로운 정책구상을 발표함	새로운 정책의 발표	정책집행을 위하여 이미 결정한 정책을 홍보하여 확산시도	정치지도자의 새 정책 구상을 밝히자마자 공식의제로 채택
내부접근형	쟁점발의와 요구표명이 동시에 이루어짐 정부내부자 또는 그와 친밀한 외부집단이 내밀하게 고충을 하소연하거나 제안을 냄		쟁점확산은 제한되어서 선택된 관심집단만 필요한 정도에서 알림	진입 후 공식의제화 위해 내부협력자에게 특혜나 뇌물 제공

Ⅲ. 존즈(B. Jones)와 웨이스트(Waste)의 정책과정

존즈(Charles O. Jones, 1984: 11-12)는 정책과정을 정책문제를 정부로 끌어들이는 단계(의제설정), 정부 안에서 조치를 취하는 단계(정책결정), 정부에 의하여 문제를 해결하는 단계(정책집행), 정부가 추진한 활동을 다시 검토하는 단계(정책평가)로 나눈다.7)

존즈(C. Jones, 1977: 15-16)는 사회문제란 개인적으로 충족될 수 없는 인간의 욕구(human needs)라고 말한다. 문제가 사회문제로 되는 것은 사람들이 서로 상호작용을 하기 때문이며, 사회문제는 일종의 외부성(an externality) 같은 것으로서 특정한 집단의 사람들이 다른 개인이나 집단에게 끼치는 위해라고 볼 수 있다(Jones, 1983: 21)고 하였다.

| 그림 5-3 | 존즈(B. Jones)의 정책과정모형

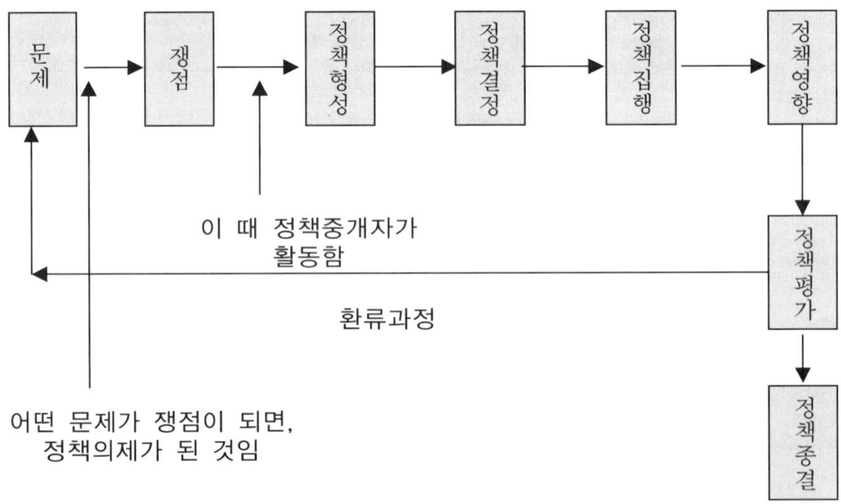

7) 던(Dunn)은 정책결정의 단계를 의제설정, 정책형성, 정책채택, 정책집행, 정책평가로 설정하였다(나기산 외 역, 1994: 1-36).

한편 또 다른 존즈(Bryan Jones)는 중요한 정책발의는 문제(problem), 쟁점(issue), 정책형성(formulation), 정책제정(enactment), 정책집행(implementation), 정책영향(impact), 정책평가(evaluation) 등 그림처럼 7개의 특징적인 단계로 이루어지는 행동순환을 거친다고 주장하였다(1983: 18).

웨이스트는 존즈(B. Jones)의 모형을 빌려서 여기에 코브와 엘더(Cobb and Elder, 1983: 82-129)의 정책의제 설정의 일부 내용을 결합시켜 정책순환모형(the policy life cycle model)을 다음 [그림 5-4]처럼 제시하고 있다.

| 그림 5-4 | 웨이스트의 정책순환모형

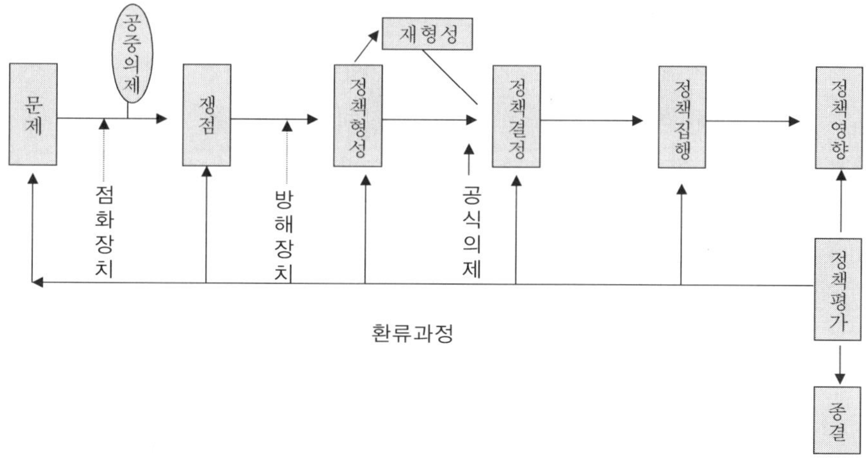

1. 사회문제와 공중의제

사회에 존재하는 여러 크고 작은 문제들 가운데서 공중문제(public problem)는 상당한 수의 사람들에게 영향을 미쳐서 위해나 손해를 남길 때 이들은 자연스럽게 그 일이나 일의 결과에 관심을 갖게 될 것이고,

그래서 존즈(B. Jones)는 일에 상당한 수의 공중이 관심을 갖게 된 상태를 공중문제로 간주한다.

2. 쟁 점

웨이스트(1989: 32-41)는 사회문제가 점화장치와 주도자의 영향을 받아서 공중의제(public agenda)가 되고, 이것이 쟁점(issue)으로 전환되고, 쟁점이 반대자들의 방해작용을 겪는 가운데 정책형성으로 이어지며, 마침내 공식의제(formal agenda)가 된다고 주장하였다.

3. 정책형성

정책형성(policy formulation)은 어떤 문제에 대한 정부의 구체적 조치, 구체적으로 취해져야 할 조치의 정확한 제안을 만드는 것, 즉 쟁점을 구체적 정책제안으로 전환시키는 것이 정책형성이다(Jones, 1983: 25). 이 활동은 누군가가 쟁점을 제안으로 전환시키는 책임을 져야 하고, 이러한 제안을 복잡한 공식적 정책과정이라는 미로를 지나도록 보호하는 일을 하게 된다. 이처럼 정책과정에서 정책제안을 보호하는 기능의 수행자를 정책 또는 쟁점 중개자(policy or issue entrepreneurs)라고 부른다.

존즈에 따르면, 쟁점 중개자는 정부의 안팎에 존재한다. 안에 있는 정책중개자는 지방정부의 시장이나 지방의원일 수도 있고, 중앙정부의 경우라면 국회의원 또는 기관의 장, 부서의 장, 또는 의회의 고위 스탭 등 관료들인 경우도 있다. 그리고 정부 밖에 있는 정책중개자는 정책에 이해관계를 가진 기업인들, 이익단체를 위한 로비스트들, 특정한 쟁점에 강한 이해를 가진 시민들인 경우도 있다(1983: 25).

4. 공식의제

정부의제는 제도적 의제(institutional agenda) 또는 공식의제(formal

agenda)라고도 하며, 이것은 “권한을 가진 의사결정자가 명시적으로 드러내어 적극적이고 진지하게 검토하는 의사항목들”이라고 정의한다.

5. 정책결정

정책은 일단 형성되면 공식적 채택을 위한 준비가 된 것이다. 그러나 자동적으로 채택으로 이행되는 것은 아니며, 토론을 위한 일정이 필요하거나 정부의 공식적 의제로 올려야 한다. 그러고 나면 집중적인 검토를 시작한다. 이 단계부터 진정한 정치의 시간인 바, 협상과 정치적 압력, 갈등, 절충이 이루어진다. 이 시기에 형성된 정책제안은 결정에 필요한 다수를 확보하기 위하여 연합이 형성되고, 그러기 위하여 수정되기도 한다. 물론 어떤 경우는 원안대로 통과되기도 한다. 여러 정책은 또 제정단계에 이르지 못하기도 한다(Jones, 1983: 27-29).

6. 정책집행

정책집행(policy implementation)은 정책의 내용을 실현시키는 과정이며, 정책내용은 정책목표와 정책수단으로 이루어지는데, 정책내용을 실현시킨다는 것의 핵심은 정책수단을 실현시키는 것이다. 정책수단이 실현되더라도 정책목표는 달성될 수도 있고, 달성되지 않을 수도 있는데, 그렇더라도 정책집행은 이루어진 것으로 본다(정정길 등 2003: 565).

7. 정책영향

정책영향은 정책으로 인하여 일어난 사회적, 경제적, 그리고 정치적 조건의 차이를 가리킨다. 즉, 경찰이 개발한 새로운 프로그램이 지역사회에서 범죄활동을 감소시키는가, 학교통합 프로그램이 교육비용의 지출을 감소시키는가, 또 학생들의 교육에 어떤 차이를 만들어 내는가 등과 관련된 내용이다. 정책은 최종적으로 이러한 긍정적 변화나 차이를 실현하는 것을 목표로 하기 때문에 대단히 중요한 부분이다.

8. 정책평가

정책평가는 정책의 목표달성도를 측정하고 가치를 판단하는 활동이다. 투입과 산출의 경제성, 산출과 결과의 관계, 그리고 그러한 결과가 고객집단과 지역사회에 어떤 영향을 미쳤는지를 측정하고 판단하는 활동이며, 이것 자체가 목표는 아니지만 자원의 효율적 활용 등을 위해서 중요하다.

Ⅳ. 정정길 등의 정책과정

정정길 등(2003: 17-20; 137)은 정책과정을 [그림 5-5]처럼 정책의제설정 · 정책결정 · 정책집행 · 정책평가의 4단계로 나눈다.

| 그림 5-5 | 정정길 등의 정책과정

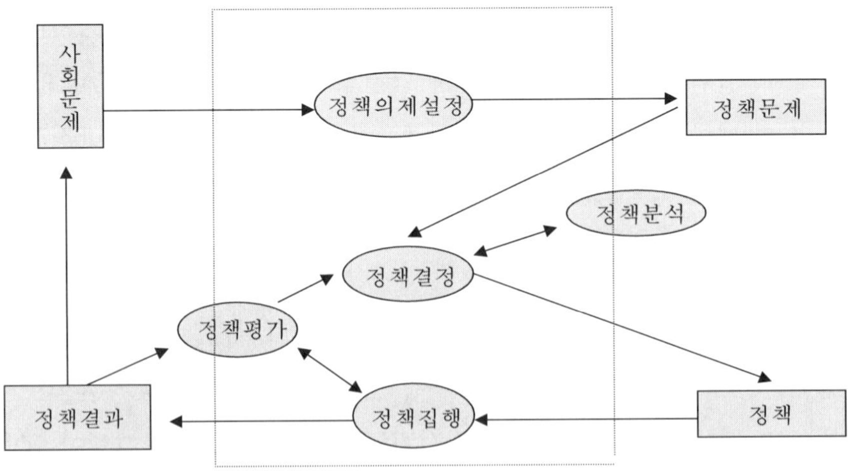

1. 의제설정

정책의제설정(agenda setting or building)을 “정부가 정책적 해결을 위하여 사회문제를 정책문제로 채택하는 과정 또는 행위, 즉 사회문제가 정책문제로 전환되는 과정이나 행위이며, 정책문제(policy problem 또는 policy issue)는 정부가 그 해결을 위하여 심각하게 검토하기로 결정한 문제”라고 정의한다. 그들이 제시한 정책의제의 설정과정을 보면 다음과 같다.

첫째, 의제설정의 과정은 먼저 사회문제가 사회적 이슈(쟁점)로 전환된다. 쟁점이란 문제의 성격이나 문제의 해결방법에 대해서 집단들 사이에 의견의 일치를 보기 어려운 사회문제로서 집단들 간에 논쟁의 대상이 되어 있는 사회문제이며, 쟁점은 사회문제를 쟁점화 시키려는 주도자와 점화장치가 결합되어야 한다.

둘째, 사회적 이슈는 공중의제로 전환된다. 공중의제란 코브와 엘더의 주장에 따르면, 체제의제라고도 하며, 일반 대중(public)의 주목을 받을 가치가 있으며 정부가 문제해결을 하는 것이 정당한 것으로 인정되는 사회문제이다. 즉, 많은 사람들의 관심이 집중되어 있으며 정부가 그것을 해결할 수 있다고 믿는 것으로 인정하는 사회문제이다. 쌀값이 갑자기 올라갔을 때 정부에서 이 문제를 해결할 수 있다고 믿게 되는 것과 같다.

셋째, 공중의제는 정부의제로 전환된다. 정부의제는 제도적 의제 또는 공식의제라고도 하며, 정부의 공식적 의사결정에 의하여 그 해결을 위해서 심각하게 고려하기로 명백히 밝힌 문제들이다. 그러므로 이 정부의제야말로 정책의제 설정활동의 산출물로서 나오는 좁은 의미의 정책문제인 것이며, 정부의제가 등장하게 되는 과정이 의제설정 과정이다.

2. 정책결정

정책결정은 "정책목표와 정책수단을 합리적으로 결정하는 활동"으로서 흔히 합리적 정책결정 또는 분석적 정책결정이라고 부른다.

먼저 정책목표를 설정하기 위해서는 정책문제의 내용을 정확하게 분석하여 파악하는 것이 필요하고, 이것은 정책의 바람직한 결정을 위해서 필수적이다. 즉, 바람직한 정책목표의 결정을 위해서 정책문제의 파악은 반드시 선행되어야 하는 것이다. 정책문제의 분석을 통하여 그 내용이 파악되면 정책문제의 내용을 규정하는데, 정책문제의 구성요소, 원인, 결과 등의 내용을 규정하여 무엇이 문제인지 밝히는 것이다.

그 다음은 정책문제를 파악하여 이를 바탕으로 정책이 달성하고자 하는 정책목표를 설정하게 되는데, 이는 정책문제를 정의하는 것과 표리의 관계를 이룬다. 정책목표는 상하관계, 보완관계, 모순 및 충돌관계, 경쟁관계 등을 살펴서 우선순위를 정하고 구체화하게 된다.

끝으로 정책결정은 바람직한 정책목표를 설정한 후에 이 목표를 달성할 수 있는 정책수단 중에서 최선의 수단을 선택하는 것이며, 합리적·분석적 정책결정은 일단락 된다. 이 과정에서 정책대안을 개발하거나 탐색하게 되고, 대안별 결과를 예측하며, 대안들을 비교하고 평가하여 선택하는 활동들로 이루어지게 된다.

3. 정책집행

정책집행(policy implementation)은 "정책의 내용을 실현시키는 과정"이며, 정책내용은 정책목표와 정책수단으로 이루어지는데, 정책내용을 실현시킨다는 것의 핵심은 정책수단을 실현시키는 것이다. 정책수단이 실현되더라도 정책목표는 달성될 수도 있고, 달성되지 않을 수도 있는데, 그렇더라도 정책집행은 이루어진 것으로 본다(정정길 등, 2003: 565)

정책집행이 중요한 이유로는 첫째, 사회문제가 정책결정에 이르기까지 많은 참여자가 시간과 노력을 들여서 만들어낸 정책은 집행이 제대로 이루어져야만 결실을 얻게 되고, 정책이 애초에 의도한 바의 목표를 실현할 수 있게 된다. 둘째, 대개 정책의 내용은 정책결정단계에서 추상적으로 결정하고 집행과정에서 구체화되기 때문에 정책집행은 실질적인 정책내용을 이루고, 따라서 정책집행은 곧 실질적인 정책내용의 실현이므로 중요하다. 셋째, 정책집행은 곧 정부의 활동을 통하여 국민들에게 재화나 서비스를 제공하는 활동이므로 중요하다.

4. 정책평가

정책평가(policy evaluation)는 정책이 좋은지 나쁜지를 비판적으로 검토하는 활동이며, 정책평가의 대상은 정책이다. 그런데 일반적으로 정책평가와 관련된 논의에서 정책의 평가보다는 오히려 사업(program)의 평가에 대해서 주로 논의하는 경향이다. 그래서 정책평가라는 말 대신에 사업평가(program evaluation)라는 용어를 사용해 왔다. 그러한 이유로는 정책과 사업이 동일한 경우가 많다는 점과 평가방법 면에서 정책평가와 사업평가가 거의 동일하다는 점 때문이다(정정길 등, 2003: 736-738).

정책평가의 목표는 실제적인 두 가지 이유와 학술적인 한 가지 이유를 들어서 강조할 수 있다. 정책평가의 실제적 목표는 첫째, 정책결정과 집행에 필요한 정보를 제공하는 것으로서 그 정책을 계속 추진할 것인지, 정책의 내용을 수정할 것인지, 어떻게 하면 효율적인 정책집행의 전략을 수립할 것인지를 판단하는 데 도움을 주는 것이다. 둘째, 정책과정상의 책임성을 확보하는 것으로서 집행이 법규나 회계규칙에 합치시키고, 관리자가 능률적·효과적으로 집행업무를 관리하며, 정책담당자가 국민에게 정책의 효과와 능률을 보장하는 책임을 다하도록 하는 것이다. 그리고 학술적으로는 정책평가와 관련된 현상을 연구하여 그와 관련된 이론을 구축하는 데 기여하는 것이 목적이 된다.

Ⅴ. 정책과정 모형의 정리

지금까지 코브와 엘더, 그리고 코브와 로스 등의 의제설정 연구와 존즈(C. Jones)와 존즈(B. Jones) 및 웨이스트(Waste), 그리고 정정길 등의 정책과정에 관한 논의를 살펴보았다. 이들의 논의를 바탕으로 정책과정을 살펴보면, 크게 의제설정 · 정책결정 · 정책집행 · 정책평가의 4단계로 정리할 수 있으며, 이러한 설정이 일반적이다.

그러나 필자는 앞에서 살펴본 정책과정에 관한 논의를 바탕으로 정책과정을 크게 4단계로 설정하면서도 의제설정과정에 관한 선행연구들을 반영시켜서 구체화시키고, 또 이 글의 앞머리에서 밝힌 대로 분석대상을 주민소환법으로 한정하면서 의제설정의 단계에 초점을 두고 정책집행 이후의 과정은 가볍게 논급하는 데 그치고자 한다.

1. 정책의제설정

1) 의제설정의 의의

강근복은 정책의제(policy agenda)를 "해결의 필요성을 정부 스스로가 인식한 문제, 또는 정부 밖의 사람들에 의해 제기된 문제들 중에서 정책적 해결을 의도하여 정부가 채택한 문제"(1985: 7)라고 정의하였고, 최봉기는 정책의제를 "많은 사회문제 중에서 정부가 그 해결을 위해(스스로든 요구에 의해서든) 공적으로 채택한 문제"(1987: 12)로 정의한다.

2) 의제설정의 과정

의제설정의 과정은 먼저 ① 여러 사회문제들이 존재하고, ② 여러 사회문제들 가운데 어떤 문제와 관련하여 계기가 발생하고, 주도자가 결합되어서 문제를 제기하고(쟁점의 발의), ③ 요구를 제시하면서 ④ 쟁점화를 위하여 연대나 확산을 시도하고 ⑤ 공중의제로 대두하여 ⑥ 공식의제로 채택되는 것으로 본다. 다음에 위의 경로를 좀더 구체적으로 살펴서 정리한다.

(1) 사회문제

인간은 욕구의 존재이며, 욕구는 심리적 결핍상태이다. 이러한 결핍상태를 충족시키기 위하여 동기화되는 과정에 인간은 다른 인간과의 마찰이나 충돌을 빚게 된다. 그래서 앤더슨(James E. Anderson)은 문제를 "사람들로부터 구제나 해결욕구를 불러일으키는 불만스런 상황이나 조건"이라고 정의하였고, 존즈(C. Jones)는 문제를 "해결책이 요구되는 인간의 욕구(최봉기, 1988: 66-67)"라고 정의하였다. 이러한 욕구 가운데서도 개인적인 욕구와 다중의 공동욕구가 존재하게 되며, 사회체제에 따라 욕구해결의 방법을 달리하게 된다. 우리는 자본주의 사회체제이므로, 그 욕구해결의 방식도 개인적 욕구나 문제는 대개 시장메커니즘을 통한 사적 재화로써 해결하고, 시장메커니즘을 통하여 해결이 어렵거나 불가능한 공적 욕구나 문제, 즉 공공문제는 정부의 공공정책을 통하여 공공재화로써 해결을 시도하게 된다. 공공문제는 존재한다는 사실만으로 자동적으로 해결되는 것이 아님은 앞에서도 소개한 바 정책과정을 거치게 된다.

(2) 쟁점발의

다양한 욕구와 불만을 가진 인간은 유사한 불만을 가진 이들이 다수일 때 그 불만은 드러날 가능성이 크고, 드러내기도 용이하다. 그런 문제를 포착하여 퍼뜨리는 사회적 장치로서 언론이 있기 때문이다. 한 초등학교에서 학교급식으로 점심을 먹은 학생들이 집단으로 배탈이 나는 사건이 발생하고, 그 학교에 자녀를 둔 학부모들이 자녀들의 건강을 염려하여 단체로 학교를 찾아가 불만을 제기하고 따지는 사건을 예로 들어 쟁점의 발의를 이해할 수 있다.

위의 사례에서 학교급식 후 집단 식중독 사건은 코브와 엘더가 소개한 계기(triggering device: 점화장치)가 될 것이고, 이 문제는 자녀의 건강을 위하여 반드시 해결되어야 할 문제라고 적극적으로 주장하며 자기 일을 제쳐 놓고 문제해결을 위하여 나서는 이가 있다면 이는 바로 공익의 실현을 통하여 심리적 행복을 느끼는 선행자(do-gooders), 즉 쟁점의 주도자(initiator)가 된다. 그러므로 열악한 학교급식으로 인하여 발생한 초등학생 집단 식중독 사건이 계기가 되어 건강한 급식을 통한 자녀의 건강지킴이가 되고자 하는 주도자가 연계되어 체계적으로 수집된 자료를 통하여 문제제기에 나섬으로써 쟁점발의가 이루어진다.

(3) 요구표명

사회집단 가운데서 고충이나 불만이 있을 때, 그것을 드러내는 데는 다양한 요인들이 작용한다. 그 정치공동체의 작동원리가 민주적이냐 권위적이냐, 불만을 가진 집단의 구성원들의 수, 불만의 강도, 조직화 정도, 구성원의 지식수준, 집단의 재정력 등이 영향을 미치게 된다. 이와 같은 다양한 조건의 작용 속에서 구성원들의 불만은 해결을 요구하는 단계로 들어간다.

다시 주제를 학교급식으로 잡아서 의제설정의 과정을 따라가 보자. 그동안 실제로 우리 사회의 학교 집단급식은 불순물이 섞이고, 또 질도 떨어지는 등 학부모들의 불만을 사서 지역사회 단위로 계속해서 문제가 되었다. 그리고 학부모 대표들은 지역단위로 대책위원회를 구성하여 학교급식의 위탁문제를 지적하면서 그 직영제도를 요구하였으며, 값싸고 믿을 수 없는 도입 농산물이 아니라 우리 농산물을 이용하도록 대책을 제시하며 개선을 요구하였다. 물론 이러한 요구를 집단적으로 표명하는 과정에는 매우 적극적이고 헌신적인 소수의 학부모들이 불만을 드러내는 단계뿐만 아니라 문제를 해결하기 위한 요구를 구체적, 체계적으로 표명하는 데도 핵심적 역할을 수행하였다.

(4) 쟁점확산과 공중의제

어느 지역의 한 학교에서 급식문제가 발생하여 뉴스가 되더라도 세인의 관심과 지방공직자들의 주목을 받을 수도 있을 것이다. 그러나 급식문제는 시·도 정부와 교육청 간의 업무영역이 분할되어 행정기관이 존재하는데다, 교육현장은 또 시·군·구 단위로 관리되기 때문에 재정문제, 급식의 주체의 선택문제, 재료선택의 문제 등이 적시적정하게 해결책을 찾기 어려웠다. 문제의 해결은 반드시 필요한데, 제도는 지체현상을 드러낸 것이다. 그러므로 급식문제는 단위학교의 문제가 아니라 지역 학교들 전체와 학부모 전체의 문제였으며 문제의 성질상 나아가 국가적 문제였다. 그러므로 해결방안을 찾기 위한 노력도 학교 단위가 아니라 문제에 공감하여 해결을 요구하는 사회세력의 확대가 필요한 것이다.

학교급식은 밥에서 고무조각이 나오거나 반찬이 극히 부실하거나 비위생적으로 관리하여 집단식중독은 곳곳에서 산발적으로 발생하였다. 그때마다 분노한 학부모들은 언론을 통하여 널리 알리는 노력과 함께 그 해결책을 요구하였지만, 얽히고 설킨 문제는 쉽게 해결책이 마련되지 않았다. 그래서 학부모들은 지역단위에서도 급식의 문제를 특정 학교단위의 문제가 아니라 지역교육 전체의 문제로 확대하는 노력을 제기하였다. 1차적으로 시·군·구 단위 초·중·고등학교 학부모 연대가 형성되었다. 나아가 각 시·도 단위로 학교급식개선을 위한 조직이 결성되었다. 드디어 2003년 11월 11일에는 "학교급식법제정과 조례제정운동을 위한 국민운동본부"가 창립대회를 갖고 정관을 통과시키는 등 전국 네트웍이 형성되었다.[8)]

이렇게 어떤 사회문제가 다수의 사람들의 불만으로 제기되어 정부에 의하여 해결되는 첫 관문은 정책결정자의 관심을 끄는 것이다. 그러기

8) 이 네트웍은 학부모조직만이 아니라 교육과 관련된 단체로서 "참교육 학부모회", "전교조", "전국농민회총연맹" 등이 함께 하고 있다.

위해서는 특히 선출직 정책결정자의 관심을 끌기 위해서는 많은 구성원들, 많은 유권자들의 요구라는 것이 가시화될 때 유리하다. 그러기 위해서는 사회의 다수가 정부가 그 문제의 해결을 위해서 관심을 가지고 나서야 한다는 공론이 일어나야 한다. 불만을 가진 사회구성원들과 주도자들은 지역사회나 전체 사회의 구성원들이 그 문제를 두고 갑론을박이 일어나도록 분위기를 형성하는 것이 중요하다. 그렇게 하여 도하의 언론에서 그 문제의 해결책을 두고 공방을 벌이고, 그 자리에 참석한 정부 당국자로 하여금 그 문제의 해결을 진지하게 검토하도록 촉구하는 분위기가 형성된다면 쟁점은 공중의제로 진입한 것이다.

다시 학교급식으로 주제를 좁혀서 생각해 본다. 앞에서 소개한 대로 학교급식에서 나타난 문제는 특정한 지역의 특정한 학교 문제에 한정된 것이 아니었다. 학교급식시설이 모자라고, 예산이 모자라는 제도적 불비로 인하여 전국의 곳곳에서 산발적으로 식중독 사건 등이 발생하였기 때문에 초・중・고 학부모 단체들의 시・군・구 단위 조직화, 나아가 전국을 5개 지역권으로 나누어 학교급식개선을 위한 학부모단체가 전국네트웍을 구성하였고, 쟁점의 확산단계에서 소개한 바와 같이 "우리 농산물"의 생산자로서 학교급식과 이해를 가진 전국농민회총연맹까지 가담시켜서 법률과 조례제정을 촉구하게 되었다.

그래서 전국적 연대를 구축한 "학교급식법제정과 조례제정운동을 위한 국민운동본부"는 공동목표를 위하여 참여한 단체의 역량을 집중하여 대국민, 대주민 홍보활동은 물론 지방정부와 교육인적자원부와 행정자치부, 농림부 등 중앙정부의 행정부, 국회 각 관련 위원회의 소속의원들을 다각적으로 접촉하여 정책결정을 촉구하였다. 이렇게 하여서 학교급식문제는 전국적인 공중의제(public agenda)로 등장한 것이다.

(5) 정책형성

정책형성(policy formulation)은 어떤 문제에 대한 정부의 구체적 조치, 구체적으로 취해져야 할 조치의 정확한 제안을 내는 것, 즉 쟁점을 구체적 정책제안으로 전환시키는 것을 정책형성이라고 한다(Jones, 1983: 25). 이 활동은 누군가가 쟁점을 정책제안으로 전환시키는 책임을 져야 하고, 가능하다면 이러한 제안이 복잡한 공식적 정책과정이라는 미로를 지나도록 보호하는 일을 하게 된다. 정책형성의 전형은 법률안의 기초나 조례안의 기초라고 하겠다.

정책형성을 학교급식의 쟁점과 관련시켜 이해해보기로 하자. 학교급식개선을 위한 전국네트웍이 구성되었고, 쟁점의 확산단계에서 소개한 바와 같이 "우리 농산물"의 생산자로서 학교급식과 이해를 가진 전국농민회총연맹까지 가담시켜서 법률과 조례제정을 촉구하게 되자, 문제의 현장이 된 지방에서 먼저 시·군·구와 시·도의 자치단체장과 지방의회는 거의 대부분이 학교급식이라는 쟁점이 심각하며, 정부단위의 조치(action)가 필요하다는 것을 공감하게 되었다. 따라서 학교급식과 관련된 학부모단체를 중심으로 한 교육관련 단체들이 지역단위로 "표준조례안"을 작성하여 제공하거나 지방정부가 관심을 가지고 스스로 조례안을 작성하게 되었다. 그러므로 정책결정자의 관심을 얻었고, 또 정책형성도 이루어지게 된 것이다.

(6) 공식의제 진입

공식의제가 되는 과정은 정책결정자 부분과 공식의제 채택으로 나누어 생각해 볼 필요가 있다. 첫째, 정책결정자의 역할이 필요하다. 공식의제가 되기 위해서는 공중의제로 부각시킨 쟁점 또는 정책 주도자(issue or policy entrepreneur)의 역할도 중요하지만 결국 정책결정자의 관심과 역할이 반드시 필요하다. 정책결정자는 이 단계에서 문지기(gate-keeper)의 역할을 할 수도 있고, 정책수호자로서 역할을 수행할 수 있다.

사실 문지기의 역할은, 한정된 자원을 효율적으로 배분해야 하는 기대와 자신의 정치적 지향 등을 고려하여, 공식의제로 받을 것인지 아닌지를 숙고하여 공식의제 채택을 거부할 때는 방해자처럼 보이기도 한다. 그리고 이 단계에는 또 다른 방해자도 개입할 수 있다. 방해자는 물론 모든 정책과정에 개입할 수 있으며 사례에 따라 다른 단계에 다양한 형태로 개입하게 된다. 문지기가 정책수호자 역할을 하는 경우는 그의 정치적 지향이나 가치 등에 부합하는 쟁점인 경우나 자신의 선거구민과 관련된 쟁점인 경우이다. 교육관련 단체와 전농까지 가세하여 급식개선이 절실하다는 점을 강조하고 대책을 촉구한 이상 지방정부의 공직자들이 더 이상 조치를 미룰 수 없는 상황이 되어 이들은 적극적 관심을 갖고 대책을 모색하게 되었다.

둘째, 공식의제의 채택이다. 지방정부 공직자들의 적극적 관심과 함께 학교급식 문제는 급식관련 조례안까지 마련되어 지방의원들을 통하여 "발의"[9]되거나 집행기관에서 조례안을 기초하여 의회에 "제출"하는 절차를 거쳐야 지방정부의 의결기관의 공식의제(formal or governmental agenda)가 되는 것이다. 이러한 절차를 거쳐서 전국의 16개 시 · 도는 모두 학교급식조례안을 의사일정에 포함시켰기에 이미 조례가 제정된 것이다.

지금까지 정책의제설정과 관련된 단계별 내용을 살펴보았다. 지금까지 살펴본 것은 실제 과정에 비교하여 매우 단순화된 내용에 불과하다. 그러나 개략적으로 살펴 본 것이지만 원래 학술활동이 추상화 또는 일반화를 지향하고, 이것은 또 구체적 기술(記述)이 아니라 핵심적 요소들과 그 관련유형을 발견하여 설정하는 것이라는 점을 감안할 필요가 있다.

9) 우리의 지방정부는 기관분립형을 채택하여 집행기관과 의결기관을 따로 설치하여 기능을 분담케 하고 있으며, 지방의원이나 집행기관의 장이 조례안을 만들어서 다루기 위하여 의회에 접수함으로써 의회의 심의와 의결의 첫 단계가 이루어진다. 이 경우 의회가 조례안을 낼 때는 "발의"라는 용어를 사용하고, 자치단체장이 낼 때는 "제출"이라는 용어를 사용하여 구별하고 있다.

2. 정책결정

지방의회를 통한 정책결정의 절차는 크게 의안의 제출-심의 및 의결-이송-공포의 절차를 거치며, 좀더 구체적 내용은 다음과 같다(박승주·하병필, 2002: 155-231; 최민수, 1998: 51-95). 첫째, 의회가 처리할 의안(議案)[10]은 제출되어야 한다. 의안의 제출은 발의(發議)와 접수, 그리고 의안의 목록작성으로 이루어진다. 우리 나라 지방정부의 발의권은 대개 지방의원과 자치단체장에게 주어져 있다. 그리고 의안의 발의는 지방자치법 제58조 제3항에 "의안은 그 안을 갖추어 의장에게 제출하여야 한다"고 규정하였으므로 조례안은 문서로써 제출해야 한다. 제출된 의안이 의회에서 처리되기 위해서는 의회사무처에 제출된 순서에 따라 연번을 부여하고 목록을 작성하여 접수되면서 제출은 종료된다.

둘째, 의안은 심사(審査)와 의결(議決)의 절차를 거쳐야 한다.[11] 접수되어 제출된 의안은 일단 의장에게 보고하여 소관 상임위원회를 결정하고, 다시 본회의가 개의(開議)하면 사무처장이 발의된 의안을 보고하며, 의장은 소관 상임위원회의 심사에 넘기고, 위원회는 다시 상정·심사[12]·의결을 실시한다. 그리고 본회의에서 의장에게 공문을 통하여 심사보고를 하고, 본회의에서 상정·심사·의결하게 된다.

셋째, 의결된 의안은 의장이 그 날로부터 5일 이내에 자치단체장에게

---

10) 의안이란 의회의 의결대상이 되는 안건을 가리키는데, 이것이 바로 공식의제이다.

11) 심사 또는 심의와 의결은 다른 용어이다. 심사나 심의는 "안건의 내용을 자세하게 살피고 논의하여 옳고 그름을 가려내는 활동"이다. 그리고 관례적으로 위원회에서 안건을 논의하는 것을 심사라고 하고, 본회의에서 논의하는 것을 심의라고 구별하는 경향이다. 또한 의결은 그 내용에 표결을 내포하고 있는데, 표결(表決)은 본회의나 위원회에서 심사를 마친 후에 안건의 가부, 즉 의사를 결정하기 위하여 찬성과 반대의 표시를 하고 그 숫자를 파악하는 것이고, 표결 후에 찬성과 반대의 수로써 가결과 부결로 결정하는데 이것을 의결이라 한다(최민수, 1995: 258-259).

12) 상임위원회의 심사절차는 개회선포-직원 보고-위원장 설명-안건 상정-취지 설명-전문위원 검토보고-질의·답변-(소위원회 구성)-(소위원회 심사)-(소위원회 심사보고)-토론-축조심사(생략가능함)-표결 및 의결로써 이루어진다(최민수, 1995: 151).

이송(移送)하게 된다.

넷째, 자치단체장은 의장으로부터 이송받으면 공포(公布)하거나 이송받은 날로부터 20일 이내에 거부권을 행사하여 재의(再議)를 요청하게 된다.

이러한 절차도 매우 축약하여 소개한 것에 불과하다. 그리고 이러한 정책결정의 과정은 본격적인 정치의 과정이라고 본다. 이러한 정책결정이 정치의 본질적 측면을 갖는 것은 "다수결의 원리"를 채택하고 있기 때문이다. 앞에서도 정치는 "누가, 무엇을, 어떻게 갖느냐를 둘러싼 갈등의 조정과 관리"라고 하였는데, 정책결정은 가치, 그리고 이해의 개입으로 인하여 결국 "누구에게 혜택이 주어지고 누가 비용을 부담하느냐"와 관련된 활동이라고 하였다. 그런데 한 정책이 결정되기 위해서는 "필요한 다수"를 확보해야 하며, 다수를 확보하기 위하여 특정한 집단이 처음에 설정한 정책목표를 수정하여 포기함으로써 다른 집단의 지지를 획득할 필요가 있고, 절충과 협상 등을 필요로 하기 때문이다. 이러한 절차를 거쳐서 16개 시·도는 학교급식과 관련된 조례를 제정함으로써 정책결정의 과정을 거쳤다.

3. 정책집행

정책집행(policy implementation)은 정책의 내용을 실현시키는 과정이며, 정책내용은 정책목표와 정책수단으로 이루어지는데, 정책내용을 실현시킨다는 것의 핵심은 정책수단을 실현시키는 것이다. 정책수단이 실현되더라도 정책목표는 달성될 수도 있고, 달성되지 않을 수도 있는데, 그렇더라도 정책집행은 이루어진 것으로 본다(정정길 등, 2003: 565-609).

정책집행이 중요한 이유로는 첫째, 사회문제가 정책결정에 이르기까지 많은 참여자가 시간과 노력을 들여서 만들어낸 정책은 집행이 제대로 이루어져야만 결실을 얻게 되고, 정책이 애초에 의도한 바의 목표를 실현할 수 있게 된다. 둘째, 대개 정책의 내용은 정책결정단계에서 추상적으로 결정하고 집행과정에서 구체화되기 때문에 정책집행은 실질적인 정책내용을 이루고, 따라서 정책집행은 곧 실질적인 정책내용의 실현이므로 중요하다. 셋째, 정책집행은 곧 정부의 활동을 통하여 국민들에게 재화나 서비스를 제공하는 활동이므로 중요하다.

그러나 정책집행은 정책이 결정되었다는 사실만으로 자동적으로 이루어지는 과정은 결코 아니다. 스몰우드와 나카무라(Smallwood and Nakamura)에 따르면, 집행과정에도 다종다양한 세력이 영향을 미칠 수 있기 때문이다. 그들에 따르면, 집행과정의 중요한 행위자들로서 정책결정자, 집행담당자, 중간집행자, 집행기관에 관련된 로비집단, 세력이 큰 시민집단, 정책수혜자 및 고객, 언론, 정당 등이 개입하여 자신의 이해를 관철시키고 편익을 지키며, 피해를 막으려고 하기 때문이다(김영기 외 역, 1985: 70-100).

다시 학교급식과 관련된 정책결정과 집행으로 논의를 돌려보자. 앞서 학교급식조례라는 정책의 결정과정은 위에서 소개한 내부의 구체적 절차를 거쳐서 16개 시·도가 조례를 제정함으로써 정책결정의 단계를 이루었다는 내용을 소개하였다. 그러나 16개 시·도 가운데 경기·경남·서울·전북·충북 등 5개 광역 지방정부는 조례의 시행, 즉 정책집행이 이루어지지 못하고 있다. 그것은 학교급식 조례의 조항에 "국내산 농산물"이라는 용어가 포함되어 있는데, 이는 GATT에 어긋나 대법원으로부터 무효판결을 받았기 때문이다. 그러므로 학교급식조례는 국내보다는 외국의 농산물 생산과 공급자가 이해당사자로서 정책집행에 개입하여 방해자가 되고 있는 것이다.

4. 정책평가

정책평가(policy evaluation)는 정책이 좋은지 나쁜지를 비판적으로 검토하는 활동이며, 정책평가의 대상은 정책이다. 그런데 일반적으로 정책평가론에서는 정책의 평가보다는 오히려 사업(program)의 평가에 대해서 주로 논의하는 경향이다. 그래서 정책평가라는 말 대신에 사업평가(program evaluation)라는 용어를 사용해 왔다. 그러한 이유로는 정책과 사업이 동일한 경우가 많다는 점과 평가방법 면에서 정책평가와 사업평가가 거의 동일하다는 점 때문이다(정정길 등, 2003: 736-738).

정책평가의 목표는 실제적인 두 가지 이유와 학술적인 한 가지 이유를 들어서 강조할 수 있다. 정책평가의 실제적 목표는 첫째, 정책결정과 집행에 필요한 정보를 제공하는 것으로서 그 정책을 계속 추진할 것인지, 정책의 내용을 수정할 것인지, 어떻게 하면 효율적인 정책집행의 전략을 수립할 것인지를 판단하는 데 도움을 주는 것이다. 둘째, 정책과정상의 책임성을 확보하는 것으로서 집행이 법규나 회계규칙에 합치시키고, 관리자가 능률적·효과적으로 집행업무를 관리하며, 정책담당자가 국민에게 정책의 효과와 능률을 보장하는 책임을 다하도록 하는 것이다. 그리고 학술적으로는 정책평가와 관련된 현상을 연구하여 그와 관련된 이론을 구축하는 데 기여하는 것이 목적이 된다.

지금까지 정책과정에 관련된 논의를 정리하여 이 책에서 사용하고자 하는 정책과정모형을 [그림 5-6]처럼 나타낼 수 있다. 여기서 특별히 지적해 둘 것은 동일한 사회문제가 쟁점이 되어서 진행되는 정책과정은, 학교급식문제처럼, 지역단위로 먼저 진행되다가 작은 지역에서 중간 지역, 광역 지역을 거쳐 전국적 쟁점이 되어 해결과정을 찾아갈 수 있으며, 이것은 마치 여러 지역에서 산발적으로 정책과정이 진행되다가 점차 전국쟁점화 되면서 동일한 쟁점을 주제로 하는 하나의 정책과정으로 수렴·통합되는 다중구조를 갖는다는 점이다.

| 그림 5-6 | 이 책의 정책과정 모형

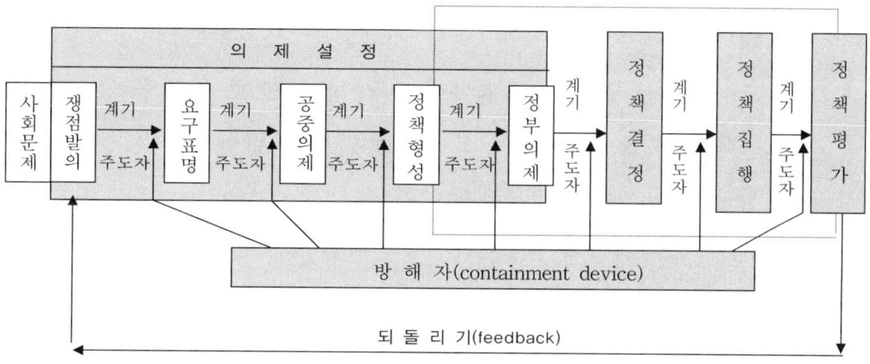

*점선으로 둘러싼 부분은 정부 내부 과정

제 2 절 정책으로서 주민소환법 제정의 과정

Ⅰ. 개략적 경과

[그림 5-6]에서 필자는 정책과정을 선행연구를 토대로 크게 정책의제설정과 정책결정, 정책집행, 정책평가의 네 단계로 설정하였으며, 이 정책과정모형에 따라 2006년 5월 2일 주민소환법이 국회를 통과하기까지를 의제설정과정을 중심으로 분석해보기로 한다.

모형에 따른 주민소환법 제정을 이해하기에 앞서 먼저 우리 나라에서 소환논의가 시작되는 경과를 다음과 같이 간략하게 소개할 수 있다. 우리 나라에서 주민소환제는 그동안 교과서에서 극히 간단하게 용어와 개념만 소개되다가 문헌의 제목이나 핵심용어(key word)로 등장한 것은 2002년으로 보인다.[13] 이러한 현상은 우리의 지방자치가 1991년에 일부

부활되고, 1995년 지방자치단체장 선거를 거쳐 형식상 부활을 이루었기 때문에 학자들도 눈 앞에 닥친 급한 주제들을 중심으로 연구하는 과정에 일종의 지체현상이 생긴 것이라고 볼 수 있다.

그러나 우리의 시민사회 일각에서 학계의 연구물이 등장하기 훨씬 전에, 경기도 고양시의 러브호텔 난립과 관련하여 시장의 주민소환이 주장되는 등 이 제도의 필요성이 점차 확산되었다. 그리고 일반 시민들 간에도 임기 4년이 보장되는 공직자들의 탈법·부당한 행태에 대하여 뭔가 대책이 필요하다는 인식도 함께 확산될 수밖에 없었다. 참여정부는 주민참여를 확대시키기 위하여 직접참정제의 도입을 지방분권 로드맵에 포함시켰고, 지방분권특별법에도 주민소환법의 제정을 선언하였다. 그리하여 행정자치부는[14] 2004년 3월 13일 주민소환제 자문위원회를 구성하였는데, 이 자리에서 행정자치부는 주민소송법을 먼저 제정하고, 주민소환법은 그 후 제정하는 시간계획을 제시하였다. 그 후 제2차 자문위원회는 일정만 논의하다가 주민소환법이 제정될 때까지 일체 모임이 없었다.

우리 나라에서 주민소환을 제도로 채택하여 시행으로 이른 과정에 관한 논의는 이론적으로 먼저 정책과정의 순환과 관련시켜 모형을 설정한 다음 실제로 이루어진 단계나 내용을 적용하여 이해하는 방법도 있고, 필요성의 인식과 전파단계, 공론의 결집과 지식의 전파단계, 법률안의 발의와 제정단계 등 그냥 대강의 구별되는 활동내용을 따라 정리하여 기술하며 이해하는 방법도 있다.

여기서는 앞의 방법을 따라 우리 나라 주민소환법이 제정되는 과정을 이해하되, 의제설정과정은 “사회문제로서 공직자 일탈”, “쟁점발의”, “요

13) 주민소환을 key word로 학술정보 원문검색의 결과나 행정자치부 자치제도과가 작성한 『주민소환제 관련 자료집 1』을 참고로 할 때 그렇게 보인다.

14) 행정자치부는 2001년 내부 자료로 아주 간단한 주민소환제 보고서를 작성한 바 있고, 2003년 외국의 주민소환제 자료를 작성한 바 있다.

구표명", "쟁점의 확산", "공중의제", "정책형성", "공식의제 진입"의 순서로 살펴본다.

Ⅱ. 선출직 지방공직자 위법·부당행위의 문제점

1. 문제의 기술(記述)

이 책의 제1장에서 필자는 제1기(1995~1998)에 선거법 및 정치자금법 위반(4명)이나 뇌물수수(16명) 등으로 지방자치단체장 23명이 사법처리되었고, 제2기(1998~2002)에 59명, 제3기(2002~2006)에 56명 등 모두 138명이 사법처리되고, 지방의원도 제2대에 82건, 제3대에 224건, 제3대에 293건의 비리를 저질렀다는 점을 들어서 문제를 제기한 바 있다. 그리고 이와 같은 드러난 탈법행위도 문제려니와 선출직 공직자들의 드러나지 않거나 법률위반이 아니라는 이유로 합법화되거나 은폐된 부도덕한 행동들로 인한 문제가 더욱 심각하다는 점도 지적한 바 있다.

사법적 처리대상이 되는 불법행위는 위에서 예거하였으니까 제외하고, 그러면 지방자치현장에서 선출직 공직자들이 저지르는 부당행위의 실상은 어떠했을까? 무수히 많은 부당행위들 가운데서 몇 가지 에피소드를 통하여 문제점을 찾아보기로 한다.

<에피소드 1>

지방자치가 부활된 1991년의 일이다. K도 J군은 L씨를 교육위원으로 선출하였다. 그런데 초창기에 지방의원의 자질에 관한 비판이 자주 일어나던 때, 지방언론은 L 교육위원이 전과 8범이라는 뉴스를 내보냈다. 그 이후 그 교육위원은 4년 임기 내내 교육자치 대표로서 활동을 하지 않았다.

<에피소드 2>

오랜 지방행정 경력을 가진 김재전의 책에 소개된 내용(2006: 206-210)으로 1996년 9월 12일자 조선·동아·중앙 등 중요 일간지 사설과 기사 한 토막. 기사제목은 "서울시의원들 몰상식 의정(議政)-개고기 회식, 성원미달", 사설제목은 "정신나간 서울시 의회"였다. 사설 내용을 조금만 옮겨보자.

재적의원 과반수가 돼야 안건을 통과시킬 수 있다는, 초등학생도 알 법한 상식이 서울시의회에서 무시됐다니 정말 어처구니없는 일이다. 지난 9일의 서울시의회는 혼잡통행료징수와 같은 중요한 안건을 포함한 27개 안건을 재적의원(145명) 과반수(73명)에 훨씬 미달하는 불과 50여 명이 참석한 가운데 통과시켜 버렸다. 뒤늦게 정족수 미달이란 의혹이 제기되자 서울시 의회는 17일 이 안건들을 재의결하기로 하였다.

<에피소드 3>

이번에는 지방의원들의 관광성 해외연수를 비판하는 어느 지방 일간지 기사이다.

한동안 잠잠하던 기초의원들의 해외여행이 급증하고 있다는 사실은 실로 국민들의 분노를 자아내는 일이 아닐 수 없다. 행정자치부의 자료에 따르면 지방의원들의 해외출장 건수가 98년 기초와 광역의원 각 74명에서 2000년 1,871명과 346명으로 폭증했다는 것이다. 이에 소요된 예산도 98년 3억 1,600만원에서 지난 한해동안 83억 3,000여 만원으로 무려 26.4배나 늘어난 것으로 나타났다. 도내의 경우 99년에 비해 지난 해 광역의원들의 외유는 줄어든 반면에 같은 기간 기초의원들의 외유는 급증하여 지출한 예산규모가 서울·경기에 이어 3위를 차지했다고 한다.

기초의원이라고 해서 해외출장 업무가 없을 리 만무하지만 그동안 행해진 외유의 대부분이 관광성 나들이였다는 것은 공공연한 사실이었기에 서민들의 놀라움은 더할 수밖에 없다. 거시경제 지표가 나아지고 있다는 정부의 발표에도 불구하고 실제로 서민의 생활은 날로 어려움을 겪고 있는 터에 지역주민의 의사를 가장 가까이에서 대변해야 할 기초의원들의 무분별함에 대해서는 준엄한 비판이 가해져야 마땅할 것이다.

2. 문제의 논의

위에 든 사실을 통해서도 우리는 많은 심각한 문제를 발견할 수 있다. 첫째, 자치단체장과 지방의원의 위법사실을 통해서는 공익의 수창자와 수호자로서의 역할보다는 자신의 권력획득을 위하여 수단과 방법을 가리지 않는 망가진 가치체계를 확인할 수 있으며, 이들의 이러한 가치체계는 미리 지적한 불법행위들과 에피소드들에서 보듯 부당행위의 근원을 이룬다.

둘째, <에피소드 1>을 통해서는 무대표의 문제가 드러난다. 임기를 정해서 받은 교육위원이 회의출석도 안 한다면 어떤 결과가 되는가와 관련된 문제이다. 그를 뽑은 군민들은 자녀들의 교육과 관련하여 그 교육위원이 학부모인 주민들의 입장을 충실히 대변하여 줄 것을 믿었으나 임기동안 출석도 하지 않아서 대표역할을 수행하지도 않고, 사퇴도 않으니 대표를 뽑은 아무런 의미도 없다. 결국 교육자치에서 대표제의 가치가 송두리째 망실되는 심각한 문제가 아닐 수 없다.

셋째, <에피소드 2>는 우리 지방정부 대표들의 기본적 자질을 의심케 하기에 충분한 사실들이다. 한 때, 우리의 전국단위 지방의원들의 협의회를 “전대협”이라고 비아냥거리는 표현을 사용했었는데, 그 뜻은 전국대표이사협의회이다. 즉, 지방의원은 돈 좀 벌어서 사는 사람들이 무보수명예직 제도를 이용하여 명예를 담은 공적 지위와 상당한 권력을 행사하는 자리에 진출하였고, 이들은 자신의 명예나 자신의 사사로운 이권 지키기, 권력행사가 중요할 뿐, 대표의 개념도, 그 원리도 알지도 못하고 알 필요도 없는 일이었고, 더구나 주민이익은 애초부터 중요한 사안이 될 수 없었다. 아무리 작은 선택이나 결정이더라도 공직자의 결정은 반드시 수혜자와 부담자가 엇갈리는 이해의 조정이라는 것을 알지도 못하고, 관심도 없었던 그들에게 “의결정족수”라는 것은 의미가 없는 장치였던 것이다.

넷째, <에피소드 3>을 통해서는 지방의원들이 얼마나 주민의 피땀이 밴 예산을 무책임하게 낭비하는지를 극명하게 보여주는 기사이다. 필자는 지방의원뿐만 아니라 지방공직자 누구든 해외에 나가 견문을 넓히는 것을 적극 지지한다. 그것은 민주주의도, 지방자치도 우리보다 먼저 시도한 곳의 경험과 지식은 우리의 시행착오를 방지하여 자원의 낭비를 막아줄 수 있기 때문이다. 그런데 우리 지방의원들의 해외연수는 “주민들이 낸 돈으로 공짜 해외여행이나 즐기자”에 다름 아니고, 이는 매우 파렴치한 행동이다. 해외연수의 주 목적이 경험과 지식의 학습이라면, 연수보고서를 작성하고 그것을 대한민국의 지방의원들이 공유할 수 있어야 제대로 되는 지식관리체계이다. 그런데 우리의 지방의원들은 애초부터 관광지 중심으로 연수대상 지역을 선정하여 관광이 주가 되고 선진행정 학습은 해도 그만 안 해도 그만인 연수라면 용납할 수 없는 배임이다. 거기다가 관광지에서 추태를 부리고 기내에서 흡연을 하는 등 국가망신까지 시키는 사람들은 거의 해악에 가깝다.

김재전은 또 “예산과 행정력의 낭비와 방만하고 무분별한 예산집행과 생색내기 식의 선심행정, 주먹구구식 무모한 사업 추진, 임야와 녹지의 택지개발, 팔당 상수원 보호구역의 음식 · 숙박업소 난립으로 인한 오염, 세수증대의 명분아래 무계획적 난개발로 천혜의 자연훼손”을 문제로 지적하였다 (2006: 28-29).

위에서 살펴본 사실들을 통하여 대표제를 채택하고 있는 우리 나라 지방자치의 공직자 일탈문제는 어떤 결과를 낳을 것인가? 첫째, 사익이 공익을 대체하는 문제가 발생한다. 즉, 이들은 공익봉사보다는 사익보호 내지 확대를 우선하게 된다. 그러므로 이들은 지방정부 바깥의 지대추구자들(rent-seekers)[15]의 유혹에 넘어가서 더 큰 부정행위를 저지르게 된다.

둘째, 지방공직자로서 이들이 주민에 대하여 헌신적으로 봉사하고 주

---

15) 원래 지대(地代: rent)의 개념은 생산요소로서 토지에 대한 사용대가를 말하는데, 지대의 차이가 발생하는 것은 토지의 질, 즉 생산능력의 차이에 기인한다고 보았다. 일반적으로 지대추구행위는 특정 산업에서 독점적 지위를 획득 또는 유지함으로써 이미 존재하는 지대를 획득 또는 유지하려는 시도를 가리킨다 (스티글리츠, 백영현 · 이병천 역, 2002: 503). 그런데 털럭(Tullock, 1967)은 지대추구 행위라는 말을 사용하면서 지대의 개념을 강도나 약탈, 사기처럼 직접적으로 비생산적인 이윤추구를 가리키는 용어로 사용하였다 (고병희, 2004: 219). 그러므로 여기서는 지방공직자에게 뇌물을 제공하거나 하여 독점적 혜택을 누리려는 사람들을 통칭하며, 지역사회에는 이런 이익을 노리고 접근하는 개인이나 집단이 허다하다.

민의 공공문제를 해결한다는 책임을 다할 수 없게 된다. 애초에 공익이 무엇인지, 공익실현의 방법이 무엇인지 이들에게 절실하지 않은 마당에 그 책임의식은 사라지고, 유권자의 망각현상을 최대한으로 활용하여 선거 때만 성실을 가장하고 표를 얻어서 당선되고 나면 다시 자신의 욕구에 충실하게 된다. 그러므로 지방자치에서 책임이 실종되는 것이다.

셋째, 지방공직자들의 일탈행동은 지역과 국가의 자원을 낭비한다. 관광성 해외연수 의원들의 행태에서도 나타나고, 또 자치단체장이나 지방의원들은 한 동아리가 되어 4년 뒤의 재선을 노리고 선심성 예산을 편성하여 주민의 혈세를 성과 높게 쓰지 못하며, 지방의원들은 또 선거구 예산확보를 우선시하여 지역 전체의 관점에 근거한 예산의 배분을 저해함으로써 결국 지역자원을 낭비하고, 나아가 국가 전체적으로 자원을 낭비하게 만든다.

끝으로 위의 세 가지 문제는 결국 공직자 역할기대를 외면함으로써 지방정부의 성과가 낮아지고, 따라서 주민들의 제도에 대한 신뢰와 평가를 떨어뜨리게 된다. 그 결과는 지방자치는 득보다 실이 많다는 논리의 근거로 악용될 수 있다.

그러면 우리의 주민들은 이러한 문제들을 묵과하는가? 그렇지는 않다. 18~19세기 미국의 지방자치가 심각한 문제에 부딪치자 그 개선방안을 모색하여 오늘의 지방자치로 개혁하였듯이 우리 주민들도 문제해결을 모색하는 것은 자연스럽고 당연한 것이다. 그래서 지방공직자들의 법률위반과 은폐된 곳에서 이루어지는 부도덕한 일탈행동이 목격되고, 때로는 언론을 통하여 보도되었으며, 일부 시민단체들에 의하여 비판적 지적을 받기도 하였다.

그러나 이런 낭패스러운 현상을 통제할 마땅한 장치가 없었다. 이러한 심각한 문제를 보고도 사용할 수 있는 수단이 없는 경우에 수단을 구하는 것은, 마치 집의 기둥이 썩어서 집이 무너질 지경이라면 집 주인이 썩은 기둥을 갈아 끼울 마땅한 연장을 구하고 찾는 것처럼 당연한 것이다. 시민 다중의 문제제기와 대책요구에 따라 언론을 타고 더 많은 시민들이 그에 관심을 갖게 되었고, 또 문제의 심각성을 알게 되었으며, 다중이 그 문제해결이 필요하다는 점을 공감하게 되었다. 마치 각 골짜기의 물이 모여서 낮은 곳으로 모여 더 큰 물줄기를 이루어 도착해야 할 곳을 찾아서 자연스럽게 흘러가듯, 주민의 여론과 지혜는 주민소환제라는 해결책을 찾아서 큰 흐름을 형성하게 되었다. 그 과정을 다음에 좀 더 살펴본다.

Ⅲ. 주민소환 쟁점의 발의

우리 나라 지방자치현장인 지방의원 선거구 읍·면·동에서나 시·군·구는 물론 시·도 단위에서 지방공직자들의 일탈행동을 경험한 유권자들은 위에서 논의한 대로 문제의 체계적인 이해는 아니더라도 뭔가 대책이 필요하다는 것은 점점 더 느끼게 되었고, 이러한 현상은 임계점[16]을 향하여 다가가고 있었다. 지방공직자들의 일탈행동에 대한 불만과 문제의식이 팽만하여 있을 때, 그것이 풍선이라면 작은 바늘 끝 하나가 스쳐도 풍선은 터지게 될 것이며, 그것이 화약이라면 작은 성냥불 하나로 폭발은 이루어지게 된다. 우리 지방자치현장에서 빈발하는 지방공직자의 불법·부당행위들을 통하여 주민들의 불만이나 문제의식은 인화성을 가진 화약더미가 되었고, 특정한 사건과 그 사건을 계기로 삼아 그러한 문제해결을 위한 주도자를 만나면 폭발적으로 관심과 불만은 증폭된다.

1. 쟁점발의의 계기: 고양시장 러브호텔 난립허가 사건

우리 나라에서 주민소환법과 관련된 의제설정 과정에서 그러한 계기

16) 사회현상에서 임계점은 명백한 눈금처럼 드러나는 것은 아니다. 산업혁명이 몇 년, 몇 월, 몇 시에 일어난 것이 아니라 이런 저런 기술이 알게 모르게 쌓여 산업과 사회 전반에 눈에 띄는 커다란 변화가 나타났고, 이것을 산업혁명이라고 하는 것과 같다.

와 주도자는 어디에서 찾을 수 있을까? 그리고 반대자 또는 방해자는 누구였을까? 지방공직자들의 그치지 않는 문제 행태들은 겪으면서 문제의식과 불만이 팽만한 가운데 전국의 시선을 크게 끌면서 주민들로 하여금 뭔가 대책이 필요하다는 인식을 갖게 만든 사건(계기: triggering device)은 경기도 고양시장의 무분별한 러브호텔 건립 허가였다고 본다.

기사 1 ››› [그물눈] 성난 고양주민의 시장퇴진 운동

편집시각 2000년 9월 21일 18시 38분 KST한겨레/사회

"민심을 잃은 민선 자치단체장은 반드시 퇴진시켜야 합니다."

경기 고양시 황교선(61) 시장 퇴진서명운동을 벌이고 있는 '러브호텔 및 유흥업소 난립저지 공동대책위원회'는 각오가 대단하다. 황 시장은 지난달 21일 고양시청 앞에서 '러브호텔' 난립반대 시위를 벌이던 시민들 앞에서 "법적 하자가 없다"며 "다음 선거에 안 찍으면 될 것 아니냐"고 버텼다.

그러던 그가 지난 19일 갑자기 자신의 고집을 꺾었다. 이 날은 마침 그동안 학교 주변 러브호텔 난립에 대한 추궁에 시달려온 강정식 고양시교육장이 '도망치듯' 사표를 제출한 날이다.

게다가 일산구 백석동 옛 출판문화단지에 초고층(55층) 주상복합건물 10개동 신축이 가능하도록 용도변경을 허용한 특혜의혹을 둘러싸고 검찰의 황 시장 내사가 본격 이뤄진 시점이기도 했다. 시는 이 날 '지구단위계획 변경'을 통해 아파트 및 학교와 맞닿은 일반상업지역에 대해서는 러브호텔 허가를 절대 내주지 않기로 했다고 밝혔다.

위원회는 "시의 대책은 러브호텔이 포화상태에 이른 상황에서 '소 잃고 외양간 고치기'식 행정의 표본"이라며 "현재 영업중이거나 신축중인 러브호텔과 대형 유흥업소의 허가취소 또는 용도변경 등 실질적인 조처를 취하지 않는 한 지구단위계획 변경은 의미가 없다"고 지적했다. 이와 함께 공대위는 "민선 자치단체장의 경우 결정적인 과오에도 책임을 물을 수 있는 법적·제도적 장치가 마련돼 있지 않다"며 "시장 퇴진운동과 함께 주민소환을 위한 '헌법소원'도 불사할 방침"이라고 밝혔다. 또 황 시장의 수뢰 여부를 조사중인 검찰은 상당한 혐의를 포착한 것으로 알려졌다. 민의를 거스런 자치단체장이 설 자리는 점점 좁아질 수밖에 없을 것으로 보인다.

차한필 기자 hanphill@hani.co.kr

그와 관련된 그 당시의 한겨레신문 기사를 기사1에 원문대로 소개하였다.

2. 소환운동의 주도자

고양시민 전체가 처음부터 시장 소환운동에 공감하고 참여한 것은 아니었다. 러브호텔과 유흥업소의 난립으로 인한 피해자와 수혜자 집단을 먼저 고려해야 할 것이다. 그 1차적 피해 집단은 학생과 학부모, 교육자들이고, 나아가 대부분의 시민들이라고 할 수 있다. 그러한 피해 집단 가운데서도 학생들보다 아무래도 행동역량을 지닌 학부모들이 더 민감하게 반응할 수밖에 없다. 학부모들 가운데서도 남성보다는 또 여성들이 더 민감하게 반응한다고 볼 수 있다. 결국 고양시 여성민우회,[17] 교사집단, 환경운동연합 등이 주축이 되어 러브호텔과 유흥업소 난립을 막기 위한 공동대책위원회를 구성하여 주도자 역할을 담당하게 된 것이다.

그러나 여기서 바로 주민소환운동이 검토되고 전개된 것은 아닌 것으로 보인다. 시민단체들이 비판을 제기하며 퇴진을 거론하자 시장은 "선거로써 심판하라"고 응대한 점에서 알 수 있다. 그러므로 그 당시 시장은 제도적으로 임기 중 퇴진은 가능하지 않다는 점을 알고, 응대한 것이다. 여기서 공동대책위원회는 이러한 시장의 응대를 접하면서 소환제도의 필요성을 절감하게 되지 않았을까? 그리고 제도적 장치가 없다고 하여서 퇴진이나 소환운동 그 자체가 불가능한 것도, 효과가 없는 것도 아

17) 필자는 당시 여성민우회 김인숙 회장과 2006년 6월 20일 오후 3시부터 전화인터뷰를 가졌다. 김 회장에 따르면, 당시 신도시인 이곳에 아파트단지가 형성되어 주민들이 입주한 후, 아파트단지의 2차선 도로 건너편 상업지역에 러브호텔이 건립되자 입주민들이 고양시에 불만을 제기하고 허가취소를 요구하였다. 그러나 시는 허가가 적법하다고 답변하였고, 이 단계에서 여성민우회는 시의 응대에 문제가 있다고 인식하여 건설교통부에 질의를 내었다. 건교부는 자치단제장의 재량행위라고 답변하였으며, 이들은 황교선 시장을 찾아가 시정을 요구했고, 시장은 러브호텔건축주와 건설업자도 주민이므로 특정한 입장을 편들수 없다고 하였다. 그러나 조사결과 업주와 업자 중 주민은 극소수여서 시민단체는 시장의 기만에 분노하여 쟁점화에 나섰다. 이들이 주도자가 된 것이다.

니므로 <소환제 도입을 위한 10만 명 서명운동을 벌이는 등 퇴진운동>을 시작하였고, <헌법소원운동>을 떠올린 것이다. 이렇게 문제가 확대되면서 쟁점화 되자 마침내 9월 19일 강×× 교육장이, 기사의 표현을 따르면, "도망치듯 사표를 제출"하였고, 검찰은 시장을 수뢰혐의로 수사에 착수하게 되었다. 이렇게 하여 지방자치와 관련하여 NGO와 그 구성원들, 즉 능동적 시민들(active citizen)이 앞장 선 가운데 피동적 시민들(passive citizen)이 이해하고 따라가는 상황을 만들면서, 지역의 공익을 주창하였고, 그런 잘못을 저지르는 공직자를 통제할 수 없는 제도적 미비점(또 다른 문제점)이 확인되기 시작한 것이다.

3. 소환운동 반대자

경기도 고양시장 소환운동에서 공개적 반대자(containment device)는 드러나지 않았다. 그러나 시장의 퇴진운동에 대한 잠재적 반대자는 고양시장과 그의 선거운동에 참여하여 노력한 자들, 그리고 그의 시장직 유지로 인하여 혜택을 볼 수 있는 자들, 그리고 기사에서 보듯 검찰이 뇌물수수 혐의로 조사한다는 내용을 통하여 알 수 있는 바로서 그에게서 경제적 혜택을 얻으려고 하였던 업자들, 그리고 그에게 투표하였던 사람들이 반대자 집단이 될 수 있다. 그리고 반대자로는 법적 근거가 없다는 논리로 소환운동을 비판적으로 인식하는 학자들, 그리고 시장의 탈법·부당한 행동을 알거나 보고도 비판기능을 수행하지 못한 언론도 소극적 반대자 또는 방조자로 포함시킬 수 있을 것이다.

반대입장의 참여자는 이해가 상반되는 쟁점의 경우에는 극명하게 드러나고 찬성과 반대도 뚜렷하게 드러낼 수 있을 것이나, 특히 공익을 위한 쟁점인 경우에는 반대자가 자신을 뚜렷이 드러내기 어려울 것이며, 따라서 주민소환의 경우처럼 대개 잠재적 또는 음성적으로 존재할 것이다. 그래서 반대자는 명시적 방해자와 음성적 방해자로 구분할 수 있을 것이며, 특히 공익쟁점의 경우는 음성적 방해자가 되며, 주민소환법의 경우는 음성적 방해자로서 정책과정에서 명시적 표현은 제한한다.

Ⅳ. 요구의 표명: 시장퇴진, 헌법소원운동

고양시 여성민우회와 학부모단체, 교사단체 등은 러브호텔 및 유흥업소 난립을 조장한 시장 퇴진을 요구하였다. 그러나 시장은 주민소환이 법적으로 근거가 없다는 사실을 알기 때문에 퇴진을 요구하는 시민단체를 향하여 선거로써 심판하라고 맞섰다.

그러나 공동대책위원회는 일방 시장 퇴진압박을 위하여 시민들을 대상으로 10만 명 서명운동을 전개하면서 다른 한 편으로는 주민소환의 법제화를 위하여 헌법소원을 내겠다고 선언함으로써 주민소환법 제정의 요구를 간접적으로 표명한 것이다.

Ⅴ. 쟁점의 확산: 소환운동의 확대와 연대

거듭 지적하는 것이지만, 지방공직자들의 일탈행태는 산발적이고 계속적으로 발생하였던 사건이고, 경기도 고양 사건이 벌어지자 그러한 사실을 크고 작게 이미 겪었던 다른 지역의 주민들도 공감이 커질 수밖에 없었다. 그리고 고양시 공동대책위원회는 선거에 의하지 않고는 제도적으로 시장을 임기 중에 통제할 수 있는 장치가 없다는 안타까운 사실 때문에 헌법소원을 고려하였던 것이다.

그러나 고양시 공동대책위원회는 2000년도라는 시간적 흐름을 탈 수 있는 행운이 따랐다. 시장 소환운동을 전개한 2000년은 국회의원 총선을 치른 해로서 민주정치발전을 위하여 "총선시민연대"가 결성되어 활동하면서 시민운동의 역량이 결집되어 있었기 때문이다. 지방공직자 소환운동도 총선시민연대와 맥락과 방향을 공유하고 있었으며, 따라서 고양시 시장퇴진운동 공동대책위원회는 그 쟁점을 확산시키는 데 매우 유

기사 2 ⟩⟩⟩ 깜짝 놀란 '시민의 힘' 2000 시민운동 결산

올해는 21세기가 시민운동의 세기가 될 것임을 예고한 해다. 시민운동은 올해 총선시민연대, 예산감시 네트워크, 국정감사모니터 시민연대 등 연대기구를 통한 '힘의 집중'으로 어느해보다 큰 성과를 냈다. 90년대 후반 한동안 침체에 빠졌던 지역운동도 지방자치단체에 대한 예산감시 활동을 중심으로 새로운 도약의 계기를 마련했다.

올해 시민운동의 가장 도드라진 성과는 총선시민연대가 이뤄낸 정치개혁이다. 1월 낙천운동으로 시작된 총선시민연대의 활동은 정치인들의 전유물로 인식되던 정치개혁의 주도권을 유권자인 시민들의 손에 되돌려 줬다. 반민주 전력을 지닌 중진의원을 포함해 낙선운동 대상자의 70%를 떨어뜨린 '쾌거'는 전국 900여 시민단체들이 연대해 이뤄낸 성과로 시민운동의 새로운 지평을 열었다. 물론 총선시민연대의 활동이 스스로의 평가처럼 지역 감정의 벽을 허물지 못했고 젊은 세대의 투표참여를 이끌어 내지 못한 점은 여전히 과제로 남아 있다.

연대운동체의 활약과 함께 주민자치를 중심으로 한 풀뿌리 운동의 도약도 눈부셨다. 주택가와 학교 주변까지 진출한 러브호텔의 '천국' 고양시에서는 <고양여성민우회 등>이 중심이 되어 시장 소환운동이 벌어졌다. 지자체에 대한 감시·감독 운동도 활발히 벌어졌다. 지자체를 상대로 100여건의 정보공개를 청구한 대전참여자치연대는 '5급 이상 공무원들의 그린벨트 땅 소유 현황' 공개를 요구해 토호들과 유착의혹을 받고 있던 일부 고위 공무원을 긴장시켰고 마구잡이식 지역개발사업에 대한 제동을 걸기도 했다. 또 참여자치 전북시민연대는 상설 정보공개 청구조직인 '정보공개사업단'을 띄워 행정 감시에 나섰으며 토착세력의 이익을 대변하는 지역언론 감시운동을 벌이고 있는 광주 민언련, 계도용 신문 구독예산 1억 5천만원을 전액 삭감시킨 여수 경실련 등 풀뿌리 시민단체의 활약은 셀 수 없을 정도로 많다.

이들 시민운동 단체는 2001년 주요사업으로 주민소환제와 주민투표제 도입 등 지방자치법 개정을 요구할 것으로 보여 예산감시 운동과 더불어 2001년 시민운동의 주요 화두가 될 것으로 보인다.

지난해 처음으로 시작되어 총선연대 탄생의 촉매제 역할을 했던 국정감사모니터 시민연대의 활동은 언론의 주목을 받지는 못했지만 의원들의 의정활동에 대한 감시 틀을 확립하는 성과를 거뒀다.

부문 운동으로는 환경 분야의 동강댐 건설 백지화와 경제 분야의 집단소송제 제도화가 가장 눈에 띈다. 또 삼성 일가의 변칙증여 문제, 통신검열 반대 운동, 미군기지의 환경오염 문제와 이전 운동, 매향리 사격장 폐쇄와 한미행정협정 반대 운동 등도 부분적인 성과를 냈다. 특히 베트남전 민간인 학살 진상규명 요구와 사과공연은 한국인이 다른 나라 사람들과 더불어 살아갈 수 있는 성숙된 세계 시민의식을 보여준 것으로 평가된다.

그러나 아쉬움도 없지 않은 한해였다. 시민운동에 대한 국민적 지지에 비해 시민운동의 요구사항이 제도화된 것은 그리 많지 않기 때문이다. 특히 시민단체들이 명동성당에서 밤샘농성까지 벌이면서 입법 노력을 벌인 인권위원회법, 부패방지법, 국가보안법 등 3대 개혁법안은 또다시 무산됐다. 또 총선연대 등의 활동에 대한 국민적 지지가 시민운동 회원의 증가로 이어지진 못해 '시민없는 시민운동'이란 문제는 여전히 풀어야할 숙제로 남았다. 또 시민운동 지도자의 성추행 사건과 사외이사를 둘러싼 잡음은 시민운동을 '또 하나의 권력'으로 매도할 빌미를 수구세력에게 제공했을 뿐 아니라 시민운동 스스로도 끊임없는 자기감시가 필요함을 보여준 사건이었다.

그럼에도 시민운동에 대한 국민 대다수의 지지는 사그러들지 않았다. 변호사, 회계사 등 전문 인력들이 박봉과 장시간 노동을 무릅쓰고 상근활동가로 일하기 시작했고 한 단체의 간사모집 때 60 대 1이 넘는 경쟁률을 보일 정도로 새로운 일터로 주목받고 있다. 특히 올해 연대운동의 성과를 계승해 2001년 2월께 출범할 '시민사회 연대회의'는 상시적 연대운동 기구로 시민운동의 새로운 도약대가 될 전망이다.

권복기 기자 bokkie@hani.co.kr

리한 상황이었다. 그러한 시민운동의 상황을 드러내어 주는 한겨레신문의 기사를 한 번 더 인용한다.

고양여성민우회 등이 중심이 되어 공동대책위원회가 선출직 공직자 소환을 위한 결집의 주도사(initiator)로 역할을 수행한 것이다. 기사의 제목대로 지방자치와 관련하여 "깜짝 놀란 시민의 힘"은 결집되었고, 전국으로 확산되었고, 스스로 놀라움을 느끼기에 충분하였다. 그리고 선출직 지방공직자의 일탈행동에 대하여 일방 문제를 제기하면서 그 통제장치로서 주민소환제의 필요성의 인식을 확산시키면서 공력을 쌓았다. 그러한 사건과 활동은 <시장의 몰염치에 성난 시민들>,[18] <부패공직자 주민소환제 조례제정 시민운동 점화>,[19] <"강×× 시장 사퇴를" OO 시민단체 퇴진운동 돌입>[20] 등의 기사를 통하여 연맥(緣脈)하고 있음을 알 수 있다.

Ⅵ. 공중의제

고양시 공동대책위원회의 시장퇴진 요구와 헌법소원 선언, 그리고 참여시민연대는 민주주의 확대와 발전이라는 전체 지향은 동일하지만, 구체적 목표는 달랐다. 주민소환법 제정이라는 정책결정을 위해서는 단일한 쟁점의 전국적 공중의제를 만들기 위해서는 새로운 계기가 필요하였고, 또 공식의제로 진입시키기 위한 운동역량의 확대와 주민소환이라는 정책의 내용과 관련된 지식[21]이 필요하였다. 그래서 여기서는 새로운 계기를 논의하고, 또 주민소환에 관한 지식의 국내 도입과 주도자들의 관계를 살펴본다.

1. 주민소환 지식의 도입

우리 나라의 지방자치 현장에서 볼 수 있는 갖가지 문제점 때문에 주

18) 2001년 2월 21일자 한겨레신문 [풀뿌리통신].
19) 2003년 9월 15일 한겨레신문 지역면 기사.
20) 2005년 10월 21일 한겨레신문 지역면 기사.
21) 정책결정에는 두 가지 유형의 지식이 필요한 바, 하나는 정책결정에 관한 지식이고 또 하나는 정책의 내용에 관한 지식이다. 전자는 법률제정이라는 정책결정을 예로 들 때, 의사진행 등에 관련된 지식이고 후자는 정책목표와 수단과 관련된 지식이다. 즉, 후자의 경우로서 전염병예방과 관련된 정책결정을 하려는 경우, 후자는 전염병과 관련된 의학지식 등이라고 하겠다. 사실 2000년 당시만 하더라도 국내에는 주민소환제에 관련된 충분하고도 체계적인 지식이 없었다고 할 수 있다.

민들 간에 주민소환제에 관한 필요성은 점점 더 커지고 있음에도 우리는 그에 관한 지식이 거의 없었다. 그래서 여기서는 주민소환에 관한 외국의 지식이 도입, 전파되는 과정과 국내에 도입되어 적용성을 초보적으로 검토한 논문을 요약하여 정리한다.[22]

1) 주민소환 지식의 도입

1991년 지방자치가 부분적으로 부활되고, 또 1995년 자치단체장까지 선출함으로써 형식상 지방자치가 부활되어 시민사회는 선출직 공직자들이 일탈행태를 드러내어 소환운동이 벌어지는데도 지방자치학계는 그 후 2002년 봄 『미국의 주민소환제도』[23]가 출간될 때까지 묵묵부답이었다. 이러한 지식결여는 지방자치업무를 관장하는 행정자치부도 마찬가지였다. 이러한 지식, 특히 수도권 대학교수 등 지식인들의 주민소환에 대한 체계적 지식의 결여는 지방분권의 로드맵을 작성하는 과정에도 영향을 미쳐서, 주민소환은 법률이 제정되어야 한다는 선언만 하는 정도에 그쳤으며, 일본을 통하여 지식을 도입하여 쌓여 있던 주민소송제[24]를 먼

---

22) 일본은 '해직청구제도'라는 명칭을 사용하지만, 일본의 해직청구제도를 연구한 함인선(2003)은 "주민소환제도에 관한 입법론적 고찰"(한국비교공법학회, 제33회 공법학술발표회)에서 주민소환으로 사용하고 있다. 그리고 우리의 경우, 이미 주민이라는 명칭을 법률용어로 사용하기 때문에 주민투표법 등 법률명칭에 사용하고 있어 해직청구 등 다른 용어보다 주민소환이 익숙해져 있고, 이 용어로 통일 사용하는 것이 편할 것이다.

23) 이 책은 필자가 Joseph F. Zimmerman 교수의 *The Recall: Tribunal of the People*을 서툴게나마 번역하여 서울의 대영문화사에서 출판하였으며, 이 책의 제4장 제1절 미국의 주민소환제로 요약하여 소개하고 있다.

24) 주민소송제도는 영국에서 납세자 소송으로 시작되었고, 이것이 미국으로 전해졌으며, 주 정부 단위에서 사용되는 경향이다. 일본은 다시 미국의 제도를 모방하여 1948년 지방자치법을 개정하여 납세자 소송제를 도입하였고, 1963년 다시 주민소송으로 명칭 변경하여 사용하고 있다. 우리의 경우는 구 자치법 제153조에 조례·명령·규칙이 헌법과 법률에 위반된다고 인정될 때, 국민 100인 이상의 연서로써 소청을 제기하고, 이에 불복할 경우 대법원에 제소할 수 있도록 규정하였으나 활용되지 않고 폐지된 바 있다가 2004년 1월 16일 지방분권특별법에 근거를 마련하였고, 2004년 12월 29일 지방자치법을 개정함으로써 주민소송제도가 마련되었다. 2006년 1월 1일부터 시행된 우리의 주민소송제도는 주민감사청구의 후속 절차로 설정되어서 정해진 기간 안에 감사가 종료되지 않거나 종료하였더라도 그 결과에 불복하거나 감사결과에 따른 조치를 자치단체장

저 제도화 하게 되었다고 본다.

(1) 지방자치학계의 연구

짐머만의 저서를 필자가 번역·출간한 『미국의 주민소환제도』는 제1장에서 주민소환제의 개념과 기원, 초기 소환제의 발전과 현재의 미국 주민소환제, 그리고 초기 소환제가 논의될 때에 제기되었던 반대론 등을 소개하고 있다. 그리고 제2장은 미국 주민소환제의 법적 규정 양식과 중요 내용 등을 다루었다. 제3장에서는 미국 주 정부에서 적용되는 주민소환제를 다루고, 제4장에는 미국 지방정부의 주민소환제를 다루었으며, 제5장에는 주민소환제에 대한 찬성론과 반대론을 소개하고 있으며, 제6장에는 유권자 주권을 실현하기 위한 주민소환제의 일반적 모형을 제시하고 있다.

필자는 또 "한국적 주민소환제 모형의 탐색(한국행정학회, 2002 하계학술대회 논문집)"을 발표하였는데, 이 논문에서는 짐머만이 제시한 미국 주민소환제의 일반적 모형을 준거모형으로 제시하면서, 우리 나라의 법률제정권을 가진 국회의원들과 행정자치부를 중심으로 한 중앙정부 공무원들, 그리고 자치단체장과 지방의원 등 선출직 지방공직자, 지방공무원들, 유권자인 주민을 대상으로 그들이 선호하는 주민소환제 모형을 조사하였다.

필자의 두 번째 논문 "주민소환제에 대한 관련 집단별 인식의 비교(지방자치학회, 2002 하계학술대회 논문집)"는 앞의 논문과 같이 이론적 논의를 그대로 사용하면서 주민소환제의 이해당사자(stake holder)라고 할 수 있는 국회의원들과 행정자치부를 중심으로 한 중앙정부 공무원들, 그리고 자치단체장과 지방의원 등 선출직 지방공직자, 지방공무원들, 유권자인 주민 등 다섯 집단의 구성원들을 대상으로 주민소환제의 모형을 비롯하여 그 내용에 관하여 어떻게 인식하는지를 조사하여 분석하였다.

이 이행하지 않거나 그 이행조치에 불복하는 경우 소송을 제기할 수 있다.

이 논문은 주민소환제를 도입하려고 할 때, 지방분권에 대한 반대 또는 지방자치에 대한 규제세력으로서 법률제정권을 가진 국회의원과 업무를 관장하는 행정자치부 등 중앙정부 공무원집단의 인식을 정확하게 이해하는 것을 목적으로 한 논문이었다.

필자는 2003년 위의 두 논문 내용을 종합·정리하여 "주민소환제의 도입방안"을 한국 지방행정연구원이 발행하는 『지방행정연구』 제17권 제3호에 게재하였다. 이 논문은 더 이상 우리 나라에서 주민소환제를 미룰 상황이 아니라 제도화하여서 선출직 지방공직자들이 더 충실히 책임지는 모습을 확보해야 하고, 이러한 장치가 예비되어 있을 때 극히 일부 일탈자들이 통제되어 선량한 다수의 선출직 공직자들을 오히려 보호할 수 있고, 주민들의 지방자치에 대한 우려도 불식시킬 수 있다고 주장하는 내용이다. 위의 세 편의 논문은 이 절(節)의 2에 요약·소개한다.

이렇게 하여, 좀 늦기는 하였지만, 국내에서 일단 주민소환제에 관한 이론 내지 지식의 갈증은 겨우 해소시킨 셈이다. 그리고 다음과 같이 필자와 주고받은 메일의 내용을 통해서도 국내의 주민소환에 관한 연구의 빈약한 실상을 알 수 있게 된다.

> 김영기 교수님, 안녕하십니까?
>
> 저는 OOOO부에 근무를 하다가 현재 플로리다 주립대학에 국외훈련 중에 있는 OOO 서기관입니다.
>
> 이곳에서 공부를 하던 중 Zimmerman의 The Recall이라는 책을 우연히 알게 되어 재미있게 읽고 있습니다. 국내에 주민소환제에 대한 연구서가 있나 싶어 인터넷을 검색해 보니, 교수님께서 거의 유일하게 Zimmerman의 The Recall이라는 책을 번역하여 출간하였을 뿐만 아니라 연구논문도 발표하셨다는 사실을 알게 되었습니다.
>
> 제가 메일을 보낸 이유는 교수님께서 한국지방자치학회 하계학술대회(2002) 당시 "주민소환제에 대한 관련 집단별 인식의 비교"라는 논문을 발표하셨던 것으로 인터넷에서 확인을 하였습니다. 교수님의 이 논문을 꼭 한 번 읽어보면 이곳에서의 공부에 큰 도움이 될 것 같아 이렇게 연락을 드립니다.

교수님께서 가능하시다면 메일로 자료를 좀 받아보고 싶습니다.
그럼 안녕히 계십시오

플로리다 Tallahassee에서 OOO 드림

필자는 거칠게 쓴 글이나마 부끄러움을 무릅쓰고 그에게 보내었고, 또 그는 주민소환에 관련된 그의 생각을 담아 다음과 같은 메일을 보내었다.

교수님,
업데이트된 연구 자료를 보내 주신 것에 대해 감사드립니다.
무엇보다 자치제도과의 주민소환제 자문위원으로 위촉되었다고 하니
교수님의 연구결과를 주민소환제를 법제화 하는 데 유익하게 활용될 수 있을 것 같습니다.
축하드립니다.
저 개인적으로 주민의 행정참여방안에 대해 관심이 있어 initiative, referendum, recall에 대해 여러 모로 생각을 해 보았습니다.
주민소환제를 고려하게 되는 가장 큰 이유 중의 하나인 자치단체장들의 부패의 원인을 제 경험에 비추어 논리적으로 생각해보면 돈이 드는 지방선거 풍토, 합법적인 정치기부금을 받을 수 있는 법이나 제도의 부재, 강한 시장-약한 의회형의 지방정부 통치 구조, 제도화된 주민의 행정 참여 통로의 미비, 선거직 공무원의 공직 윤리 미약, 행정정보 공개 등과 관련된 투명행정의 부족, 선거직 공무원에 대한 신분상 제재수단의 미비 등 다양한 측면에서 바라볼 수 있다고 생각됩니다. 이러한 원인마다 처방책을 찾아야 되지 않을까 생각됩니다.
주민소환제를 제도화하기 위해 법적 기초(지방자치법, 특별법, 또는 조례로 할지), 소환대상(단체장만 할지, 단체장과 지방의원을 함께 할지), 소환청원요건(petition requirement), 소환이유(소환사유에 제한을 둘지 여부, 제한을 둔다면 그 범위) 등 주민소환제의 핵심적인 내용을 검토하기 위해 각 요소마다 어떤 내용이 정당, 시민단체, 일반국민들로부터 정치적 지지(political support)를 받을 수 있는지, 예를 들어 주민소환제를 어떤 법에 담을지에 대해서도 이해관계자마다 입장이 다를 수 있다고 봅니다. 또한 어떤 형태의 주

민소환제, 즉 소환대상, 소환청원요건, 소환이유를 채택했을 때 행정적 실현 가능성(adminstrative feasibility)이 높은지를 각 모델마다 행적적 실현 가능성, 현재 지방행정구조, 지방공무원의 입안능력, 각 안마다 들어가는 행정비용 등 여러 가지 시각에서 살펴 볼 수 있을 것입니다. 더불어, 주민소환제의 핵심적인 요소마다 어떤 것을 채택했을 때 선거직 공무원의 책임성(accountibility)를 제고할 수 있는지, 예를 들면 부패방지에 도움이 되는지도 큰 잣대가 될 수 있다고 봅니다. 그래서 정치적 지지, 행정적 실현가능성, 선거직 공무원의 책임성 제고 등 여러 가지 평가기준을 설정하고서 평가기준에 비추어 주민소환제의 핵심적인 내용들을 검토해 보는 것도 유의미한 연구가 될 수 있다고 보여 집니다.

그리고 주민소환제를 도입하기 위해서는 소환청원과 관련되어 주민들로부터 서명을 받는 절차가 우리 나라에서는 입법화되기 어려운 부분이 되리라 개인적으로 생각이 되어집니다. 서명의 진위여부에 대한 정확한 확인절차를 강구해야 하는데 우리 나라의 서명문화에 비추어 쉽지 않으리라 생각이 되어집니다.

귀중한 연구 자료를 보내 주신 것에 감사드리며, 늦었지만 고맙다는 소식을 전합니다.

플로리다에서 OOO 드림

(2) 공법학계의 연구

법학분야에서 주민소환을 연구한 문헌으로는 최봉석의 "독일의 법제와 판례로 본 주민소환제의 요건과 절차(안암법학 제14호)"가 있다. 주민소환과 관련된 경험도, 지식도 없는 우리의 실정에서 이 논문은 매우 유익한 자료가 아닐 수 없다. 최봉석의 논문을 요약하면, 자치단체장의 권한이 우리 나라처럼 큰 상황에서 장에 대한 적절한 통제의 부재는 자칫 지방정치의 절대주의화를 불러 올 수 있는 위험이 크다고 보고, 지난 10 여 년간 독일의 경우 "직접민주제적 주민참여의 광범위한 실시"와 "주민소환제의 일반화"의 경향이 나타나고 있는 것을 볼 때 주민소환의 입법화가 필요하고, 바람직한 주민소환제의 모습을 예측·제안하는 것을 연구의 목적으로 제시하였다. 그리고 주민소환과 관련된 독일의 판례를 소개하고, 소환제와 관련된 법적 문제들로서 "소환의 대상과 소환의 주체를 포함한 당사자", "소환의 발의와 결정의 정족수 등 그 요건", "소환투표와 소환발의 결정의 효력과 불복절차" 등에 관한 시사점을 정리하여 제시하였으며, 결론에서는 주민소환제가 극단적인 직접민주제적 주민통제의 방식이라기보다 "친 대의제적 주민참가방식"으로 이해될 수 있다고 적절하게 지적하였다(최봉석, 2002: 83-108).

역시 법학분야에서 2004년에 함인선의 글 "주민소환제도에 관한 입법론적 고찰-일본 지방자치단체장 해직청구제도를 중심으로 하여-"가 「공법학연구」 제5권 제2호에 발표되었다. 주민소환운동이 더욱 확산되고, 고조되는 가운데 법률제정의 기반지식이 절실하던 시기에 일본 해직청구제도에 관한 경험적 지식을 제공하여 큰 도움이 되었는데, 이 논문이 좀더 일찍 제공되었더라면 효용성이 더 컸을 것이라고 본다.

2. 주민소환제의 적용성 모색: 적용모형의 탐색

여기서는 짐머만의 모형을 준거로 하고, 핵심요소들을 중심으로 설문조사를 실시하고 분석한 내용을 토대로 우리 나라에서 선호되는 모형을 정리하여 보기로 한다.[25]

1) 짐머만의 주민소환제 모형

짐머만은 미국 지방정부에서 사용되고 있는 주민소환제를 고찰한 후 예시적 모형을 다음과 같이 제시하였다(김영기 역, 2002: 171-196).

(1) 소환제의 적용범위

미국의 일부 주에서는 법관에게도 소환제를 적용하지만, 업무의 특성

25) 2는 앞에서 소개한 대로 2002년 한국행정학회 하계학술대회 논문집과 한국지방자치학회 하계학술대회 논문집, 그리고 2003년 한국지방행정연구원의 『지방행정연구』 제7호 제3권에 실린 논문을 요약하고 정리한 것이다.

상 제외시키는 것이 합리적이라고 보는 경향이며, 따라서 소환제의 적용범위는 사법공직자와 임명직 공직자를 제외한 모든 선거직 공직자이다.

(2) 소환제의 적용시기

임기시작 6개월과 임기만료 전 6개월은 대상기간에 포함시키지 않는다. 그것은 임기시작 6개월 동안에는 공직자의 구체적 실적을 확인하기 어렵기 때문이다. 또 임기만료 전 6개월 동안에는 소환청원자의 서명을 받거나 투표의 공고 등에 시간이 필요하고 또 대상 공직자를 해임한 후 새 공직자를 충원하더라도 별로 실익이 없기 때문이다.

(3) 소환준비절차

첫째, 등록한 유권자 10명 이상으로 구성된 소환추진위원회가 대상공직자에 대한 소환운동을 추진한다는 통보서를 담당공무원에게 접수한다. 소환추진위원회는 통보서에 소환하고자 하는 공직자 직위와 이름, 추진위원회의 대표자 이름과 연락처 등을 명기한다.

둘째, 소환추진의 내용과 추진위원의 서명의 진실성에 대하여 담당 공무원 앞에서 선서하고, 100달러를 첨부하여 접수한다.

셋째, 소환운동 추진 통보서에는 200단어 이내의 소환사유를 명시하여야 하며, 그 내용은 소환대상이 되는 공직자에게 분명하게 전달되도록 한다.

넷째, 소환운동 추진 통보서는 지역신문에 소환운동 추진위원회의 부담 아래 1회 이상 공고되거나 신문이 없는 지역의 경우는 정부청사 등 공공장소에 4회 이상 게시해야 한다.

다섯째, 소환운동의 대상이 되는 공직자는 통보서를 받고 5일 이내에 200단어 이내의 대응 진술문을 소환청원 접수를 담당하는 공무원에게 제출한다.

여섯째, 담당 공무원은 소환사유서와 대응진술문의 요약서가 포함된 소환청원 서명을 위한 유인물을 준비하여 서명운동을 승인한다.

(4) 소환청원을 위한 서명운동

첫째, 소환운동 추진위원회는 청원서에 유권자가 서명하도록 홍보하며, 또 소환을 반대하는 측은 서명하지 않도록 홍보한다.

둘째, 서명하거나 서명하지 않도록 하기 위한 운동에서 유권자에게 돈이나 어떤 가치 있는 것을 제공하는 행위는 범죄로 규정한다.

셋째, 소환운동 추진위원회는 일정한 유권자의 서명을 받아 담당 공무원에게 접수한다. 평균적으로 그 수는 그 공직자가 선출될 당시의 선거투표자의 25%의 서명을 요하며, 주 정부 공직자 등 인구가 많거나 지역이 넓어서 소환청원의 조직화가 어려운 경우에는 서명자 비율을 적게, 그 반대인 경우는 서명자 비율을 높인다. 주 정부 공직자의 경우는 서명참가 유권자의 지역적 분포를 위하여 카운티의 1/2 또는 1/3을 포함하도록 한다.

넷째, 소환청원을 위한 서명에 한 유권자는 한 차례만 할 수 있다.

(5) 서명의 확인

첫째, 소환청원의 담당 공무원은 접수 후 30일 이내에 청원서에 서명한 유권자의 진위여부, 자발성 여부 등을 확인하고, 3일 이내에 소환운동 추진위원회와 대상 공직자에게 접수가 완료되었음을 통보한다.

둘째, 검토결과 문제가 발생하면, 10일 이내에 서명내용을 수정할 수 있으며, 담당공무원은 수정한 내용을 심사하여야 하며, 이 때 불비한 부분이 확인되면 청원서를 반송한다.

셋째, 청원서의 서명요건이 모두 타당한 경우에 담당 공무원으로부터 청원서 접수완료 통보를 받은 소환대상 공직자는 그로부터 5일 이내에 자진하여 사퇴 여부를 결정한다.

넷째, 소환대상 공직자가 자진하여 사퇴하지 않는 경우에는 청원서접수와 소환투표 담당 공무원은 30일에서 45일 사이에 실시할 소환을 위한 임시투표를 공고한다.

(6) 소환을 위한 임시투표

첫째, 소환대상 공직자가 사임하거나 다른 수단에 의하여 해임, 유죄 확정, 사망 등으로 직무수행이 불가능한 경우에는 소환투표는 실시되지 않는다.

둘째, 소환제 조항에 따라 소환만을 위한 투표를 실시할 수도 있고, 후임 공직자를 선출하는 투표를 동시에 실시할 수도 있다. 후자의 경우 소환대상이 된 공직자는 후보가 될 수 없다.

셋째, 소환청원과 담당 공무원은 소환추진사유와 그에 대한 공직자의 대응하는 진술문이 포함된 투표지를 준비한다.

넷째, 소환투표 일시와 장소 등을 공고한다.

다섯째, 소환투표에도 부재자 투표가 허용된다.

여섯째, 소환선거는 그 직을 선출하는 지난 선거에 참여한 유권자의 50% 이상이 참여하여야 하고, 참여한 투표자의 과반수의 찬성에 의하여 해임이 결정된다.

일곱째, 해임이 결정되면 선거담당 공무원은 그 직이 공석임을 공고한다.

(7) 소환선거의 후속 절차

첫째, 소환선거에 사용된 비용의 명세서를 정리하여 제출한다.

둘째, 현직 공직자가 소환선거에서 승리하여 그 직을 유지하게 된 경우, 해당 지방정부는 그가 지출한 선거비용을 지급하여야 한다.

2) 조사설계와 결과의 해석

먼저 표본의 특성을 살펴보고, 이어서 주민소환제의 핵심 요소별로 선호하는 전체적 견해를 정리한 다음, 주민소환제의 제도화에 중요한 영향을 미칠 것으로 보이는 관련 집단끼리 엇갈리는 견해를 곁들여 무혐이 핵심 요소별로 논의하기로 한다.

(1) 조사개요와 표본의 특성

주민소환제와 긴밀하게 관련된 집단은 "중앙정부의 입법권을 행사하며 지방자치를 제도화하는 국회의원", "법률을 바탕으로 구체적 시행을 담당하는 행정자치부를 비롯한 각 부처의 국가공무원", "선출직으로서 주민소환제의 대상이 되는 자치단체장"과 "지방의원", "지방공무원", "주민" 등 여섯 집단이다. 이들 관련 집단은 중앙공직자(국회의원과 중앙부처 공무원)와 지방공직자(자치단체장과 지방의원, 지방공무원), 그리고 선출직 공직자(국회의원, 지방자치단체장, 지방의원)와 임명직 공직자(중앙공무원과 지방공무원)로 재구성될 수 있다.

이 연구에서는 각 집단별로 조사대상을 할당하였다. 국회의원은 행정자치위원회와 재정경제위원회, 그리고 건설교통위원회, 통일외교통상위원회 소속 의원 등 92명, 중앙부처 공무원 100명, 서울, 부산과 경남의 기초자치단체장 63명, 부산과 경남의 시・도의원 및 시・군・구 의원 112명, 경상남도와 진주, 산청 등 지방공무원 100명, 주민 150명 등 모두 617명이었다. 광역자치단체장은 전체가 16명밖에 되지 않아 조사대상에 포함시키지 않았다.

이들을 대상으로 한 조사는 우편조사와 면접조사를 병행하였다. 먼저 국회의원과 지방자치단체장, 지방의원은 우편조사를 실시하였고, 행정자치부와 재정경제부 등 중앙부처 공무원의 조사는 해당 부처 공무원의 협조를 얻어 설문조사를 하였고, 주민은 조사원을 교육하여 이들이 면접조사를 실시하였다. 그리고 회수된 설문지 383매는 SPSSWIN/PC+를 통하여 빈도분석과 교차분석을 실시하였다.

본 연구의 표본의 특성은 <표 5-2>에 나타난 바와 같이 남자가 상대적으로 많은 편이고, 연령별로는 30대와 40대가 많으며, 학력은 4년제 대졸 이상이 59.0%를 차지하고 있다. 그리고 채택한 조사방법의 결과이기도 하지만, 선출직 공직자의 응답률은 낮았고, 따라서 표본구성에서도 그대로 반영되고 있다.

〈표 5-2〉 표본의 특성

구 분		빈도	퍼센트 (%)
성별	남자	299	78.1
	여자	84	21.9
	합계	383	100.0
연령	20대 이하	32	8.4
	30대	137	35.8
	40대	120	31.3
	50대	65	17.0
	60대 이상	29	7.6
	합계	383	100.0
학력	고졸 이하	82	21.4
	전문대졸	75	19.6
	대졸	174	45.4
	대학원 이상	52	13.6
	합계	383	100.0
소속	국회의원	30	7.8
	중앙부서 공무원	74	19.3
	자치단체장	34	8.9
	지방의원	30	7.8
	지방공무원	90	23.5
	일반 주민	125	32.6
	합계	383	100.0

(2) 선호하는 주민소환제의 모형

주민소환제의 모형에서는 "적용할 공직자의 범위", "규정할 법적 체계", "적용시기", "소환청원의 주체", "요건과 절차", "서명의 확보방법", "소환투표의 실시", "투표결과에 따른 대상공직자의 처우" 등이 중요한 요인들이다.

<표 5-3>을 통해서도 나타나듯이 전체 응답자의 71.3%가 주민소환제를 실시해야 한다고 주장하고 있으며, 이에 더하여 주민발의 · 주민투표 · 주민소환 등 직접참정을 확대해야 한다는 주장도 강하다(65.7%).[26]

앞에서도 지적한 바와 같이 임기를 정하여 선출하는 대표제 지방정부에서 상당히 많은 자치단체장과 지방의원들이 사법처리의 대상이 되는

26) 우리 나라의 경우, 이미 주민발의와 주민투표는 제도화되었음에도 여기서는 대표제의 문제점을 심각하게 인식하는 정도에 따라 세 가지 직접참정수단을 광범위하게 실시해야 한다고 응답할 것이라고 보아 설문에 포함시킨 점을 밝혀 두고자 한다.

등 도덕적 해이를 드러내어 사회적 지탄을 받아왔기 때문에 그러한 문제의 해결을 위하여 소환제를 비롯한 직접참정제의 도입은 이미 시민사회의 대세를 이루고 있다.

여기서 주민소환제의 실시를 전제로 주민소환제 모형의 각 요소에 관한 응답자 전체의 인식과 선호의 빈도를 분석한 결과는 <표 5-3>과 같으며, 이를 바탕으로 우리 나라의 주민들과 관련 집단 구성원들이 선호하는 모형을 다음과 같이 구성할 수 있다.

첫째, 주민소환제는 국회의원을 포함한 지방자치단체장과 지방의원 등 모든 선출직 공직자를 대상으로 해야 한다는 주장이다. <표 5-3>에 나타난 것을 보면, 응답자 380명 가운데 71.3%인 271명이 국회의원을 포함한 모든 공직자에게 소환제를 적용해야 한다고 주장하고 있다. 대통령의 경우는 탄핵 등 그 절차가 따로 있고, 따라서 처음부터 설문에 포함시키지 않았기 때문에 여기서는 논외로 한다.

둘째, 주민소환제 적용의 시기는 임기시작 후 6개월과 임기만료 전 6개월을 제외하는 것을 응답자 381명 가운데 37.0%인 141명이 지지하였다. 참고로 해야 할 것은 임기시작 후 3개월과 임기만료 전 3개월의 유예기간 지지자도 33.9%(129명)나 된다는 사실이다.

셋째, 임기 중 주민소환제의 발동 횟수는 1회로 한정하는 것을 응답자 382명의 38.2%(146명)가 지지하고 있으며, 임기 중 2회 발동을 지지하는 응답자도 33.0%(126명)나 되었다.

넷째, 주민소환제는 특별법을 제정하여 법적 근거를 마련하는 방안을 응답자 382명의 49.5%(189명)가 지지하였다.

다섯째, 주민소환의 발의는 해당 공직자를 선출할 당시 유권자의 30%의 서명을 받는 방안을 지지한 응답자는 전체 380명 가운데 24.2%(92명)를 차지하고 있다. 여기에 관해서는 10%에서 50%까지 5% 단위로 선택지를 부여한 결과 응답이 많이 분산되었다.

여섯째, 주민소환과 관련된 업무는 관할 선거관리위원회가 담당하는

〈표 5-3〉 각 요소에 관한 응답자 전체의 인식과 선호

주민소환제의 실시여부에 관한 견해

실시해야 한다	실시를 반대한다	잘 모르겠다	합계
273(71.3)	65(17.0)	45(11.7)	383(100.0)

주민소환제의 적용범위

국회의원과 선거직 지방공직자 모두에게 적용	선거직 공직자에게 적용	지방단체장에게만 적용	지방의원에게만 적용	합계
271(71.3)	72(18.9)	31(8.2)	6(1.6)	380(100.0)

주민소환제 적용시기

임기시작 후 3개월과 임기만료 전 3개월은 제외	임기시작 후 6개월과 임기만료 전 6개월은 제외	임기시작 후 1년과 임기만료 전 6개월은 제외	합계
129(33.9)	141(37.0)	111(29.1)	381(100.0)

주민소환제의 발동 횟수

임기중 1회만 발동	임기중 2회만 발동	무제한 발동	합계
146(38.2)	126(33.0)	110(28.8)	382(100.0)

주민소환제는 어디에 규정되어야 하는가

헌법	지방자치법	조례	소환제에 관한 특별법	합계
60(15.7)	112(29.3)	21(5.5)	189(49.5)	382(100.0)

소환을 제기할 때 어느 정도의 유권자의 서명이 필요한가

10%	15%	20%	25%	30%	35%	40%	45%	50%	합계
35 (9.2)	10 (2.6)	47 (12.4)	46 (12.1)	92 (24.2)	42 (11.1)	38 (10.0)	6 (1.6)	64 (16.8)	380 (100.0)

소환절차와 관련된 업무의 담당기관

관할 선거관리위원회	별도로 설치된 주민소환관리위원회	합계
193(50.5)	189(49.5)	382(100.0)

직접참정제의 실시범위에 관한 견해

세 가지 모두를 실시해야 한다	주민발의와 주민투표만 실시해야 한다	주민투표만 실시해야 한다	주민발의만 실시해야 한다	세 가지 모두의 실시에 반대한다	합계
251(65.7)	70(18.3)	37(9.7)	5(1.3)	19(5.0)	382(100.0)

소환된 공직자의 처우에 관한 견해

소환된 공직에 재출마를 금지해야 한다	소환된 공직 외 다른 공직으 취임이 허용되어야 한다	여하한 공직에도 취임이 금지되어야 한다	합계
165(43.7)	55(14.6)	158(41.8)	378(100.0)

방안을 전체 응답자 382명의 50.5%(193명)가 지지하였으나, 소환을 다룰 특별위원회를 구성해야 한다는 응답도 49.5%(189명)나 되어 매우 근소한 차이를 보였다.

일곱째, 소환된 공직자는 소환된 공직의 출마나 취임을 금하는 방안을 응답자 378명 가운데 43.7%(165명)가 지지하였으며, 여하한 공직의 취임도 금하자는 주장도 41.8%(158명)나 된다.

(3) 선호하는 모형에 관한 논의

여기서는 앞에서 응답자의 선호하는 주장을 중심으로 설정한 모형의 핵심 요소별로 미국의 사례와의 비교, 관련 집단별 견해차, 예견되는 문제 등을 포함시켜 논의하고자 한다.

① 소환제의 적용대상에 관한 논의

미국은 주 정부 공직자와 지방정부 공직자는 각자의 법체계를 가지고 소환제의 적용여부를 선택할 수 있다. 그리고 특이한 경우를 제외하고는 그 적용을 선출직에 한정시키고 있다.

김영기에 따르면(2002: 155), 관련 집단별로 견해차이가 나타나고 있는 바, 국회의원은 가장 강하게 소환제의 실시를 주장하면서도(87.0%) 그 40.0%만 자신들을 소환제의 대상으로 포함시켜야 한다고 하였고, 자치단체장들은 소환제의 실시에 관해서는 가장 낮게 지지하면서도(55.9%) 그 94.1%가 국회의원들에게도 적용해야 한다고 주장하였다. 그리고 주민들의 많은 수(81.3%)는 국회의원들도 대상에 포함시킬 것을 주장하였다 (χ^2=49.596 df=15 p=.000).

그러나 입법권은 국회가 지니고 있으며, 또 그들은 소환제의 적용대상으로 자신들이 포함되는 것을 꺼리고 있는 한, 그들을 포함하는 소환제의 법제화는 이루어지기 어렵다. 그러므로 우리가 모든 선출직에게 소환제를 마땅히 적용해야 한다는 규범적 접근을 취하는 경우, 국회의원들은 법률제정을 거부할 것이다. 당장 지방자치현장에서 나타나고 있는 문제를 치유하기 위해서는 일단 지방의 선출직 공직자로 한정하여 소환제 적용대상으로 하는 현실적 접근이 실효성이 높다. 특히 국회의원 응답자 87.0%가 소환제를 실시하자고 주장하는 편이어서 지방의 선출직으로 대상을 한정하는 현실적 접근은 관련 법률의 제정에 도움이 될 것이다.[27]

② 유예기간에 관한 논의

응답자 가운데 중앙공무원(37.0%)과 지방공무원(40.4%)은 유예기간을 임기시작 후 1년, 만료 전 6개월을 선호하고, 국회의원(56.7%), 자치단체장(64.7%), 지방의원(46.7%)은 6개월 유예기간을 지지하며, 주민(54.4%)은 3개월 유예기간을 지지하였다 (χ^2=53.302 df=10 p=.000). 그러나 <표 5-4>에서 사례가 없거나 일정한 비율을 넘지 못하는 경우, 결과의 해석을 조심스럽게 할 필요가 있다.

소환절차는 사실 매우 정치적인 의미를 가지며, 따라서 그 파급효과도 클 수밖에 없으므로 신중하게 적용하여야 한다. 소환제는 그 청원절차

〈표 5-4〉 주민소환제의 적용범위에 관한 견해

구 분	국회의원 등 모든 선거직공직자에게 적용	지방선거직 공직자에게 적용	지방단체장에게만 적용	지방의원에게만 적용	전체
국회의원	12(40.0%)	15(50.0%)	3(10.0%)	-	30(100.0%)
중앙부서 공무원	42(56.8%)	19(25.7%)	12(16.2%)	1(1.4%)	74(100.0%)
자치단체장	32(94.1%)	1(2.9%)	-	1(2.9%)	34(100.0%)
지방의원	20(66.7%)	6(20.0%)	4(13.3%)	-	30(100.0%)
지방공무원	65(73.0%)	14(15.7%)	8(9.0%)	2(2.2%)	89(100.0%)
일반 주민	100(81.3%)	17(13.8%)	4(3.3%)	2(1.6%)	123(100.0%)
전체	271(71.3%)	72(18.9%)	31(8.2%)	6(1.6%)	380(100.0%)
χ^2=49.596 df=15 p=.000					

27) 일본의 경우는 지방의회의 해산은 물론 선출직이 아닌 주요 공직자들도 소환대상으로 하고 있다.

(petition process)로부터 해임투표까지 상당한 시간이 걸리므로 그 적용시기를 선택할 때도 그 실효성을 확보할 수 있어야 한다. 즉, 소환제의 사회적 비용을 감안하여야 한다. 미국의 경우는 대개 임기가 시작된 후 6개월간은 구체적 능력이나 실적이 나타나기 전이라는 점에서, 임기 만료가 되기 전 6개월을 제외기간으로 하는 것은 소환절차를 추진하는데 시간이 필요하고 또 해임하더라도 비용만 들 뿐 실제적 효과가 없다고 보기 때문이다.

우리의 경우도 약간 다수가 임기시작 후 6개월, 임기만료 전 6개월 유예를 주장하고 있다는 점에서 실효성을 감안한 주장으로 보이며, 오히려 임기시작 후 1년과 만료 전 6개월 안도 현실적일 수 있을 것이다.[28]

〈표 5-5〉 주민소환제 적용시기

구분	임기시작 후 3개월과 임기만료 전 3개월은 제외	임기시작 후 6개월과 임기만료 전 6개월은 제외	임기시작 후 1년과 임기만료 전 6개월은 제외	전체
국회의원	9(30.0%)	17(56.7%)	4(13.3%)	30(100.0%)
중앙부서 공무원	20(27.4%)	26(35.6%)	27(37.0%)	73(100.0%)
자치단체장	3(8.8%)	22(64.7%)	9(26.5%)	34(100.0%)
지방의원	7(23.3%)	14(46.7%)	9(30.0%)	30(100.0%)
지방공무원	22(24.7%)	31(34.8%)	36(40.4%)	89(100.0%)
일반 주민	68(54.4%)	31(24.8%)	26(20.8%)	125(100.0%)
전체	129(33.9%)	141(37.0%)	111(29.1%)	381(100.0%)
χ^2=53.302 df=10 p=.000				

③ 소환제 발동횟수에 관한 논의

자치단체장(91.2%), 국회의원(50.0%), 지방의원(44.8%)은 임기 중 1

28) 일본의 경우 자치단체장의 해직청구는 취임일로부터 1년간, 동일인에 대한 해직투표일로부터 1년간은 할 수 없다(함인선, 2004: 8). 일본의 경우는 임기 만료 전의 제한기간을 명시하지 않고 있다.

회, 일반 주민(44.8%)과 지방공무원(37.8%)은 임기 중 2회, 중앙공무원(43.2%)은 무제한 발동을 주장하였다(χ^2=66.132 df=10 p=.000).

미국의 경우는 각 정부별로 자유롭게 규정하도록 하며, 대개 임기 중 1회로 한정하는 경향이다. 소환제 적용의 유예기간과 마찬가지로 사회적 비용을 감안하여 한 공직자의 임기 중 무제한으로 발동하는 것은 무리이고, 또 그렇게 여러 차례 발동할 수 있는 상황이 발생하기 어렵다. 그러므로 소환제의 발동은 해당 공직자의 임기 중 1회로 한정하여 규정하고 적용하는 것이 바람직하다고 본다.

〈표 5-6〉 주민소환제의 발동 횟수에 관한 견해

구 분	임기중 1회만 발동	임기중 2회만 발동	무제한 발동	전체
국회의원	15(50.0%)	10(33.3%)	5(16.7%)	30(100.0%)
중앙부서 공무원	26(35.1%)	16(21.6%)	32(43.2%)	74(100.0%)
자치단체장	31(91.2%)	2(5.9%)	1(2.9%)	34(100.0%)
지방의원	13(44.8%)	8(27.6%)	8(27.6%)	29(100.0%)
지방공무원	32(35.6%)	34(37.8%)	24(26.7%)	90(100.0%)
일반 주민	29(23.2%)	56(44.8%)	40(32.0%)	125(100.0%)
전체	146(38.2%)	126(33.0%)	110(28.8%)	382(100.0%)
χ^2=66.132 df=10 p=.000				

④ 소환제의 법적 근거에 관한 논의

중앙공무원(27.4%)을 제외하고는 국회의원(76.7%), 자치단체장(79.4%), 지방의원(43.3%), 지방공무원(42.2%0, 일반주민(54.4%)은 소환제를 규정할 법으로 특별법을 가장 많이 지지하고 있다(χ^2=53.986 df=15 p=.000).

미국의 경우 첫째, 주 헌법에 규정하고 이를 근거로 법률을 제정하거나 둘째, 법률을 제정하여 이를 근거로 주 정부 공직자에게 소환제를 적용하는 경우가 있다. 지방공직자의 경우는 위 두 가지 방법 외에 셋째,

주 법률에 근거하여 지방정부의 조례를 제정하여 적용하거나 넷째, 위의 근거가 없더라도 지방정부가 자치헌장(Home Rule Charter)에 규정하여 적용하는 경우가 있다.

우리의 경우는 많은 응답자가 소환제에 관한 특별법의 제정을 지지하였다. 이 방법은 공직선거법처럼 대상이 되는 모든 선출직 공직자에게 적용할 소환제를 단일의 법률에 규정함으로써 복잡성을 덜 수 있는 장점이 있다.

만약 지방자치법에 소환제 관련 조항을 포함시켜 규정하는 경우, 그와 관련된 근거조항만 규정하고 또 따로 법령을 마련하여야 한다는 점에서 법체계를 복잡하게 만들 수 있는 것이다.[29]

〈표 5-7〉 주민소환제의 근거법령에 관한 견해

구분	헌법	지방자치법	조례	소환제에 관한 특별법	전체
국회의원	-	7(23.3%)	-	23(76.7%)	30 (100.0%)
중앙부서 공무원	14(19.2%)	36(49.3%)	3(4.1%)	20(27.4%)	73 (100.0%)
자치단체장	2(5.9%)	5(14.7%)	-	27(79.4%)	34 (100.0%)
지방의원	5(16.7%)	8(26.7%)	4(13.3%)	13(43.3%)	30 (100.0%)
지방공무원	17(18.9%)	31(34.4%)	4(4.4%)	38(42.2%)	90 (100.0%)
일반 주민	22(17.6%)	25(20.0%)	10(8.0%)	68(54.4%)	125 (100.0%)
전체	60(15.7%)	112 (29.3%)	21(5.5%)	189 (49.5%)	382 (100.0%)
χ^2=53.986 df=15 p=.000					

29) 일본의 경우는 지방자치법에 포함시켜 규정한 다음 구체적 적용에 관련된 내용은 시행령을 제정하여 시행하고 있다.

⑤ 소환발의 요건에 관한 논의

일반주민(48.0%)을 제외한 국회의원(90.0%), 중앙공무원(85.0%), 지방공무원(77.8%), 지방자치단체장(61.8%), 지방의원(60.0%)은 모두 소환대상 공직자의 선거구 유권자 총수의 일정한 비율을 서명자로 하여야 한다는 주장이 가장 높았으며, 그 내용은 <표 5-8>과 같다(χ^2=44.779 df=5 p=.000). 소환을 청원할 때 필요한 서명자의 비율은 자치단체장은 50%, 일반주민은 35%를 주장하였으나 국회의원, 중앙공무원, 지방의원, 지방공무원은 30%를 주장하였다(χ^2=84.074 df=40 p=.000).

〈표 5-8〉 청원을 위한 서명집단에 관한 견해

구 분	소환대상 공직자 선거구 유권자 총수의 일정한 비율	소환대상 공직자 선출 때 참여한 투표자 수의 일정한 비율	전체
국회의원	27(90.0%)	3(10.0%)	30(100.0%)
중앙부서 공무원	63(85.1%)	11(14.9%)	74(100.0%)
자치단체장	21(61.8%)	13(38.2%)	34(100.0%)
지방의원	18(60.0%)	12(40.0%)	30(100.0%)
지방공무원	70(77.8%)	20(22.2%)	90(100.0%)
일반 주민	60(48.0%)	65(52.0%)	125(100.0%)
전체	259(67.6%)	124(32.4%)	383(100.0%)
χ^2=44.779 df=5 p=.000			

이 점은 미국과 좀 차이가 나고 있는 바, 미국은 서명대상도 소환대상 공직자 선거구의 유권자 총수가 아니라 투표참여자로 하고, 그 비율도 평균 25%로 하고, 또 선거구 사정을 감안하여 비율을 조정하고 또 지역분산의 요건도 적용하고 있다. 즉, 인구규모가 큰 경우에는 서명비율을 낮추어 조정하고 구역이 작은 경우에는 비율을 높여 조정한다. 그리고 선거구의 특정 지역편중, 즉 소지역주의의 발호를 방지하기 위하여 대개

하부구역의 1/3 이상의 지역에 걸쳐 서명을 받도록 규정하고 있다. 우리의 경우도 이러한 조건을 반영시켜서 청원의 요건을 설정할 필요가 있다.

첫째, 누구의 서명을 받아 청원을 낼 것이냐를 검토할 때, 역시 해당 공직자를 선출할 때 투표에 참여한 유권자로 하는 것이 바람직하다. 왜냐하면, 그 외의 유권자는 기권자로서 해당공직자와 경쟁하던 후보, 그리고 그들의 정책에 관하여 구체적으로 판단하는 기회를 갖지 않았기 때문이고, 또 그 공직자의 선택에 관여한 유권자가 후속 책임을 져야 한다는 점 때문이다.

둘째, 서명자 비율과 관련된 조건은 우리의 기초자치단체나 광역자치단체 모두 규모가 크기 때문에 서명자 비율을 30%로 설정하는 경우 소환청원이 매우 어려울 수 있다. 참고로 현재 지방자치법 제13조의 4에는 주민감사청구 요건으로 주민총수의 1/50을 규정하고 있는 바, 이는 유권자의 2%에 해당한다. 그런데 소환제를 위한 청원요건을 이처럼 낮게 설정하는 경우 정치적 반대파에 의하여 악용될 수 있다. 또 지나치게 많은 경우 소환운동의 조직화가 어려워 제도의 실효성을 떨어뜨린다. 따라서 시・도지사의 경우는 15%, 기초자치단체의 경우 30% 이하의 어느 범위에서 설정하는 것이 바람직하다고 본다.

셋째, 시・도 지사의 경우는 서명자의 지역적 분산이 필요하므로 시・군・구 수를 기준으로 하여 그 1/3 이상의 구역에 걸치도록 하면 될 것이다.

⑥ 소환업무 주관기관

소환업무를 어느 기관이 담당해야 하느냐에 관해서 자치단체장(61.8%), 지방의원(53.3%), 일반주민(61.3%)은 특별위원회를 지지하고, 국회의원(83.3%), 중앙공무원(59.5%), 지방공무원(54.4%)은 기존의 선거관리위원회를 지지하였다. 그러나 전체적으로는 50.5%가 선거관리위원회를 지지하고 있다 (χ^2=24.992 df=5 p=.000).

미국의 경우는 대개 해당 공직자의 소환을 위한 특별위원회를 설치하는 경향이다. 그러나 우리 나라의 선거관리위원회는, 업무의 과중이 우려될 수 있으나, 기존의 선거업무 처리 경험과 자료를 보유하고 있어서 소환업무를 처리하는 데 안성맞춤이다.

⑦ 소환된 공직자의 처리에 관한 논의

소환투표를 통해 해임된 공직자의 처우와 관련하여 집단별로 견해가 엇갈린다. 국회의원(71.4%), 지방의원(56.7%), 지방공무원(47.8%)은 소환된 공직자는 여하한 공직에도 취임할 수 없도록 강력한 제재를 주장하고, 중앙공무원(53.4%), 일반주민(53.7%)은 소환된 공직의 재출마를 금지시키는 정도의 제재를 주장하고 있고, 전체적으로도 소환된 공직의 취임만 금하는 입장(43.7%)이다 (χ^2=94.365 df=10 p=.000).

〈표 5-9〉 소환절차와 관련된 업무의 주관기관

구 분	관할 선거관리위원회	별도로 설치된 주민소환관리위원회	전체
국회의원	25(83.3%)	5(16.7%)	30(100.0%)
중앙부서 공무원	44(59.5%)	30(40.5%)	74(100.0%)
자치단체장	13(38.2%)	21(61.8%)	34(100.0%)
지방의원	14(46.7%)	16(53.3%)	30(100.0%)
지방공무원	49(54.4%)	41(45.6%)	90(100.0%)
일반 주민	48(38.7%)	76(61.3%)	124(100.0%)
전체	193(50.5%)	189(49.5%)	382(100.0%)
χ^2=24.992 df=5 p=.000			

이에 관해서는 현재 우리 나라의 선거직 공직자의 도덕적 해이가 심각하다고 보고, 오히려 소환된 공직자에 대한 제재는 일단 강화하는 것이 바람직하다고 할 것이다. 그러므로 소환대상 공직의 취임은 물론 여타의 공직도 취임할 수 없도록 조치할 필요가 있다. 그런 점에서 우리의

〈표 5-10〉 소환된 공직자의 처리에 관한 견해

구 분	소환된 공직의 재출마 금지	그 외 다른 공직의 취임 허용	여하한 공직도 취임 금지	전체
국회의원	6(21.4%)	2(7.1%)	20(71.4%)	28(100.0%)
중앙부서 공무원	39(53.4%)	4(5.5%)	30(41.1%)	73(100.0%)
자치단체장	7(20.6%)	22(64.7%)	4(14.7%)	34(100.0%)
지방의원	11(36.7%)	2(6.7%)	17(56.7%)	30(100.0%)
지방공무원	36(40.0%)	11(12.2%)	43(47.8%)	90(100.0%)
일반 주민	66(53.7%)	14(11.4%)	43(35.0%)	123(100.0%)
전체	165(43.7%)	55(14.6%)	158(41.8%)	378(100.0%)
χ^2=94.365 df=10 p=.000				

선거사범에 관한 사법적 제재의 수준을 감안하는 방안도 있을 것이다.

지금까지 살펴본 대로, 필자의 졸역 「미국의 주민소환제도」와 소환제의 적용성을 모색하는 논문들은 주민소환운동을 전개하던 시민단체와 그 지도자들에게 필요한 지식의 일부를 제공한 것으로 보이며, 이전 가운데 경기도 고양시의 공식의제 진입실패에 이어 광주광역시에서 새로운 계기가 싹트고 있었다.

3. 새로운 계기: 광주소환제 조례와 대법원 패소

광주전남 개혁연대의 활동은 그것이 갖는 정책과정적 논의와 소환조례안의 소개 등으로 나누어 살펴본다.

1) 정책과정적 논의

광주광역시와 전남은 역시 특별한 지역이었다. 광주광역시와 전남은 우리 나라 민주주의를 위하여 헌신과 희생이 컸던 곳으로서 지역주민들의 자긍심이 높았고, 그런 만큼 지방민주주의를 지향한 관심이 다른 지역보다 높았다. 그래서 광주광역시와 전라남도의 시민단체들은 선출직 지방공직자들의 불법·부당한 행태를 통제하기 위한 장치를 기존의 주민발의를 통하여 모색하고자 하였다. 그들의 이러한 시도는 광주광역시 의회와 전라남도 의회의 의사와 결합되어 주민소환 조례를 제정하려고 하였으며, 그것이 법적 근거를 갖든 아니든 대법원 패소로 이어지는 과정은 주민소환법 제정에 새로운 계기를 만들었고, 또 광주의 시민단체들은 법률제정에 이르기까지 핵심적 주도자의 역할을 담당하였다.

필자가 정책과정 가운데 의제설정은 246개 지방정부가 존재함으로써 지역적 다중구조(地域的 多重構造)를 드러낸다고 하였다. 주민소환이라는 쟁점은 2000년 경기도 고양시의 시장퇴진운동을 통하여 의제설정의 발의와 쟁점이 이루어졌음은 주지의 사실이다. 그러나 그 사건은 전국의 주민들로 하여금 지방공직자 일탈문제가 심각하고, 뭔가 대책이 필요하다는 인식을 확산시키기는 하였으나 그 다음의 정책과정으로 연결되지 못하였다. 정책결정은 복잡한 환경 속에서 이루어지고, 다양한 요인들이 작용하므로, 고양시장 퇴진운동이 다음의 정책과정으로 진전되지 못한 원인은 분석될 필요가 있다고 본다.

이렇게 보면, 광주전남의 소환제조례제정 운동은 그 지역단위로 독립적 정책과정으로서 사회문제→쟁점발의→요구표명→쟁점확산→공중의제→정책형성→공식의제 진입→정책결정의 단계를 거쳤다. 광주소환조례라는 정책의 계기는 광주와 전남 지방자치단체장들의 불법·부당행위 사건이고, 쟁점화 또는 정책과정 주도자는 김한배(호남대 교수) 광주·전남개혁연대 공동대표, 김용채 시민단체협의회 대표, 류동훈 광주 YMCA사무총장을 비롯한 시민단체 지도자들, 그리고 지방정부 내의 이형석 광주광역시의회 의장, 김선옥 행정자치위원장 등이었다. 그리고 정책으로서 광주소환조례의 반대자는 광주광역시장과 시장과 이해를 같이하는 간부들, 그리고 투표자들, 행정자치부와 대법원이었다.

광주와 전남에서 일어난 주민소환조례 제정의 정책과정은 국회에 의한 주민소환법 제정이라는 쟁점이 확산되어 제정운동의 전국적 연대를

기사 3 >>> 부패공직자 주민소환제 조례제정 시민운동 '점화'

올들어 잇달아 터진 단체장의 공직비리를 계기로 부패척결과 정치개혁의 요구가 높아짐에 따라 주민소환조례를 만들자는 운동이 거세지고 있다.

광주지역 시민단체들이 '주권재민'의 깃발을 들고 펼치는 이 운동의 배경 · 일정 · 쟁점 등을 살펴본다.

추진배경=지난 5월 광주시 광산구청장과 전남도 정무부지사 주변에서 인사 · 공사를 둘러싼 공직비리가 잇달아 터졌다. 공직자 본인 또는 부인이 금품 수천만원을 받았다가 구속됐다. 놀란 지역주민들은 더 이상 공직사회의 비리를 방치해 둘 수 없다고 판단했다. 시민단체들은 단체장의 반성과 사퇴를 촉구했고, 공무원노조는 조직적인 자성과 감시를 다짐했다.

이런 과정에서 공직사회 개혁과 부패척결을 위한 광주 · 전남공대위는 지난달 15~24일 광산구청장 소환투표를 벌여 투표자 6,635명 가운데 92.8% 찬성으로 공직사퇴를 촉구했다. 구청장이 버티자 소환투표의 법적 한계에 직면한 25개 시민단체들은 지난 3일 부패 정치인 퇴출을 위한 주민소환조례제정운동본부(상임본부장 박경린)를 결성했다.

추진일정=주민소환조례제정운동본부는 15일 "소환조례의 주민발의를 위한 청구인 대표자로 강창원 변호사를 선임해 서명운동을 시작한다"고 발표했다. 조례발의를 위한 서명 때는 행정기관이 사전에 인정한 청구인 대표자가 있어야 한다. 또 유권자 숫자가 96만 9,315명인 광주시에서 조례를 발의하려면 1만 8천명(유권자 80-110만명인 지역)의 서명이 필요하다.

운동본부는 오는 18일 오후 4시 광주시 동구 충장로 2가 광주우체국 앞에서 출정식을 열고 11월까지 시민 1만 8천명에게 서명을 받기로 했다. 이어 올해 안에 선출당시 투표자 10%의 찬성으로 단체장을 소환하는 조례안을 발의해 광주시의회의 의결을 요청할 예정이다. 운동본부는 또 홈페이지(ngosimin.or.kr)에 부정부패 신고센터를 설치해 공직자의 비리를 원천적으로 막고 소환에 필요한 자료를 모으기로 했다.

법적 쟁점=주민소환은 선출한 공직자가 직무를 올바로 수행하지 못하면 일정한 요건과 절차를 정해 임기 도중에 물러나게 하는 제도이다. 주민들이 선출해 직무 수행권을 위임한 만큼 기대를 저버리고 비리를 저지르면 다시 불러들여 직위를 박탈해야 한다는 것이다. 문제는 현행 지방자치법이 주민소환제를 시행할 근거를 마련해두지 않았다는 것이다. 이 때문에 지방의회가 조례를 제정해도 적법성과 실효성을 둘러싼 논란이 뒤따를 수 있다.

운동본부는 조례를 의결한 뒤 단체장이 거부권을 행사하면 행정소송으로 맞선다는 방침이다. 주민소환을 지방자치 관련법에 명시하거나, 법률적 근거가 없어도 자치단체 차원에서 시행하는 국가가 많다는 사례도 제시한다. 명분과 취지가 정당한만큼 전국 곳곳에서 조례제정운동을 벌여 정치권을 압박한다는 방향도 제시했다.

광주전남개혁연대 류동훈 사무국장은 "주권은 국민으로부터 나온다는 것이 헌법 정신"이라며 "주민이 뽑고난 뒤 잘못을 저질러도 그만두게 할 수 없다면 이치에 맞지 않다"고 말했다.

광주/안관옥 기자 okahn@.hani.co.kr 등록 2003. 09.15(월) 22:31

위한 제2의 계기 또는 점화장치가 된 사건이었다. 이들이 주민소환조례의 제정운동을 전개하면서 정부 밖의 정책중개자(issue or policy entrepreneur)로서 어떻게 역할을 수행하는지 살펴보자. 그 내용을 2003년 9월 15일자 한겨레신문 기사를 참조할 필요가 있다.

광주전남개혁연대를 비롯한 시민사회는 주민소환의 제도화에 태풍의 핵과 같은 역할을 한 것으로 볼 수 있다. 행정자치부가 주민소환제 자문위원회를 구성하기 전에 이미 시민운동의 현장을 통하여 그 필요성을 절감하였을 뿐만 아니라 이미 존재하는 조례개폐청구권이라는 "주민발의" 제도를 활용하여 주민소환을 제도화하기 위한 구체적 노력을 앞서 기울였다. 광주지역에서는 광주전남개혁연대 류동훈 사무국장을 비롯하여 25개 시민단체가 동참하여 '주민소환조례제정운동본부'를 결성하고, 2003년 9월부터 주민발의 요건으로 규정된 1만 8천명을 넘어 1만 9천여 명의 서명을 받았고, 2004년 2월 23일 "주민소환조례안"을 광주광역시에 접수하였다.30)

그러는 동안 경남에서는 경남지방분권협의회가 주최하고 지방분권운동경남본부가 주관하여 2003년 12월 23일 마산에서 <지방분권화시대의 주민참여>를 주제로 지방분권 기획세미나가 열렸으며, 이 자리에서 "한국적 주민소환제 모형의 탐색(김영기)"과 "주민소환제도 도입과 관련한 법적 쟁점(송기춘)"에 관한 발표가 있었으며, 지방에서 처음으로 주민소

30) 2004년 2월 16일 한겨레신문 사회면 기사.

환과 관련된 지식(논문)이 시민사회로 전파되는 기회를 만들었다.

한편 광주전남개혁연대와 광주시의회, 전남도의회가 주민소환의 제도화를 위한 활동을 결코 멈추지 않았다. 다음의 한겨레신문 2003년 2월 24일자 기사를 통하여 그 내용을 확인해 보자.

이렇게 하여 발의된 주민소환제 조례안은 광주광역시 의회와 전라남도 의회가 2004년 4월 29일 본 회의에서 만장일치로 조례안을 통과시켰으며, 같은 날 전남도의회도 만장일치로 조례안을 가결하였다. 그 후 두 의회는 집행기관으로 이송하였으며, 예상했던 대로 거부권을 행사하였다. 따라서 광주전남개혁연대와 광주광역시, 전남도 의회는 2004년 6월 9일 광주광역시의회에서 공청회[31]를 가졌으며, 두 지방의회는 2004년 7월 2일 만장일치로 재의결하였고, 이제 광주와 전남의 주민소환조례는 집행기관과 행정자치부에 의하여 대법원에 소송을 제기하였다(동아일보, 2004. 7. 8일자).

기사 4 ››› 비리 공직자 임기박탈 주민소환조례 첫 발의

광주지역 시민단체들이 주민발의로 선출직 공직자의 직위를 임기 도중에 박탈할 수 있는 주민소환조례를 만들라고 요구해 주목된다.

광주시민단체협의회 주민소환조례제정운동본부는 23일 광주시청 앞에서 회견을 열어 "주민이 주인되는 지방자치를 실현하려면 주민소환제를 도입해야 한다"며 광주시공직자소환조례안과 청구인 1만 8,853명의 서명부를 광주시에 제출했다. 운동본부는 "광주시의회가 필요한 절차와 구체적 심의를 거쳐 4월 임시회에서 조례안을 통과시키기를 기대한다"며 "예상되는 제정 거부, 재의 요구, 무효 소송 등에 맞서 반드시 조례 제정을 성사시키겠다"고 강조했다.

31) 이 자리에는 전문가 입장에서 필자가 "주민소환제의 법제화 방안"을 발제하여, 대표제 지방정부의 문제 사례를 지적하고 그러한 문제를 해결하기 위하여 주민소환제의 도입이 필요하며, 미국의 주민소환제 모형을 준거로 하여 광주광역시의회와 전남도의회가 제정한 조례안의 조문에 대한 검토의견을 제시하였다.

이 조례안은 광주시장이 위법부당한 행위를 하거나 직권남용·직무유기를 저질렀을 때 선출 당시 투표자 10%의 서명을 받아 소환투표를 요구할 수 있다는 내용을 담았다.

소환투표는 요구 성립일부터 60~80일 안에 실시해 투표자의 과반수 찬성으로 직위를 박탈하도록 했다. 보궐선거는 소환투표와 동시에 실시한다.

또 소환투표의 비용은 광주시가 부담하고, △취임 뒤 6개월 △소환투표 뒤 6개월 △임기 만료 전 6개월 동안은 소환요구를 못하도록 규정했다.

광주지역 시민단체들이 주민발의로 선출직 공직자의 직위를 임기 도중에 박탈할 수 있는 주민소환조례를 만들라고 요구해 주목된다.

광주시민단체협의회 주민소환조례제정운동본부는 23일 광주시청 앞에서 회견을 열어 "주민이 주인되는 지방자치를 실현하려면 주민소환제를 도입해야 한다"며 광주시공직자소환조례안과 청구인 1만 8,853명의 서명부를 광주시에 제출했다. 운동본부는 "광주시의회가 필요한 절차와 구체적 심의를 거쳐 4월 임시회에서 조례안을 통과시키기를 기대한다"며 "예상되는 제정 거부, 재의 요구, 무효 소송 등에 맞서 반드시 조례 제정을 성사시키겠다"고 강조했다.

이 조례안은 광주시장이 위법부당한 행위를 하거나 직권남용·직무유기를 저질렀을 때 선출 당시 투표자 10%의 서명을 받아 소환투표를 요구할 수 있다는 내용을 담았다.

소환투표는 요구 성립일부터 60~80일 안에 실시해 투표자의 과반수 찬성으로 직위를 박탈하도록 했다. 보궐선거는 소환투표와 동시에 실시한다.

또 소환투표의 비용은 광주시가 부담하고, △취임 뒤 6개월 △소환투표 뒤 6개월 △임기 만료 전 6개월 동안은 소환요구를 못하도록 규정했다.

서명운동 대표인 강창원 변호사는 "약속을 깨고 신뢰를 잃은 정치인에게 책임을 묻는 것은 헌법에 보장된 기본권"이라며 "주민의 공감을 넓히기 위해 국회에 입법청원을 하지 않고 주민발의로 자치단체에 조례 제정을 요구하는 방식을 택했다"고 강조했다.

광주전남개혁연대 류동훈 사무국장은 "장기적으로는 부정부패 정치인들이 발붙이지 못하도록 소환근거를 담은 법률을 만들어야 한다"고 말했다. 운동본부는 이어 "광주가 한국의 민주화를 이끌었던 저력을 살려 지방자치를 개혁하고 부패비리를 척결하는 데 앞장서겠다"며 전국적인 연대운동을 다짐했다.

운동본부는 지난해 7월 광주기독교청년회, 광주경실련, 광주시민연대, 누리문화재단 등 25개 단체로 출범한 뒤 9월부터 조례안 주민발의를 위한 서명운동을 펼쳐왔다.

광주/안관옥 기자 okahn@hani.co.kr

3) 광주 조례안의 내용

광주광역시 조례안은 그 내용이 많지 않으므로 여기에 그 원문을 소개하기로 하며, 또 그 내용 또한 검토해야 할 부분도 있으므로 다음에 그 내용을 소개한다.

(1) 광주광역시 소환조례안 원문

〈광주광역시 공직자 소환에 관한 조례안〉

제1조 이 조례는 광주광역시 공직자 소환에 관한 조례라 칭하며, 광주광역시장(시장)과 광주광역시의원(시의원)은 이 조례에 의한 소환 대상이다.

제2조 광주광역시에 거주하는 20세 이상의 선거인(공직선거 및 선거부정방지법 제18조에 의해 선거권이 없는 자는 제외된다. 이하 선거인이라 한다)은 시장이나 시원의 위법·부당한 행위, 직권 남용, 직무유기에 대해 소환을 요구할 수 있다.

제3조 ① 시장이나 시의원의 소환을 원하는 선거인은 누구나 광주광역시 선거관리위원회(이하 선거관리위원회)에 소환 대상자의 직위와 이름, 소환 사유를 명시한 소환 요구서를 접수할 수 있다.

② 소환 요구서의 접수자는 정해진 기간 내에 필요한 수의 선거인의 서명을 받아 선거관리위원회에 제출해야 하며, 소환 사유는 심사받지 아니한다.

제4조 ① 시장에 대한 소환 요구는 소환 요구서를 접수한 날로부터 150일 이내에 소환 대상이 된 시장을 선출했던 선거의 유권자 총수의 10%에 해당하는 수의 선거인의 서명을 받아야 성립한다.

② 시의원에 대한 소환 요구는 소환 요구를 접수한 날로부터 90일 이내에 소환 대상이 된 시의원을 선출했던 선거의 당해 유권자 총수의 20%에 해당하는 수의 선거인의 서명을 받아야 성립한다.

제5조 ① 선거관리위원회는 시장이나 시의원에 대한 소환 선거를 소환 요구가 성립된 날로부터 60일 후 80일 전에 실시해야 한다.

② 소환 선거는 공직선거법에 따른다.

제6조 투표자 과반수가 소환에 찬성하면 소환 투표의 대상자였던 시장이나 시의원은 소환되며, 즉시 그 직을 상실한다. 만약 후보자가 있었다면, 다수 득표자가 그 직을 계승한다.

제7조 ① 취임 후 6개월이 지나지 않았거나 잔여 임기가 6개월 미만인 시장이나 시의원에 대한 소환 요구는 인정되지 않는다.

② 소환 선거 후 6개월 이내에는 소환 요구서를 접수할 수 없다.

제8조 광주광역시는 소환 선거 결과 소환이 부결된 시장이나 시의원의 소환 선거 관련 비용을 공직선거 및 선거부정방지법이 규정하는 범위 안에서 보전해야 한다.

제9조 선거관리위원회는 소환 요구서의 접수, 소환을 위한 서명, 소환 선거 등과 관련된 업무를 담당하고, 이 조례가 정하지 않은 사항을 정한다.

(2) 광주광역시 조례안에 대한 검토의견[32]

첫째, 미국의 예를 보면, 소환제관련 법적 근거를 주 헌법에 규정하는 경우(알래스카 등 14개 주)와 주 법률에 규정하는 경우(앨라바마 등 22개 주), 지방정부의 헌장에 규정하는 경우(매사츄세츠 주의 Billerica 타운과 코넥티컷 주의 Oxford 타운 등 20개 지방정부)가 있는 바, 광주광역시와 전라남도가 조례에 규정하는 경우가 반드시 불법인지는 판단하기 어렵다.

둘째, 참고로 필자가 Zimmerman 모형을 준거로 설문조사를 실시한 바, 주민소환과 관련된 법규가 다루어야 할 중요 내용으로는 ① 소환청구사유 ② 서명과 소환청구 ③ 접수와 명부열람, 이의신청 ④ 청구요건판단 ⑤ 공고나 각하 ⑥ 소환 및 반대운동 ⑦ 소환투표 ⑧ 투표결과의 관리 등이 포함되어야 한다. 이러한 요소와 순서를 중심으로 광주광역시 조례안을 검토하여 다음과 같은 의견을 정리할 수 있다.

셋째, 주민소환제의 적용범위로서 일단 그 대상을 유권자가 선거로써 뽑는 공직자로 한정하는 것이 바람직하다. 선거직으로는 우리 나라에 대통령, 국회의원, 지방자치단체장과 지방의원이 있는데, 편의상 중앙정부 공직자와 지방공직자를 구분하여 적용하는 것이 현실적이다. 주민소환제라는 명칭을 사용하는 경우는 소환제 적용대상이 지방공직자라는 것을 함축하고 있다. 그리고 입법권을 가진 집단이 국회인데, 필자가 설문조사를 실시하여 발표한 논문자료에 따르면, 그들이 스스로의 통제를 위하여 <국민>소환제에 관한 법률을 제정할지는 미지수이다.[33]

---

32) 필자는 이미 소개한 대로 광주광역시 소환조례안의 재의결을 위한 의회의 공청회(2004년 6월 9일 15:00-)에 전문가 입장에서 발제를 맡았으며, 김강렬 주민소환조례제정집행위원장, 김선옥 광주광역시의회 행정자치위원장 등이 토론하였다. 이 논의의 내용은 광주공청회에서 발표한 내용을 간추린 것이다.

33) "국회의원 등 모든 선출직 공직자에게 적용해야 한다"는 설문에 대한 전체응답의 평균이 73.1%인 데 반하여 국회의원들은 47.8%에 불과한 것을 보면, 그들은 "국회의원을 제외한 다른 선출직 공직자들"에게 소환제를 적용하기를 지지한다는 사실이 나타난다(김영기, 2002b: 156).

지방자치단체장과 지방의원들을 통제하기 위한 주민소환제에 관한 법률을 제정하려는 경우, 지방공직자들의 집단적 반발이 예상된다. 특히 주민소환제 자체가 그들의 대표권을 탈취하는 것으로 오해하는 경우, 커다란 장해가 될 수 있다. 그러므로 이 제도는 다수의 선량한 지방공직자와 거의 무관하게 운영될 수 있다는 점과 소환제를 이미 실시하고 있는 나라의 경우도 의외로 소환제의 발동사례가 많지 않다는 점을 정확하게 이해시키는 노력이 필요하다.

넷째, 소환제를 규정할 법률은 주민소환제는 지방자치법에 규정하거나 별도의 법률을 제정하거나 조례에 규정할 수도 있을 것이다. 우리의 경우, 지방자치법에 근거조항을 설치하고 그에 따라 소환제에 관한 별도의 법률을 규정하는 방법은 전국 지방정부에 적용할 표준이 설정되고, 균형을 유지할 수 있는 장점이 있을 것이다. 그러나 조례로써 규정하는 방안은 지방의 다양성과 자율성이 보장되는 장점이 있을 것이다.

다섯째, 소환제의 적용시기와 발동횟수에 관한 의견은, 우선 적용 시기는 선택의 문제이다. 미국의 경우 지방정부에 따라 적용하는 기간을 달리하지만, 보편적으로 임기시작 6개월과 임기만료 전 6개월은 소환대상기간에 포함시키지 않는다. 그것은 임기시작 6개월 동안에는 공직자의 구체적 실적을 확인하기 어렵기 때문이고, 또 임기만료 전 6개월 동안에는 소환의 청원과 서명, 투표실시 등 소환절차에 따른 시간이 필요하고 또 대상 공직자를 해임한 후 새 공직자를 충원하더라도 별로 실익이 없기 때문이다. 우리의 경우, 소환제를 도입하는 경우 적용시기의 설정은 소환청원이 이루어진 이후 투표까지 후속절차에 필요한 시간을 어떻게 설정하느냐가 영향을 미치게 되므로 이 점을 고려하여 적용시기를 설정하여야 한다. 대체로 필자의 논문에서 나타난 응답은 임기 시작 후 6개월 임기만료 전 6개월을 제외하기를 바라는 것으로 나타났다. 그러나 임기 시작 후 6개월과 임기만료 전 1년을 제외하는 방안도 검토할 가치가 있다.

그 다음, 공직자의 임기 중 소환제를 몇 차례나 허용할 것인가의 문제로서 무제한이거나 1회로 제한하는 경우를 생각해 볼 수 있다. 두 경우 모두 장단점을 가지고 있으므로 판단하여 설정하면 될 것이다.

여섯째, 소환사유는 이걸 어떻게 규정하느냐에 따라 소환제의 활용도가 설정된다. 대개 소환제와 관련된 상황을 정치적 성격으로 규정하기 때문에 청구사유를 제한하지 않는 경향이다. 우리의 경우 소환 관련 집단들의 이해와 상관되어 청구사유의 설정이 쉽지 않다. 특히 중앙정부의 경우는 국가사무의 수행은 청구사유에서 제외시키려고 할 것이며, 주민의 입장에서는 그 반대일 수 있다. 이에 관해서 많은 검토와 토론이 필요하다.

일곱째, 소환업무 담당기관은, 필자의 조사결과에 따르면, 많은 응답자들이 관할 선거관리위원회가 소환업무를 관리하기를 기대하고 있는데, 이는 합리적 방안이라고 생각된다. 소환대상 공직자의 선거를 관리했을 뿐만 아니라 지식과 경험을 지니고 있기 때문이다.

여덟째, 청구요건은 먼저, 소환추진주체를 누구로 할 것인가를 결정해야 한다. 소환추진주체는 대개 일정한 수의 유권자들로 소환추진위원회를 구성하고, 그 대표자를 지정하도록 하면 된다. 대표자가 필요한 이유는 그를 통하여 소환제와 관련된 행정의 추진이 이루어져야 하기 때문이다. 소환추진위원회가 중심이 되어 소환사유를 제시하여 자격 있는 유권자들을 대상으로 필요한 수와 지역요건에 맞추어 서명을 받아서 소환업무를 담당하는 기관에 접수하게 된다. 그 다음, 서명요건을 규정하여야 한다. 서명자는 유권자로 하되, 소환대상 공직자를 선출할 때 투표자로 한정할 것인가, 아니면 전체 유권자로 할 것인가도 쟁점이 될 수 있다. 필자의 조사에서 응답자들은 서명자 수를 유권자의 30%를 지지하고 있는데, 일률적으로 결정할 사안은 아니다. 즉, 규모가 작은 구역의 경우는 약간 높게, 그 반대의 경우는 약간 낮게 규정할 필요가 있기 때문이다. 대개 10%에서 30%의 범위 안에서 인구기준과 구역의 넓이를 기준으로 삼아서 설정하면 될 것이다.

아홉째, 소환청원의 접수와 검증의 절차로서 먼저, 소환청원의 주체, 형식 등을 갖추었는지를 판단하여 접수해야 하고 그 다음, 서명자를 열람하고 그 진위와 수, 지역요건 등을 판단하여야 한다(이 경우, 서명의 자발성 여부, 서명의 진위, 지역요건 등을 확인하는 절차는 그렇게 간단하지 않다. 그러므로 이러한 요건의 검증과정에서 위반사항이 적발되었을 때, 그 제재를 무겁게 규정하여 위반하는 일이 발생하지 않도록 차단할 필요가 있다).

열 번째, 소환청구와 투표일의 공고가 이루어지는데 먼저, 소환업무 담당기관은 소환청구가 요건을 갖추었을 때에는 소환대상공직자에게 지체 없이 그 사실을 통보하고, 공고하여야 하며 그 다음, 요건을 제대로 갖추지 못하였을 경우에는 지체 없이 소환청구를 기각하여야 하고(기각하는 경우, 경미한 사항일 경우에는 일정한 유예기간을 설정하여 요건을 갖출 수 있도록 허용하면 된다. 다만 서명자의 일정한 수가 자격이 없거나 법령을 위반하여 청구하는 등 사안이 중요한 경우에는 청구 자체를 완전히 각하할 필요가 있다). 이어서 소환투표일을 공고해야 하며(투표일은 대개 청구의 접수 후 일정한 냉각기와 소환의 찬성과 반대를 위한 운동기간을 고려하여 결정하여야 한다. 앞에서 지적한 대로 이 기간을 길게 설정할 경우, 소환제 적용의 유예기간이 길어지게 만드는 단점이 있다). 끝으로, 소환투표를 소환대상공직자의 후임을 선출하는 투표와 결합시킬 것인지 아닌지를 결정해야 한다(캘리포니아 주지사 소환에서 알 수 있는 것처럼 이렇게 하는 경우, 투표를 한 차례 치르게 되어 경제적이다).

열한 번째, 소환의 찬성과 반대운동은 먼저, 소환투표일이 공고된 후에는 그 찬성과 반대를 위한 운동기간을 설정하여야 하며(필자의 견해로는 그 기간은 길지 않아도 될 것으로 본다. 왜냐하면, 이미 소환청원이 시작되면서 그 지역사회에서 정치적 쟁점이 되어 있을 것이고, 그래서 많은 유권자들이 이미 상당한 이해를 하고 있을 것이기 때문이다). 그 다음, 소환운동의 찬성측과 반대측에 공정한 기회를 제공하는 규정이 필요하고(이 경우 유의할 것은 소환제도 자체가 정치적 사안이므로, 정치적 공방이 치열할 것이다. 그러므로 소환운동과 관련하여 소환을 추진하는 쪽과 방어하는 쪽에게 공평한 기회를 제공해야 한다는 것이다. 그러므로 투표와 관련된 공보물을 제작하여 유권자에게 제공하는 경우에도 소환청구사유와 대상공직자의 소명내용을 같은 비중으로 게재하여야 한다). 끝으로, 합법성 확보를 위한 장치를 규정해야 한다(선거도 합법적으로 이루어져야 하는 것처럼 소환의 추진과 방어도 똑같이 합법적으로 이루어져야 한다. 그러므로 탈법에 대한 제재는 엄격하게 규정되어야 한다).

열두 번째, 소환투표의 실시에 관하여 규정해야 하는데, 소환투표는 일반 선거의 경우와 같이 실시하면 된다. 다만, 소환청구대상이 된 공직자에게는 미리 공직을 사퇴할 기회를 부여하는 것이 필요하다. 그런 경우, 비용을 절감할 수 있기 때문이다.

열세 번째, 투표결과의 관리로서 먼저, 개표는 일반 선거와 같이 하면 되고 그 다음, 결정의 효력과 관련하여 요건을 설정해야 하며(사실 소환투표의 경우, 문제로 지적되는 것은 선거 때보다 더 적은 유권자들이 소환을 청구할 수 있고, 또 결정할 수 있다는 점이다. 그러므로 이러한 문제를 최소화하기 위하여 유권자의 일정한 수가 투표에 참여하지 않는 경우에는 투표 자체를 무효화하는 방안이 마련되어야 한다), 이어서 투표가 성립되었을 때의 해직결정 요건을 설정하고(대개 투표자의 과반수가 찬성으로 하는 경향), 그 다음은 소환투표를 통하여 해임이 결정된 공직자의 처우에 관한 결정을 규정하고(대개 해당공직의 재출마나 출마를 상당한 기간 제한하는 것이 대체적인 경향이며, 무겁게 하려는 경우 여하한 공직의 출마나 취임을 제한할 수 있음), 끝으로 소환투표의 결과, 승리한 공직자에게 발생하는 비용의 부담에 관하여 규정해야 한다(소환투표 공영제를 실시하는 경우에는 또 무분별한 소환청구가 이루어질 가능성이 있고, 특히 공익과 거의 무관하게 정치적인 이유로 반대당에 의하여 추진되는 소환운동의 경우도 공영제로 소환투표를 실시하는 경우 사회적 비용이 너무 크다. 이런 경우를 대비하여 소환청구에 따르는 비용의 부담과 관련된 합리적 방안을 찾아야 함).

위에 소개한 주민소환제의 준거모형에 비추어 광주 소환조례안은 매우 간단한 핵심 내용만 규정함으로써 꼭 필요한 조항들이 누락된 경우도 있고, 또 선거관리위원회를 담당기관으로 정하면서 관련된 법령과의 관계 등이 누락되어 있다. 그런 면에서 광주 소환조례안은 우리 나라에서 소환조례제정운동을 시도한 첫 지방정부라는 점과 그로 인한 대법원 제소 등 후속 절차로 인하여 광주지역 시민사회 지도자들이 주민소환법이라는 쟁점의 주도자로서 소중한 역할을 한 점, 그리고 의제설정에서 쟁점중개자 또는 정책중개자로서의 역할을 수행한 점을 높게 평가할 수 있을 것이다.

3) 대법원 제소와 패소: 새로운 계기

대법원 제3부는 2004년 10월 28일 "광주시가 시의회를 상대로 제기한 공직자 소환에 관한 조례안 재의결 무효 확인 청구 상고심"에서 "지방의원과 자치단체장은 지방자치법에 근거한 임기 만료와 사임·퇴직 등에 의해서만 신분이 상실된다"며 "조례안은 지방자치법이 규정하지 않고 있는 신분 상실의 방법을 마련해 지방자치법에 어긋난다"고 밝히고 "공직자 소환 조례는 효력이 없다"고 원고승소 판결을 내렸다(중앙일보, 2004. 10. 29일자). 이 사건을 계기로 주민소환법 제정운동은 전국적 쟁점으로 부각된다.

4. 공중의제: 주민소환법 제정운동

고양의 러브호텔 난립으로 점화된 소환제 정책과정은 문제의 확장단계를 거쳐 대법원의 주민소환 조례안 패소판결을 계기로 재점화되어 주민소환제는 전국적 쟁점이 되었으며, 전국 시민연대가 조직되는 계기가 되었고, 제도화를 위한 노력의 확장과 가속이 이루어졌다. 기사는 다음

기사 5 >>> 주민소환법 제정운동 떴다[34)]

전국 327개 단체 운동본부 결정....2005년안 입법 압박

내년 지방선거 이전에 자치단체장이나 지방의원을 임기 도중에도 주민투표로 해임할 수 있는 주민소환법을 제정하려는 운동이 본격적으로 추진된다.

전국 327개 시민사회단체 대표들은 지난 24일 서울시 중구 정동 배재학술지원센터 세미나실에서 시민사회단체연대회의 주민소환제입법운동본부를 결성했다.

이들은 선언문을 통해 "전횡과 부패로 민심을 잃은 선출직 공직자를 임기 도중에 해임할 수 있어야 국민주권을 올바로 세울 수 있다"며 "주민소환제는 단체장 전횡 견제, 부패 예방 효과, 국민주권 실현 등 효과를 거둘 수 있다"고 밝혔다.

또 단체장은 유권자의 8~12%, 지방의원은 유권자 10%의 서명을 받아 소환투표를 청구하고, 소환투표는 발의일 60일 안에 시행해 유권자 3분의 1 참여와 투표자 과반수 찬성으로 소환을 결정하는 것을 뼈대로 하는 주민소환법 시민단체안도 내놨다.

이들은 올 정기국회 안에 국민소환법을 제정하도록 △시민토론회 △정당간담회 △국회공청회 △국회의원 서명설득 △지방의원 지지선언 등 방법으로 입법운동을 펼치기로 했다.

류동훈 주민소환제입법운동본부 집행위원은 "운동의 무게중심을 '부정부패 정치퇴출'보다는 '국민주권의 온전한 실현'에 두었다"며 "소환제를 도입하면 공직자들이 더욱 성실하고 책임있는 자세로 직무를 수행할 것"이라고 말했다.

정부는 정부혁신지방분권 청사진을 통해 2004년 주민소환제 법제화, 2005년 실시안 발표를 약속했으나 여태껏 주민소환법을 발의조차 하지 않은 채 무관심으로 일관해왔다.

한편, 광주시는 지난해 7월 시민 1만 8,915명이 발의한 주민소환조례를 제정해 공포했지만 상위법에 근거가 없다는 대법원의 판결이 나자 해당조례를 폐기했다.

이 운동에는 한국와이엠시에이전국연맹, 한국여성민우회, 함께하는 시민행동 등 13개 개별단체와 부산·광주·대구·전북·대전 등 11개 지역연대가 참여했다.

광주/안관옥 기자 okahn@hani.co.kr

34) 2005년 8월 25일 한겨레신문 지역면 기사.

과 같이 그 내용을 기록하고 있다.

전국 시민사회단체연대회의 주민소환제입법운동본부는 열린우리당 소속 강창일 의원과 김재윤 의원, 이상경 의원 등과 함께 2005년 9월 21일 여의도 렉싱턴 호텔에서 <주민소환제 관련법 어떻게 만들 것인가?>라는 정책토론회를 가졌다. 이 자리에는 김영기(경상대)의 "주민소환제의 이해와 도입의 필요성"과 하승수 변호사의 "주민소환제 입법방향과 주요 쟁점"이 발표되었다. 또 같은 장소에서 <유권자의 권리 찾기, 국민소환제>라는 정책토론회도 열렸으며, 이경주(인하대)의 "대표제의 역사적 변화와 소환권", 장영수(고려대)의 "국민소환제의 의의와 기능 및 문제점"이 발표되기도 하였다.

광주전남개혁연대의 추동력과 학습, 학계의 노력이 열매를 맺어서 시민사회와 정치권의 확대된 공동학습과 소통의 공간을 거쳤고, 이렇게 하여서 쟁점으로서 주민소환법은 전 국민의 관심과 정부의 관심을 끌어서 공중의제로 확고한 위치를 확보하는 성과와 세미나를 공동주관한 국회의원들은 주민소환법이 공식의제로 진입하는데 정책중개자(policy entrepreneur)로서 역할을 확보하게 되었다.

Ⅶ. 정책형성: 소환법의 기초

2004년 9월 21일 여의도 렉싱턴 호텔에서 열리고, 시민사회단체연대회의가 주관한 주민소환제 정책토론회 자료에는 광주출신 지병문 의원(열린우리당 비례대표)이 2004년 7월 23일 발의한 <선출직지방공직자의 주민소환에 관한 법률안>이 실려 있다. 이 법안은 지병문 의원이 대표 발의자이고, 원혜영, 김태홍, 김태년, 노웅래, 구논회, 최철국, 이인영, 이호웅, 장복심, 정봉주, 윤호중, 유시민, 홍미영, 최순영, 권선택, 주승용, 배기선, 강기정, 임종석 등 열린우리당 소속 20명의 의원들이 동참하였다. 지병문 의원의 출신지역 광주와 전남은 바로 주민소환조례를 전국에서 처음으로 발의하여 통과시킨 곳이며, 주민소환조례의 재의결을 위한 공청회가 열린 2004년 6월 9일 필자는 전남개혁연대가 기초하고 광주와 전남도 의회가 통과시켰던 조례안에 관하여 짐머만(Joseph F. Zimmerman) 모형과 필자가 직접 설문조사를 통하여 설정한 선호모형을 토대로 자세한 커멘트를 제공한 바 있기 때문에 주민소환법안을 기초하는데 매우 유리한 상황에서 그는 일찍 법률안을 기초하고, 발의할 수 있었을 것이다. 주민소환법의 제정이라는 정책과정으로 볼 때 그는 첫 정책형성자이면서 그것을 법률제정권을 가진 국회로 받아들인 정책중개자 역할을 한 셈이다. 그러나 그와 공동발의자들은 주민소환제라는 정책을 결정으로 이끄는 정책수호자 역할을 완수하기에는 다소 소극적이었다. 그럼에도 불구하고 주민소환법과 관련하여 그의 선도적 역할은 기록되고, 기억될 필요가 있다. 그 이유는 그의 법률안 발의로 인하여 정책결정자들인 동료 국회의원들에게 쟁점을 이해시켰고, 또 국민의 부분적 관심을 그 쟁점으로 유도함으로써 공중의제화 및 정책형성, 그리고 공식의제 진입에 일정한 역할을 하였기 때문이다.

한편 지병문 의원 등이 소극적 중개자였다면, 강창일, 김재윤 의원은 앞서 소개한 대로 2004년 9월 21일 정책토론회를 주최하였으며, 시민사회단체연대회의라는 정책주창자들과 적극적으로 연대하였고, 또 하승수 변호사 등 주민소환제입법운동본부의 법률팀이 기초한 <주민소환에 관한 법률안>을 받아서 2005년 11월 17일자로 발의한 강창일, 김태홍, 엄호성, 김재윤, 이광철, 임종인, 박기춘, 양형일, 한명숙, 우제항, 김우남, 강혜숙, 서혜석, 박찬석, 노현송, 이원영, 김원웅 등 17명의 열린우리당 소속 국회의원들(대표발의 강창일 의원)은 보다 적극적 중개자였다고 하겠다. 그리고 2006년 3월 30일 발의한 이영순, 강기갑, 권영길, 노회찬, 단병호, 심상정, 임종인, 천영세, 최순영, 현애자 등 민주노동당 의원 9명(대표발의 이영순 의원)도 <주민소환에 관한 법률안>을 기초하여 발의함으로써 적극적 중개자의 소임을 다하였다.[35)]

Ⅷ. 공식의제 진입: 주민소환법안 국회상정

사회의 어떤 쟁점, 즉 공중의제가 공식의제(formal agenda)로 진입하는 데는 공중의제를 공식 논의의 장으로 끌어들여주는 정책중개자가 필요하고, 공식의제로 진입한 법률안은 발의되었다고 하여서 자동적으로 법률이 되지는 않는다. 즉, 정식안건으로 채택되어 다룰 목록에 올랐을 때, 이것은 공식의제가 된다. 그러므로 공식의제란 어떤 사회문제를 해결하기 위하여 공식적으로 권한을 가진 국회 기관이 그 문제를 다루어 해결하기 위하여 법률안으로 발의한 다음, 국회 본회의의 의사일정 속에 의안(議案)으로 상정된 상태를 말한다. 그렇다면 국회가 본회의를 개최하여 지병문 의원 등과 강창일 의원 등, 이영순 의원 등 세 팀의 중개자들이 발의한 선출직 지방공직자 소환법안을 본회의에 1차 상정함으로써 공식의제가 된 것이다.[36] 그 과정을 살펴보자. 그러나 국회 안에서 각 정당이 서로의 정치적 이익을 걸고 협의하고, 절충하고, 협상하는 정치적 내부 과정은[37] 이 책의 연구주제로부터 좀 떨어져 있다. 그래서 여기

---

35) 민주노동당 이영순 의원 등은 정책결정단계에서 매우 중요한 역할을 담당하였는 바, 안건의 의장직권상정 목록에 주민소환법은 빠져있던 것을 민노당이 표결참여의 조건으로 목록에 포함시켰기 때문이다(민노당 홈페이지 자료: 검색 2006. 5. 18. 16:00).

36) 국회나 지방의회의 법률안이나 조례안 등 의안이 본회의에 상정되어 다루기 위해서는 인쇄되어 각 의원들에게 배부되는데, 이러한 의안이 본회의에 상정되어 다루는 상태를 제1독회(the first reading)라고 하며, 상임위에서 심의·의결하는 단계를 제2독회(the second reading), 그리고 다시 본회의에 넘겨져 다시 심의·의결하여 법률안을 가결하기까지를 제3독회(the third reading)이라고 한다. 이렇게 하는 이유는 정책이나 법률, 어떤 이름이든 그것은 거의 반드시 그로 인하여 손해를 보는 집단과 혜택을 보는 집단이 발생시키게 되는데, 세 단계의 결정과정을 거침으로써 신중을 기하고, 오류를 방지하자는 의도이다.

37) 2006년 5월 31일 동시지방선거를 한 달 여 앞둔 시점에 열린우리당과 한나라당, 민주당과 민주노동당, 그리고 국민중심당 등 여소야대의 정국은 사학법 개정을 주장하는 한나라당과 이미 이 법을 통과시킨 바 있는 열린우리당 간에 첨예한 대립상황을 드러내고 있었고, 이 법의 처리를 두고 협상이 원만하게 이루어지지 않는 가운데 열린우리당과 민주노동당이 협력하는 분위기가 형성되었고, 지방선거 전에 주민소환법의 본회의 통과

서는 행정자치위원회를 거쳐 본회의 통과 과정을 간략하게 살펴본다.

1. 행정자치위 전문위원 검토보고

국회 행정자치위원회 전문위원실은 지병문 안과 강창일 안, 그리고 이영순 안을 놓고 검토 끝에 의견을 내었다. 전문위원실의 검토보고서에서 눈에 띄는 부분은 최근 통과된 바 있는 「제주특별자치도 설치 및 국제자유도시 조성을 위한 특별법안」(이하 제주특별법)에서 도입하고 있는 주민소환제의 내용을 비교·분석하여 검토보고를 내었다는 점이다. 그러므로 우리 나라에는 이미 세인의 관심을 끌지 못하는 사이에 제주특별법에는 주민소환을 규정하고 있었다는 사실이다. 검토보고의 중요 내용을 살펴본다.

1) 소환대상 공직자

제주특별법과 세 의원의 법률안을 비교하면, 유일하게 강창일 안에는 지방의회 해산을 포함시키고 있었고, 이에 대하여 기관분립형 지방정부에서 의회를 해산하는 경우 균형에 맞지 않는다는 점을 지적하고, 또 비례대표의원은 선출방식의 특성을 감안하여 별도의 절차와 요건을 마련할 필요가 있다는 의견을 내었다. 그리고 교육자치를 논의하고 있는 상황에서 제주도와 균형을 위해서도 교육감도 포함시키는 것을 긍정적으로 검토하였다.

2) 소환투표권자

19살 이상으로서 내국인 주민과 이미 공직선거법에 규정된 바 있는 요건을 갖춘 외국인을 소환청구권자로 하는 데 별다른 이견이 없었다.

3) 소환청구 사유

이미 제주특별법이 "그 소환사유를 구체적으로 명시하여"라고 규정하

를 목표로 행정자치위원회의 법률안 공청회 등이 급속하게 진전되었다.

고 있는 점을 제시하면서 일본의 경우 청구사유를 명시하지 않고 있으며, 미국의 경우에도 몇몇 주가 사유를 명시하지 않는 점을 들어 사유를 제한하지 않는 쪽으로 의견을 제시하였다.

4) 소환청구 요건

제주특별법과 세 의원의 안에는 다양한 요건들이 제시되고 있었으나 전문위원실에서도 이에 관해서는 명확한 의견을 내기보다는 공청회 등을 통하여 검토할 것을 권고하였다.

5) 소환청구 제한기간

임기개시의 경우는 6월 이내, 임기만료의 경우에는 1년 미만으로 제한하는 방안을 고려할 필요가 있다는 의견을 내었다.

6) 소환의결의 정족수

투표요건은 최근 지방선거의 투표율을 고려할 때 최소한 주민소환 투표권자 총수의 30% 이상으로 결정하는 것이 바람직하다는 의견이었다.

2. 행정자치위원회의 법률안 공청회

제259회 국회(임시회)의 행정자치위원회의 주민소환에 관한 법률 공청회는 2006년 4월 24일(월) 개최예정이었으나 사학법 개정을 둘러싼 한나라당의 참여 여부로 인하여 일단 무산되었다가 열린우리당과 민주노동당, 민주당의 의견조율을 거쳐 한나라당 의원들은 빠진 채 27일(목) 오전 10시부터 행정자치위원회 회의장(본청 445호)에서 개최되었다. 공청회에 초청된 전문가는 경상대 김영기 교수와 한국YMCA 전성환 기획실장, 동국대 최봉석 교수, 고려대 최창수 교수 등 4명이었다. 국회 행정자치위원회가 준비한 공청회 자료에 나타난 순서를 따라 전문가들의 견해를 요약하면 다음과 같다.

김영기는 주민소환에 관한 법률이 제정되어야 하는 이유로 ① 그 동안 자치단체장을 비롯한 선출직 공직자들의 심각한 일탈행동과 ② 현실적 인간관을 전제로 대표의 책임확보장치의 필요성, ③ 우리 선거제도의 불완전성과 정치문화의 미성숙성, ④ 그리고 참여민주주의가 확대되는 세계적 흐름, ⑤ 반대론자들이 우려하는 문제는, 전혀 발생하지 않는 것은 아니지만, 주민소환 선행국에서도 큰 문제를 일으키지 않았다는 평가, ⑥ 정책통제장치로서 주민발의, 주민감사청구와 주민소송, 조례개폐청구 등이 있으나 인적 통제장치가 없어 균형을 잃고 있는 점 등을 들었다. 그리고 이왕 제정할 것이라면 5.31 지방선거 이전이 적절하다고 강조하였다. 그리고 구체적 법률안 내용과 관련해서는 소환대상에서 지방의회를 제외하고, 소환청구 사유는 정치적 성격의 일탈로 한정하며, 소환청구 요건으로 인구에 따라 서명비율의 폭을 넓히면서 지역균형 요건을 설정하고, 소환청구 대상 공직자가 투표에서 승리하였을 경우 캠페인 비용의 공적 부담 등을 권고하였다.

전성환은 주민소환 남용방지 장치로 ① 소명기회의 보장, ② 일정 수 이상의 연서, ③ 서명철회권의 보장, ④ 서명자 심사 및 이이신청 보장, ⑤ 투표공보를 통한 소명보장, ⑥ 소송제기권 보장, ⑦ 소환투표 청구의 제한, ⑧ 법적 조항에 의한 남용방지 규정 등을 권고하였다.

최봉석은 독일의 경험을 바탕으로 ① 소환대상 공직자가 자치단체장에서 의원까지 포함하는 확대의 경향이 있고, ② 소환사유로는 집행기관과 의결기관간의 갈등, 장의 업무처리에 대한 강한 비판, 재정적 부정행위, 전문능력에 대한 의심 등을 적시하고, ③ 소환의 절차와 관련하여 소환발의의 유형(주민발의와 의회발의), 소환투표와 소환결정 등을 소개하였다. 이어서 그는 법률안에 대한 검토의견으로 ① 소환대상은 자치단체장과 지방의원으로 하며, ② 소환사유는 특별한 규정이 불필요하고, ③ 소환청구의 구속력이 강화될 경우 청구요건은 15~25%로 강화될 필요가 있으나 그렇지 않은 경우 소환청구의 실효성이 낮으므로 청구요건은 10~15%로 약하더라도 무방하며, ④ 비례대표제 의원에 대한 소환제 적용의 제외를 권고하였다.

한편 최창수는 ① 소환대상으로서 의회해산을 반대하고, ② 소환청구권자로서 소환대상 공직자와 함께 출마했던 후보를 비롯하여 제외대상을 정하여야 하며, ③ 소환청구 사유로는 법령상 중대한 직무위반과 직권남용, 그리고 범죄관련 행위로 제한하는 것이 필요하고, ④ 소환청구요건은 총투표권자가 100만 이상은 10~15%, 50만~100만 미만인 경우는 15~20%, 50만 미만인 경우는 20~30%로 제안하였으며, ⑤ 소환청구 제한기간은 6개월이나 1년으로 하여도 무방하다는 의견을 내었고, ⑥ 소환결정은 투표권자 총수의 30% 이상 투표해야 하도록 하며, ⑦ 소환 후 후임자는 따로 보궐선거를 실시하는 방안을 제시하였다.

전문가들의 의견은 대체로 세 법률안에서 규정한 내용들을 거론하여 중요한 부분 또는 논란의 여지가 있는 부분들을 대상으로 각자의 견해를 밝혔으며, 이러한 검토내용은 국회가 대안으로 제시한 법률안에 거의 반영되었다.

한편 지방선거시민연대는 기자회견을 갖고 주민소환법을 국회의장이 직권 상정하도록 촉구하였다.

3. 법사위원회의 대안 제안

제259회 국회(임시회) 제3차 법안심사 소위원회(2006. 4. 27)에서 2004년 7월 23일 지병문 의원이 대표 발의한 선출직 지방공직자의 주민소환에 관한 법률안, 2005년 11월 17일 강창일 의원이 대표 발의한 주민소환에 관한 법률안, 2006년 3월 30일 이영순 의원이 대표 발의한 주민소환에 관한 법률안을 함께 심사한 결과, 3개의 일부 개정 법률안을 각각 본회의에 부의하지 아니하기로 하고 그 내용을 통합, 보완하여 위원회 대안으로 제안하기로 하였다.

그리고 제6차 행정자치위원회(2006. 4. 27)에서도 법안심사소위원회 심사결과를 받아들여 위원회 대안으로 제안하기로 의결하였다.

Ⅸ. 정책결정: 주민소환법의 국회통과

국회에서는 5월 1일 국회의장이 동북아역사재단법, 부동산대책법안 등 4개 법안의 직권상정을 결정한 바 있는데, 여기에 주민소환법은 포함되지 않았던 것이나 민주노동당이 주민소환법과 국제조세조정법을 직권상정하는 법안에 포함시키는 것을 조건으로 국회의 법률안 표결에 참여하겠다고 국회의장에게 통보함으로써 주민소환법은 국회통과의 급물살을 탔다.

그리고 2006년 5월 2일 한나라당 의원들이 불참한 가운데 국회 본회의에서는 국회의장이 주민소환법 등 6대 주요법안을 직권상정하여서 표결처리함으로써 통과되었다. 그리고 주민소환법은 지방공직자의 임기시작 후 1년이 지나면 발동할 수 있도록 규정함으로써 5·31 지방선거의 당선자들이 임기를 시작하여 1년이 경과하는 내년 7월 1일부터 적용할 수 있게 되었다.

위의 간단한 내용을 통하여 주민소환법률이라는 한 정책이 지방공직자 위법·부당한 행동과 그로 인한 심각한 문제가 공공문제로 인식되고, 쟁점이 되어서 정부의 공식의제로 채택되고, 마침내 정책결정에 이르는 마지막 단계까지 정책중개자로서, 정책수호자로서 민주노동당 이영순 의원 등이 그 역할을 수행한 것으로 평가할 수 있다(민주노동당 홈페이지 자료 참조).

제 3 절 정책과정 모형의 적용성 논의

필자는 선행연구를 통하여 정책과정의 이론모형을 제5장 제1절 [그림

5-6]과 같이 설정하였고, 그것을 우리나라 주민소환법 제정과정에 적용하였다. 즉, 정책과정은 크게 정책의제설정・정책결정・정책집행・정책평가의 4단계로 나누되, 코브 등(1976)의 주장에 따라 의제설정과정을 ① 사회문제→② 쟁점발의→③ 요구표명→④ 쟁점확산과 공중의제→⑤ 정책형성→⑥ 공식의제 진입으로 세분하였다. 이러한 이론적 모형을 주민소환법 제정에 적용하여 살펴본 결과를 다음에 정리한다. 먼저 고양지역 정책과정, 광주지역 정책과정을 순서대로 연관시켜 살펴보고 이것이 전체 정책과정에 어떻게 연관되는지를 살펴본다.

I. 고양지역 주민소환 의제설정

1. 쟁점발생

선행연구에서 사회문제가 쟁점으로 전환되기 위해서는 점화장치(triggering device)와 주도자(initiator)가 결합되어야 한다고 하였으며, 경기도 고양지역에서도 이 점은 예외가 아니었다.

1) 계기 또는 점화장치

경기도 고양지역에서 2000년 '러브호텔과 유흥업소 허가 난립사건'이 주민소환운동의 계기나 점화장치가 되었다.

2) 주도자

애초에 이 문제를 제기한 주민들은 아파트단지 입주자들이지만, 이들은 조직화되어 있지도 않았고, 또 이러한 문제를 쟁점화 하는 경로도 정확하게 알지 못하였다. 그런 가운데 당시 고양여성민우회 김인숙 회장을 비롯한 시민단체 지도자들이 시민운동의 경험과 지식을 바탕으로 주도자 역할을 수행하였다.

3) 반대자

고양지역 러브호텔난립사건이 쟁점으로 전환되는 단계에서 반대자는 정책결정의 당사자인 시장과 시장을 추종하는 공무원, 그에게 투표한 유권자, 그리고 건축주와 건설업자 등이었다. 그러나 이들이 적극적으로 쟁점의 발생을 방해한 흔적은 보이지 않는데, 공익과 관련된 문제나 쟁점은 노골적인 반대의사를 드러내기 어렵기 때문에 잠재 또는 은폐된 반대자가 되기 때문으로 보인다.

2. 요구표명

고양지역 아파트입주민들은 자녀들의 학교정화구역 안에 러브호텔이 건립되어 교육환경을 해치고, 또 주거생활과 양립하기 어려운 상황, 즉 불편이나 손해를 인식하고 정책결정자인 시장과 그 공무원들에게 학교정화구역을 보호하고, 주민의 건강한 주거생활도 지켜줄 것을 기대하고 요구하였다. 구체적으로는 러브호텔과 유흥업소의 난립을 막기 위하여 이미 건축이 허가된 그런 시설의 준공감사를 하지 말 것과 더 이상의 건축허가를 내지 못하도록 요구하였다.

1) 계 기

고양지역 주민들의 요구표명의 계기는 특별한 사건이 따로 필요한 것이 아니었다. 그들은 고양시가 주거단지 바로 코앞에 러브호텔 건축을 허가하고, 주민들의 반대에 대하여 적법성을 주장하였고, 또 주민들이 반대하는 준공검사를 내줄 것으로 예견되자 그것을 반대하는 요구를 낸 것이다. 그러므로 굳이 요구표명의 계기를 지적하자면, 자녀교육 등 주민생활에 예견되는 피해 때문이라고 하겠다.

2) 주도자

요구표명의 주도자는 아파트 주민과 여성민우회장 등이었다.

3) 반대자

이 단계에서도 명시적인 반대자는 나타나지 않았으며, 잠재적으로 은폐된 반대자는 앞에서 지적한 바와 같다.

3. 쟁점 확산과 공중의제단계

1) 계 기

아파트단지 입주자들과 여성민우회 김인숙 회장 등은 건축허가의 적법성을 주장하자, 건설교통부에 적법성 여부에 관하여 질의를 하였고, 또 러브호텔 등의 허가 등은 자치단체장의 재량에 속한다는 답변을 받았다. 적극적 대응과 문제해결을 회피함으로써 선출직 공직자의 존재근거에 의문을 갖게 만든 것이 이 단계의 1차적 계기였다.

이러한 답변을 가지고 주민들과 여성민우회 대표는 시장을 방문하였으며, 시장은 1주일의 시간을 요구한 뒤, 다시 시민들과 만난 자리에서 러브호텔 건축허가 등에 관련하여 아파트 입주민도 피해자이지만, 건축허가를 취소하거나 준공검사를 하지 않는 경우 건축주와 건설업자 등이 피해자가 되며, 어느 쪽도 편들 수 없다고 버텼다. 여성민우회와 입주민대표들이 건설업자들의 연고를 추적한 결과 2개 회사를 제외하고 나머지 10개의 회사는 연고가 외지라는 사실이 밝혀졌고, 따라서 시장이 시민들을 기만한다는 사실을 알고, 이러한 사실에 여성민우회와 입주자들은 분노하였다. 이것이 이 단계의 2차적 계기였다.

고양시의 러브호텔과 난개발 등의 쟁점, 이러한 문제와 관련하여 자치단체장의 무책임한 버티기나 부당한 행동에 대해 조직적·체계적인 대응책으로 동별 주민대책위원회를 구성하였고, 고양시민회, 참교육학부모회, 고양청년회, 고양환경연합, 고양전교조 등이 가세하여 공동대책위원회를 구성하였으며, 수도권과 전북 전주까지 참여하는 전국공동대책위원회가 구성되었다. 마침내 고양지역 러브호텔 난립사건은 전국적으로 관심을 끄는 공중의제가 되었다.

2) 주도자

주도자는 이제 아파트 입주자에서 여성민우회 등 고양시 전역의 시민단체들로 확대되어 주민대책위원회와 공동대책위원회, 그리고 전국공대위까지 결성되었을 정도이다.

3) 반대자

반대자는 여전히 앞에 지적한 내용과 동일하다.

4) 새로운 인식

고양지역 주민소환운동과 관련하여 특기할 부분은 요구의 내용이 달라진 점, 요구의 강도가 높아진 점, 또 쟁점이 좀더 일반화 내지 추상화되었다는 점이다. 먼저 요구의 내용이 처음에는 건축허가의 철회와 준공검사 거부 등이었으나 법적 미비점을 발견하여 헌법소원을 제기하려고 하였으며, 또 선출직 공직자를 통제할 장치로서 주민소환법 제정을 요구하였다. 그 다음, 공무원의 해석을 그대로 따라서 답변하고 주민을 기만하는 시장이라면 공무원만 있으면 되지 그런 시장이 왜 필요하냐며 시장의 퇴진을 요구하여 요구의 강도를 높였다. 그 다음에는 러브호텔 허가남발의 중지나 준공검사 거부에서 주민소환법 제정운동으로 쟁점이 전환되었다.

4. 공식의제 진입 실패

고양지역 공동대책위원회의 시장퇴진 요구와 헌법소원 선언, 그리고 국회 행정자치위원회 소속 국회의원들의 면담과 주민소환법 제정 요구는 정책단계에서 정책형성과 공식의제의 진입으로 나아가지 못하였다. 즉, 주민소환법의 기초와 발의의 단계에 이르지 못한 것이다. 필자는 그 원인의 하나로 주민소환법을 기초하기 위해서는 정책내용에 관한 지식,[38] 즉 주민소환제에 관한 지식과 정보가 필요한데 2000년 당시 국내

---

38) 정책결정에는 두 가지 유형의 지식이 필요한 바, 하나는 정책결정에 관한 지식이고 또

에는 그와 관련된 정확하고 충분한 지식이 축적되어 있지 않았다는 점을 지적하고 싶다. 또 하나는 쟁점 주도자의 역량이 주민소환이라는 쟁점을 국회나 행정부가 진지하게 검토하여 다루도록 설득하거나 압박함으로써 공식의제로 진입시키기에 미흡하였다는 점을 지적하고 싶다. 주민소환법 제정은 새로운 계기와 과정, 더 큰 역량의 결집을 기다려야 하였다.

Ⅱ. 광주지역 주민소환 정책과정

1. 광주지역 의제설정단계[39)]

1) 쟁점발생

(1) 계기 또는 점화장치

김강렬 광주시 주민소환조례제정운동본부 집행위원장은 "주민소환조례의 필요성"을 강조하는 내용 가운데, "2002년 6월 민선 3기 이후 2004년 2월 기준으로 광주전남지역 자치단체장 29명 중 10명이 각종 비리로 그 직을 상실했거나 사법처리 과정을 밟고 있다"고 적시하고 있다(광주광역시의회 공청회 자료). 그의 이러한 주장을 통하여 광주전남지역에서는 지방공직자들의 탈법행위와 부당행위에 의하여 주민들이 피해의식을 가지고 있었고, 그래서 이 문제를 더 이상 방치할 수 없다는 위기감이 팽만하여 있었다.

하나는 정책의 내용에 관한 지식이다. 전자는 법률제정이라는 정책결정을 예로 들 때, 의사진행 등에 관련된 지식이고 후자는 정책목표와 수단과 관련된 지식이다. 즉, 후자의 경우로서 전염병예방과 관련된 정책결정을 하려는 경우, 후자는 전념병과 관련된 의학지식 등이라고 하겠다. 사실 2000년 당시만 하더라도 국내에는 주민소환제에 관련된 충분하고도 체계적인 지식이 없었다고 할 수 있다.

39) 광주소환조례의 정책과정에 관한 구체적 사실은 제2절에서 다루어야 하는데도, 취재가 늦게 이루어져 이 부분에서 다루게 되었다.

(2) 주도자

광주와 전남에서 지방공직자들의 탈법 및 부당행위는 주민들의 공익을 해친다는 문제를 해결하기 위하여 대책이 필요하다는 인식은 먼저 시민사회단체들의 지도자를 중심으로 이루어졌다고 본다. 광주전남개혁연대가 2003년 7월 17일 조례제정운동을 제안하였고, 참여단체들은 광주YMCA와 광주YWCA, 경제정의실천시민연합, 여성민우회, 광주시민연대, 광주전남문화연대 등 25개 시민단체들이다. 그러므로 광주전남 소환조례의 제정운동 주도자는 특정한 개인을 넘어서 시민사회단체들이 결집되어 이 활동을 주도하고 있음을 알 수 있다.

(3) 반대자

반대자는 탈법행위나 부당행위를 저지른 선출직 공직자와 그를 추종하는 공무원과 정치적 지지자들, 그리고 합리적 반대자로서 행정자치부 등을 들 수 있다. 그러나 이들 반대자는 문제를 제기하는 단계에서는 드러나지 않았고, 반대의견을 개진하지도 않았다.

이해당사자가 모두 민간인인 경우와 달리 한쪽 당사자가 지역 전체의 이익 또는 공익을 주창하는 경우에는 역시 드러내어 놓고 자신의 이익을 표명하거나 주장하기 어려운 분위기로서 누가 공공의 적이 되려고 할 것인가. 따라서 잠재적 반대 또는 은폐된 반대, 아니면 제도적 반대[40]가 존재한다.

2) 요구표명

(1) 개 요

광주전남의 광주시민단체협의회의 요구는 주민소환조례의 제정이지

40) 제도적 또는 합리적 반대는 견제와 균형을 지향하여 기관대립형 정부에 설치된 집행기관, 집행기관의 감독기관 등이 제도적으로 반대의 역할담지자가 된다. 광주소환조례의 제정과 관련하여 집행기관 간부도 소환제 자체를 반대하지 않았고, 다만 법적 근거가 없다는 점 때문에 거부권을 행사할 수밖에 없다고 하였으며, 행자부도 이러한 논리로 반대하고 제소하였다.

만, 조례의 제정을 통하여 일탈적 행동을 일삼는 선출직 지방공직자들을 통제하여 그 책임을 다할 수 있도록 해 달라는 것이다. 즉, 주민들과 함께 이들은 지방공직자들이 저지르는 탈법과 부당행위를 통하여 대표제의 가치가 망실되고, 그 결과 지역의 자원이 낭비되고 있어서 불만스러웠고, 이러한 문제를 제도적으로 해결할 수 있도록 요구한 것이다.

(2) 주도자

광주시민단체협의회에 참여한 25개 단체 대표와 회원들이 이 일을 처음부터 정책결정, 그리고 대법원 제소와 패소까지 계속하여 주도하였다.

(3) 반대자

선출직 공직자들의 많은 수가 사법처리의 대상이 된 상황에서 공직자소환을 위한 조례의 제정에 관해서 드러내어 놓고 반대한 집단은 없었던 것으로 보인다.

3) 쟁점의 확산

(1) 개 요

광주전남에서 주민소환조례라는 정책의제의 설정단계에서 다각적인 노력을 통하여 쟁점의 확산을 시도하였는데, 그것은 법령에 조례제정 청구요건을 갖추기 위해서 1만 8천명 이상의 시민의 연서를 받도록 규정하고 있기 때문이다. 그래서 이들은 2003년 7월 19일 조례제정운동을 제안한 이래, 7월 22일에는 주민소환조례제정운동을 벌이기로 하고, 주민소환조례제정운동본부를 구성하여 이 운동을 전개하기로 결정하였으며, 9월 3일에는 운동본부 발대식을 가졌고, 9월 18일에는 서명운동 출정식을 가졌으며, 9월 27일부터 서명운동을 개시함으로써 광주전남에서는 주민소환이 공중의제로서 확고하게 부각되었다.

(2) 주도자

광주시민단체협의회에 참여한 25개 단체 대표와 회원들이 이 일을 처음부터 정책결정, 그리고 대법원 제소와 패소까지 계속하여 주도하였다.

(3) 반대자

선출직 공직자들의 많은 수가 사법처리의 대상이 된 상황에서 공직자 소환을 위한 조례의 제정에 관해서 드러내어 놓고 반대한 집단은 없었던 것으로 보인다.

다만 이 경우 '제도적 반대자', 즉 법령의 근거가 없기 때문에 조례제정권이 없다고 주장하는 집행기관과 행정자치부가 반대자였다.

4) **정책형성**

(1) 개 요

정책형성은 정책을 위한 제안을 마련한 상태를 가리킨다. 광주전남의 주민소환조례 제정을 위한 정책과정에서 정책형성, 즉 주민소환조례의 초안을 작성하는 일은 광주전남개혁연대가 담당하였고, 이 초안을 광주전남시민협의회로 넘겨서 심의와 의결을 거쳤고, 이 조례안이 광주광역시의회와 전라남도의회로 먼저 넘겨졌다.[41)]

(2) 주도자

광주지역의 정책형성 주도자는 시민협의회 주민소환조례제정운동본부라고 할 수 있지만, 시민협의회의 간사 단체인 광주전남개혁연대, 광주YMCA 등 참여하는 25개 시민단체가 모두 주도자였다. 특기할 점은 광주광역시와 전라남도 의회도 시민단체의 주도에 조응하여 조례제정 쪽으로 방향을 같이하고 있었다는 점이다.

41) 광주시공직자소환에관한조례의 안이 조례제정운동본부에 의하여 작성되어 지방정부로 넘겨진 사실은 광주시의회 제131회 임시회 제3차 회의의 행정자치위원회 회의록을 통하여 알 수 있는 바, 조례안의 번안동의를 낸 최영호 의원의 제안 설명에 대한 강박원 의원의 질의 내용 "주민소환조례는 사실상 지방자치법 제13조 제3항의 규정에 의해서 주민소환조례제정운동본부인 시민단체가 그 조례안을 작성해서 제출했습니다. 그럼에도 불구하고 우리가 조례제정 청구인 측과 어떤 심도 있는 대화가 없었고...."라는 부분에서 확인된다(광주시의회 회의록 행정자치위원회 제131회 임시회 제3차 기록).

(3) 반대자

역시 공직자 소환을 위한 조례의 제정에 관해서 드러내어 놓고 반대한 집단은 없었던 것으로 보며, 두 광역자치단체의 의회가 주도자 입장에 섰기 때문에 더구나 반대자 입장은 드러나기 어려웠다.

다만 이 경우에도 '제도적 반대자', 즉 법령의 근거가 없기 때문에 조례제정권이 없다고 주장하는 집행기관과 행정자치부가 반대자였다.

5) 공식의제 진입

(1) 개 요

2004년 2월 23일에는 마침내 청구요건으로 18,000명 이상의 서명자를 확보하여 청구서를 광주광역시에 접수시켰다. 그러나 광주광역시에서 유효서명자를 점검한 결과 보정이 필요하였고, 광주시민협의회에서는 서명자 명부를 보정하여서 3월 23일 제출하였으며, 그 결과 최종적으로 18,915명의 유효서명이 확인되어서 정식으로 접수되었다.

그런데 광조소환조례의 제출자는 자치단체장으로 되어 있는데, 이는 조례제정 및 개폐청구와 관련된 법령에는 자치단체장이 조례안을 작성하여 제출하도록 되어 있었고, 규정된 절차를 따랐기 때문이다. 광주광역시 의회의 회의록 제131회 임시회 회의록은 <광주광역시공직자소환에관한조례안>은 자치단체장이 '제출'한 것으로 기록되어 있다(광주광역시 홈페이지, 회의록 자료). 이로써 주민소환이라는 정책의제는 광주시의회에서 제131회 임시회에서 공식의제로 설정된 것이다.

(2) 주도자

주도자는 25개 시민단체가 참여한 시민협의회로서 변화가 없었다. 오히려 조례개정 및 개폐청구라고 하는 주민발의제도를 활용하였기 때문에 시민사회 전체적으로 분위기가 확산되어 있었다.

(3) 반대자

잠재적 반대자 또는 은폐된 반대자가 있을 정도이고, 제도적 반대자는 광주광역시 집행기관과 행정자치부를 들 수 있을 것이다.

그러나 주민발의제도를 활용하였기 때문에 공식의제로 채택하는 단계에서 제도적으로 반대자는 나타나기 어려웠다. 거기다가 광주광역시의 질의에 대해 행정자치부도 '주민참여와 주민의사를 존중하는 뜻에서 의회의 의사일정에 상정하도록' 회시하였기 때문에 공식의제 진입단계에 반대자는 없었다.

2. 정책결정 시도: 광주소환조례의 의결

1) 개 요

의회에서의 의사결정은 의안의 접수와 발의(이 단계는 공식의제 채택), 본회의 보고와 상임위 회부, 상임위 심의와 의결, 본회의 보고와 심의 및 의결의 순서로 이루어진다. 그러므로 여기서는 상임위원회의 심의와 의결부터 본회의 의결만 다룬다.

2) 행정자치위원회의 심의 · 의결

광주시의회 제131회 임시회(2004년 4월 20일~4월 29일)에 공식의제로 접수된 광주광역시공직자주민소환에 관한 조례안은 본회의에서 의사일정협의에 따라 그 소관인 행정자치위원회(위원장 김선옥)로 넘겨졌고, 4월 29일 제3차 회의에서 심의에 들어갔다. 집행기관에서는 전주언 자치행정국장 등이 참석해서 조례안의 제안 설명을 들었다.[42]

---

42) 제안 설명 끝부분에서 그는 "주민소환제는 선출직 공무원을 주민투표로 임기만료 전에 해직시키는 제도로, 지방자치법 등 현행법령에 아직 근거규정이 없으며, 지방자치법상 명시된 퇴직사유를 제외하고는 지방자치단체장과 지방의회의원의 임기를 보장하고 있습니다...이는 기관구성에 관해서는 법률로 규정할 사항이라는 것을 명백히 한 것이며, 주무부서인 행정자치부에서도 주민소환제도의 도입여부는 조례에서 규정할 사항이 아니고 법률로 규정할 사항으로 판단하고 있습니다. 한편 정부에서는 2005년도까지 주민소환제를 입법화할 것을 공표한 바 있으며, 이를 위해 정부 내에 연구자문단을 운영하

이 날 회의에서는 반명환 위원, 신이섭 위원, 최영호 위원, 김순례 위원 등이 전주언 자치행정국장과 송상락 자치행정과장을 상대로 질문에 참여하였고, 한동안 이들은 소환조례의 내용을 중심으로도 진지한 질문과 답변을 주고받았다. 그러는 동안 광주시의회 행정자치위원회에서는 집행기관도 주민소환제 자체를 반대하는 것이 아니라 다만 법령의 근거가 없다는 점을 들어 반대한다는 점, 그러면서도 결과가 어떻게 되든 소환조례를 통과시키면 전국에서 첫 사례가 된다는 점(반명환 의원), 그리고 조례제정을 통하여 법률제정을 압박하는 의미가 있다는 점을 확인하는 기회로 만들었다. 광주시의회의 행정자치위원회는 한 차례 정회를 가진 다음 속개해서 토론을 종결하고, 상정된 원안을 가결하려고 하였으나 최영호 위원이 원안 가운데서 "재판에 계류중인 사안은 확정판결까지는 소환요구서를 제출할 수 없다"는 내용을 삽입하는 일부 수정동의를 냈고 재청을 얻어서 통과시켰다.[43]

그리고 행정자치위원회는 삽입된 내용을 삭제하고 번안동의안을 상정하여 표결에 들어가 만장일치로 의결하였다.

3) 광주광역시의회 본회의 상정과 의결

2004년 4월 29일 광주광역시의회(의장 이형석) 제131회 임시회 제2차 회의에는 <광주광역시공직자소환에관한조례안>이 6호 안건으로 상정

고 있고 금년 중에 각계의 의견을 수렴하여 법안을 마련할 계획으로 있습니다. 우리 시에서도 …법률이 제정된 이후에 그 규정에 근거해서 조례를 제정함이 바람직하다고 생각됩니다. 아무쪼록 위원님들께서는 제반여건을 참작하여 합리적으로 판단하여 주실 것을 부탁드리면서…"라고 하였다.

43) 그러나 행정자치위원회는 소환조례제정운동본부의 반대에 부딪친 것으로 보인다. 지방공직자소환조례의 수정동의안을 통과시킨 후에 곧 바로 정회했던 행정자치위원회는 회의를 속개하였고, "재판에 계류중인 사안은 확정판결까지는 소환요구서를 제출할 수 없다"는 내용을 삭제하여서 <광주광역시공직자소환에관한조례안에대한번안동의안>을 최영호 위원 등 2명이 제출하였다. 최영호 위원은 번안동의안 제안사유를 "주민발의 당사자들이 주민소환제의 근본취지에 반하는 내용이라는 의견도 있었고, 또 전체 위원 간담회에서 의견을 수렴한 결과 그 부분을 삭제하는 것이 타당하다"고 생각되었기 때문이라고 밝혔다.

되었다. 절차에 따라 상임위원회의 심의·의결 결과를 보고하는 순서에 따라 김선옥 행정자치위원장이 행정기구설치조례 개정안에 이어 강창원을 청구인대표로 하는 <광주광역시공직자소환에관한조례안>을 심의하여 일부 수정하여 통과되었음을 심사·보고하였다.

이형석 의장은 김선옥 행정자치위원장이 심사·보고한 <광주광역시공직자소환에관한조례안>을 세 번째로 표결에 부쳐서 만장일치로 의결함으로써 우리나라 지방정부에서는 최초로 광주광역시의회가 <공직자소환에관한조례안>을 통과시키는 기록을 남겼다.

4) 광주광역시장의 재의요구

<광주광역시공직자소환에관한조례안>을 이송받은 광주광역시장은 행정자치위원회에서 예상했던 대로[44] 행정자치위원회에서 집행기관 소속 공무원들이 제기하였던 내용, 즉 법적 근거가 미약하다는 사실을 들어서 재의요구를 하였다.

5) 광주광역시의회의 재의결

광주광역시 의회는 2004년 6월 9일 오후 3시부터 공청회를 개최하였으며, 필자도 토론자로 참여하여 미국 주민소환제의 모형 등을 중심으로 하면서 광주광역시의회가 가결한 <광주광역시공직자소환에관한조례안>의 조항 내용에 관하여 의견을 제시한 사실은 제2절에서 밝혔다.

광주광역시 의회는 2004년 7월 1일 <광주광역시공직자소환에관한조례안>을 만장일치로 재의결하였다.

6) 정책결정의 주도자

공식의제로 채택된 후 정부 내의 정책결정과정은 공식적 권한을 가진

---

44) 참고로 소개할 것은 행정자치위원회에서 수정동의안을 가결시킨 뒤 회의 마무리하는 순서에서 김선옥 위원장은 "앞으로 집행부에서 재의를 요구할 수도 있고, 대법원에 제소하는 이런 상황이 있을 것이라는 염려도 있습니다만…. 주민의 뜻을 의회에서 적극적으로 반영한다는 의지를 담아서 이 조례를 제정한 점을 시민과 집행부에서도 참고하여 주셨으면 감사하겠습니다"라고 하였다.

정책결정자가 주도하게 된다. 그러므로 광주광역시 정부 안에서 공식의제로 설정된 후 정책결정의 주도자는 지방의회 의원들이었다. 특히 행정자치위원회 소속 의원들이 1차적으로 주도자 역할을 담당하고, 2차적으로 그 외 소속의원들이 주도자가 되었다.

그런데 특기할 부분은, 행정자치위원회가 심의·의결하는 과정에 "재판에 계류중인 사안은 확정판결까지는 소환요구서를 제출할 수 없다"는 내용을 더하여 수정 의결하였다가, 정회를 거쳐 최종 단계에서 위 내용을 삭제하는 번안동의안을 내어서 의결하는 현상을 보면, 주민 발의된 의제의 성격상 공식적 권한을 가진 의회라고 하여서 정책결정권을 완전히 배타적으로 행사하지는 못한 것으로 보인다는 점이다.

7) 정책결정의 반대자

정책결정 단계에서 공개적·제도적 반대자는 집행기관이었다. 그리고 집행기관은 행정자치부의 질의와 회시 내용을 따르는 입장이었다.

3. 정책결정의 실패: 대법원 제소와 패소

광주지역 주민소환조례는 집행기관에 의하여 대법원에 제소됨으로써 정책결정의 최종 절차, 즉 자치단체장에 의한 공포를 거치지 못하였다. 그러므로 정책결정이 완결되지 못한 것이다. 따라서 정책집행도 당연히 불가능하게 된 것은 물론이다.

그러나 광주소환제의 결정과정에서 나타난 대법원 제소와 패소는 단순히 정책결정의 실패로 종결된 것이 아니라 우리나라 주민소환법이라는 정책과정을 볼 때, 고양지역 주민소환운동이 제1차 계기가 되고, 광주지역 주민소환운동의 발의가 제2차 계기가 되었으며, 광주소환운동의 대법원 패소는 제3차 계기가 되었다고 본다.

Ⅲ. 주민소환법 제3의 계기: 광주소환제 패소

1. 계 기

대법원 제3부는 2004년 10월 28일 "광주시가 시의회를 상대로 제기한 공직자 소환에 관한 조례안 재의결 무효 확인 청구 상고심"에서 "지방의원과 자치단체장은 지방자치법에 근거한 임기 만료와 사임·퇴직 등에 의해서만 신분이 상실된다"며 "조례안은 지방자치법이 규정하지 않고 있는 신분 상실의 방법을 마련해 지방자치법에 어긋난다"고 밝히고 "공직자 소환 조례는 효력이 없다"고 원고승소 판결을 내렸다.

언론의 보도를 통해서도 알 수 있는 것처럼 광주지역에서 발의된 주민소환조례의 제정, 즉 정책추진은 대법원의 판결로써 정책결정에 이르지 못한 결과가 되었으나 주민소환제의 필요성을 절감하던 전국 지역의 주민들의 큰 관심을 끌었다. 그리고 이미 전국의 시민사회는 주민소환법 제정을 위한 학습과 정책공동체의 형성이 상당한 수준으로 이루어진 상태였다. 그러므로 시민사회는 지방공직자들의 잇따른 일탈행동으로 인한 지역사회의 자원낭비 등 문제의 심각성 때문에 그 대책이 필요하다는 인식이 확산되어 있었던 터이다. 달리 말하자면 전국의 시민사회는 인화성이 팽만한 상태였고, 광주소환제 대법원 패소가 점화장치의 역할을 한 것이다.

2. 주도자

광주시민협의회가 주민소환법 제정운동의 주도자로서 역할을 수행해 왔고, 이들은 오히려 패소를 계기로 주민소환법의 제정으로 방향을 틀어서 의제설정의 과정을 주도하게 된다. 이들은 지방자치현장에서 유권자의 직접 참정을 통하여 공직자의 책임을 높여 지방민주주의를 실현한다는 '공익'실행자(do-gooders)였다.

3. 반대자

공개적 반대자는 없었다.

Ⅳ. 요구의 표명

고양지역 소환운동과 광주지역 소환운동을 통하여 대표제인 한국의 지방정부에서 선출직 지방공직자의 일탈을 방지하고, 그 책임을 다하여 지방자치의 성공은 물론 민주주의 실현을 위한 장치로서 주민소환법의 제정을 요구하는 시민사회의 의지는 이미 잘 표현된 것이라고 하겠다. 그럼에도 불구하고 바로 뒤에 소개한 대로 기자회견을 통하여 주민소환법 제정을 요구하고 나섰다.

그러므로 주도자는 광주시민단체협의회와 뜻을 같이하는 전국의 시민단체들과 주민소환법의 제정을 지지하는 학자들이었다.

Ⅴ. 쟁점의 확산과 공중의제

소환운동을 전개하여 대법원 패소를 경험한 광주시민단체협의회는 2005년 1월 시민사회단체연대회의에 <주민소환제국회입법운동>을 제안하였으며, 그 해 4월 1일 시민사회단체연대회의에 참여하는 11개 지역연대회의의 운영위원회의 간담회를 가졌고, 5월 10일 11개 지역연대회의 정책협의회에서 시민사회단체연대회의 안에 <민주적 지방분권과 자치를 위한 제도개혁특위>를 만들 것을 제안하였으며, 5월 25일 제1차 기획단 회의를 갖는 등 논의를 거쳐 7월 5일에는 기획단 간담회를 통하여 기획단을 "주민소환제입법운동본부"로 개칭하여 주민소환제 입법에 주력하기로 하였고, 8월 24일 배재대학교에서 운동본부 출범식 및 기자

회견을 가짐으로써 쟁점의 전국적 확산을 위한 노력이 1차로 결실을 맺었다.[45]

1. 주도자

이 단계에서 의제의 주도자는 전국 시민사회단체연대회의였고, 반대자는 국민주권과 대표제를 논하는 법학자들이 합리적 반대자로 역할을 하였으며, 일반 주민들은 소환제 자체를 판단할 충분한 지식이 전파되지 못하여 찬성이든, 반대든 드러낼 정도에 이르지 못하였다고 본다.

2. 반대자

공개적인 반대자는 없었다.

Ⅵ. 정책형성

주민소환과 관련된 정책형성은, 초보적이기는 하지만, 광주지역 소환운동 때 이미 이루어졌다고 본다. 그리고 곧 이어 광주지역 출신으로서 열린우리당 소속의 지병문 의원이 2004년 7월 23일자로 제출한 전문 4장 35조와 부칙으로 된 <선출직지방공직자의주민소환에관한법률안>이 국회 행정자치위원회 의안번호 223번으로 접수·발의되었다. 그리고 2005년 시민사회단체연대회의 주민소환제입법운동본부도 전문 5장 30조와 부칙으로 된 <자치단체장등의주민소환에관한법률안>을 마련하여 정책토론의 자료로 제시하였다.

45) 시민사회단체연대회의 주민소환제입법운동본부는 국회 안에서 이에 관심을 가진 국회의원들을 연결고리로 삼아서 분위기 확산과 학습활동을 병행하였다. 2005년 9월 21일 여의도 렉싱턴 호텔에서 <주민소환제>와 <국민소환제>를 주제로 하여 정책토론회를 가졌으며, 이 자리에서 필자는 "주민소환제의 이해와 도입의 필요성"을 발표하였고, 하승수 변호사가 "주민소환제 입법방향과 주요 쟁점"을 발표하였으며, 이기우 교수(인하대), 김태선 의원(서울, 노원구의회), 류동훈(광주시민단체협의회 운영위원)이 토론에 참여하는 등 주민소환법이라는 정책의제는 다시 전국적 공중의제로 부각되었다.

그리고 2005년 11월 17일 강창일 의원(열린우리당) 등이 전문 5장 34조와 부칙으로 된 <주민소환에관한법률안>을 행정자치위원회에 의안 제3386호로 접수 · 발의하였으며, 민주노동당 이영순 의원 등이 전문 5장 22조와 부칙으로 구성된 <주민소환에관한법률안>을 행정자치위원회에 의안 제4140호로 접수 · 발의하였다.

1. 주도자

광주시민단체협의회와 지병문 의원과 공동발의자, 시민사회단체연대회의 주민소환제입법운동본부, 강창일 의원 등 공동발의자, 이영순 의원과 공동발의자, 그리고 지식을 도입, 전파한 학계인사들이었다.

2. 반대자

공개적 반대자는 없었다.

Ⅶ. 정책결정: 주민소환법의 국회통과

1. 개 요

제2절에서 소개한 대로 제259회 국회 임시회에서는 먼저 행정자치위원회에서 2006년 4월 27일 오전 10시부터 공청회를 가졌고, 같은 날 법안심사소위원회를 열어서 지병문, 강창일, 이영순 의원이 대표 발의한 세 법률안을 함께 심사하여 3개 법률안을 각각 본회의에 부의하는 대신 그 내용을 통합 · 보완하여 대안으로 제안하기로 의결하였다.

위와 같은 법안심사소위원회의 결정과 권고에 따라 제6차 행정자치위원회에서도 위원회의 대안으로 본회의에 제안하기로 의결하였다. 그리고 마침내 5월 2일 제259회 임시회에서는 한나라당이 사학법 개정문제로 불참한 가운데, 열린우리당과 민주노동당, 민주당이 참석한 가운데 <주민소환에관한법률안>이 국회를 통과하여서 정책과정의 중요한 단계를 거쳤다.

Ⅷ. 이론모형의 적용과 관련된 검토

이론적 모형의 적용성과 필자의 고찰을 통하여 새롭게 인식한 내용을 간략하게 요약하여 이 장의 결론으로 삼고자 한다. 글은 먼저 모형에 관련된 논의를 갖고, 그 다음에 필자가 새롭게 인식한 내용을 쓴다.

1. 정책과정모형에 관련된 논의

첫째, 학자들이 제시한 정책과정으로서 정책의제설정(주민소환 쟁점의 발생부터 법률안 발의)·정책결정(국회 내의 심의와 의결)·정책집행·정책평가의 4단계 분류는 주민소환법 제정과정에 그대로 적용하여도 무리가 없다.

둘째, 코브·로스·로스 등은 어떤 사회문제가 공식의제로 진입하기까지는 쟁점발생→요구표명→쟁점 확산→공식의제 진입의 4단계를 거친다고 하였는데, 주민소환과 관련된 정책에서도 이러한 단계의 설정은 타당하다. 고양지역의 의제설정은 사회문제→쟁점발생→요구표명→쟁점의 확산을 통한 공중의제로 대두하는 과정까지 모형과 부합하며, 광주지역 주민소환도 이 단계를 거쳐서 공식의제로 채택되어서 정책결정 단계까지 이르렀고, 역시 정책과정모형에 부합하였다. 그리고 주민소환법률의 제정이라는 정책과정 역시 4단계 의제설정과정을 거쳤다.

셋째, 한국 주민소환법률의 제정은 코브와 엘더(1983), 코브와 로스·로스(1976), 정정길 등(2003)이 제시한 정책의제설정의 세 가지 유형 가운데, 전형적인 외부주도형(outside initiative model)에 해당한다. 즉, 고양지역 아파트 단지 주민들은 선출직 지방정부 공직자의 정책결정과 집행으로 인하여 예견되는 피해(사회문제)에 불만을 제기하였고, 주민대책위와 여성민우회 등이 주도하여 쟁점으로 만들었고, 지역 전체로 넓게 여론을 확산시켜서, 지방정부와 중앙정부가 관심을 갖도록 만들었다(제1차 계기: triggering device). 그러나 주민소환법은 광주지역에서 주민발의제도를 통한 주민소환조례제정운동을 통하여 지역단위의 정책과정이 별개로 전개되었지만, 주민소환법 제정이라는 정책과정에는 제2차 계기가 되었고, 광주광역시 집행기관의 대법원 제소와 패소판결은 제3차 계기가 되어서 마침내 전국적 쟁점 또는 공중의제로 부각되었으며, 정책형성을 거쳐 공식의제로 채택되는 의제설정의 단계를 이루었다는 점에서 확인된다. 이로써 우리는 민주시민사회의 역량을 입증하였다.

끝으로 필자가 선행연구를 통하여 설정한 정책과정의 이론모형은 주민소환법의 제정이라는 사례에 적용할 때 충분히 타당성을 가지며, 따라서 모형의 적용성은 높다고 주장할 수 있겠다.

2. 이 연구에서 새롭게 인식된 점들

첫째, 코브와 로스 등 일단의 학자들은 정책의제의 설정과 정책결정에서 동원형(mobilization model)과 내부접근형(inside access model)을 후진국형으로 분류하고 있는데, 주민소환법의 제정의 사례는, 그들의 분류에 따른다면, 선진국형 정책의제설정에 해당한다. 필자는 그들의 단순한 유형분류에 전적으로 동의하지는 않는 바, 미국과 같은 나라의 정책과정에서, 이라크전쟁의 경우에서 보듯, 정책영역이나 유형에 따라 내부접근형이나 동원형이 있기 때문이다. 그럼에도 불구하고 민주적 정부에서 정책과정은 가능한 한 참여와 개방이 최대한 보장되는 가운데 이른바, 외부주도형으로 이루어지는 것이 더 가치 있는 일이다. 그러므로 우리 사회에서도 주민소환법 제정처럼 시민사회가 주도하는 가운데 공식적 정책결정자가 정책과정으로 추진하는 사례가 많아져야 할 것이며, 주민발의제도를 통하여 그러한 길은 열려있는 셈이다.

둘째, 지방정부와 관련된 정책과정에서는 단일하고 단순한 정책단계를 따르지는 않는다는 점이다. 고양지역에서 계기와 주도자가 결합되어 정책과정의 일부가 진행되어 사회적 관심을 집중시키고(제1차 계기), 또 광주에서 계기와 주도자가 결합되어 정책과정을 몇 단계 더 진전시키고(제2차 계기), 대법원 제소와 패소판결이 제3차 계기가 되었다. 그리고 쟁점의 주도자들은 먼저 지역단위에서 작은 세력으로 출발하여서 문제를 공유하였고, 지식도 확대시켜 공유하는 등 나중에 이들이 큰 공익집단으로 연대가 이루어져서 정책과정의 주도자 또는 수호자(policy entrepreneur) 역할을 수행하는 현상을 볼 수 있었다. 이런 현상을 쟁점의 확산이라고 볼 수도 있지만, 지역단위의 정책과정이 처음에는 개별적으로 존재하는 다중구조를 이루다가 마침내 단일의 정책과정으로 수렴・확산・집중되어 역량의 확대로 이어지는 흥미로운 사실을 볼 수 있었다.

셋째, 필자는 정책과정의 이론모형에서 정책의제설정→정책결정→정책집행→정책평가의 4단계는 물론, 정책의제설정의 세부단계, 즉 사회문제→쟁점발생→요구표명→쟁점 확산과 공중의제→정책형성→공식의제 진입의 단계에도 크건 작건 계기가 주어지고, 주도하거나 반대하거나 참여자가 있다고 설정하였는데, 주도자는 상존하는 현상을 보았으나 반대자 또는 방해자는 상존한다고 볼 수 없었다. 그리고 반대자 또는 방해자도 드러내 놓고 반대하는 명시적 반대자가 있으며, 또 명시적 반대자도 이익보호자와 제도의 법적 근거 등을 논의하고 따지며 반대하는 제도적 반대자(법적 근거론을 제기하는 학자나 행정가)만 목격되었다. 그리고 반대의사를 눈에 띄게 드러내지는 않더라도 반대할 개연성이 높은 집단, 즉 은폐되어 반대하거나 반대의견을 잠재시키고 있는 개인과 집단의 존재를 도외시할 수 없다는 점이다.

넷째, 정책유형에 따라 정책과정도, 참여자와 그 활동도 달라질 수 있다는 견해를 조심스럽게 내놓고 싶다. 정책과정의 단계별 참여자(주도자와 반대자)는 주민소환법처럼 공익정책인 경우에는 그 명분의 타당성 때문에 그러한 정책결정으로 인하여 손해를 볼 수 있는 선출직 지방공직자 모임(시 · 도지사협의회, 전국시장 · 군수 · 구청장협의회, 전국 시 · 도의원 협의회, 전국 시 · 군 · 구의원협의회) 등은 아무런 견해를 드러내지 않았다. 오로지 법적 근거를 이유로 해당 자치단체의 집행기관과 행정자치부만 제도적 반대자의 입장에 섰을 뿐이다. 이렇게 보면, 호주제도와 관련된 정책과정의 각 단계마다 맞서서 강력한 의견의 제시와 첨예한 대립을 했던 것에 비해 주민소환법의 제정과정은 매우 다른 양상이다.

한국 주민소환법의 이해

06 Chapter 한국 주민소환법의 이해

여기서는 우리 국회가 제정한 주민소환에 관한 법률의 각 장과 조항의 내용을 중심으로 설정취지와 논점 등을 소개하기로 한다. 미리 밝혀 두고자 하는 것은 필자는 법학자가 아니라 정치학이나 행정학의 언저리에 머물고 있기 때문에 정치한 법학 지식을 바탕으로 내용을 살피고 논점을 제시한 것이 아니라는 점이다. 그러나 주민소환의 성격이나 절차는 정치적인 것이며, 이러한 관점에서 필자의 견해를 제시하고자 한다.

2006년 5월 2일 국회를 통과한 우리 나라 주민소환에 관한 법률(이하에서는 편의상 "주민소환법"으로 표현)은 제1장 총칙, 제2장 주민소환투표의 청구 등, 제3장 주민소환투표의 실시 등, 제4장 주민소환투표의 효력 및 소송 등, 제5장 「주민투표법」의 준용 등, 제6장 벌칙, 제7장 보칙과 부칙 등 모두 38조로 이루어져 있다.

다음에는 우리 주민소환법의 각 장을 이 장(章)에서는 절(節)로 편성하여 각 조항의 내용을 제시하고, 조항 설정의 경과나 취지, 논점을 외국의 주민소환제와 비교하며 제시해보기로 한다.

제1절 총 칙

1. 목 적

> 제1조(목적) 이 법은 「지방자치법」 제13조의 8의 규정에 의한 주민소환의 투표 청구권자 · 청구요건 · 절차 및 효력 등에 관하여 규정함으로써 지방자치에 관한 주민의 직접참여를 확대하고 지방행정의 민주성과 책임성을 제고함을 목적으로 한다.

1) 경과

국회가 주민소환법을 통과시키면서 그 법적 근거를 구하고 또 지방자치의 기본법이라고 할 수 있는 지방자치법 내용과 조화시키기 위하여 다음과 같이 제13조의 8을 신설하였다.

> 제13조의 8(주민소환) ① 주민은 당해 지방자치단체의 장 및 지방의회의원(비례대표지방의회의원은 제외한다)을 소환할 권리를 가진다.
> ② 주민소환의 투표 청구권자 · 청구요건 · 절차 및 효력 등에 관하여는 따로 법률로 정한다.

위와 같이 주민소환법의 근거를 지방자치법에 규정한 다음, 여느 법령처럼, 이 법도 <주민의 직접참여를 확대하고>, <지방행정의 민주성과 책임성을 제고함>을 <목적>으로 제시하였다.

2) 주민소환법의 목적

법령이나 정책의 목표는 법령이나 정책을 통하여 해결하려는 문제의 정의와 그 문제를 해결함으로써 이루고자 하는 미래의 가치를 담고 있다. 정정길 등은 정책목표의 종류로서 기존의 문제를 해결하는 소극적·치유적 목표와 기존에 없던 것을 새롭게 구상하여 미래에 실현하려는 적극적·창조적 목표로 나누었다(2003: 311).

주민소환법은 주민의 직접참여를 확대하는 것을 첫째 목적으로 설정하였다. 사실 그 동안 문헌을 통해서 강조되거나 시민운동의 과정에서 그들의 요구를 통하여 나타난 문제는 유권자들이 선거 때 한 차례 투표에 참여할 기회만 주어져 있기 때문에 자치단체장 등 선출직 공직자들은 임기 중 일탈행동을 하고도 옥중결재를 하거나 주민들의 반대나 비난에도 끄떡하지 않고 임기를 마칠 수 있었다는 점이다. 이렇게 보면, 선거는 두 가지 문제를 갖는데, 하나는 유권자의 권한 행사가 대표선출이라는 간접적인 수준에 그친다는 점과 선거결과가 잘못 되었더라도 그것을 바로 잡을 수 없다는 점이다. 주민소환법은 유권자가 직접 나서서 공직자 해임을 직접 청원하고, 캠페인을 벌이고, 투표하는 등 "직접" 참여하여서 잘못을 저지른 공직자를 해임하는 장치로 사용하여 간접적이고 제한된 유권자 참여에서 비롯되는 심각한 문제를 해결하고자 한 것이다.

주민소환법은 다음으로 민주적 지방행정, 책임을 다하는 지방행정으로 만드는 것을 목적으로 삼았다. 지방민주주의는 "주민에 의한 자치행정"이다. 현실적으로 매사를 유권자 주민이 직접 결정하고 집행할 수 없기 때문에 대표자를 통하여 주민에 의한 지배를 실현하는 모습을 갖추었으나 그러한 취지가 제대로 살아나지 못하여 민주주의는 시늉에 그치는 문제가 있었고, 그 결과 선출된 지방공직자들은 주권자인 주민 위에 "군림하거나", "무시하는 듯 하거나", "책임을 다하지 않는 듯한" 일처리를 하였던 것이다. 이제 주민소환법을 통하여 대표들이 주권자 주민의 뜻을 보다 더 잘 반영하고, 그렇지 못할 때는 주민들이 직접 나서서 공직자를 임기 중 해임하여 책임을 묻는 가운데 지방민주주의도 더 충실하게 실현되도록 하려는 것이다.

3) 주민소환법의 핵심 내용

“주민소환의 투표청구권자 · 청구요건 · 절차 및 효력 등에 관하여 규정함으로써”라는 부분은 이 법의 목적을 이루는데 수단으로 삼을 내용, 즉 다음에 살펴보게 되는 주민소환법의 핵심 내용을 포괄적으로 예시한 것이다. 다음에 이 법의 구체적인 내용들을 조항별로 살펴보기로 한다.

2. 주민소환투표의 사무관리

제2조(주민소환투표의 사무관리) ① 주민소환투표사무는 「공직선거법」 제13조 제1항의 규정에 의하여 해당 지방자치단체의 장선거 및 지방의회의원선거의 선거구 선거사무를 행하는 선거관리위원회(이하 “관할선거관리위원회”라 한다)가 관리한다.
② 제1항의 규정에 의하여 관할선거관리위원회가 주민소환투표의 사무를 관리함에 있어서 「공직선거법」 제13조 제3항 내지 제6항의 규정을 준용한다. 이 경우 “선거관리”는 “주민소환투표관리”로, “선거”는 “주민소환투표”로, “선거사무” 및 “선거구선거사무”는 각각 “주민소환투표사무”로 본다.

1) 취지

주민소환법이 제정되어 실행될 때, 소환업무를 담당하는 기관을 어디로 할 것인가를 분명하게 해야 한다. 우리의 경우는 기존의 선거관리위원회로 하여금 그 업무를 담당케 하면서, 그 근거를 제2조에 규정한 것이다. 공직선거법 제13조 ①부터 ⑥의 내용은 다음과 같다.

제13조 (선거구선거관리) ① 선거구선거사무를 행할 선거관리위원회(이하 “선거구선거관리위원회”라 한다)는 다음 각호와 같다. <개정 2000.2.16, 2005.8.4>

1. 대통령선거 및 비례대표전국선거구국회의원(이하 “비례대표국회의원”이라 한다)선거의 선거구선거사무는 중앙선거관리위원회
2. 특별시장 · 광역시장 · 도지사(이하 “시 · 도지사”라 한다)선거와 비례대표선거구시 · 도의회의원(이하 “비례대표시 · 도의원”이라 한다)선거의

선거구선거사무는 시・도선거관리위원회

3. 지역선거구국회의원(이하 "지역구국회의원"이라 한다)선거, 지역선거구시・도의회의원(이하 "지역구시・도의원"이라 한다)선거, 지역선거구자치구・시・군의회의원(이하 "지역구자치구・시・군의원"이라 한다)선거, 비례대표선거구자치구・시・군의회의원(이하 "비례대표자치구・시・군의원"이라 한다)선거 및 자치구의 구청장・시장・군수(이하 "자치구・시・군의 장"이라 한다)선거의 선거구선거사무는 그 선거구역을 관할하는 구・시・군선거관리위원회[제29조(지방의회의원의 증원선거) 제3항 또는 「선거관리위원회법」 제2조(설치) 제6항의 규정에 의하여 선거구선거사무를 행할 구・시・군선거관리위원회가 지정된 경우에는 그 지정을 받은 구・시・군선거관리위원회를 말한다]

② 제1항에서 "선거구선거사무"라 함은 선거에 관한 사무 중 후보자등록 및 당선인결정 등과 같이 당해 선거구를 단위로 행하여야 하는 선거사무를 말한다.

③ 선거구선거관리위원회 또는 직근 상급선거관리위원회는 선거관리를 위하여 특히 필요하다고 인정하는 때에는 중앙선거관리위원회가 정하는 바에 따라 당해 선거에 관하여 관할선거구 안의 선거관리위원회가 행할 선거사무의 범위를 조정하거나 하급선거관리위원회 또는 그 위원으로 하여금 선거구선거관리위원회의 직무를 행하게 할 수 있다.

④ 제3항의 규정에 의하여 선거구선거사무를 행하는 하급선거관리위원회의 위원은 선거구선거관리위원회위원의 정수에 산입하지 아니하며, 선거구선거관리위원회의 의결에 참가할 수 없다.

⑤ 구・시・군선거관리위원회 또는 읍・면・동선거관리위원회가 천재・지변 기타 부득이한 사유로 그 기능을 수행할 수 없는 때에는 직근 상급선거관리위원회는 직접 또는 다른 선거관리위원회로 하여금 당해 선거관리위원회의 기능이 회복될 때까지 그 선거사무를 대행하거나 대행하게 할 수 있다. 다른 선거관리위원회로 하여금 대행하게 하는 경우에는 대행할 업무의 범위도 함께 정하여야 한다. <개정 2005.8.4>

⑥ 제5항의 규정에 의하여 선거사무를 대행하거나 대행하게 한 때에는 대행할 선거관리위원회와 그 업무의 범위를 지체없이 공고하고, 상급선거관리위원회에 보고하여야 한다.

2) 논점

미국과 같이 제도의 다양성이 큰 곳에서는 소환과 관련된 업무를 기존의 선거관리위원회에 맡기는 경우도 있고, 또 소환을 규정한 법률에 규정하여 따로 소환업무를 담당하는 특별위원회를 구성하여 처리하기도 한다. 필자의 설문조사에서 우리의 경우 특위구성과 선관위 활용 등 두 가지 방안으로 엇갈렸으나, 선관위의 업무가 늘어나는 부담이 있기는 하지만, 선관위가 담당하는 것이 여러모로 장점이 있다고 보았다. 우선 소환대상 공직자를 선출할 때도 그 선거관리위원회가 그 업무를 담당한 점과 소환청원접수와 찬성과 반대 캠페인, 투표관리 등에 선거관리위원회는 전문적 능력이 축적되어 있는 점 때문이다. 위 조문 제1항은 소환업무의 소관을 선관위로 한다는 점을 확인한 것이고, 제2항은 소환업무를 선거관리위원회에 맡기면서 용어가 다르지 않도록 일치시키려는 조치이다.

3. 주민소환투표권

> 제3조(주민소환투표권) ① 제4조 제1항의 규정에 의한 주민소환투표인명부 작성기준일 현재 다음 각호의 어느 하나에 해당되는 자는 주민소환투표권이 있다.
> 1. 19세 이상의 주민으로서 당해 지방자치단체 관할구역에 주민등록이 되어 있는 자(「공직선거법」 제18조의 규정에 의하여 선거권이 없는 자를 제외한다)
> 2. 19세 이상의 외국인으로서 「출입국관리법」 제10조의 규정에 따른 영주의 체류자격 취득일 후 3년이 경과한 자 중 같은 법 제34조의 규정에 따라 당해 지방자치단체 관할구역의 외국인등록표에 등재된 자
>
> ② 주민소환투표권자의 연령은 주민소환투표일 현재를 기준으로 계산한다.

1) 취지

지방자치는 한 나라 민주주의의 일부를 이루면서 또한 밑으로부터의 민주주의를 이루기 때문에 "풀뿌리 민주주의(grass-roots democracy)"라고 한다. 그리고 이러한 민주주의는 주권재민의 실현이며, 그래서 국민에 의한 정치(government by the people)라고 하는 것이다. 그렇지만 주권재민의 원리에 따라 국민에 의한 정치를 실행할 때 권한 행사의 주체를 어느 범위로 할 것인가를 선택해야 한다. 참정권의 주체를 결정할 때 중요한 요건들이 있는 바, 국적요건과 연령요건과 거주요건 등이다.

우리 나라에서 각종 선거에 선거권과 피선거권을 행사할 수 있는 자는 국적을 가진 대한민국 국민이어야 하고(국적 요건), 정치적 판단력이 갖추어져 있다고 보는 일정한 연령, 즉 개정된 공직선거법에 따라 19세 이상이어야 하며(연령 요건), 특히 지방선거의 경우는 그 지역의 현안에 대한 이해를 전제로 대표를 뽑는다는 점에서 선거인 명부 작성일 현재 관할 지방자치단체 구역 안에 주소를 가진 자(거주 요건)로 하고 있다. 거기다가 우리 공직선거법은 지방선거의 경우, 요건을 갖춘 외국인에게도 투표권을 부여함으로써, 미국이 실행하지 않고, 또 일본이 겨우 검토하는 단계에 있는데도, 앞장서서 과감하게 지방선거의 참정범위를 확대시켰다.

주민소환법은 직접참정의 범위를 ① 선출직 지방공직자에 대한 소환청구권자와 투표참여자를 19세 이상의 국민으로서 소환투표인의 명부를 작성하는 날 현재 해당 자치구역 안에 주민등록이 되어 있는 법인을 제외한 자연인[1)]과 ② 제15조 제2항 2에는 "「출입국관리법」 제10조(체류자격)의 규정에 따른 영주의 체류자격 취득일 후 3년이 경과한 19세 이상의 외국인으로서 제37조 제1항의 선거인명부작성기준일 현재 「출입국관리법」 제34조(외국인등록표 등의 작성 및 관리)의 규정에 따라 당해 지

1) 여기서 자연인은 법인에 대한 용어이다. 이러한 구별이 필요한 것은 "주민"의 개념 때문이다. 우리 지방자치법과 공직선거법은 주민이라는 용어를 사용하며, 주민은 주민등록법상 "지방자치단체 관할 구역 안에 주소를 가진 자"라고 규정하고 있으며, 주소를 가질 수 있는 자는 자연인뿐만 아니라 주식회사나 사단, 재단 등 법인(法人)도 주소를 갖는다.

방자치단체의 외국인등록대장에 등재된 자"를 명확하게 규정할 필요가 있는 것이다. 덧붙여 지적할 것은, 우리의 공직선거법은 일정한 국민이나 주민은 위의 요건을 갖추었더라도 선거와 관련된 범죄를 저질렀거나 정신적 문제 등으로 법률에 의하여 한정치산, 금치산자로 분류된 경우는 참정권을 제한하고 있는 바, 주민소환법에도 이들에게는 참정권을 제한하고 있다.

2) 논점

소환투표권자의 범위를 설정할 때, 우리처럼 그 관할구역의 요건을 갖춘 유권자에게 포괄적으로 참정권을 주는가 하면, 미국의 경우처럼 특이하게 규정하는 경우도 있다. 미국의 일부 지방정부는 소환투표권을 소환대상이 된 공직자를 선출할 때 투표를 실시한 유권자로 한정하는 경우가 있다. 미국의 이러한 제한은 주민소환제도가 무분별한 소수 유권자들에 의하여 남용 또는 악용될 우려 때문에 "해당 공직자를 선출할 때 참여하였던 유권자들의 권리와 책임"을 일치시키는 의미와 "오남용을 방지하려는 의미"가 있다고 본다.

4. 주민소환투표인명부의 작성 및 확정

제4조(주민소환투표인명부의 작성 및 확정) ① 주민소환투표를 실시하는 때에는 주민소환투표인명부작성기준일(제11조의 규정에 의한 주민소환투표발의일을 말한다)로부터 5일 이내에 주민소환투표인명부를 작성하여야 한다.

② 주민소환투표인명부에 등재되어 있는 국내거주자 중 주민소환투표일에 자신이 투표소에 가서 투표를 할 수 없는 자는 주민소환투표인명부 작성기간 중에 부재자 신고를 할 수 있다.

③ 제1항의 규정에 의한 주민소환투표인명부의 작성·확정과 제2항의 규정에 의한 부재자신고의 절차, 부재자신고인명부의 작성 등에 관하여 「공직선거법」 제37조 내지 제46조를 준용한다. 이 경우 제9조의 규정에 의한 주민소환투표청구인대표자와 제12조 제2항의 규정에 의하여 주민소환투표대상자가 「공직선거법」 제46

조의 규정에 의한 주민소환투표인명부(부재자신고인명부를 포함한다)의 사본이나 전산자료복사본의 교부 신청을 하는 경우에는 제18조 제1항의 규정에 의한 주민소환투표운동기간개시일 다음날까지 하여야 한다.

1) 취지

선거에서 투표권을 행사할 주체가 누구인가를 정확하게 확인하여 관리하는 일은 중요하다. 그 업무가 선거인 명부를 작성하여 관리하는 일로서 공직선거법 제37조에서 제46조까지 규정하고 있는데, 명부작성은 선거 때마다 구청장·시장·읍장·면장은 지방선거일 전 19일 현재로 그 관할구역 안에 주민등록이 되어 있는 선거권자를 투표구별로 조사하여 선거인명부 작성기간에 선거인명부를 작성하여야 한다. 이렇게 작성된 선거인명부는 즉시 그 등본 1통을 관할 구·시·군 선거관리위원회에 송부하여야 한다.

한편 공직선거법 제38조는 부재자투표를 규정하고 있는데, 선거일에 투표소에 가서 투표할 수 없는 때에는 선거인명부작성기간 중에 구·시·읍·면의 장에게 서면으로 부재자를 신고할 수 있다.

구청장·시장·읍장·면장은 선거인명부 작성만료일 다음 날부터 3일간 장소를 정하여 선거인명부를 열람할 수 있도록 하여야 하며, 인터넷 홈페이지에서 선거인명부를 열람할 수 있도록 기술적 조치를 취해야 한다. 그리고 선거권자는 자유로이 선거인명부를 열람할 수 있으며(공직선거법 제40조), 누락 또는 오기가 있거나 자격 없는 선거인이 올라 있을 때는 열람기간 안에 구술 또는 서면으로 당해 구·시·읍·면장에게 이의신청이 가능하다(공직선거법 제41조). 선거인명부는 선거일 전 7일에, 부재자신고인명부는 부재자신고기간 만료일의 다음 날에 각각 확정되며 당해 선거에 한하여 효력을 가진다(공직선거법 제44조). 위와 같은 공직선거법의 규정을 주민소환투표에 그대로 적용하기 때문에 그것을 주민소환법 제4조는 확인하고 있다.

2) 논점

투표권자, 즉 선거인명부의 작성과 사용은 우리와 다른 사례로 영국과 미국을 들 수 있다. 우리는 매 선거 또는 소환투표마다 선거인(투표인)명부를 새로 작성하여 그 선거나 투표에만 사용하지만, 영국은 매년 1회 선거인명부를 작성하여 그 해에 실시되는 선거에 계속 사용한다.

한편 우리는 행정기관이 선거관리위원회(이하 "선관위"라 한다)의 감독을 받으며 선거인명부를 작성하여 사용하지만, 미국의 경우는 선거권자가 직접 자신이 투표자라는 사실을 신고하여야 한다. 국적 요건, 연령 요건, 거주 요건 등을 충족시켰다 하더라도 자신의 의지로 등록하지 않으면 투표권을 행사할 수 없다. 그러나 미국의 이러한 투표인 등록제도는 투표율을 떨어뜨리고, 민주주의에서 가장 핵심적 참여장치의 효용을 떨어뜨린다는 판단에 따라 투표일 당일 등록제도를 채택하여 변화를 모색하고 있기는 하다.

5. 주민소환투표권 행사의 보장 및 주민소환투표 홍보 · 계도

제5조(주민소환투표권 행사의 보장 및 주민소환투표 홍보 · 계도) ① 국가 및 지방자치단체는 주민소환투표권자가 주민소환투표권을 행사할 수 있도록 필요한 조치를 취하여야 한다.
② 공무원 · 학생 또는 다른 사람에게 고용된 자가 주민소환투표인명부를 열람하거나 투표를 하기 위하여 필요한 시간은 보장되어야 하며, 이를 휴무 또는 휴업으로 보지 않는다.
③ 관할선거관리위원회는 그 주관하에 문서 · 도화 · 시설물 · 신문 · 방송 등의 방법으로 주민소환투표 참여 · 투표방법 그 밖에 주민소환투표에 관하여 필요한 계도 · 홍보를 실시하여야 한다.

1) 취지

주민소환제도가 주민의 직접참정을 확대하고, 민주적이고 책임성 있는 지방행정을 만드는 데 목적이 있는 만큼 지역사회로서는 매우 중요하고 의미 있는 정치적 활동이다. 그 의미를 살리기 위해서 소환청원 이후 그 찬반 활동도, 투표도 또한 중요하고 의미 있는 활동이기 때문에 다른 요인들에 의하여 그것이 방해받거나 저해되어서는 안 되며, 선거관리위원회는 선거처럼 소환투표와 관련하여서도 공보물을 제작하여 유권자의 판단을 위한 자료를 제공하여야 된다는 점을 강조하려는 취지의 조항이라고 할 수 있다.

2) 논점

미국의 경우는 유권자가 캠페인에 자유롭게 참여하는 것은 물론 투표 자체도 자유를 보장하는 정치적 전통을 지니고 실천하는 국가라는 것은 잘 알려진 사실이다. 그뿐만 아니라 미국은 소환투표의 참여를 확대시키기 위하여 청원을 위한 서명활동부터 캠페인까지 그것을 기업형 대행사에 맡기기도 한다.

6. 다른 법률과의 관계

> 第6조(다른 법률과의 관계) 주민소환에 관하여 「제주특별자치도 설치 및 국제자유도시 조성을 위한 특별법」 등 다른 법률에 특별한 규정이 있는 경우를 제외하고는 이 법이 정하는 바에 따른다.

앞에서도 지적한 바와 같이 우리 나라에서 주민소환제는 "제주특별자치도법"에 처음으로 규정되었다. 그리고 그 법에는 소환대상에 직선제를 채택한 교육감도 포함시키고 있다는 점이다. 그러므로 제주특별자치도법률의 뒤에 제정된 주민소환법으로서는 기존의 법률과의 내용의 일치 등을 규정할 수밖에 없고, 그러한 취지로 이 조항이 설정된 것이다.

제 2 절 주민소환투표의 청구 등

7. 소환투표의 청구

제7조(주민소환투표의 청구) ① 전년도 12월 31일 현재 주민등록표 및 외국인등록표에 등록된 제3조 제1항 제1호 및 제2호에 해당되는 자(이하 "주민소환투표청구권자"라 한다)는 해당 지방자치단체의 장 및 지방의회의원(비례대표시·도의원 및 비례대표자치구·시·군의원은 제외한다. 이하 "선출직 지방공직자"라 한다)에 대하여 다음 각호에 해당하는 주민의 서명으로 그 소환사유를 서면에 구체적으로 명시하여 관할선거관리위원회에 주민소환투표의 실시를 청구할 수 있다.

1. 특별시장·광역시장·도지사(이하 "시·도지사"라 한다) : 당해 지방자치단체의 주민소환투표청구권자 총수의 100분의 10 이상
2. 시장·군수·자치구의 구청장 : 당해 지방자치단체의 주민소환투표청구권자 총수의 100분의 15 이상
3. 지역선거구시·도의회의원(이하 "지역구시·도의원"이라 한다) 및 지역선거구자치구·시·군의회의원(이하 "지역구자치구·시·군의원"이라 한다) : 당해 지방의회의원의 선거구 안의 주민소환투표청구권자 총수의 100분의 20 이상

② 제1항의 규정에 의하여 시·도지사에 대한 주민소환투표를 청구함에 있어서 당해 지방자치단체 관할구역 안의 시·군·자치구 전체의 수가 3개 이상인 경우에는 3분의 1이상의 시·군·자치구에서 각각 주민소환투표청구권자 총수의 10000분의 5 이상 1000분의 10 이하의 범위 안에서 대통령령이 정하는 수 이상의 서명을 받아야 한다. 다만, 당해 지방자치단체 관할구역 안의 시·군·자치구 전체의 수가 2개인 경우에는 각각 주민소환투표청구권자 총수의 100분의 1 이상의 서명을 받아야 한다.

③ 제1항의 규정에 의하여 시장·군수·자치구의 구청장 및 지역구지방의회의원(지역구시·도의원과 지역구자치구·시·군의원을 말한다)에 대한 주민소환투표를 청구함에 있어서 당해 시장·군수·자치구의 구청장 및 당해 지역구지방의회의원 선거구 안의 읍·면·동 전체의 수가 3개 이상인 경우에는 3분의 1 이상의 읍·면·동에서 각각 주민소환투표청구권자 총수의 10000분의 5 이상 1000분의 10 이하의 범위 안에서 대통령령이 정하는 수 이상의 서명을 받아야 한다. 다만, 당해 시장·군수·자치구의 구청장 및 당해 지역구지방의회의원 선거구 안의

> 읍·면·동 전체의 수가 2개인 경우에는 각각 주민소환투표청구권자 총수의 100분의 1 이상의 서명을 받아야 한다.
> ④ 주민소환투표청구권자 총수는 전년도 12월 31일 현재의 주민등록표 및 외국인등록표에 의하여 산정한다.
> ⑤ 지방자치단체의 장은 매년 1월 10일까지 제4항의 규정에 의하여 산정한 주민소환투표청구권자 총수를 공표하여야 한다.

1) 취지

우리 나라 주민소환법에서 제7조의 내용은 가장 핵심적인 중요한 내용을 담고 있다고 하겠다. <누가 소환청구권자인가>, <소환사유는 어떻게 규정할 것인가>, <소환청구에서 서명자의 수는 얼마로 정할 것인가>는 주민소환제가 그 목적에 맞게 최소의 노력을 가지고 효과적으로 운영되느냐를 결정하는 요인들이기 때문이다. 그리고 위에 거론한 요건들은 소환제의 오용이나 남용을 방지하는 제도적 장치로서도 의미가 크다. 또 이 요건들은 소환제 자체에 대한 반대론자들이나 찬성론자들의 견해차도 크고, 또 국가별로도 차이들이 있기 때문에 논란의 여지도 많다. 특히 우리의 경우 소환사유의 포괄주의는 초창기에 해석상의 혼란과 빈번한 소환발동의 우려가 있으며, 또 시·도지사 서명요건으로서 유권자 총수의 10%, 시장·군수·구청장 15%, 지방의원 20%는 자치구역의 인구편차를 너무 단순하게 반영함으로써 대도시 지방자치단체의 장은 소환발동을 어렵게 만들고, 상대적으로 선거구가 작은 지방의원은 소환발동이 너무 쉽게 성립할 수 있을 것으로 본다. 그러므로 다른 제안을 해 본다면, 자치단체 수준을 적용할 것이 아니라 인구기준으로 5%, 10%, 15%, 20%, 25%, 30%로 분류하여 적용할 필요가 있다고 본다. 또 자치단체장과 중선거구제인 지방의원은 제7조 제2항과 제3항처럼 지역균형요건이 반드시 적용되어야 소지역주의와 지역연고주의 정당제에 의한 소환제의 악용을 방지할 수 있을 것이다.

2) 논점

다음에 청구권자, 소환사유, 서명자 수 등을 중심으로 외국의 제도와 논점들을 살펴보기로 한다.

첫째, 소환청구권자는 투표권자 조항에서 살펴본 대로 대한민국 국민으로서 19세 이상의 선거인명부 작성일 현재 자치단체 관할구역에 주민등록이 되어 있는 자연인과 공직선거법에서 정한 요건을 갖춘 외국인이 소환청구권자이다. 미국은 선거연령을 18세로 한 경우로 우리와는 연령차이가 있고, 우리는 또 대개 다른 국가에서 허용하지 않고 있는 외국인 참정제도를 지방선거와 주민소환에 도입하여 차이를 보여주고 있다.

둘째, 소환사유는 구체적으로 예시할 것이냐 아니면 포괄적으로 규정할 것이냐를 두고 견해차이가 있다. 이러한 견해차는 각각의 장단점에 관한 인식의 차이에 따른 것이다. 구체적으로 예시하는 경우의 장점은 소환청구권자들의 주관적 판단의 여지를 줄여서 혼란을 방지할 수 있다는 점이다. 그러나 사유의 예시주의를 택하는 경우에는 모든 구체적 사유를 예시할 수 없는 어려움이 있다.

한편 포괄주의를 택하는 경우는 규정하기가 간단하다는 장점은 있지만, 무엇이든지 소환사유로 걸 수 있기 때문에 정치적 의식이 높지 못한 정치공동체의 경우 오용이나 남용을 부추기는 결과가 될 수도 있다. 미국의 경우 이러한 우려 때문에 직권남용(misfeasance) · 직무유기(non-feasance) · 배임(malfeasance)을 중심으로 중간 범위의 사유를 규정하며, 특히 소환사유를 정치적 성격으로 규정하는 경향이 강하다.

셋째, 소환청구의 서명자 수 요건도 매우 큰 영향을 미치는 중요한 부분이다. 가장 다양성을 보이는 국가는 미국으로서 매사츄세츠 주 빌러리카(Billerica)의 경우는 소환대상 공직자를 선출할 때 선거에 참가한 유권자의 50%의 서명을 요건으로 정하는가 하면, 총유권자 수의 5%로 낮게 규정하는 경우도 있는데, 평균적으로 유권자 총수의 25%를 요건으로 설정하고 있다. 그런 가운데서도 두 가지 중요한 경향을 엿볼 수 있는데, 하나는 유권자 수가 적은 선거구역일수록 서명자 수 또는 비율을 높이는 경향이고 그 반대의 경향도 볼 수 있다. 또 하나는 주지사나 시장 등 대선거구를 사용하는 공직자의 소환청구는 반드시 지역의 균형요건을 설정함으로써 특정지역에 치우치게 서명을 받아 소환을 발동하는 소지역주의를 방지하기 위한 장치를 마련하고 있다.

8. 소환투표의 청구제한기간

> 第8조(주민소환투표의 청구제한기간) 제7조 제1항 내지 제3항의 규정에 불구하고 다음 각호의 어느 하나에 해당되는 때에는 주민소환투표의 실시를 청구할 수 없다.
> 1. 선출직 지방공직자의 임기개시일부터 1년이 경과하지 아니한 때
> 2. 선출직 지방공직자의 임기만료일부터 1년 미만일 때
> 3. 해당 선출직 지방공직자에 대한 주민소환투표를 실시한 날부터 1년 이내인 때

1) 취지

소환청구의 제한기간 역시 제7조의 요건들과 함께 주민소환제의 오용이나 남용으로 인한 자치행정의 혼란을 막는 장치로서 효과가 있다고 하겠다. 우선 임기가 시작되어 1년 안에 소환청구를 금지한 것은 선거패배자 측에서 악용할 여지도 있고, 또 당선자가 충분히 능력이나 실적을 드러낼 시간도 부여하지 않고 소환발동으로 흔들어 댈 우려가 있기 때문이다. 또 임기 만료 전 1년 미만인 기간에 소환청구를 금하는 것은 이 기간에 소환을 발동하더라도 소환청구부터 소환투표까지 상당한 시간이 걸리는 만큼 해직시키더라도 효용이 크지 않다고 볼 수 있기 때문이다. 그리고 소환투표를 실시한 후 1년 미만인 경우 발동을 금지한 것도 역시 잦은 소환청구로 인하여 자치행정이 갈등과 혼란을 겪을 우려가 크기 때문이다.

2) 논점

우리의 경우는 위와 같이 규정하였으나 미국의 경우는 소환청구기간의 제한은 매우 다양한 것이 특징이다. 임기시작 후 3개월간 유예하는 경우도 있고, 6개월 유예, 1년 유예 등 대체로 세 가지 유형이 가장 보편적이다. 그리고 임기 만료 전 유예기간도 3개월, 6개월, 1년이 보편적이다.

그러나 공직자의 임기 중에 소환발동의 수는 한 차례만 발동할 수 있도록 규정하는 경우와 무제한으로 발동할 수 있도록 허용하는 경우 두 가지로 대별하고 있는 것을 볼 수 있다.

9. 서명요청 활동

> 제9조(서명요청 활동) ① 주민소환투표청구인대표자(이하 "소환청구인대표자"라 한다)와 서면에 의하여 소환청구인대표자로부터 서명요청권을 위임받은 자는 대통령령이 정하는 서명요청 활동기간 동안 주민소환투표의 청구사유가 기재되고 관할선거관리위원회가 검인하여 교부한 소환청구인서명부를 사용하여 주민소환투표청구권자에게 서명할 것을 요청할 수 있다. 이 경우 제10조의 규정에 따라 서명이 제한되는 기간은 서명요청 활동기간에 산입하지 아니한다.
> ② 제1항에 규정한 소환청구인대표자가 서명요청권을 위임하고자 할 때에는 그 때마다 인적사항 등을 기재하여 관할선거관리위원회에 신고하여야 한다.
> ③ 제1항에 규정한 주민소환투표청구인서명부(이하 "소환청구인서명부"라 한다)에 서명을 한 자가 그 서명을 철회하고자 하는 때에는 그 소환청구인서명부가 관할선거관리위원회에 제출되기 전에 이를 철회하여야 한다. 이 경우 소환청구인대표자는 즉시 소환청구인서명부에서 그 서명을 삭제하여야 한다.

1) 취지

특정한 지방공직자를 소환대상으로 삼아서 선거관리위원회에 소환의 시를 접수하고, 유권자의 서명을 받아서 청구를 성립시키고, 또 소환되어야 할 사유를 들어서 소환운동을 위한 캠페인을 벌리고 알려서, 마침내 투표까지 이르는 과정은 매우 복잡하고 상당한 기간을 요하는 활동이다. 이러한 활동은 애초부터 정치적 이해와 관련되어 있기 때문에 대립적인 상황이 전개되어 조직이나 집단적 정치적 이익대립 또는 정책대립이 일어날 수 있으며, 이럴 때 그 활동을 책임 있게 주관하고 추진하는 기구가 필요한 것은 당연하다. 그래서 법률은 그 청구인 대표자를 두도록 하였고, 필요한 행정사항은 선거관리위원회가 대개 대표를 통하여 전달하고 접수받는 형태를 취하게 된다. 그리고 선거관리위원회는 일단 청구인대표를 통하여 소환청구를 위한 서명을 요구할 수 있도록 권한을 부여하였으며, 대표는 선거관리위원회에 신고한 다음 그의 서명요청권을 다른 자에게 위임할 수 있도록 규정하였다.

제3항은 유권자들이 소환청구조직의 구성원들의 권유를 받아서 서명을 하거나 또 그 서명을 철회하거나 이 모든 선택행위를 자유롭게 행사하도록 보장하려는 취지이다. 이것은 투표가 자유의사에 바탕을 두고 이루어지는 것처럼 소환청원도 유권자의 자유의지에 따라 이루어지는 것은 당연하고, 이 당연한 것을 규정한 것이다. 그러므로 소환청구자들이 서명을 강제해서도 안 되고 서명의 철회도 제한해서는 안 된다고 하겠다.

2) 논점

유권자들이 특정한 공직자를 대상으로 한 소환발동을 추진하는 측이 대표를 정하여 소환투표청구서를 선거관리위원회에 제출하면서 시작되는데, 그러고 나서 발의를 성립시키기 위해서는 유권자의 서명이 필요하고, 서명을 모으는 활동기간이 일정하게 필요하다. 그런데 우리의 주민소환법에는 청구서를 접수하고 서명활동의 기간을 명시하지 않았다. 그러면 소환청구자 측은 그 기간을 자기들의 필요에 따라 자의적으로 늘릴 수도 있고, 줄일 수도 있게 된다. 그럴 경우 소환대상공직자의 입장에서는 계속해서 서명을 통한 소환공세에 시달리게 되는 문제가 있다.

그러므로 서명활동기간을 법률이든 시행령이든, 명시할 필요가 있다.

그리고 외국에서도 역시 자유롭게 소환을 청원하는 서명에 참여하거나 참여하였더라도 의사를 철회할 수 있도록 보장하고 있다. 그리고 서명이 강제되거나 허위로 서명하는 등의 행위는 형사상의 사건으로 다루어 엄격하게 처벌하고 있다.

10. 서명요청 활동의 제한

제10조(서명요청 활동의 제한) ① 소환청구인대표자와 서면에 의하여 소환청구인대표자로부터 서명요청권을 위임받은 자(이하 "소환청구인대표자 등"이라 한다)는 해당 선출직 지방공직자의 선거구의 전부 또는 일부에 대하여 「공직선거법」의 규정에 의한 선거가 실시되는 때에는 그 선거의 선거일 전 60일부터 선거일까지 그 선거구에서 서명을 요청할 수 없다.

② 다음 각호의 어느 하나에 해당하는 자는 소환청구인대표자 등이 될 수 없으며, 서명요청 활동을 하거나 서명요청 활동을 기획·주도하는 등 서명요청활동에 관여할 수 없다.

1. 주민소환투표권이 없는 자
2. 「국가공무원법」 제2조에 규정된 국가공무원과 「지방공무원법」 제2조에 규정된 지방공무원. 다만, 「고등교육법」 제14조 제1항 및 제2항의 규정에 따른 총장·학장·교수·부교수·조교·전임강사인 교원을 제외한다.
3. 다른 법령에 규정에 따라 공무원 신분을 가진 자
4. 「공직선거법」 제60조 제1항에 규정한 선거운동을 할 수 없는 자(제4호를 제외한다)
5. 선출직 지방공직자의 해당 선거에 후보자가 되고자 하는 자(이하 "입후보예정자"라 한다)·입후보예정자의 가족(배우자, 입후보예정자 또는 그 배우자의 직계존·비속과 형제자매, 입후보예정자의 직계비속 및 형제자매의 배후자를 말한다) 및 이들이 설립·운영하고 있는 기관·단체·시설의 임·직원

③ 제1항이 규정한 소환청구인대표자 등을 제외하고는 누구든지 서명을 요청할 수 없으며, 검인되지 아니한 소환청구인서명부에 서명을 받을 수 없다.

④ 제1항이 규정한 소환청구인대표자 등이 소환청구인서명부를 제시하거나 구두로 주민소환투표의 취지나 이유를 설명하는 경우를 제외하고는 누구든지 인쇄물·시설물 및 그 밖의 방법을 이용하여 서명요청 활동을 할 수 없다.

1) 취지

제10조 제1항의 취지는 공직선거법에 근거한 대통령, 국회의원, 자치단체장과 지방의원의 선거가 실시되는 기간 또는 재선거, 보궐선거, 증원(增員)선거 등이 실시되는 기간 동안에 소환청원을 위한 서명을 받는 행위는 본래 선거에 혼란을 줄 수 있다. 거기다가 그러한 선거와 관련된 자나 집단이 의도적으로 소환의 청구와 서명받기를 시도한다면 그 또한 소환의 본질을 흐리게 만들 우려가 있기 때문에 그것을 방지하려는 목적이라 할 수 있다.

제2항은 우리의 "공직선거법 제60조 제1항은 선거운동을 할 수 없는 자를 규정하고 있는 바, 대한민국 국민이 아니거나 미성년자, 선거권이 없는 자, 정무직을 제외한 국가공무원과 지방공무원, 향토예비군 소대장급 이상 간부, 통·리·반장 읍·면·동의 주민자치센터 위원, 국가나 지방자치단체의 출연 또는 보조를 받는 단체의 상근 임·직원과 이들 단체의 대표자 등"이다. 이들은 자신의 직무가 대개 공익실현을 위한 것이며, 선거는 특정 정당이나 정당에 소속된 후보자 개인의 정치적 이익을 실현하려는 것으로 전자와 상충되는데다 또 직무상의 권한이나 영향을 선거에 동원해서는 부당하기 때문에 금하고 있는 것이다. 마찬가지로 선출직 지방공직자의 소환도 위의 성격과 같은 활동이기 때문에 마땅히 위에 거론한 자는 제한이 따라야 한다. 거기다가 소환대상 공직자와 지난 선거에서 후보로서 경쟁을 하였거나 또 다음 선거에서 후보가 되어 경쟁하려는 자와 그 일가, 친척이 미리 현직 공직자에게 흠집을 내기 위하여 소환운동을 악용하도록 허용되어서는 안 되기 때문에 그들의 서명운동을 금하는 것도 당연하다.

2) 논점

우선 우리 선거에서 공직선거법 제261조 제5항 "(기부의 권유·요구

등의 금지) 규정을 위반하여 다음 각호의 1에 해당하는 자는 그 제공받은 금액 또는 음식물·물품 가액의 50배(주례의 경우에는 200만원)에 상당하는 금액의 과태료에 처하되, 그 상한은 5천만원으로 한다." <신설 2004.3.12>과 처벌 사례 등이 알려지면서 경각심을 갖게 되었으나 여전히 종래의 관성과 관행을 청산하지 못하고 있다. 거기다가 지연·혈연·학연 등 연고주의의 영향이 여전히 남아 있는 가운데 유권자들은 사실에 입각한 판단, 정책중심의 판단을 하지 못하고 분별없는 소환청구를 내거나 서명운동에 부화뇌동할 수 있는 것이다. 이렇게 되는 경우, 직접참정을 확대하여 민주적이고 책임 있는 지방자치를 실현한다는 이 법 본래의 목적을 실현할 수 없게 된다. 소환청구와 투표는 구역 단위로 지방선거를 한 차례 더 치르는 것이므로 공직선거법이 적용되어야 하는 것은 당연하고, 전국 동시 지방선거는 관심이 전국으로 분산되지만 소환투표는 한 선거구에 집중되므로 정기 선거 때보다 공직선거법을 더욱 엄격하게 적용하여 그 취지를 살려내는 것이 지역사회와 유권자의 몫이라 하겠다.

11. 주민소환투표청구의 각하

제11조(주민소환투표청구의 각하) 관할선거관리위원회는 제27조 제1항의 규정에 의하여 준용되는 「주민투표법」 제12조 제1항의 규정에 의하여 소환청구인대표자가 제출한 주민소환투표청구가 다음 각호의 어느 하나에 해당하는 경우에는 이를 각하하여야 한다. 이 경우 관할선거관리위원회는 소환청구인대표자에게 그 사유를 통지하고 이를 공표하여야 한다.

1. 유효한 서명의 총수(제27조 제1항의 규정에 의하여 준용되는 「주민투표법」 제12조 제7항의 규정에 의하여 보정(補正)을 요구한 때에는 그 보정된 서명을 포함한다)가 제7조 제1항 내지 제3항의 규정에 의한 요건에 미달되는 경우
2. 제8조의 규정에 의한 주민소환투표의 청구제한기간 이내에 청구한 경우
3. 주민소환투표청구서(이하 "소환청구서"라 한다)와 소환청구인서명부가 제27조 제1항의 규정에 의하여 준용되는 「주민투표법」 제12조 제1항의 규정에 의한

기간을 경과하여 제출된 경우

4. 제27조 제1항의 규정에 의하여 준용되는 「주민투표법」 제12조 제7항의 규정에 의한 보정기간 이내에 보정하지 아니한 경우

1) 취지

주민소환도 일단 주민발의로 시작되고, 그 효과는 결국 주민투표로써 결정된다. 그러므로 정책제안과 관련된 주민발의든 인적 통제와 관련된 주민소환이든 또 주민투표에 이르는 경로는 유사하다. 유권자들이 뜻을 모아 제안을 내고, 그것이 <요건으로 정한 다수의 뜻이 정확하게 맞는지 확인하여 제안을 성립>시키고, 널리 알려야 하고, 마침내 다수 유권자의 뜻을 투표를 통하여 확인하게 된다는 것이다.

제11조의 취지는 <요건으로 정한 다수의 뜻이 정확하게 맞는지 확인하여 제안을 성립>시키기 위하여 청구권자들이 유권자들의 서명을 모아야 하고, 모은 서명의 진위를 가려야 하는데, 그것을 확인하는 절차는 다음의 공직선거법 제12조에 규정하고 있다.

제12조 (청구인서명부의 심사·확인 등) ① 청구인대표자는 제10조 제3항의 규정에 의한 서명요청기간이 만료되는 날부터 특별시·광역시 또는 도의 경우에는 10일 이내에, 자치구·시 또는 군의 경우에는 5일 이내에 주민투표청구서와 청구인서명부를 지방자치단체의 장에게 제출하여야 한다.

② 다음 각호의 1에 해당하는 서명은 이를 무효로 한다.

1. 주민투표청구권자가 아닌 자의 서명
2. 누구의 서명인지 확인하기 어려운 서명
3. 서명요청권이 없는 자의 요청에 의하여 행하여진 서명
4. 동일인이 동일한 사안에 대하여 2 이상의 유효한 서명을 한 경우에는 그 중 하나의 서명을 제외한 나머지 서명
5. 제10조 제3항의 규정에 의한 서명요청기간 외의 기간에 행하여졌거나 제11조 제1항의 규정에 의하여 서명요청이 제한되는 기간에 행하여진 서명

6. 강요·속임수 그 밖의 부정한 방법에 의하여 행하여진 서명
7. 이 법의 위임에 의하여 그 지방자치단체의 조례가 정하는 방식과 절차에 위배되는 서명

③ 지방자치단체의 장은 제1항의 규정에 의하여 주민투표청구서와 청구인서명부가 제출된 때에는 지체없이 주민투표청구사실을 공표하고, 청구인서명부 또는 그 사본을 7일간 공개된 장소에 비치하여 주민이 열람할 수 있도록 하여야 한다.

④ 청구인서명부의 서명에 대하여 이의가 있는 자는 제3항의 규정에 의한 공람기간 내에 그 지방자치단체의 장에게 서면으로 이의를 신청할 수 있다.

⑤ 지방자치단체의 장은 제4항의 규정에 의한 이의신청이 있은 때에는 제3항의 규정에 의한 공람기간이 종료된 날부터 14일 이내에 이를 심사하고 그 결과를 지체없이 이의신청인과 청구인대표자에게 통지하여야 한다.

⑥ 지방자치단체의 장은 제5항의 규정에 의한 이의신청과 관련하여 필요하다고 인정하는 때에는 관계인의 의견진술 또는 증언을 요구할 수 있다.

⑦ 지방자치단체의 장은 제1항의 규정에 의하여 제출된 청구인서명부의 서명이 무효인 서명으로 판정되어 제9조 제2항의 규정에 의한 요건에 미달하게 된 때에는 청구인대표자로 하여금 그 지방자치단체의 조례가 정하는 기간 이내에 이를 보정하게 할 수 있다.

⑧ 지방자치단체의 장은 제1항의 규정에 의한 주민투표청구가 다음 각호의 1에 해당하는 경우에는 이를 각하하여야 한다. 이 경우 지방자치단체의 장은 청구인대표자에게 그 사유를 통지하고 이를 공표하여야 한다.

1. 유효한 서명의 총수(제7항의 규정에 의하여 보정을 요구한 때에는 그 보정된 서명을 포함한다)가 제9조 제2항의 규정에 의한 요건에 미달되는 경우
2. 주민투표청구서와 청구인서명부가 제1항의 규정에 의한 기간을 경과하여 제출된 경우
3. 제7항의 규정에 의한 보정기간 이내에 보정하지 아니한 경우

⑨ 이 법에 규정된 사항 외에 청구인대표자증명서의 교부, 서명요청, 청구인서명부의 작성·제출방법, 서명에 대한 심사·확인 등 주민에 의한 주민투표청구에 관하여 필요한 사항은 해당 지방자치단체의 조례로 정한다.

2) 논점

언제, 어디서나 다수의 정확한 의중을 확인하는 일은 쉽지 않다. 그런데도 현실은 또 불완전하고 쉽지도 않은 일이지만, 서명이나 투표와 같은 방법을 사용하여 다수의 의사를 확인하는 것을 제도화하였다.

주민소환법이 정한 절차에 따라 쉽지 않은 서명작업의 과정에 편법이나 탈법의 사용과 관련된 유혹을 물리치기는 쉽지 않을 것이다. 그래서 우리보다 먼저 이 제도를 사용한 나라들에서도 허위서명의 문제를 겪었고, 미국의 경우는 공적인 범죄행위로 간주하여 형법으로 다스리고 있다. 우리의 경우도, 선거관리위원회가 소환청구권자들이 수집한 서명의 진위를 가려내는 일은 서명을 모으는 일 수준으로 어려운 작업이다. 이 작업이 제대로 이루어지지 않으면, 그 순간 주민소환의 발동은 사기행위로 변질하게 된다고 하겠다. 그래서 어렵지만 서명의 검증은 선거관리위원회가 "무작위의 표본추출"을 통하여 철저하고 정확하게 실시할 필요가 있다. 그 결과 허위서명이 일정 수 이상 확인이 된 경우에는 그 경중에 따라 소환청구를 기각하거나 보정하는 조치가 이루어져야 한다. 특히 소환제 시행 초기에는 서명검증을 선거부정과 같은 행위로 다루어야 할 것이라고 본다.

제 3 절　주민소환투표의 실시 등

12. 주민소환투표의 발의

제12조(주민소환투표의 발의) ① 관할선거관리위원회는 제7조 제1항 내지 제3항의 규정에 의한 주민소환투표청구가 적법하다고 인정하는 경우에는 지체 없이 그 요지를 공표하고, 소환청구인대표자 및 해당 선출직 지방공직자에게 그 사실을 통

지하여야 한다.
② 관할선거관리위원회는 제1항에 따른 통지를 받은 선출직 지방공직자(이하 "주민소환투표대상자"라 한다)에 대한 주민소환투표를 발의하고자 하는 때에는 제14조 제2항의 규정에 의한 주민소환투표대상자의 소명요지 또는 소명서 제출기간이 경과한 날부터 7일 이내에 주민소환투표일과 주민소환투표안(소환청구서 요지를 포함한다)을 공고하여 주민소환투표를 발의하여야 한다.

1) 취지

제12조의 취지는 소환투표청구권자가 지방공직자의 유형별로 정해진 서명자 수를 지역균형 요건도 충족시키면서 적법하게 서명이 이루어졌는지를 확인하는 것이므로, 선거관리위원회가 검증하는 절차가 끝나면, 소환투표 발의가 성립된 것이므로 그러한 사실을 소환대상 공직자에게도 알려서 대비하게 하고, 또 소환청구권자 대표와 유권자들에게도 알려야 한다는 점을 규정한 것이다.

그 다음 절차는 소환투표를 위한 준비와 캠페인, 소환투표이다. 그래서 선거관리위원회는 소환투표대상자가 되는 공직자에게도 자신을 방어할 기회를 공정하게 부여해야 하므로 소환투표대상자로 하여금 "소명서(疏明書)"를 제출하도록 요구하는 것이고, 소명서 제출기간이 경과하면 7일 이내에 주민소환투표일과 소환청구서 요지를 포함하여 주민투표안을 공고함으로써 주민소환투표가 발의되는 절차를 규정한 것이다.

2) 논점

어느 법령이나 마찬가지로 저울대처럼 공평하여야 한다. 주민소환제 역시 공평성은 효용의 근본이라고 하겠다. 그런데 제12조 제3항의 내용 가운데 소환투표 공고안에 청구요지뿐만 아니라 소환투표대상 공직자의 "소명서 또는 그 요지를 포함하여(제14조 제2항)" 주민소환투표를 공고하도록 하였다.

13. 소환투표의 실시

> 제13조(주민소환투표의 실시) ① 주민소환투표일은 제12조 제2항의 규정에 의한 공고일부터 20일 이상 30일 이내의 범위 안에서 관할선거관리위원회가 정한다. 다만, 주민소환투표대상자가 자진사퇴, 피선거권 상실 또는 사망 등으로 궐위된 때에는 주민소환투표를 실시하지 아니한다.
> ② 제12조 제2항의 규정에 의한 주민소환투표 공고일 이후 90일 이내에 다음 각 호의 어느 하나에 해당하는 투표 또는 선거가 있을 때에는 제1항의 규정에 불구하고 주민소환투표를 그에 병합하거나 동시에 실시할 수 있다.
> 1. 「주민투표법」에 의한 주민투표
> 2. 「공직선거법」에 의한 선거·재선거 및 보궐선거(대통령 및 국회의원선거를 제외한다)
> 3. 동일 또는 다른 선출직 지방공직자에 대한 주민소환투표

1) 취지

공직자 소환투표가 발의·공고된 후 남은 절차는 소환과 관련된 찬성과 반대의 캠페인과 투표이다. 찬성과 반대와 관련된 캠페인은 선거운동과 같은 중요한 정치적 활동이며, 적정하게 설정된 캠페인 기간을 지난 어느 시점에 투표일을 정할 필요가 있다. 그것을 우리의 주민소환법은 투표 공고일로부터 최소한 20일이 지나고 최장 30일이 넘지 않는 기간에 선거관리위원회가 투표일을 정하도록 하였다. 그리고 중요한 점은 대상이 된 공직자가 스스로 청구사유를 인정하거나 인정하지 않더라도 투표를 피하고 싶은 경우에는 공직을 사퇴할 기회를 주려는 것이다. 그리고 제2항은 투표관리의 효율성을 위하여 이미 정해져 있는 선거와 함께 실시할 수 있도록 한 것이다.

2) 논점

제9조에서도 논점으로 지적하였지만, 우리의 주민소환법은 소환투표

발의를 위한 서명기간을 설정하지 않았다는 점과 함께 소환투표 공고 후 20일에서 30일 사이에 투표를 실시하도록 규정하였다. 그러므로 소환투표를 둘러싼 해당공직자와 소환청구자 측의 찬성과 반대운동의 기간도 20일에서 30일로 정해진 셈이다.

14. 소명기회의 보장

> 제14조(소명기회의 보장) ① 관할선거관리위원회는 제7조 제1항 내지 제3항의 규정에 의한 주민소환투표청구가 적법하다고 인정하는 때에는 지체 없이 주민소환투표대상자에게 서면으로 소명할 것을 요청하여야 한다.
> ② 제1항의 규정에 의하여 소명요청을 받은 주민소환투표대상자는 그 요청을 받은 날부터 20일 이내에 500자 이내의 소명요지와 소명서(필요한 자료를 기재한 소명자료를 포함한다)를 관할선거관리위원회에 제출하여야 한다. 이 경우 소명서 또는 소명요지를 제출하지 아니한 때에는 소명이 없는 것으로 본다.
> ③ 제12조 제2항의 규정에 의하여 주민소환투표일과 주민소환투표안을 공고하는 때에는 제2항의 규정에 의한 소명요지를 함께 공고하여야 한다.

1) 취지

소환투표 대상이 된 공직자에게 소명기회를 부여하는 것은 소환청구권자에게 청구권을 부여하는 것만큼이나 법적 공평성 면에서 중요하다. 그것은 소환청구가 정당한 사유를 가진 경우도 있겠지만 드물게 사유자체가 정당하지 못하거나 침소봉대하여 대상 공직자로서는 억울할 수도 있으므로 그것에 대하여 일단 방어할 기회를 주어서 청구권과 방어권의 균형을 맞춘 다음, 진실공방은 소환투표 캠페인 기간 동안 전개할 수 있도록 할 필요가 있다.

2) 논점

그런데 위 조항에는 500자 이내의 소명서로 제한하고 있다. 대개 미국의 경우 표준이 500"단어(單語)" 이내의 소명서를 사용하고 있는데, 우리는 글자 500자(字)로 한정하고 있는데, 이는 약간 균형이 맞지 않는다는 생각이다. 그것은 소환청구권자에게는 "서면으로 사유를 구체적으로 명시하여(제7조 제1항)" 청구하도록 하였는 바, 이 경우에는 청구사유의 양적 제한이 없기 때문이다. 그러므로 우리의 경우도 소명서는 글자 단위가 아니라 낱말 단위로 하여서 다소 늘릴 필요가 있다고 본다.

15. 소환투표의 형식

> 第15조(주민소환투표의 형식) ① 주민소환투표는 찬성 또는 반대를 선택하는 형식으로 실시한다.
> ② 지방자치단체의 동일 관할구역에 2인 이상의 주민소환투표대상자가 있을 때에는 관할선거관리위원회는 하나의 투표용지에 그 대상자별로 제1항의 규정에 의한 형식으로 주민소환투표를 실시할 수 있다.

〈취지〉

제1항은 대개의 경우 소환투표는 여러 후보를 두고 선택하는 것이 아니기 때문에 대상공직자를 두고 소환에 찬성하는지 아니면 반대하는지를 물어서 결정하는 형식을 취한다는 것을 밝힌 것이며, 제2항은 투표관리의 효율성을 위하여 2인 이상이 동시에 소환투표 대상이 되더라도 한꺼번에 찬성과 반대의 기표를 하도록 규정한 것이다.

16. 주민소환투표의 실시구역

> 第16조(주민소환투표의 실시구역) ① 지방자치단체의 장에 대한 주민소환투표는 당해 지방자치단체 관할구역 전체를 대상으로 한다.
> ② 지역구지방의회의원에 대한 주민소환투표는 당해 지방의회의원의 지역선거구를 대상으로 한다.

〈취지〉

선출직 공직자의 소환은 애초에 그를 선출한 선거구민들이 제기할 수 있는 정치적 사건이고, 그 마무리도 선거구 유권자들의 정치적 평가와 판단에 맡겨야 하는 것이 당연하다. 제16조는 선출직 공직자의 소환투표권은 해당 선거구 유권자들의 전속적 권한임을 밝혀 둔 것이다.

17. 주민소환투표운동의 원칙

> 제17조(주민소환투표운동의 원칙) 이 법에서 "주민소환투표운동"이라 함은 주민소환투표에 부쳐지거나 부쳐질 사항에 관하여 찬성 또는 반대하는 행위를 말한다. 다만, 다음 각호의 어느 하나에 해당되는 행위는 주민소환투표운동으로 보지 아니한다
> 1. 주민소환투표에 부쳐지거나 부쳐질 사항에 관한 단순한 의견개진 및 의사표시
> 2. 주민소환투표운동에 관한 준비행위

1) 취지

주민소환투표운동의 뜻을 매긴 조항이다. 선거에서도 선거운동의 핵심 내용이 무엇이며(내포), 어디까지를 선거운동으로 볼 것인가(외연)를 분명하게 해 놓아야 선거현실에서 해도 되는 일과 해서는 안 되는 일을 쉽고 분명하게 알 수 있어서 혼란을 겪는 일이 줄어들게 해주듯이, 이 조항은 그런 뜻에서 분명히 필요한 것이다.

2) 논점

먼저 제17조에서 사용하고 있는 "원칙"이라는 용어가 적정한지 생각해 볼 필요가 있다는 생각이다. 그리고 단서, 즉 주민소환투표운동으로 보지 않는 두 가지 유형의 내용은 주민소환투표를 청구하는 쪽과 방어하는 쪽 간에 합의나 수용을 얻어내기 어려울 수 있다는 생각이다. 먼저,

"아무개 시장을 소환해야 한다"라는 의견의 개진이나 의사표시 없이 서명을 확보하는 일이 가능할 것인지, 그리고 서명을 받는 일은 주민소환투표운동이 아니라고 봐야 하는 것인지 선뜻 이해가 되지 않기 때문이다.

18. 주민소환투표운동의 기간 및 주민소환투표운동을 할 수 없는 자

제18조(주민소환투표운동의 기간 및 주민소환투표운동을 할 수 없는 자) ① 주민소환투표운동은 제12조 제2항의 규정에 의한 주민소환투표 공고일의 다음날부터 투표일 전일까지(이하 "주민소환투표운동기간"이라 한다)로 한다.
② 제1항의 규정에 불구하고 제13조 제2항의 규정에 의하여 주민소환투표가 실시될 경우에는 주민투표운동기간은 주민소환투표일 전 25일부터 투표일 전일까지로 한다.
③ 「공직선거법」 제60조 제1항 각호의 어느 하나에 해당하는 자는 주민소환투표운동을 할 수 없다. 다만, 당해 주민소환투표대상자는 그러하지 아니하다.

1) 취지

기간을 정하여 선거운동을 하도록 규정하는 것은 정치적 이익을 두고 경쟁하는 후보 모두에게 공정한 시간조건을 부여하는 것이고 또 하나는 선거관리의 효율성을 위한 것이다. 선거와 유사한 정치적 성격의 활동으로서 주민소환투표운동 역시 소환청구자와 방어하는 공직자 모두에게 공정한 시간조건이 주어져야 하고, 또한 재선거를 치르듯 선거비를 비롯하여 지역사회 내의 정치집단 간 갈등까지 사회적 비용도 만만찮기 때문에 효율성을 감안해야 한다. 그러므로 소환투표운동기간은 너무 길어서도 안 되고, 또 소환사유 등 쟁점을 이해시키는 데 부족할 정도로 짧아서도 안 된다고 하겠다. 그래서 우리의 경우, 소환투표운동기간을 25일로 산정하여 제시한 것이다.

2) 논점

그러나 이 법 제13조 제2항은 "주민소환투표를 공고한 이후 90일 이내에 ① 주민투표법에 의한 주민투표, ② 공직선거법에 의한 선거·재선거 및 보궐선거, ③ 동일 또는 다른 선출직 지방공직자에 대한 주민소환투표"가 있을 때에는 병합하거나 동시에 실시할 수 있으며, 이 경우 주민소환투표 운동기간을 "주민소환투표 공고일 다음 날부터 투표일 전일까지로 한다"고 규정하고 있음에도 불구하고 주민소환투표 운동기간은 투표일 전 25일부터 투표일 전일까지로 한다고 규정하였다.

한편 공직선거법 제60조 제1항 선거운동을 할 수 없는 자에 관해서는 제10조 "서명요청활동을 할 수 없는 자"를 이해할 때 그 취지를 소개한 바 있다. 그러나 소환대상 공직자는 당사자이기 때문에 공직선거법 제60조 제1항에서 제외되는 것은 당연하다.

19. 소환투표운동의 방법

제19조(주민소환투표운동의 방법) 주민소환투표운동의 방법은 해당 주민소환투표대상자의 선거에 관한 규정에 한하여 공직선거법 제61조·제63조(선거운동기구에 관한 사항에 한한다)·제69조·제79조(사회자에 관한 사항은 제외한다)·제82조(제1항의 단서를 제외한다)·제82조의 4 및 제82조의 6의 규정을 준용한다. 이 경우 "선거운동기간"은 "주민소환투표운동기간"으로, "후보자"는 "소환청구인대표자 및 주민소환투표대상자"로, "선거"는 "주민소환투표"로, "정당추천후보자"는 "선출직 지방공직자"로, "소속정당의 정강·정책이나 후보자의 정견 기타 홍보에 필요한 사항"과 "당가 등 정당 또는 후보자를 홍보하는 내용의 음악" 및 "소속정당의 정강·정책이나 후보자의 경력·정견·활동상황"은 각각 "주민소환투표운동에 필요한 사항"으로 한다.

〈취지〉

주민소환은 수 차 지적한 바와 같이 정치적 성격의 절차이고, 또 선거의 후보자를 "소환청구자"와 "소환대상 공직자" 둘로 단순화하여 가정하면 그 외의 운동은 선거와 주민소환 투표는 거의 같다. 그래서 소환업무의 관리도 선거관리위원회에 맡긴 것이고, 또 많은 부분에서 공직선거법의 내용을 원용하게 된 것이다.

20. 주민소환투표운동의 제한

제20조(주민소환투표운동의 제한) ① 누구든지 주민소환투표운동기간 중 이 법에서 준용하는 「공직선거법」에 따른 선거운동기구의 설치, 신문광고, 공개장소에서의 연설·대담, 언론기관 초청 대담·토론회, 정보통신망을 이용한 선거운동 및 인터넷 광고와 제27조제1항의 규정에 의하여 준용되는 「주민투표법」 제17조의 규정에 의한 관할선거관리위원회가 주관하는 주민소환투표공보의 발행·배부, 「공직선거법」제8조의7의 규정에 따른 선거방송토론위원회가 중앙선거관리위원회의 규칙으로 정하는 방법으로 개최하는 토론회(부득이한 사유로 토론회를 개최할 수 없는 경우에는 옥내합동연설회를 말한다)를 제외하고는 어떠한 방법의 주민소환투표운동도 하여서는 아니 된다.

② 제1항의 규정에 따라 주민소환투표운동을 하는 경우에는 다음 각호의 어느 하나에 해당되는 행위를 할 수 없다.

1. 「공직선거법」제80조의 규정에 따른 연설금지장소에서의 연설행위
2. 「공직선거법」제82조의5의 규정을 위반하여 전자우편을 이용한 주민소환투표운동정보를 전송하는 행위
3. 「공직선거법」제91조에서 정하는 확성장치 및 자동차 사용제한에 관한 규정을 위반하는 행위
4. 「공직선거법」제102조의 규정을 위반하여 야간에 연설·대담을 하는 행위
5. 「공직선거법」제106조의 규정을 위반하여 호별방문을 하는 행위
6. 주민소환투표운동을 목적으로 서명 또는 날인을 받은 행위

③ 지위를 이용한 주민소환투표운동의 금지에 관하여는 「공직선거법」제85조의 규정을 준용한다. 이 경우 "선거운동"은 "주민소환투표운동"으로 한다.

〈취지〉

이 조항의 취지는 앞 조항과 동일하므로 생략한다.

제 4 절 주민소환투표의 효력 및 소송 등

21. 권한행사의 정지 및 권한대행

> 第21조(권한행사의 정지 및 권한대행) ① 주민소환투표대상자는 관할선거관리위원회가 제12조 제2항의 규정에 의하여 주민소환투표안을 공고한 때부터 제22조 제3항의 규정에 의하여 주민소환투표결과를 공표할 때까지 그 권한행사가 정지된다.
> ② 제1항의 규정에 의하여 지방자치단체의 장의 권한이 정지된 경우에는 부지사·부시장·부군수·부구청장(이하 "부단체장"이라 한다)이 「지방자치법」 제101조의 2 제4항의 규정을 준용하여 그 권한을 대행하고, 부단체장이 권한을 대행할 수 없는 경우에는 「지방자치법」 제101조의 2 제5항의 규정을 준용하여 그 권한을 대행한다.
> ③ 제1항의 규정에 따라 권한행사가 정지된 지방의회의원은 그 정지 기간 동안 「공직선거법」 제111조의 규정에 의한 의정활동보고를 할 수 없다. 다만, 인터넷에 의정활동보고서를 게재할 수는 있다.

1) 취지

사법절차의 경우는 형이 확정될 때까지는 "무죄"로 추정하지만, 주민소환은 정치적 성격의 절차라는 점에서 사법기관의 예를 반드시 따를 필요는 없다. 사실 그 동안 자치단체장을 중심으로 우리의 선출직 지방공직자들이 형사사건의 당사자가 되어서 형이 확정되지 않았다는 이유로 "옥중결재"를 하면서 정치적 권리를 행사하는 모습을 보였다. 이런 모습은 오히려 시민사회의 입장에서 떳떳하지 못한 것으로 인식하여 주민소환법 제정운동을 가열시키는 요인이 되었던 것이 사실이다. 그래서 주민소환법은 선출직 지방공직자가 소환대상자가 되고, 발의가 성립되어 공고되는 때부터 권한행사를 정지하도록 규정한 것이다.

2) 논점

법률은 이렇게 규정하였지만, 소환대상 공직자의 입장에서 볼 때는 지나친 권한 제한이라고 볼 수 있다. 즉, 선거라는 절차를 통하여 임기를 정하여 유권자가 부여한 주민대표로서의 권한을 소환운동이 발의·공고되었다는 사실만으로 정지시킨다는 것은, 유권자가 소환투표로서 결정할 때까지는 공무담임권의 침해로 간주할 수 있고, 이 경우 헌법소원 등을 제기하는 경우 어떻게 해석될지 결과를 예측할 수 없다고 본다.

22. 주민소환투표결과의 확정

> 제22조(주민소환투표결과의 확정) ① 주민소환은 제3조의 규정에 의한 주민소환투표권자 총수의 3분의 1 이상의 투표와 유효투표 총수 과반수의 찬성으로 확정된다.
> ② 전체 주민소환투표자의 수가 제3조의 규정에 의한 주민소환투표권자 총수의 3분의 1에 미달하는 때에는 개표를 하지 아니한다.
> ③ 관할선거관리위원회는 개표가 끝난 때에는 지체 없이 그 결과를 공표한 후 주민소환투표청구인대표자, 주민소환투표대상자, 관계 중앙행정기관의 장, 당해 지방자치단체의 장(지방자치단체의 장이 주민소환투표대상자인 경우에는 제21조제2항의 규정에 의하여 권한을 대행하는 당해 지방자치단체의 부단체장을 말한다) 및 당해 지방의회의 의장(지방의회의원이 주민소환투표대상자인 경우에 한하며, 지방의회의 의장이 주민소환투표대상자인 경우에는 당해 지방의회의 부의장을 말한다)에게 통지하여야 한다. 제2항의 규정에 의하여 개표를 하지 아니한 때에도 또한 같다.

〈취지〉

선거의 경우는 대개 단 한 표라도 표를 더 얻은 후보가 당선되는 방식, 즉 단순다수 당선제를 채택하고 있고, 당선자는 정치적 권력을 획득하는 지위를 얻는다. 다수의 의사가 표로써 확인되었다는 점에서 투표의 효과를 당선으로 규정한 것이다.

주민소환은 투표라는 같은 수단을 사용하지만, 결과는 선거와 다른 효과를 낳는다. 소환청구자 측이 이기면 정치적 권한과 직위를 내놓게 되고, 대상공직자는 이겨야 겨우 그 직을 지키게 된다는 점이다. 그렇더라도 다수결의 원리를 좇으면서 결정의 규칙을 정하지 않으면 안 되기 때문에 이 조항이 설정된 것이다.

이러한 수치는 "주민투표법 제24조(주민투표결과의 확정) ① 주민투표에 부쳐진 사항은 주민투표권자 총수의 3분의 1 이상의 투표와 유효투표수 과반수의 득표로 확정된다"는 조항이 이미 있는데다, 제주특별자치도의 주민소환 조항도 "주민소환은 주민소환투표권자에 관하여 규정한 제3조에 근거한 투표권자 총수의 3분의 1 이상의 투표와 유효투표 총수 과반수의 찬성으로 확정된다고 규정"한 바 있다. 이러한 수치의 근거는 "투표권자의 33.3(1/3)%에서 30% 정도의 투표자를 요구하는 것으로 규정한 것으로 보며, 최근 지방선거 재보궐선거의 투표율[2)]을 고려하여 30% 이상으로 결정하는 것이 타당할 것"이라는 행정자치위원회 전문위원실의 검토의견을 채택한 것으로 본다.

독일의 경우는 유권자의 20%에서 50%의 투표와 투표자의 과반수 찬성으로 해직을 결정하며, 일본에서 자치단체장의 해직과 관련된 투표는 "과반수의 동의가 있는 경우에 실직된다"고 하여 투표율의 높고 낮음은 문제로 되지 않는다(함인선, 2004: 15). 미국의 경우는 엄격하게 규정하여 소환대상공직자를 선출할 당시의 투표자 50% 이상이 투표하고, 투표자의 과반수 이상이 찬성할 때 해직하는 경우도 있다(Zimmerman, 김영기 역, 2002: 67).

2) 2005년 4월 30일 재보궐선거 투표율 33.6%(기초단체장 39.2%, 광역의원 27.3%, 기초의원 29.6%), 2004년 재보궐선거 투표율 29.5%(시 · 도지사 34.6%, 시장 · 군수 · 구청장 27.0%), 2003년 재보궐선거 투표율 30.99%(4월 24일 29.32%, 10월 30일 32.94%), 그리고 2002년 지방동시선거 투표율 48.9%, 1998년 52.7%, 1995년 68.4%였다(행정자치위원회 검토보고 자료, 25쪽 각주 7)

23. 주민소환투표의 효력

> 第23조(주민소환투표의 효력) ① 제22조 제1항의 규정에 의하여 주민소환이 확정된 때에는 주민소환투표대상자는 그 결과가 공표된 시점부터 그 직을 상실한다.
> ② 제1항의 규정에 의하여 그 직을 상실한 자는 그로 인하여 실시하는 이 법 또는 「공직선거법」에 의한 해당 보궐선거에 후보자로 등록될 수 없다.

1) 취지

주민소환은 청구에서 발의, 찬성과 반대의 캠페인, 투표의 과정을 거쳐서 다수의 의사가 확인됨으로써 일단 임기 중의 공직자를 해임하는 절차가 마무리된다. 그래서 당연히 일정한 수 이상의 유권자가 투표에 참여하고, 참여한 투표자의 과반수가 해임을 찬성하였다면, 그는 해임된다.

그러나 또 하나 중요한 판단이 남는 바, 그것은 소환된 공직자의 공무담임권의 제한여부이다. 우리의 경우는 해임된 그 공직의 보궐선거에만 출마할 수 없도록 규정함으로써 지역사회에서 치른 경제적 비용과 사회적 부담에 대한 책임을 물어 제재를 가하는 것이 필요하게 되는데, 바로 그러한 취지를 담은 조항이다.

2) 논점

우리의 주민소환법은 일단 해임된 후 바로 그 공직의 보궐선거에 출마할 수 없도록 규정함으로써 공무담임권에 대한 중간 정도의 제재를 선택한 것으로 볼 수 있다. 미국의 경우는 극단적으로 영원히 선출하는 공직에 출마할 수 없도록 엄격한 제재를 가하는 경우에서 일정한 기간을 정하여 출마를 금지하는 경우, 그리고 우리처럼 해임된 바로 그 공직의 보궐선거만 출마를 금하는 경우, 아예 그러한 제한을 두지 않는 경우

등 다양하다.

아예 제한을 두지 않는 경우는 다소 문제가 있다고 본다. 즉, 그 공직자는 불과 몇 년 전에 유권자의 정치적 의사를 획득하였다가, 다시 유권자의 의사에 의하여 바로 그 공직에서 해임되었는데, 다시 그 보궐선거에 출마하여 선거를 치른다면 애초에 그를 선출한 유권자의 정치적 의사와 그를 임기 중 해임한 유권자의 정치적 의사, 그를 두고 다시 판단해야 하는 정치적 의사는 어떻게 해석할 것인가. 이런 경우는 그 공직자로 인하여 첫 선거비용, 소환투표비용, 그리고 또 보궐선거비용 등 엄청난 사회경제적 비용을 치르는 결과가 되고, 유권자의 정치적 의사를 우스꽝스러운 것으로 만들게 된다.

24. 주민소환투표소송 등

> 第24조(주민소환투표소송 등) ① 주민소환투표의 효력에 관하여 이의가 있는 해당 주민소환투표대상자 또는 주민소환투표권자(주민소환투표권자 총수의 100분의 1 이상의 서명을 받아야 한다)는 제22조 제3항의 규정에 의하여 주민소환투표결과가 공표된 날부터 14일 이내에 관할선거관리위원회 위원장을 피소청인으로 하여 지역구시·도의원, 지역구자치구·시·군의원 또는 시장·군수·자치구의 구청장을 대상으로 한 주민소환투표에 있어서는 특별시·광역시·도선거관리위원회에, 시·도지사를 대상으로 한 주민소환투표에 있어서는 중앙선거관리위원회에 소청할 수 있다.
> ② 제1항의 소청에 대한 결정에 관하여 불복이 있는 소청인은 관할선거관리위원회 위원장을 피고로 하여 그 결정서를 받은 날(결정서를 받지 못한 때에는 「공직선거법」 제220조 제1항의 규정에 의한 결정기간이 종료된 날을 말한다)부터 10일 이내에 지역구시·도의원, 지역구자치구·시·군의원 또는 시장·군수·자치구의 구청장을 대상으로 한 주민소환투표에 있어서는 그 선거구를 관할하는 고등법원에, 시·도지사를 대상으로 한 주민소환투표에 있어서는 대법원에 소를 제기할 수 있다.
> ③ 주민소환투표에 관한 소청 및 소송의 절차에 관하여는 이 법에 규정된 사항을 제외하고는 「공직선거법」 제219조 내지 제229조의 규정 중 지방자치단체의 장 및 지방의회의원에 관한 규정을 준용한다.

〈취지〉

주민소환은 권력이라는 가치를 둘러싼 정치활동이고, 따라서 그것을 가지려 하거나 주창하는 집단이 있게 마련이다. 이러한 사실은 곧 경쟁이나 다툼의 결과로 나타나게 되는데, 규칙을 준수하여 정당성을 확보함으로써 해소되거나 그러한 다툼이 연장되어 제3자의 개입을 필요로 하는 상황도 생길 수 있다. 그래서 소환투표의 절차나 결과에 대하여 어느 당사자이든 자신의 권리가 침해되었다고 판단하는 자로 하여금 자신의 피해를 구제할 수 있는 절차를 반드시 마련할 필요가 있고, 그 취지에 따라 설정한 조항이다. 이러한 소청과 소송의 절차는 어느 국가에서나 보장하는 보편적 현상이다.

소환투표의 효력과 관련된 다툼의 사법적 절차는 소원전치주의(訴願前置主義)를 택하여 일단 정해진 기간 이내에 먼저 해당 선거관리위원장을 피소청인으로 하여서 한 등급 높은 선거관리위원회에 먼저 소청을 제기하고, 그 선거관리위원회가 통보한 소청의 결과에 대해서도 불복이 있는 소청인은 관할 선거관리위원장을 피고로 하여 시장·군수·구청장 및 시·군·구의원의 소환투표와 관련된 경우는 그 선거구를 관할하는 고등법원에, 시·도지사와 시·도의원의 소환투표와 관련된 경우는 대법원에 소를 제기하도록 한 것이다.

그리고 주민소환투표와 관련된 소청과 소송의 절차는 공직선거법에서 다루는 소청과 소송의 절차를 준용하도록 규정하여 법률조문이 길어지고 복잡해지는 것을 방지하려고 하였다.

25. 보궐선거 실시제한 등

> 제25조(보궐선거 실시제한 등) ① 제24조의 규정에 따른 주민소환투표에 관한 소청 및 소송이 제기되거나 제27조 제1항의 규정에 의하여 준용되는 「주민투표법」 제

26조의 규정에 의한 재투표가 실시되는 때에는 그 결과가 확정된 후에 보궐선거를 실시하여야 한다.

② 보궐선거 및 재투표에 관하여 이 법에서 규정한 사항을 제외하고는 지방자치단체의 장 및 지방의회의원에 관한 규정에 한하여 「공직선거법」 제195조 내지 제201조를 준용한다.

〈취지〉

이 조항은 제24조 소청과 소송 등 사법적 절차가 진행되어 투표의 결과가 확정되지 않은 상태이므로 당연히 후속 보궐선거의 절차는 진행되어서는 안 된다는 점을 확인한 것이다.

그러나 우리의 경우, 소환투표안이 공고되는 순간 해당 공직자의 직무상의 권한을 중단시킨다고 규정하였기 때문에 대표의 공석상태 또는 권한의 대행상태가 장기화되어 지방자치행정의 수행에 어려움이 발생할 수 있을 것으로 본다. 그리고 앞에서도 지적한 바와 같이 소환투표의 효과도 확정짓지 못한 상태에서 이루어지는 직무권한 정지는, 소환제 자체의 취지가 정치적 잘못을 저지른 공직자의 책임추궁이라고 하더라도, 주관적 판단이 일상화된 정치현장에서 당사자들이 전폭적으로 수용할 것인지는 의문이 남는다.

26. 주민소환투표 관리경비

제26조(주민소환투표 관리경비) ① 주민소환투표사무의 관리에 필요한 다음 각호의 비용은 당해 지방자치단체가 부담하되, 주민소환투표청구인대표자 및 주민소환투표대상자가 주민소환투표운동을 위하여 지출한 비용은 각자 부담한다.

1. 주민소환투표의 준비·관리 및 실시에 필요한 비용
2. 주민소환투표공보의 발행, 토론회 등의 개최 및 불법 주민소환투표운동의 단속에 필요한 경비
3. 주민소환투표에 관한 소청 및 소송과 관련된 경비
4. 주민소환투표결과에 대한 자료의 정리, 그 밖에 주민소환투표사무의 관리를 위

한 관할선거관리위원회의 운영 및 사무처리에 필요한 경비
② 지방자치단체는 제1항의 규정한 의한 경비를 주민소환투표발의일부터 5일 이내에 관할선거관리위원회에 납부하여야 한다.
③ 제1항의 규정에 의한 주민소환투표경비의 산출기준 · 납부절차 · 납부방법 · 집행 · 회계 및 반환 그 밖의 필요한 사항은 중앙선거관리위원회규칙으로 정한다.

〈취지〉

소환투표업무의 관리는 선거관리에 전문성을 선거관리위원회에 맡기더라도 소환투표는 그 지역사회 선거구의 일을 가외로 대행시킨 지방정부가 비용을 부담하는 것은 당연하고, 그러한 취지를 담은 조항이다.

그러나 제1항 하단부 "주민소환투표청구인대표자 및 주민소환투표대상자가 주민소환투표운동을 위하여 지출한 비용은 각자 부담한다"라는 내용은 다소 논란의 여지가 있다고 본다. 물론 그런 일이 발생해서는 안 되는 것이지만, 만약 어떤 정치집단이 불량한 의도로 현직의 공직자를 정치적으로 궁지에 몰기 위하여 소환을 청구하였고, 그 공직자 측에서는 반대집단의 불량한 의도를 캠페인을 통하여 유권자들에게 소상하게 알려서 공직을 유지하는 결과가 되었다면, 그 때 비용도 각자가 부담해야 하는가. 그뿐만 아니라 그는 소환청구가 성립된 후에 바로 직무권한도 정지되는 피해를 겪었지 않는가. 이런 경우, 자신의 공직을 지켜낸 소환대상자로서는 부담하지 않아도 되는 비용을 가외로 부담한 결과가 되고 이는 억울하며, 불공평한 것이다.

그래서 이런 경우, 미국의 상당수 지방정부에서는 자신의 공직을 해임으로부터 성공적으로 지켜낸 공직자에게는 그 비용을 정부재원으로 부담한다. 이처럼 공적 비용을 부담하는 경우, 소환투표의 청구와 발의 등을 보다 신중하게 만들거나 소환을 발의하여 실패한 정치세력에게는 정치적 책임을 지게 만드는 결과가 되므로 이 또한 공평한 상태를 만든다고 하겠다.

제 5 절 주민투표법의 준용 등

27. 「주민투표법」의 준용 등

> 제27조(「주민투표법」의 준용 등) ① 주민소환투표와 관련하여 이 법에 정한 사항을 제외하고는 「주민투표법」 제3조 제2항, 제4조, 제10조 제1항 및 제2항, 제12조(제8항을 제외한다), 제17조 내지 제19조, 제23조 및 제26조의 규정을 준용한다. 이 경우 "주민투표관리기관"은 "주민소환투표관리기관"으로, "지방자치단체의 장"은 "관할선거관리위원회"로, "주민투표"는 "주민소환투표"로, "주민투표사무"는 "주민소환투표사무"로, "주민투표청구권자"는 "주민소환투표청구권자"로, "주민투표청구인대표자" 및 "청구인대표자"는 각각 "주민소환투표청구인대표자"로, "주민투표청구"는 "주민소환투표청구"로, "주민투표청구서"는 "주민소환투표청구서"로, "청구인대표자증명서"는 "주민소환투표청구인대표자"로, "주민투표안"은 "주민소환투표안"으로, "지방자치단체의 조례" 및 "해당 지방자치단체의 조례"는 각각 "대통령령"으로, 같은 법 제10조 제1항 중 "제9조 제2항"은 "이 법 제9조"로, 같은 법 제12조 제1항 중 "특별시·광역시 또는 도"는 "시·도지사"로, "자치구·시 또는 군"은 "시장·군수·자치구의 구청장, 지역구시·도의원 및 지역구자치구·군의원"으로, 같은 법 제26조 제3항 중 "지방자치단체의 장은 관할선거관리위원회와 협의하여"는 "관할선거관리위원회는"으로 본다.
> ② 「주민투표법」 제19조를 준용함에 있어 부재자투표소에서 투표하여야 할 부재자신고인 중 주민등록지인 시·군·구 밖에 거소를 둔 자의 부재자투표에 관하여는 거소투표자의 예에 의하며, 주민소환투표의 투표시간은 오전 6시부터 저녁 8시까지로 한다.

〈취지〉

주민투표와 주민소환투표, 심지어 선거의 투표까지도 많은 부분에서 거의 유사한 상황에서 동일한 내용의 활동이 이루어진다. 그러므로 각 법률이 각각 따루 그러한 조항을 담아서 법률조문 수만 많아지고 복잡하게 만들 필요가 없는 것이다. 그래서 주민투표법 제3조의 "주민투표사무관리", 제4조의 "정보제공 등", 제10조의 "청구인대표자의 선정과 서명의 요청 등", 제12조의 "청구인 서명부 심사·확인 등", 제17조의 "주민투표 공보의 발행", 제19조의 "투표·개표 절차 등", 제23조의 "위법한 투표운동에 대한 중지·경고 등", 제26조의 "재투표 및 투표연기" 등의 조항은 필요한 최소한의 용어만 바꾸어서 주민투표법의 내용에 준하여 적용하려는 것이다.

특기할 것은 주민소환투표의 시간은 보궐선거 등과 같이 하여 투표일 오전 6시부터 오후 8시까지로 한다는 점에서 일반선거의 오전 6시부터 오후 6시까지로 하는 것과 다르다.

제6절 벌 칙

벌칙이나 위반에 대한 제재는 어떤 규범이든 그 실효성을 확보하기 위한 꼭 필요한 통제수단이라고 할 수 있다. 아무리 번지르르한 법령이 있다 하더라도 그것을 당사자들이 따르고 지키지 않으면 아무런 쓸모가 없기 때문이다.

공직선거법은 제16장만 떼어서 제230조부터 제262조 3까지 아주 세세하게 벌칙과 관련조항들을 규정하고 있다. 주민소환법도 제6장에 제28조부터 제35조까지 따로 벌칙과 관련된 조항들을 배치하였는데, 이는 애초부터 정치적 규범을 어긴 공직자를 통제하기 위한 제도인 만큼 그 본래 취지에 맞게, 또 법률의 실효성을 확보하기 위해서 공직선거법의 조항들을 준용하여 빈틈없이 그 위반을 차단하는 것이 필요하기 때문이다.

28. 선거운동금지자의 위법행위에 대한 벌칙

> 第28조(벌칙) 第20조 第3항의 규정에 의하여 적용되는 「공직선거법」 第85조 第1항의 규정을 위반하여 주민소환투표운동을 하거나 하게 한 자는 5년 이하의 징역에 처한다.

〈취지〉

주민소환법 第20조 第3항은 “지위를 이용한 주민소환투표운동의 금지에 관하여는 공직선거법 第85조의 규정을 준용한다”고 규정하고 있는바, 또 공직선거법 第85조 第1항은 “공무원은 그 지위를 이용하여 선거운동을 할 수 없다. 이 경우 공무원이 그 소속직원이나 第53조(공무원등의 입후보) 第1항 第4호 내지 第6호에 규정된 기관 등의 임·직원 또는 「공직자윤리법」 第17조(퇴직공직자의 유관사기업체 등에의 취업제한)의 규정에 의한 유관사기업체 및 협회의 임·직원을 대상으로 한 선거운동은 그 지위를 이용하여 하는 선거운동으로 본다<개정 2001.1.26, 2005.8.4>”고 규정하고 있다. 만약 지위를 이용하여 주민소환투표운동을 하거나 하게 한 자는 위법으로 징역 5년 이하의 징역에 처할 것을 규정함으로써 그런 위법행위를 사전에 차단하려는 것이다.

29-33. 기타 위법행위에 대한 벌칙

> 第29조(벌칙) 다음 각호의 어느 하나에 해당하는 자는 5년 이하의 징역 또는 3천만원 이하의 벌금에 처한다.
> 1. 주민소환투표의 결과에 영향을 미치게 할 목적으로 주민소환투표인(주민소환투표인명부 작성 전에는 그 주민소환투표인명부에 오를 자격이 있는 자를 포함한다. 이하 이 조에서 같다)에게 금전·물품·거마(車馬)·향응 그 밖의 재산상의 이익이나 공사(公私)의 직을 제공하거나 그 제공의 의사를 표시 또는

그 제공을 약속한 자
2. 주민소환투표운동에 이용할 목적으로 학교 그 밖의 공공기관·사회단체·종교단체·노동단체 또는 청년단체·부녀단체·노인단체·재향군인단체·씨족단체 그 밖의 기관·단체·시설에 금전·물품 등 재산상의 이익을 제공하거나 그 제공의 의사를 표시하거나 그 제공을 약속한 자
3. 주민소환투표운동에 이용할 목적으로 야유회·동창회·친목회·향우회·계모임 그 밖의 선거구민의 모임이나 행사에 금전·물품·음식물 그 밖의 재산상의 이익을 제공하거나 그 제공의 의사를 표시하거나 그 제공을 약속한 자
4. 제1호 내지 제3호의 규정된 행위에 관하여 지시·권유·요구 또는 알선한 자
5. 주민소환투표인에 대하여 폭행·협박 또는 불법으로 체포·감금하거나 부정한 방법으로 주민소환투표의 자유를 방해한 자
6. 법령에 의하지 아니하고 주민소환투표함을 열거나 그 투표함(빈 투표함을 포함한다) 또는 투표함 안의 주민소환투표지를 제거·파괴·훼손·은닉 또는 탈취한 자
7. 주민소환투표의 결과에 영향을 미칠 목적으로 연설·방송·신문·통신·잡지·벽보·선전문서 그 밖의 방법으로 허위사실을 유포하거나 허위사실을 게재한 선전문서를 배포할 목적으로 소지한 자
8. 주민소환투표의 결과에 영향을 미칠 목적으로 포장된 선물 또는 돈봉투 등 다수의 주민소환투표인에게 배부하도록 구분된 형태로 되어 있는 금품을 운반한 자
9. 주민소환투표인명부작성에 관계있는 자로서 그 직권을 남용하여 주민소환투표인명부의 열람을 방해하거나 그 열람에 관한 직무를 유기한 자

第30조(벌칙) ① 다음 각호의 어느 하나에 해당하는 자는 3년 이하의 징역 또는 1천만원 이하의 벌금에 처한다.
1. 제29조 제1호 내지 제3호에 규정된 이익이나 공사의 직을 제공받거나 그 제공의 의사표시를 승낙한 자
2. 성명의 사칭, 신분증명서의 위조 또는 변조 그 밖의 부정한 방법으로 주민소환투표를 하거나 주민소환투표를 하려고 한 자
3. 허위의 방법으로 주민소환투표인명부에 오르게 한 자
4. 주민소환투표에 관한 서명 요청 활동 및 투표운동의 기회를 이용하여 특정 정당이나 「공직선거법」의 규정에 의한 공직선거의 후보자가 되고자 하는 자를 지지·추천 또는 반대하거나 그 밖의 선거운동에 이르는 행위를 한 자

② 다음 각호의 어느 하나에 해당하는 자는 2년 이하의 징역 또는 500만원 이하의 벌금에 처한다.
1. 제20조 제1항의 규정에 위반하여 주민소환투표운동을 한 자

2. 제20조 제2항의 규정에 의하여 적용되는 「공직선거법」 제82조의 5의 규정을 위반하여 주민소환투표운동 목적의 정보를 전송한 자

제31조(벌칙) ① 제20조 제3항의 규정에 의하여 적용되는 「공직선거법」 제85조 제2항 및 제3항의 규정에 위반된 행위를 하거나 하게 한 자는 3년 이하의 징역 또는 600만원 이하의 벌금에 처한다.

② 제20조 제2항(제2호를 제외한다)의 규정에 의하여 적용되는 「공직선거법」 제82조의 5의 규정을 위반하여 주민소환투표운동 목적의 정보를 전송한 자는 2년 이하의 징역 또는 500만원 이하의 벌금에 처한다.

제32조(벌칙) 다음 각호의 어느 하나에 해당하는 자는 1년 이하의 징역 또는 500만원 이하의 벌금에 처한다.

1. 제10조의 규정을 위반하여 서명요청을 한 자
2. 제18조의 규정에 의한 주민소환투표운동의 제한을 위반하여 주민소환투표운동을 한 자
3. 제20조 제2항의 규정을 위반하여 주민소환투표운동을 한 자

제33조(벌칙) 이 법에서 준용하는 「공직선거법」의 규정과 관련하여 다음 각호의 어느 하나에 해당하는 자는 1년 이하의 징역 또는 500만원 이하의 벌금에 처한다.

1. 「공직선거법」 제61조 제5항의 규정을 위반하여 주민소환투표운동기구를 설치한 자
2. 「공직선거법」 제69조 제4항 내지 제6항 및 제82조의 7 제4항의 규정을 위반하여 광고를 한 자
3. 「공직선거법」 제79조 제1항, 제3항 내지 제5항, 제6항(표지를 부착하지 아니한 경우를 제외한다), 제7항 및 제9항(신분증명서를 달지 아니한 경우를 제외한다)의 규정을 위반하여 공개장소에서의 연설·대담을 한 자
4. 이 법에서 준용하는 「공직선거법」 제272조의 2 제3항의 규정을 위반하여 출입을 방해하거나 자료제출요구에 응하지 아니하거나 허위의 자료를 제출한 자

〈취지〉

제6절 벌칙 취지와 동일한 내용이다.

34. 이익의 몰수

第34조(이익의 몰수) 제29조 제1호 내지 제3호(매수 등 죄, 금품 등 제공관련 범죄)의 죄를 범한 자가 받은 이익은 이를 몰수한다. 다만, 그 전부 또는 일부를 몰수할 수 없는 때에는 그 가액을 추징한다.

〈취지〉

제6절 벌칙 취지와 동일한 내용이다.

35. 주민소환투표에 관한 과태료

第35조(주민소환투표에 관한 과태료) ① 형사소송법 제211조에 규정된 현행범인 또는 준현행범인으로서 이 법에서 준용하는 「공직선거법」 제272조의 2 제4항의 규정에 따른 동행요구에 응하지 아니한 자는 300만원 이하의 과태료에 처한다.

② 다음 각호의 어느 하나에 해당하는 자는 이 법에 다른 규정이 있는 경우를 제외하고는 200만원 이하의 과태료에 처한다.

1. 이 법 또는 이 법에서 준용하는 「공직선거법」의 규정에 따른 신고·제출의 의무를 해태한 자
2. 학교·관공서 그 밖에 공공기관·단체의 장으로서 선거관리위원회로부터 투표소·개표소 설치를 위한 장소협조 요구에 정당한 사유 없이 응하지 아니한 자
3. 선거관리위원회가 첩부한 주민소환투표용지 모형을 훼손·오손한 자
4. 이 법에서 준용하는 「공직선거법」 제79조 제9항의 규정을 위반하여 신분증명서를 달지 아니한 자

③ 다음 각호의 어느 하나에 해당하는 자는 100만원 이하의 과태료에 처한다.

1. 주민소환투표사무원·부재자주민소환투표사무원·개표사무원으로 위촉된 자가 정당한 사유 없이 그 직무수행을 거부·유기하거나 해태한 자
2. 이 법에서 준용하는 「공직선거법」 제61조 제6항의 규정을 위반하여 주민소환투표운동기구에 간판·현판·현수막을 설치 또는 게시한 자
3. 이 법에서 준용하는 「공직선거법」 제79조 제6항의 규정을 위반하여 표지를 부착하지 아니하고서 연설·대담을 한 자

4. 이 법에서 준용하는 「공직선거법」 제272조의 2 제4항의 규정에 따른 출석요구에 정당한 사유 없이 응하지 아니한 자
④ 제1항 내지 제3항의 규정에 따른 과태료의 부과·징수절차에 관하여는 「공직선거법」 제261조 제6항 내지 제9항의 규정을 준용한다.

〈취지〉

제6절 벌칙 취지와 동일한 내용이다.

제7절 보 칙

36. 주민소환투표 범죄의 조사 등

제36조(주민소환투표 범죄의 조사 등) ① 관할선거관리위원회는 주민소환투표를 실시하는 때마다 주민소환투표부정을 감시하기 위하여 서명요청 활동기간 개시일부터 주민소환투표일까지 해당 관할선거관리위원회에 주민소환투표부정감시단을 둔다.
② 시·도선거관리위원회는 인터넷을 이용한 주민소환투표부정을 감시하기 위하여 제1항의 규정에 따른 기간 중에 사이버주민소환투표부정감시단을 설치·운영하여야 한다.
③ 제1항 및 제2항의 규정에 따른 감시단과 관련하여 이 법에서 정한 사항을 제외하고는 「공직선거법」 제10조의 2 제2항 전단·제5항 내지 제8항 및 제10조의 3의 규정을 준용한다. 이 경우 "선거부정감시단"은 "주민소환투표부정감시단"으로, "사이버선거부정감시단"은 "사이버주민소환투표부정감시단"으로, "선거운동"은 "주민소환투표운동"으로, "선거부정감시사무"는 "주민소환투표부정감시사무"로 한다.
③ 선거관리위원회가 이 법의 규정에 따라 주민소환투표를 실시하는 경우 이 법의 위반행위에 대한 단속 및 조사에 대하여는 「공직선거법」 제272조의 2 및 「선거관리위원회법」 제14조의 2의 규정을 준용한다.
제37조(주민소환투표범죄 신고자 등의 보호) 제28조 내지 제33조의 죄 및 제35조의

과태료에 해당하는 죄를 신고한 신고자 등의 보호에 관하여는 「공직선거법」 제262조의 2의 규정을 준용한다.

第38조(주민소환투표범죄 신고자에 대한 포상금 지급) 각급 선거관리위원회(읍·면·동선거관리위원회를 제외한다. 이하 이 조에서 같다)는 제28조 내지 제33조의 죄 및 제35조의 과태료에 해당하는 죄를 신고한 신고자에 대하여 선거관리위원회가 인지하기 전에 그 범죄행위를 신고한 자에게 중앙선거관리위원회규칙이 정하는 바에 따라 포상금을 지급할 수 있다.

〈취지〉

주민소환법의 적용은 청구권자와 대상공직자라는 다툼의 당사자가 존재하고 이들이 정치적 절차를 통하여 유권자에게 서로의 주장을 펼쳐 설득하고, 표로 연결시켜 다수를 확보하려는 노력이다. 이러한 과정에 정치적 이익이 첨예하게 대립하기 때문에 불법 또는 부당한 방법을 동원하려는 유혹을 받게 된다. 그러나 앞에서 지적한 대로 그러한 불법과 부당한 방법의 사용이 이루어지고, 그것을 포착하여 제재를 가하지 못한다면 주민소환법의 취지는 망실될 수밖에 없다. 법 취지를 살려서 우리의 지방자치를 발전시켜 나가기 위해서는 공공기관만의 노력으로는 성과를 이루기 어렵다. 36조에 규정한 대로 선거관리위원회는 주민소환투표부정감시단을 두어서 탈법이나 부당행위를 감시하도록 한 것이다.

또 공익의 관점에서 청구권자와 대상공직자 양측의 활동을 중첩적으로 챙기고 감시하는 시민의 눈도 필요한 것이다. 그래서 신고자에게는 포상금을 지급할 수 있도록 하는 등 공직선거법의 신고규정을 준용하여 위법 또는 부당한 행위를 방지하려는 것이다.

부칙: 이 법은 공포 후 1년이 경과한 날부터 시행한다.

〈취지〉

제8조에 주민소환투표의 청구제한기간을 임기 개시일부터 1년 미만은

제한한다고 규정하고 있기 때문에, 대개의 법률이 공포한 날부터 시행하거나 공포한 날로부터 20일이 지나서 효력을 발생한다거나 하는 발효기간은 길지 않게 잡는 데 반하여, 주민소환법은 공포한 날로부터 1년이 지난 날부터 시행하도록 한 것이다.

Chapter 07

주민소환제의 성공조건

-성숙한 민주시민-

07 Chapter 주민소환제의 성공조건

-성숙한 민주시민-

정책으로서 주민소환법은 결정의 단계를 지나서 정책집행의 단계를 앞두고 있다. 앞의 정책과정에서도 보았듯이 정책은 아무리 민주적 과정을 거쳐서 좋은 목표와 수단을 채택하였더라도 집행이 성공적으로 이루어지지 않으면, 그 앞 단계의 노력은 헛수고가 된다. 그리고 정책과정에는 모든 단계에 명시적이든 아니면 음성적이든 참여자로서 방해자가 끼어들게 된다고 하였는데, 바로 정책의 반대자는 앞의 단계에서 성공하지 못하였더라도 집행단계에서 반대하여 성공하면 그 개인이나 집단은 최종적 뜻을 이루는 것이 된다. 그러므로 주민소환법도 우리의 대표민주제를 보완하여 완성도를 높인다는 목표를 가지고 제정되었다 하더라도 집행과정이 제대로 이루어지지 않으면 지역과 국가의 자원만 낭비한 결과가 되고, 공익정책으로서 주민소환법은 결국 방해자의 뜻대로 되고 만다. 그리고 방해자의 경우, 명시적 방해자와 음성적 방해자라는 유형 외에도 자신의 이익을 지키기 위한 적극적 방해자, 절차 등을 우려하는 합리적 방해자도 있을 것이다. 이러한 합리적 방해자의 경우는 소환제의 가치 전부를 반대하는 것이 아니라 그 부작용을 우려하는 논리를 갖추어 반대하는 것이다. 합리적 방해자는 제도의 긍정적 측면을 부인하지 않으면서 부작용을 들어 반대하는 학자들을 들 수 있을 것이다. 그러므로 여기서는 주민소환제의 긍정적 측면과 부정적 측면을 다시 한 번 살펴보고, 부정적 측면을 최소화하면서 그 장점을 살릴 수 있는 조건으로서 성숙한 시민론을 살펴보기로 한다.

제1절 주민소환제의 장단점

주민소환제에 대해서는 찬성과 반대 양론이 분명하게 엇갈린다. 다음에 이에 대한 찬성과 반대론을 간단하게 정리한다(Zimmerman, 김영기 역, 2002: 144-161; Cronin, 1989: 133-139).

I. 주민소환제의 장점

첫째, 주민소환제는 주민통제를 강화시킨다. 즉, 지속적으로 공직자의 책임을 확보하여 유권자들이 무능하고, 부정직하며, 대응적이지 못하고, 책임성이 낮은 공직자를 다음 선거까지 기다릴 필요 없이 해임케 한다.

둘째, 주민소환제는 실패한 선거결과를 바로잡아 준다. 만약 바로 앞의 선거에서 특수한 집단의 이익을 대변하는 자가 당선되었을 경우, 그를 해임하거나 해임가능성을 통하여 특수집단의 부당한 압박을 견제하거나 해임하여 선거구민 전체의 이익에 봉사하도록 한다.

셋째, 주민소환제는 유권자의 소외를 줄이고 교육의 기회를 제공한다. 시민을 대표해 주지 않거나 대응적이지도 않은 공직자의 소환을 위하여 청원하거나 소환운동을 전개함으로써 공직자들을 압박하여 시민의 요구와 기대에 충실하게 책임지고 반응케 하고, 그 결과 시민육성이 이루어진다.

넷째, 주민소환제는 또 많은 예방적 장치나 규제를 불필요하게 만든다. 즉, 소환제가 없는 경우에는 공직자들을 통제하기 위한 가외의 장치나 제도가 필요하지만, 그러한 규제를 제거하여도 공직자에 대한 통제는 확보된다.

다섯째, 주민소환제는 공직의 임기를 연장시켜 주는 효과가 있다. 사실 대표의 수를 많게 하거나 짧은 선거주기를 마련하는 것은 궁극적으로 공직자의 책임확보와 통제를 위한 것인데, 주민소환제라는 감시장치(gun behind the door)가 있으므로 공직자들이 책무를 다하므로 선거를 자주 치르지 않아도 된다.

여섯째, 주민소환제는 갈등을 관리하는 수단이 된다. 물론 주민소환제는 단기적으로 갈등을 조장하는 것처럼 보이지만, 장기적으로 볼 때 필요한 때에는 정치적 이견을 드러내게 하여 갈등이 심화되는 계기를 제거한다(Croninn, 1989: 133-139).

일곱째, 주민소환제는 탄핵을 대신할 수 있는 바람직한 장치가 되어 주기도 한다(Croninn, 1989: 133-139).

미국 주민소환제의 대두배경과 찬성론을 통하여 주장할 수 있는 것은, 우리와 같은 대표제 지방정부의 선출직 지방공직자의 통제, 즉 책임성 확보에는 다양하고도 실질적 효과가 기대된다. 또한 주민소환제가 제도화되어 있다는 사실만으로도 선출직 공직자의 도덕적 해이를 예방하는 간접적 효과도 기대할 수 있다.

Ⅱ. 주민소환제의 단점

첫째, 주민소환제는 최선의 통제수단이 되지 못한다. 즉, 다수에 의하여 선출된 공직자가 그보다 훨씬 적은 수의 유권자들에 의하여 해임될 수 있는 위험한 것이다.

둘째, 주민소환제는 또 다른 잘못된 투표가 될 수 있다. 유권자의 변덕스러운 기대나 선호에 영합하는 자들이 소환제라는 수단을 동원하는 경우, 이는 제2의 실수를 저지르게 된다는 것이다.

셋째, 주민소환제는 나쁜 목적에 악용된다. 선량하지 못한 특수집단의 사람들이 정치적 음모를 가지고 이를 악용하는 부작용을 낳고, 결국 의도하지 않은 부정적 결과를 낳는다

넷째, 주민소환제는 공직에 대한 매력을 감소시켜서 유능한 공직자를 확보하기 어렵게 만든다. 유권자 대중의 선호와 다른 지역발전계획 등을 실천할 소신 있는 공직자가 등장하기 어렵다.

다섯째, 주민소환제는 공화제의 원리를 파괴한다. 즉, 선량한 공직자를 선출하여 그들이 다음 선거 때까지 봉사하는 공화제는 제대로 기능하지 못한다(Croninn, 1989: 133-139).

여섯째, 주민소환제는 사회적 비용을 증가시킨다. 복잡한 정치적, 행정적 역할을 하는 공직자들 가운데서 정확한 책임자를 가리기도 어려워 대상을 잘못 선택할 수도 있고, 또 소환청원부터 투표까지 불필요한 많은 비용을 유발시키기도 한다(Croninn, 1989: 133-139).

Ⅲ. 주민소환제: 양날의 칼

우리는 2006년 5월 2일 주민소환법이 국회를 통과하여서 정책결정이 이루어진 단계에 있으며, 이후 남은 과제는 기정사실화된 주민소환제를 어떻게 원래 목표를 달성할 수 있도록 집행하느냐이다. 앞에서도 살펴보았듯이 주민소환제는 장점과 단점을 동시에 지닌 제도로서 "양날의 칼"이라고 할 수 있다. 그러므로 우리의 구체적 과제는 장점과 단점을 동시에 지니고 있는 주민소환제의 부작용을 극소화하면서 긍정적 측면은 어떻게 극대화시키느냐 하는 것이다. 결국 여기서 필자의 가치전제는 주민소환제 운용의 주체는 이제 주민들이며, 주민들이 주민소환제를 정확하게 이해하고, 또 성숙한 시민적 태도와 판단을 가지고 때로는 그

사용을 자제하고, 또 때로는 확실하게 적용하여 제도의 가치를 살려내어야 한다고 본다. 그래서 다음에 절을 바꾸어서 주민의 유형에 관한 논의를 살펴보고, 성숙한 시민론[1)]을 제시해보기로 한다.

제 2 절 성숙한 시민론

Ⅰ. 민주적 시민상

1. 시민의 개념

어원적으로 보면 '시민(citizen)'이란 도시국가를 뜻하는 '폴리스(polis)'나 '치바타스(civitas)' 등 특정한 정치공동체의 구성원을 의미한다(이진희, 2003: 102). 오늘날의 시민은 이제 단순히 특정한 정치공동체의 구성원만을 의미하지는 않는다. 다음에 이에 관해서 구체적으로 살펴본다.

1) 박스(Box)의 시민론

박스(Box)는 미국 시민상은 역사를 통하여 계속 쟁점이 되어 왔으며, 개인의 자유의 보호에 주로 관심을 갖는 자유주의 또는 개인주의적 관점의 시민상과 공동선에 관심을 갖는 공화주의 또는 집합주의적 관점의 시민상 가운데 어느 것이 더 미국의 시민생활에 적절한가에 관한 논의가 핵심을 이루는 가운데 에치오니(Etzioni)는 전통적 공화주의와 전통적 자유주의 시민상의 균형을 강조하여 공동체주의의 시민상을 주장

1) 지방자치에서는 주로 주민이라는 용어를 사용하지만, 여기서는 논의의 성격상 시민(citizen)이라는 용어를 주로 사용하고자 한다. 자연인이 아닌 법인도 포함하는 개념으로서 주민과 시민은 다른 개념이다. 그리고 시민이라는 개념은 매우 복잡하고 역사적 개념인데, 선거권을 가진 자연인으로서 주민이라는 의미로 시민을 사용한다.

(1995)하기도 한다(Box, 1998: 66-77). 박스는 거위트(Gurwitt, 1992), 오스트롬(E. Ostrom, 1993)의 주장을 들어서 "시민참여의 가치를 무시하는 자유주의와 집합주의로부터 개인의 보호를 무시하는 공동체주의의 양 극단 가운데 선택하는 문제가 아니라 균형의 모색이 중요하며, 여러 계기별 균형은 시민들의 적절한 대 정부관계 여론과 개인 상호간의 관계에 관하여 많은 부분을 말해 준다. 그리고 현재의 추세는 개인주의보다 공동체주의의 균형이라고 볼 수 있는 바, 근린사회 시민조직들과 시민자문위원회의 활동을 증거로 든다. 이러한 활동은, 시민들이 정부 서비스의 피동적 소비자(passive consumer)가 아니라 특정한 지역사회의 성격을 창조하는 능동적 행동가(active player)로 그 역할을 새로 정의하게 되었다. 이러한 입장은 봉사를 받는 소비자가 되거나 반대편의 적대자가 됨으로써 시민들은 스스로를 분리된 별개의 존재가 아니라 그들의 지방정부에 대하여 책임을 지는 지역정치의 한 부분이 된다"(1998: 72)고 하였다.

조이스(Joyce, 1994)는 시민들이 스스로 자유를 확대하고 또 통제권을 갖는 바, 새로운 시민상(a new citizenship)을 지향하는 추세에 있고, 스캐흐터(Schachter, 1997)는 새로운 시민상을 피동적, 관리적, 소비자형(passive, managerial, consumerist citizenship)과 대비시켜서 소유자로서 능동적 시민형(citizen owners and active citizenship)이라고 부른다. 그리고 능동형 시민은, "공익에 대한 관심을 가지고 적어도 공공부문의 의사결정을 활력 있게 만드는 활동에 참여하는 사람"이라고 정의할 수 있다. 그리고 능동형 시민은 정치적 의제를 형성하고, 공공사업이 제대로 이루어지는지를 평가할 뿐만 아니라 정부가 추구해야 할 목표에 관해서도 사려 깊게 생각한다. 활동가는 공동체의 여러 쟁점과 조직에 깊이 관여하면서 합리적 정책결정을 이루도록 노력하는 시민이며, 이러한 시민유형을 활동가(the activist)라고 부른다.

활동가형 시민의 반대편 유형을 무임승차자(the freerider)라고 부른다. 이는 경제학 용어로서 무임승차자는 다른 사람이 지불한 비용으로 편익을 누리는 자인데, 여기서 무임승차자란 지역사회의 일에는 관심이 없고, 참여하지 않으면서 다른 시민들로 하여금 쟁점을 연구하고 토론하여 정책결정을 하도록 만드는 자라는 의미로 사용한다. 그러므로 무임승차자는 일은 다른 시민이 하고, 공공서비스 소비만 누리는 자로서 얌체형 시민이다.

박스는 활동가와 무임승차자를 양 극단으로 하는 연속선상에서 그 중간에 위치한 시민유형을 감시자(the watchdog)라고 부른다. 감시자형은 무임승차자와 유사하게 경제적 관점에서 서비스와 비용을 패키지로 묶어서 그 손익을 따지고, 손해인 경우에는 그 공동체를 떠나는 시민들이다. 오스트롬(Ostrom), 티부(Tiebout), 와렌(Warren) 등이 이러한 입장에서 시민상을 논의한다.

지금까지 박스가 정리하여 소개한 시민상에 관한 논의를 그림으로 나타내면 [그림 7-1]과 같다.

| 그림 7-1 | 박스(Box)가 설정한 시민유형

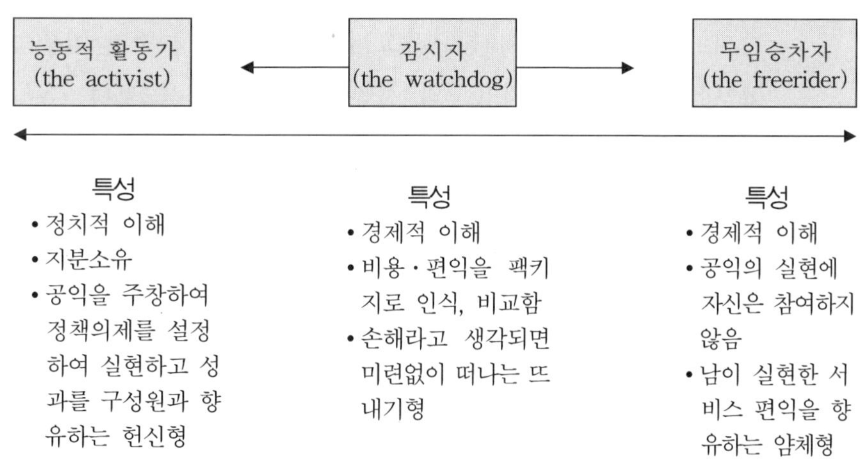

2) 이진희의 민주적 시민론

이진희에 따르면, 시민의 개념으로서 '좋은 시민'을 파악하는 입장은 공동체주의 시민성과 공화주의 시민성, 자유주의적 시민성의 세 가지가 있다(104-115). 첫째, 공동체주의 시민성은 '다른 사람들과의 상호 관계 속에서 공동체적 삶을 영위하는 존재로서 공동체에 부담을 가진 자아(situated self)'이다. 이런 시민은 공동체의 목표를 자신의 삶의 목적과 관련지어서 이해하고 있으며 기꺼이 즐거운 마음으로 공동체의 선을 받아들여 구성원들과 자유롭게 협력하면서 살아가는 존재, 그리고 이런 시민은 자아를 실현하는 것에서 더 나아가 자신이 속해 있는 공동체에 기여하고 헌신할 수 있다면 그것이 좋은 시민에 해당된다.

둘째, 몽테스키외, 토크빌, 마키아벨리, 올드필드로 대표되는 공화주의 학파는[2] 국가의 권위와 시민의 의무의 개념을 주목하고, 시민으로서의 정체성을 정치적 정체성으로 인식하여 정치생활을 모든 공동체 생활 중에서 최고선으로 보며, 따라서 개인은 사적 생활을 포기하고 정치 생활에 전적으로 헌신할 필요와 당위가 있다고 인식한다. 그래서 좋은 시민은 공동체의 존속과 발전에 노력할 의무와 덕목을 가진 구성원이다.

셋째, 자유주의 학자들은 인간을 자신의 욕구와 이익에 따라 행동하는 존재이며 공적 영역이 중요하고 유의미하기는 하지만 이를 최고선이라고 여기지 않는다. 자유주의 시민은 사적 영역을 보다 강조하여, 공적 영역에서 자신의 삶에 몰두함으로써 사회적 선을 달성한다고 보는 것이 아니라, 사적 영역에 충실함으로써 공공선의 실현이 가능하다고 본다. 롤즈와 스캔론 등 자유주의학파는 로크나 루쏘 등에서 볼 수 있는 계약주의 방식을 선호하며, 개인의 권리와 이익, 선호에 의하여 공동체가 추구해야 할 의미 있는 목표를 도출할 수 있다고 보고, 따라서 이러한 가

2) 자유주의가 선호하는 개인주의를 반대하며 자아가 공동체보다 선행한다는 측면을 부정적으로 인식하고, 개인의 권리나 자유를 공동체선보다 가치 있는 것으로 보지 않는 점에서 공화주의와 공동체주의는 유사성이 있다(이진희, 2003: 109).

치의 실현을 지향하는 시민이 좋은 시민이다.

이진희는 위의 세 가지 입장이 모두 '좋은 시민'을 개념화하는 데 어느 정도 유의미하지만, 그 가운데서 자유주의의 입장을 주로 하여서 민주시민성을 따로 설정하여 제시하고 있다. 그가 제시하는 민주적 시민은 ① 저마다 자기이익에 부합하는 선택적 정향을 가지고 권리와 이익을 추구하되 규칙과 절차를 수용하고, 타인들에게도 자신의 이익을 추구할 수 있는 자유를 허용함으로써 자기 절제가 가능한 존재이며, ② 자기이익을 조정하는 존재이고, ③ 국가의 이념과 정책에 대해 자율적으로 행동하고 능동적으로 참여하는 합리적·비판적 성격을 지닌 존재이며, ④ 공적 영역을 간과하지 않으면서 사적 영역에서 그 균형을 지향하며 관용하는 존재라고 본다(2003: 115-121).

이 밖에도 강형기(1983)는 시민사회의식과 지역사회의식을 가지고 매트릭스를 구성하여 자치형(시민사회의식 높고 지역사회의식 강함), 권리요구형(시민사회의식 높고 지역사회의식 낮음), 전통형(지역사회의식 강하고 시민사회의식 낮음), 무관심형(시민사회의식과 지역사회의식 모두 낮음) 등 네 가지로 분류하기도 하고, 패지(Paige, 1971)는 정치적 효능감과 신뢰 두 차원을 사용하여 효능감도 강하고 신뢰감도 높은 충성형과 효능감도 낮고 신뢰감도 낮은 소외형, 효능감은 강하나 신뢰감이 낮은 이의형, 효능감은 약하나 신뢰감은 강한 순종형으로 유형화하였다(김영기, 2002: 151). 이승종은 지방화·세계화 시대의 시민의식의 내용으로서 참여의식, 공동체의식, 개방의식, 민주적 의사결정태도 등을 들었다(1997: 53-55).

2. 민주적 시민상

위의 논의를 활용하여 민주적 시민이 갖추어야 할 모습, 즉 시민상(citizenship)을, 다소 거칠게나마 좀더 명료하게 이해하기 위한 노력과 유형화하는 노력을 시도해보자. 앞에서 소개한 박스, 이진희의 논의를 바탕으로 민주주의를 발전시키는데 "바람직한 시민의 모습" 또는 "좋은 시민"이 갖추어야 할 모습, 즉 시민상의 요소들을 정리해 보기로 하자.

첫째, 박스 등이 논의한 바람직한 시민상은 "공익 지향의 능동적 활동가"라고 압축하여 표현할 수 있을 것이다. 바람직한 시민은 "공익에 대한 관심을 가지고 적어도 공공부문의 의사결정을 활력 있게 만드는 활동에 참여하는 사람"으로서 능동적으로 정치적 의제를 형성하고, 공공사업이 제대로 이루어지는지를 평가할 뿐만 아니라 정부가 추구해야 할 목표에 관해서도 사려 깊게 생각하여 활동함으로써 공동체를 발전시키려고 노력하는 모습을 가진 시민이다. 그 반대형은 무임승차자이고, 공익보다는 경제적 관점에서 자신의 손익을 계산하는 감시자형을 중간 어디에 설정할 수 있다.

둘째, 이진희가 제시한 시민상의 네 가지 측면 가운데 첫 번째 특성은 어떤 시민이 자기이익에 부합하는 선택적 정향을 갖는다면, 그것은 합리적 정향이다. '일반적으로 합리적 존재는, 행위를 취할 때, 무엇을 하는 것이 바람직한지, 무엇을 하는 것이 가치로울지, 혹은 무엇을 해야만 하는지에 대해 숙고한다(노영란, 2004: 168).' 합리적 정향을 가진 개인이라면, 위와 같은 질문을 통하여 숙고한 뒤에 어떤 이유로 지지되는 행동을 실행하는 특성을 가진다. 개인이 지닌 자원을 최소한으로 사용하면서 최대한의 성과를 이루도록 생각하여 선택하는 그런 합리적 정향은 공짜를 노리는 무임승차자의 특성과 다르다. 그리고 합리적 정향의 반대는 비합리적 정향이다.

셋째, 역시 이진희가 제시한 특성 가운데 하나로서 시민은 합리적 정향을 가지고 자신의 권리와 이익을 지향하되 타인의 권리와 이익을 존중하여 자기 이익을 조정하는 자기절제의 행동이라고 하였다. 그 반대의 특성은 자신의 권리와 이익을 절제 없이 무한적으로 추구하는 존재, 즉 무절제의 행동이다.

넷째, 이진희가 제시한 특성으로서 시민은 국가나 공동체의 이념과 정책에 대하여 이성적으로 이해하며 자율적으로 판단하여 활동하는 유형이 될 것이며, 그 반대는 국가의 권위와 권력을 무비판적으로 복종하고 수용하는 묵종적이고 의타적으로 활동하는 신하형이 될 것이다.

다섯째, 이진희의 논의에서 사적 영역을 존중하면서도 공적 영역을 간과하지 않음으로써 관용적 태도의 시민과 그 반대형인 협애하고 배타적인 태도의 시민으로 대비시킬 수 있다.

여섯째, 강형기의 논의에서 민주주의와 지방자치에 관한 관심과 식견을 가지고 시민사회의식이 높으면서 또 지역에 대한 관심, 지역문화에 대한 긍지를 가지고, 아끼고 사랑하는 마음으로서 지역사회의식도 강하다면, 이상적 시민의 상이라고 할 수 있다. 그들이 가진 특성을 높은 식견과 지역사랑이라고 본다면, 그 반대형은 민주주의와 지방자치에 무지하고 지방자치의 정서적 기반이 되는 지역사랑도 약한 경우로서 무지와 무관심이다.

필자는 앞에서도 밝힌 대로 천착하여 정치하게 유형화한 것은 아니지만, 위에서 논의한 내용으로서 바람직한 가치유형을 묶어서 편의상 민주적 시민상(democratic citizenship)으로, 그 반대를 일탈적 시민상(deviant citizenship)으로 명명하여 <표 7-1>과 같이 정리하여 보았다.

〈표 7-1〉 민주적 시민상과 일탈적 시민상의 비교

민주적 시민상	일탈적 시민상
공익 지향의 능동적 활동가	사익 지향의 무임 승차자
합리적 정향	비합리적 정향
자기 절제의 행동	무절제한 규범 이탈행동
이성적 · 자율적 활동	묵종적 · 의타적 활동
관용적 태도	배타적 태도
높은 식견과 지역사랑	무지와 무관심

Ⅱ. 성숙한 시민: 주민소환제의 성공조건

주민소환제는 '양날의 칼'이다. 즉, 주민소환제는 장점과 단점을 아울러 지니고 있다. 그래서 주민소환제는 정책목표에 맞게 써서 단점을 극소화함으로써 반대론자들의 우려를 씻어 주면서 장점을 극대화하여 우리의 지방자치와 나아가 우리 나라 민주주의를 발전시키는 장치로 써야 한다. 이러한 당위적 명제에 따라 주민들은 이 제도의 운영주체로서 위에서 적시하여 본 민주적 시민, 원숙한 시민으로서 그 책무를 다해야 한다. 그러기 위하여 다음에 주민소환제를 활용하는 과정과 시민상의 요소들을 관련시켜 논의해보고자 한다.

1. 공익지향 시민

주민소환제는 공익을 위하여 써야 하고, 그 쓰는 주체도 공익실현을 위하여 적극적으로 활동하는 시민들이어야 한다. 공익은 매우 포괄적이고 가치함축적인 개념이어서 애매하기도 한 개념이다. 그래서 '최대다수의 최대행복'을 공익이라고 말하기도 한다. 이렇게 보면, 개인의 이익이 아니라 공동체 구성원 전체나 다수의 이익인 것은 틀림이 없다. 그리고 공익활동을 수행하는 시민들은 또 그렇게 많지도 않지만, 확실하게 존재하고 활동한다. 그러면 어떻게 이들을 식별할 수 있을까? 우리 사회에서 영리추구가 설립목적이 아닌 시민단체들, 그리고 그 동안 활동과정과 결과를 보아서 다수의 이익을 위하여 활동한 실적이 있는 시민단체들이 전형적으로 공익단체라고 할 수 있을 것이다. 앞에서도 소개한 바 있는 것처럼 학교급식을 개선하기 위한 학부모조직을 들 수 있다.

주민소환제의 사용을 적극 경계하고 통제해야 할 개인이나 집단은 바로 공익지향의 능동적 활동가의 반대 유형인 사익지향의 무임 승차자들이다. 사익지향성이 강한 자들에게 공익은 아예 관심이 없거나 아니면 대외적으로 체면을 유지하거나 현혹시키기 위한 치장물에 불과할 것이다. 그러므로 사익 지향자들은 입으로 공익을 말하더라도 치장에 불과하고, 또 그들이 말하는 공익은 자신의 사익을 그럴듯한 논리나 용어로 가장한 것에 불과할 것이다. 그리고 이들은 평소에 공익과 거리가 먼 영역에 머물다가도 공익단체들이 애써 이룬 성과나 결과에 느닷없이 끼어들기로써 편승하는 데 익숙하다. 이런 개인이나 단체들이 주민소환제를 악용하지 못하도록 지역사회의 언론이나 공익단체 등이 항상 주시하며 경계하여야 할 것이다.

2. 합리적 정향의 시민

합리성은 기능적으로 목표와 수단의 합치와 관련된 개념이다. 경제학에서 합리적 개인은 최소한의 노력으로 최대의 편익이나 만족을 추구하는 주체이다. 기본적으로 인간은 자신의 생명가치를 지키기 위해서도 자신의 노력을 합리적으로 조정하거나 활용하는 것이 자연스러운 현상이다. 그러므로 시민은 자신의 이익에 부합되도록 자신의 정향을 설정하고, 기본적인 노력을 하게 된다. 그러나 인간의 합리적 정향은 사악한 이기심이 아니며, 무임승차를 노리는 얌체족의 정향은 아니며, 그들의 모습과는 전혀 다르다. 합리적 정향을 가진 시민들의 선택과 모습은 공익이 사익보다 우선되는 것이 합리적이라고 판단될 때 자신의 이익을 조정하여 그 공익의 실현을 돕고 자신의 이익을 절제하는 합리적 선택을 할 수 있는 시민들이다. 이런 합리적 정향을 가진 시민들이야말로 주민소환제가 왜 필요하며, 어떻게 사용되어야 하는가를 정확하게 이해하고 참여하는 존재이다.

그러나 합리적 정향을 갖지 못한 사람들은 사고체계의 일관성을 기대하기 어렵다고 본다. 목표와 수단의 혼동을 일으키고 따라서 중요시해야 할 것과 덜 중요시해야 할 것 간에 혼란을 일으키게 되어 해야 할 일을 소홀히 하고 하지 않아야 할 일에 집착하는 전치현상을 일으키기도 한다. 이런 개인이나 개인을 지도자로 하고 있는 집단에게 주민소환제가 악용되어서는 안 될 것이다.

3. 자기절제의 시민

인간이 자신의 권리와 이익을 추구하는 것은 합리적 정향이로되 추구하는 과정과 영역은 공동체의 전체를 위하여 규칙과 절차를 수용하여야 한다. 만약 공동체의 규칙과 절차는 타인에게만 요구될 뿐 자신에게는 예외로 삼는다면 그것은 더 이상 규칙이나 절차로서 생명을 잃은 것이다. 그뿐만 아니라 민주적 시민은 호혜적으로 자신과 남의 권리와 이익을 인식함으로써 타인들의 권리와 이익도 존중하고 타인의 추구행위를 당연한 것으로 수용하면서 자기절제를 행할 수 있는 존재이다. 더불어 사는 사회에서 개인의 자기절제 또는 통제야말로 높은 단계의 도덕성이요, 수양의 산물이라고 할 수 있는 경지이다. 주민소환제라는 양날의 칼은 자기절제력을 지닌 민주적 시민이 사용하기에 안성맞춤이라고 하겠다.

그러나 주민소환제는 남의 권리나 이익은 부정하고 자신의 권리와 이익만 강조하면서 규칙과 절차마저 자기 멋대로 무너뜨리는 사람, 자신의 욕구나 지향을 인내하며 통제할 수 없는 사람에게 사용이 허용된다면 이것은 자신도 해치고, 남도 해치고 마침내 공동체 전체를 해치는 칼이 되어 자해효과를 낳을 수도 있다. 그러므로 주민소환제는 자기절제 또는 통제력이 결여된 자들의 사용은 극력 제한하여야 할 것이다.

4. 이성적 · 자율적 시민

민주적 시민의 중요한 소양은 국가의 이념과 정책에 대해 자율적으로 행동하고 능동적으로 참여하는 합리적 · 비판적 능력과 그 실현이다. 오늘날 국가는 영토 내에 살고 있는 구성원들의 자유와 평등을 지켜내기 위하여 최고성과 자율성을 갖는 권력의 실체로서 그 본질은 지배력, 속

힘이다. 그러한 우월적 힘이 시민의 권리와 이익을 침해하거나 지배할 수 있는 개연성이 높다. 그러나 민주시민은 국가의 힘이든, 정책이든, 이념이든 무조건 수용하고 순응하는 존재가 아니라 그러한 힘의 정당성을 따져서 의미를 부여하고, 비로소 합리적으로 이해하고 수용하는 이성적 사고력을 가진 존재이다. 이러한 시민이야말로 진정 주민소환제의 주체로서 자격을 갖는다고 하겠다.

그러나 권력과 권위에 대하여 조건 없이 복종하고 순응하는 사람들은 대개 사고의 자율성이 결여되어 타인의 사고와 행동을 준거로 삼아 자신의 선택을 결정함으로써 주체적 모습을 보여줄 수 없다. 이러한 자들은 불안정한 대중의 속성을 드러내어 공동체 자체를 불안정하게 만들 위험이 있다. 마치 우리 사회에서 대학과 학과를 선택할 때, 자신의 적성이나 능력을 고려하여 주체적으로 사려 깊게 선택하는 것이 아니라 남의 선택을 눈치 보며 이리저리 몰려다니는 모습이라고 하겠다. 이런 속성을 가진 자들은 나쁜 의도를 가지고 주민소환제를 발동하려고 할 때 조그마한 자극이나 언사에도 부화뇌동함으로써 소환제의 단점을 확대재생산하는 문제의 상황을 초래케 할 것이므로 주시해야 한다.

5. 관용적 태도의 시민

관용은 인간을 아름답게 만드는 일종의 여유이다. 비록 자신이 불편하더라도 타인을 배려하는 여유를 가진 이들이 세인의 주목을 받게 된다. 더구나 한정된 자원을 가진 사회에서 그러한 자원을 둘러싼 경쟁과 갈등이 일상화된 상황에서 남을 배려하는 여유는 매우 고매한 인격의 소유자가 아니면 드러내기 어려운 최고의 덕목이라고 하겠다. 남을 이해할 줄 알고, 남을 배려할 줄 알고, 남이 설사 허물을 만들었을지라도 용서하며 감싸줄 수 있는 민주적 시민이 부리는 주민소환제는 정적(政敵)을 흠집 내어 해치고 몰아내는 무기가 아니라 공동체라는 유기체의 곪아 있는 고질적 병폐를 치유하여 공동체 전체에 새살이 돋아 생명을 지키는 인술처럼 사용하게 된다.

그러나 배타적 태도만 지니고 자신의 이익, 정파적 이익에 집착하는 개인이나 집단은 '너 죽고 나 살자'는 지방정치를 연출하게 될 것이다. 이러한 개인이나 집단이 주민소환제를 발동하는 경우, 그 지역사회는 살벌한 전투의 공동체로 몰아가게 되어 지역은 심각한 갈등에 휩싸이게 만들 것이다. 그러므로 이러한 자들이 주민소환제를 점유하여 발동하도록 방치해서는 안 될 것이다.

6. 높은 식견과 지역사랑의 시민

높은 식견과 지역사랑은 두 가지 차원이다. 하나는 민주시민으로서 민주주의와 지방자치에 관하여 일정한 학습을 통하여 정확하게 이해하는 차원의 높은 식견과 의식[3]이고, 또 하나는 그 지역에 생활하면서 그 자연과 조응하며 그것을 아끼는 것과 함께 더불어 사는 사람과 그들의 가치와 사고가 응축된 지역문화까지 가슴에 보듬고 사랑하는 정서이다. 전자가 결여된 가운데 후자만 있으면 지역에 대한 맹목적 사랑이 되어 허전하고, 또 그 반대의 경우도 균형을 잃은 것이다. 그래서 민주시민은 모름지기 제도에 관한 식견과 지역에 대한 사랑 이 두 가지를 균형 있게 소유한 존재라고 하겠다. 그러므로 이러한 유형의 시민은 지방자치는 물론 주민소환제의 장점과 단점을 정확하게 이해하고 그 사용법을 잘 알고 있을 것이며, 그래서 이것을 누구에게 어떻게 써야 지역을 진정으로 사랑하는 것인지를 심사숙고하게 될 것이다.

그러나 제도에 대한 식견도, 시민의식도 부족하고, 지역사랑이 결여된 자는 위험한 존재이다. 제도에 관한 이해나 지식이 부족한 자의 망동도 위험하고, 지역에 대한 깊은 사랑이 없는 자의 소환제 발동도 위험하다. 지역에 대한 사랑이 없는 자의 소환제 발동은 마치 사랑이 없는 가짜 어

3) 이승종은 민주시민의식으로서 참여의식, 공동체의식, 개방의식, 민주적 의사결정태도 등을 들었다는 점은 앞에서 지적하였다.

머니와 참사랑을 지닌 진짜 어머니가 서로 자식이라고 우기며 팔을 당기는 모습을 떠 올리면 될 것이다. 지식도 부족하고 지역사랑도 부족한 자들에게 주민소환제는 마치 자격 없는 의사에게 칼을 쥐어주는 격이고, 사랑 없는 부모에게 양육을 맡기는 격이라고 하겠다. 우리는 이러한 자들이 소환제를 함부로 발동하지 못하도록 경계해야 한다.

참고문헌

[국내 문헌]

강창일 외.(2005). 주민소환에 관한 법률안

고영실 저, 김병채 역.(1976).「미국 역대대통령의 생애-미국정부기구-」, 서울: 어문각

국회 행정자치위원회 수석전문위원.(2005).「주민소환법 검토보고 자료」

국회 행정자치위원회.(2006). 공청회 자료집「주민소환에 관한 법률안에 관한 공청회」

국회.(2005).「주민참여제도 참고자료」

권순만・김란도.(1995), "행정의 조직경제학적 접근: 대리인 이론의 행정학적 함의를 중심으로",「한국행정학보」제29권 제1호

김영기.(2002), "주민소환제에 관한 관련 집단별 인식의 비교", 한국지방자치학회,「하계학술대회 발표논문집」

김영기.(2002), "한국적 주민소환제 모형의 탐색", 한국행정학회,「하계학술대회 발표논문집」

김영기.(2003). "뉴잉글랜드 타운미팅에 관한 고찰", 한국지방자치학회,「하계학술대회 발표논문집」

김영기.(2003). "주민소환제의 도입방안", 한국지방행정연구원,「지방행정연구」제17권 제3호

김영기.(2003). "한국 주민소환제의 선호모형", 경남지방분권협의회・지방분권운동 경남본부, 기획세미나 자료「지방분권시대의 주민참여」

김영기.(2004). "주민소환제의 도입과 과제", 대한지방행정공제회,「지방행정」제53권 605호

김영기.(2004). "주민소환제의 법제화 방안", 광주시의회・전남도의회 공청회 자료

김영기.(2005). "주민소환제의 이해와 도입의 필요성", 시민사회단체연대회의 주민소환제입법운동본부, 정책토론회 자료집「주민소환제 관련법 어떻게 만들 것인가?」

김용찬 · 선정원 · 변성완.(2005).「주민소송」, 서울: 박영사
김재전.(2006).「선량과 정치꾼」, 서울: 삼협종합출판부
노영란.(2004). "합리적 자아와 도덕적 자아",「철학연구」 제66집
박경철.(2004). "통치형태원리로서 직접민주주의와 대의민주주의", 연세대법학연구소,「법학연구」, Vol. 14. NO. 2.
박승주 · 하병필.(2002).「지방자치 의원보감」, 서울: 목근통
소병희.(2004).「공공부문의 경제학」, 서울: 박영사
스티글리츠 저, 백영현 · 이병천 역.(2002).「미시경제학」, 서울: 한울아카데미
앙드레 모로아, 신용석 옮김(1987),「미국사」, 서울: 홍성사
유재원.(2003).「한국지방정치론」, 서울: 박영사
이경주.(2005).「유권자의 권리찾기, 국민소환제」, 서울: 책세상
이극찬.(1995).「정치학」, 서울: 법문사
이영순 외.(2006). 주민소환에 관한 법률안
이승종.(1997). "지방화 · 세계회시대의 시민의식",「한국지방자치학회보」 제8권 제2호
이진희.(2003). "현대 사회의 민주 시민성에 대한 고찰,"「국민윤리연구」 제53호
전상경.(2002).「현대지방재정론」, 서울: 박영사
정영태.(1997). 참여사회연구소 편,「참여민주주의와 한국사회」, 서울: 창작과 비평사
정재길 편.(1992).「일본의 지방의회」, 한일지방자치연구소
정정길 · 최종원 · 이시원 · 정준금.(2003).「정책학원론」, 서울: 대명출판사
지병문 외.(2004). 선출직지방공직자의 주민소환에 관한 법률안
최민수.(1995).「지방의회이야기」, 서울: 서강출판사
최민수.(1998).「지방의회 의안심사」, 서울: 서강출판사
최봉기.(1988).「정책의제형성론-이론과 실제」, 서울: 일신사
최봉석.(2002). "독일의 법제화 판례로 본 주민소환제의 요건과 절차",「안암법학」 제14호
최승범.(2001). "지방행정의 책임성 제고방안: 주민소환과 주민투표제도",「경기논단」 봄호
최창수.(2000).「기초자치단체장의 리더십과 정책과정에 관한 연구」, 한국지방행정연구원 보고서
함인선.(2004). "주민소환제도에 관한 입법론적 고찰-일본 지방자치단체의 장 해직청구제도를 중심으로 하여-",「공법학연구」 제5권 제2호
행정자치부 자치제도과.(2004).「주민소환제관련자료집 I」
행정자치부 · 정부혁신지방분권위원회 · 한국지방행정연구원.(2006). 「민선 지방자

치 10년평가 I」
행정자치부 · 정부혁신지방분권위원회 · 한국지방행정연구원.(2006). 「민선 지방자치 10년평가 II」

[국외 문헌]

Austin Ranney, 권만학 외 역.(1995). 「현대정치학」, 서울: 을유문화사
Baiely, S. K.(1971). "Preparing Administrators for Conflict Resolution", Educational Record, Vol. 52.
Banfield, Edward C., and Wilson, James Q.(1963). *City Politics*(Cambridge, MA., Harvard University Press).
Blair, George S.(1986). *Government at Grassroots*, Pacific Palisades, CA. :Palisades Publishers.
Bowler, Shaun, & Donovan, Todd, & Tolbert, Caroline J., et al.(1998). *Citizens as Legislators: Direct Democracy in the United States*(Columbus, Ohio, Ohio State University Press).
Butler, David and Austin Ranney ed.(1994). Referendums around the World, Washington D.C. : The AEI Press.
Box, Rhicard C.(1998). *Citizen Governance: Leading Americal Communities into the 21st Century*, Thousand Oaks, CA. Sage Publications.
Boyer, Patrick.(1992). *Direct Democracy in Canada: The History and Future of Referendums*(Toronto, Canada, Dundurn Press).
Cobb, Roger W. and Charles D. Elder.(1983). *Participation in American Politics: The Dynamics of Agenda-Building*, Baltimore, Maryland, The Johns Hopkins University Press.
Cobb, Roger, Jennie-Keith Ross, and Marc Howard Ross.(1976). "Agenda Building as a Comparative Political Process", *Americal Political Science Review*, Vol. 70.
Cronin, Thomas E.(1989). *Direct Democracy: The Politics of Initiative, Referendum, and Recall*, Cambridge, MA. Harvard University Press.
Dahl, Robert A.(1989). *Democracy and Its Critics*(New Haven, CT, Yale University Press).
Dahl, Robert A., 김왕식외 역.(1999), 「민주주의」, 서울: 동명사
Daniel A. Smith.(1998). *Tax Crusaders and the Politics of Direct Democracy*(New York, Routledge).

Dunn, William, 나기산 외 역.(1994). 「정책분석론」, 서울: 박영사

Dye, Thomas R. and Zeigler, Thomas.(1990). *The Irony of Democracy: An Uncommon Introduction to American Politics*(Pacific Grove, CA., Brooks/Cole Publishing Co).

Dye, Thomas R.(1985). *Politics in States and Communities*. Englewood Cliffs(New Jersey, Prentice-Hall, INC).

Eldersveld, Samuel J. & Stromberg, Lars & Derksen, Wim, (1995). *Local Elites in Western Dmocracies*(Boulder, Colorado, Westview Press).

Fossedal, Gregory A.(2002). *Direct Democracy in Switzerland*, New Brunswick, New Jersey, Transaction Publishers.

Galvin, William Francis.(1998). Secretary of the Commonwealth, MA, *Massachusetts Facts.*

Galvin, William Francis.(2000). Secretary of the Commonwealth, MA, *Citizen's Guide to Town Meeting.*

Gurr, T.R. and King. D. S.(1987). *The State and the City*, Chicago and London: University of Chicago Press.

Guterbock, Thomas M.(1980). *Machine Politics in Transition: Party and Community in Chicago*(Chicago, IL., The University of Chicago Press).

Hakim, Joy(1999), *A History of US: Making Thirteen Colonies*(1600-1740) (New York: Oxford University Press).

Haskell, John.(2001). Direct Democracy or Representative Government? Dispelling the Populist Myth, Boulder, Colorado, Westview Press.

Inkeles, Alex.(1991). *On Measuring Democracy*, New Brunswick, New Jersey, Transaction Publishers.

Jones, Bryan.(1983). *Governing Urban America-A Policy Focus-*, Boston, MA. Little, Brown and Company.

Joseph Schumpeter.(1942). *Capitalism, Socialism, and Democracy*(New York, Harper and Brothers).

King, Desmond S. and Pierre, J. ed.(1990). *Challenges to Local Government*, London: England, Sage Publications.

Kobach, Kris W.(1994). *The Referendum: Direct Democracy in Switzerland*(Aldershot, USA, Dartmouth Publishing Co.).

Lane, Jan-Erik and Svante Ersson, *The New Institutional Politics: Performance and Outcomes*, London, England, Routledge.

League of Women Voters of the Springfield Area. *Know Your Town* 2000.

Longmeadow.(2000). *Annual Town Report.*

MMA.(1988). *Manual for New Moderators.*

Monson.(1999). *Annual Town Report.*

Patterson, Thomas E.(1993). *The American Democracy*(New York, New York, McGraw-Hill, Inc).

Rhodes, R. A. W.(1983). *Control and Power in Central-Local Government Relations*(Aldershot, Gower Publishing Co).

Rhodes, R. A. W.(1983). *Control and Power in Central-Local Government Relations*(Aldershot, Gower Publishing Co).

Rozakis, Laurie.(1994). *Merriam Webster's Rules of Order*, Springfield, MA. Merriam-Webster.

Smallwood and Nakamura, 김영기 외 역.(1985). 「정책집행론」, 서울: 법문사

Smith, Daniel A.(1998). *Tax Crusaders and the Politics of Direct Democracy*, New York, Routledge.

Tocqueville, Alexis de, J. P. Mayer eds.(1969). *Democracy in America*(New York, Harper and Row).

Tullock, Gordon, Seldon, Arthur, and Brady, Gordon L.(2000). 김정완 옴김.(2005). 「공공선택론」, 서울: 대영문화사

Waste, Robert, J.(1989). *The Ecology of City Policymaking*, New York, Oxford University Press.

Zimerman, Joseph F.(1967). *The New England Town Meeting: A Tenacious Institution*(GSPA Monograph Series, SUNY-Albany).

Zimerman, Joseph F.(1999). *The New England Town Meeting*(Westport, CT: Praeger Publihers).

Zimmerman, Joseph F.(1997). *The Recall: Tribunal of the People*(Westport. CT, Praeger Publishing Co).

Zimmerman, Joseph F.(1999). *The Initiative: Citizen Law-making*(Westport, CT, Praeger Publishing Co).

Zimmerman, Joseph F.(2001). *The Referendum: The People Decide Public Policy*(Westport, CT, Praeger Publishing Co).

찾아보기

인 명

ㅁ

ㅂ

ㅅ

ㅇ

ㅈ

사 항

ㄱ

ㄴ

ㅅ

ㅇ

ㅈ

ㅊ

저자 소개

김영기

- 경상대학교 졸
- 부산대학교 대학원 졸(석 · 박사)
- 현 경상대학교 행정학과 교수
- 현 한국지방자치학회 이사
- 현 부산경남지방자치학회장
- 현 사단법인 경남지역사회연구원 이사장 겸 원장
- 현 진주포럼 상임대표
- 행정고등고시, 지방고시 시험위원 역임
- 5급 특별승진시험 위원 역임
- 국가직 및 지방직 7급 시험위원 역임
- 경상대학교 사회대학장 겸 행정대학원장 역임
- 부산 · 경남 · 울산 · 제주행정학회장 역임

[저서]
- 지방자치론(대영문화사, 1993)
- 지방자치행정론(대영문화사, 1997)
- 지방자치제의 이해(대영문화사, 1999)
- 행정학개론(공저, 박영사, 1993)

[역서]
- 신행정론(공역, 박영사, 1983)
- 정책집행론(공역, 법문사, 1985)
- 미국의 주민소환제도(대영문화사, 2002)

[연구경력]
- 뉴욕주립대학교 객원교수(1993. 2.~1994. 8.), 미국 지방정부형태 연구
- 뉴욕주립대학교 객원교수(2001. 2.~2002. 2.) 뉴잉글랜드 주민총회 및 직접참정 연구

한국의 주민소환제

-양날의 칼, 어떻게 쓸 것인가-

펴낸날 / 제1판 제1쇄 2006년 8월 25일
지은이 / 김영기
펴낸이 / 임춘환
펴낸곳 / 도서출판 대영문화사
주소 / 서울 용산구 청파동 1가 178-2 ㊄ 140-869
등록 / 1975년 12월 26일 제3-16호
전화 / (02)716-3883, (02)714-3062
팩시밀리 / (02)703-3839
우체국 온라인 / 011353-02-009106

ISBN 89-7644-219-9

〔값 15,000원〕